高职高专房地产类专业实用教材
国家示范性高等职业院校精品课程教材

# 房地产营销与策划实务

陈林杰 编著

机械工业出版社
China Machine Press

本书根据最新的行业动态和营销策划知识，以房地产项目的全程营销策划工作过程为主线，系统阐述了房地产营销基础知识、房地产营销策划基础知识、房地产项目营销环境分析、市场分析与市场定位策划、产品策划、价格策划、营销渠道策划、促销推广策划、营销计划组织与销售管理策划，以及住宅项目与商业项目全程营销策划实务。同时，配合大量品牌房地产企业的营销案例、经验、图表、实训等内容，重点突出了房地产营销操作的策略和操作流程，可读性、可学性和可用性强。

本书不仅可作为房地产类专业、建筑工程管理及相关专业的教材，也可作为房地产企业、营销代理公司岗位培训、资格证书考试用书，还是从业人员必备的工具型实践参考书和职业提升的实用读本。



**图书在版编目（CIP）数据**

房地产营销与策划实务 / 陈林杰编著. —北京：机械工业出版社，2012.7（2015.7 重印）
（高职高专房地产类专业实用教材）

ISBN 978-7-111-39068-8

Ⅰ. 房…　Ⅱ. 陈…　Ⅲ. 房地产—市场营销学—高等职业教育—教材　Ⅳ. F293.35

中国版本图书馆 CIP 数据核字（2012）第 153016 号

机械工业出版社（北京市西城区百万庄大街 22 号　邮政编码　100037）
责任编辑：张　昕　　　　版式设计：刘永青
北京瑞德印刷有限公司印刷
2015 年 7 月第 1 版第 4 次印刷
170mm × 242mm · 20.25 印张
标准书号：ISBN 978-7-111-39068-8
定　　价：36.00 元

凡购本书，如有缺页、倒页、脱页，由本社发行部调换
客服热线：(010) 88379210；88361066
购书热线：(010) 68326294；88379649；68995259
投稿热线：(010) 88379007
读者信箱：hzjg@hzbook.com

# 编 委 会

# 作者简介

陈林杰，教授、高级经济师，中国建筑经济学会第六届常务委员、江苏省“333工程”中青年科学技术带头人、江苏省房地产经纪人高级考评员、南京工业职业技术学院经济管理学院副院长、建筑工程管理专业带头人、房地产经营与估价专业带头人。曾担任房地产企业高管，有多年的房地产企业实践经验。主持的课程“房地产开发与经营”荣获江苏省精品课程，主要从事房地产开发与经营管理、房地产营销与策划、房地产经纪实务等方面的教学、研究和实践工作，并担任多家企业的管理顾问、营销顾问。近5年来，主持完成教研、科研课题19项，其中市厅级以上科研项目8项，主持参与企业横向项目6项；发表学术论文70余篇，其中《工程索引》(*The Engineering Index*，EI) 收录10篇，科研成果荣获全国房地产优秀研究成果一等奖。近几年陆续出版了《房地产开发与经营实务》、《房地产营销与策划实务》、《房地产经纪实务》、《房地产经营与管理》、《中国房地产战略创新》等实操型教材和专著。

# 前　言

随着需求的日益增长，房地产在社会经济生活中的地位日益突出，已经引起政府、投资者和普通百姓的广泛关注。房地产专业逐渐成为热门专业，各高校的招生情况都比较好。编者在教学与实践过程中发现，房地产专业应该着重培养学生三大核心能力，即房地产开发与经营能力、房地产营销与策划能力，以及房地产经纪实务能力，并相应地编写了《房地产开发与经营实务》、《房地产营销与策划实务》和《房地产经纪实务》配套教材。《房地产营销与策划实务》是培养房地产营销与策划能力的专用教材之一，该教材可讲的内容很多，如果不能按逻辑体系，有侧重地讲述一系列技能点，那么很可能成为面面俱到的“大杂烩”，根本无法达到学以致用的教学目的。编者利用自己在房地产企业积累的工作经验、总结的教学思考、借鉴的同行成果以及与房地产行业人士交流得到的启发，理清了这门课程的知识脉络，即“经典营销与策划理论＋成功实践经验＋最新行业动态”三位一体教学法。

本书定位于培养大学生的房地产专业技能水平，以期毕业后能够从事房地产项目营销与策划的基本工作。本书内容紧贴最新行业动态和营销策划知识，紧扣企业实践，以房地产项目的全程营销策划工作过程为主线，系统阐述了房地产项目营销环境分析与市场定位策划，营销组合策划，营销计划组织与销售管理策划，住宅项目与商业项目全程营销策划的基本理论、基本规律、操作程序和策划实务，同时配合大量品牌房地产企业的营销案例、经验、图表、实训等内容，重点突出了操作策略和操作流程，有助于提高内容的可读性、可学性和可用性。

本书的主要特色是突出了技能与思路的结合，除理论部分简明实用外，还重点介绍了房地产营销的策略与操作思路、程序，充分体现了如下特点。

（1）逻辑新。以房地产项目的全程营销策划工作过程为主线，精心布局房地产营销与策划的知识点和技能点。

（2）内容新。案例大都取材于2008年以后房地产行业发生的事件，有的房地产项目要到2013年竣工，紧跟房地产行业的最新动态，吸收了最新科研成果。

（3）案例多。搜集了较多第一手的品牌企业案例，其中一些是微型案例，这些案例绝大部分是人们在房地产企业在营销实践中可能要面对的。

(4) 图表多。对应该掌握的重要内容配了近百个图表，有助于提高可读性和可学性。

(5) 操作性强。重点突出了操作思路、操作策略以及操作流程。

(6) 提供了切实可行的教学建议。包括学时安排、教学方式与考核方法。

这6点是本书的独特之处，在其他教材或专著中未能很好地全面兼顾。

本书根据国家示范院校精品课程的内容和学以致用的要求，每章按“了解”、“熟悉”和“掌握”三个层次提出教学要求、分配理论学时和实践学时，突出系统性和重要性，并针对不同的读者提供一些选修内容。

房地产行业是快速发展的行业，因此编写一部指导实践的书较为困难。虽然编者已经做了许多努力，力图做得更好，但由于能力和水平有限，书中的不足和错误在所难免，敬请各位同行、专家和广大读者批评指正，以使本书日臻完善。

要特别强调的是，国内各高校担任“房地产市场营销”课程教学的同行给了我无数的启迪和帮助，在此表示由衷的感谢。尤其让我感动的是，许多南京的房地产企业营销专家，特别是战略合作企业江苏中广置业集团的专家，以及我已经毕业的学生与我一起探讨房地产营销实战方法，并提供了一些案例，给了我很多优秀的建议。同时，本书也引用了网络上的相关资料，在此一并表示感谢。此外，还要感谢南京工业职业技术学院“房地产市场营销”精品课程团队的大力支持，以及机械工业出版社的领导和编辑的辛勤工作。

联系邮箱：ngy001@163.com

编者

2012年7月于南京

# 教学建议

## 一、教学安排

<table>
<tr><th>篇</th><th>章</th><th>内 容</th><th>理论<br>学时</th><th>实践<br>学时</th><th>备注</th></tr>
<tr><td rowspan="2">第一篇<br>房地产营销与<br>策划基础知识</td><td>1</td><td>房地产营销基础知识</td><td>2</td><td>2</td><td>掌握</td></tr>
<tr><td>2</td><td>房地产营销策划基础知识</td><td>2</td><td>2</td><td>掌握</td></tr>
<tr><td rowspan="2">第二篇<br>房地产项目营销环境分析与<br>市场定位策划</td><td>3</td><td>房地产市场营销环境分析</td><td>2</td><td>2</td><td>掌握</td></tr>
<tr><td>4</td><td>房地产项目市场分析与定位策划</td><td>4</td><td>2 ~ 4</td><td>掌握</td></tr>
<tr><td rowspan="4">第三篇<br>房地产项目营销组合策划</td><td>5</td><td>房地产项目产品策划</td><td>4</td><td>2 ~ 4</td><td>掌握</td></tr>
<tr><td>6</td><td>房地产项目价格策划</td><td>4</td><td>2 ~ 4</td><td>掌握</td></tr>
<tr><td>7</td><td>房地产项目营销渠道策划</td><td>2</td><td>2</td><td>掌握</td></tr>
<tr><td>8</td><td>房地产项目促销推广策划</td><td>4</td><td>2 ~ 4</td><td>掌握</td></tr>
<tr><td rowspan="2">第四篇<br>房地产项目营销计划组织与<br>销售管理策划</td><td>9</td><td>房地产营销计划组织与控制策划</td><td>2</td><td>2 ~ 4</td><td>掌握</td></tr>
<tr><td>10</td><td>房地产项目销售管理策划</td><td>4</td><td>4</td><td>掌握</td></tr>
<tr><td rowspan="2">第五篇<br>住宅项目与<br>商业项目全程营销策划</td><td>11</td><td>住宅项目全程营销策划</td><td>2</td><td>2 ~ 8</td><td>掌握</td></tr>
<tr><td>12</td><td>商业项目全程营销策划</td><td>2</td><td>2 ~ 6</td><td>熟悉</td></tr>
<tr><td></td><td>小计</td><td></td><td>34</td><td>26 ~ 46</td><td></td></tr>
<tr><td></td><td>合计</td><td></td><td colspan="2">60 ~ 80</td><td></td></tr>
</table>

注：各章节根据不同专业的要求在课时浮动范围内调整课时。

## 二、教学方式与考核方法

本课程在教学方式上，采用“项目引导、任务驱动”的教学法，将所要学习的新知识融入一个房地产营销项目（复杂学习情境）或几个典型的工作子项目任务（学习情境）之中，学生通过对相应的项目（任务）进行分析、讨论，明确其大体涉及的相关知识，在老师的指导、帮助下，学生由易到难，循序渐进地完成一系列任务，从而得到清晰的知识脉络、思路及方法，最后实现项目营销策划主题。在完成项目（任务）的过程中，学生培养了分析问题、解决问题的能力，从而激发了求知欲望，获得独立探索、勇于开拓进取的自学能力。

本课程不仅要传授房地产营销知识和策划理论知识，还要培养学生在房地产真实项目背景下的营销策划应用能力和营销策划活动技巧。在教学中主要采用真实项目教学法，包括模拟房地产公司实训教学法、任务教学法、案例教学法、情境教学法、小组研讨法等。这些方法充分体现了协作式、探究式的学习方法。教学方式以分组形式为主，在房地产项目营销实践过程中，学生要深入企业和项目现场，进行大量的实际调查并查阅大量的资料。教师要丰富教学内容，调动学生的兴趣，激发他们的学习热情和互动交流意识，使学生真正成为学习的主人。

本课程在考核方法上，注重全面考察学生的学习状况，促进学生的可持续发展。本课程对学生学习的评价，关注学生知识与技能的理解和掌握，更关注他们情感与态度的形成和发展；关注学生学习的结果，更关注他们在学习过程中的变化和发展。评价的手段和形式多样，将过程评价与结果评价相结合，定性与定量相结合，充分关注学生的个性差异，发挥评价的启发激励作用，增强学生的自信心，提高学生的实际应用技能。教师要善于利用评价所提供的信息，适时调整和改进教学过程。

### 1. 注重对学生学习过程的评价

对学生学习本课程过程的评价，包括参与讨论的积极态度、自信心、实际操作技能、合作交流意识，以及独立思考的能力、创新思维能力等，具体如下。

（1）是否积极主动地参与讨论和分析。

（2）是否敢于表述自己的想法，对自己的观点有充分的自信。

（3）是否积极认真地参与模拟实践和应用实践。

（4）是否敢于尝试从不同角度思考问题，有独到的见解。

（5）能否理解他人的思路，并在与小组成员的合作交流中得到启发与进步。

（6）是否有认真反思自己思考过程的意识。

### 2. 恰当评价学生的理论知识与实际操作技能

本课程强调对理论知识的应用，在评价学生学习效果时，要侧重实践能力的考查，即重点考查学生的实际操作能力。通过参与课堂讨论的质量、分析能力、对新知识的接受和消化能力、学习迁移能力等多方面，结合基础理论知识考核，综合评价学生的学习效果。实际操作能力与理论知识考核以5:5的比例给予最终评定。

### 3. 重视对学生的启发

对学生进行启发式教学。对每模块知识点的学习，通过设置的工作任务内容和学习过程，从管理者或信息使用者的角度提出问题，启发学生思考、分析、判断，最后由教师加以归纳、总结。在学生思考和分析时，教师要注重引导和提示，最终达到学生"独立（或换位）思考—分析、推理、选择—归纳整理、深刻理解—吸收创新"逐层递进的能力目标。

### 4. 评价手段和形式多样化

在呈现评价结果时，应注重体现综合评价和要素评价。本课程学生学业评价突出阶段评价、目标评价、理论与实践一体化评价。

关注评价的多元性。对学生的评价要区分课程考核评价（50%）和实际操作技能考核评价（50%）两部分成绩。学生实际操作技能考核评价以过程评价为主，结果评价为辅。

(1) 过程考核：项目教学每一阶段，根据每位学生参与完成任务的工作表现和完成的作业记录，综合考核每一阶段学生参与工作的热情、工作态度，与人沟通、独立思考的过程、勇于发言，综合分析问题和解决问题的能力，以及学生的安全意识、卫生状况、出勤率等，然后给予每一阶段的考核成绩。

(2) 结果考核：根据学生提交的策划方案，按企业策划方案的实用性要求判断作品完成的质量，并结合项目答辩思路是否清晰、语言表达是否准确等给出考核成绩。

(3) 综合成绩评定：过程考核占60%，结果考核占40%。

(4) 否决项：旷课一天以上，违纪三次以上且无改正，发生重大责任事故，严重违反校纪校规。

# 目　录

## 第五篇 住宅项目与商业项目全程营销策划

# 第一篇

# 房地产营销与策划基础知识

## 本篇内容提要

本篇是房地产营销与策划基础知识模块。

1. 房地产营销基础知识。主要介绍了市场营销的概念及起源、市场营销与推销的关系、市场营销在企业中的地位、企业经营生产观念、市场营销的核心概念、房地产行业与企业、房地产市场及其特点、房地产市场波动、房地产供给与需求、房地产市场营销的概念及特征、营销流程、营销管理以及房地产营销人员的素质与能力，并实训指导如何撰写我国房地产市场情况和本地区房地产企业市场营销情况调研报告。

2. 房地产营销策划基础知识。主要介绍了策划的概念、特点和基本方法，房地产营销策划的概念，房地产营销观念演进与营销策划发展过程，房地产营销策划的特点、种类，房地产营销策划误区，房地产营销策划的原理与主题、原则、模式和流程，房地产策划人员的知识和能力，并实训指导如何编写本地区房地产营销代理公司营销策划情况调研报告。

# 第 1 章
# 房地产营销基础知识

## 学习目标

1. 了解市场营销的概念及起源、市场营销与推销的关系、市场营销在企业中的地位；了解企业经营生产观念、产品观念、推销观念、市场营销观念、社会营销观念以及经营观念的最新发展

2. 熟悉市场营销的核心概念、房地产行业与企业、房地产市场及其特点、房地产市场波动以及房地产供给与需求

3. 掌握房地产市场营销的概念及特征、营销流程、营销管理以及房地产营销人员的素质与能力要求

## 技能要求

1. 能够对当地房地产市场的发展现状进行调查分析

2. 能够对当地房地产企业的营销流程和营销管理等进行初步的调查分析

## 案例：“直指人心”的房地产销售

“只要你到售楼处来，真想买房，有经验的售房人员不会让你跑掉。你会一步步被套牢。”某记者近日看了多家楼盘，与售楼人员多方接触，一些售楼人员向记者透露了销售过程中将购房者“一步步套牢”的“房地产销售技巧”。

“当我路过武汉黄金海岸销售中心时，一个漂亮的图案吸引了我。”客户刘先生如是说，“说实在的，我很讨厌吵吵闹闹的广告，漫天飞舞的宣传单、刺眼的广告让人烦。”一个偶然的机会，刘先生驱车路过金银湖，被黄金海岸项目的图标（logo）所吸引，销售中心设计得精致、大气，已经建好的护城河和小桥流水给刘先生的第一感觉是开发商实力雄厚（购房后才知道实力居中），他产生了强烈的购买欲望。

“虽有要务在身，我还是停下车，进去看了一下。工作人员衣着职业化、整洁，与我交流的语言、保持的距离都很到位，因为我是做服务工作的，比较关注细节，很显然，他们受过专业培训。”刘先生说。黄金海岸安排了一个专业、成熟型的女置业顾问接待刘先生。

“可能是我的性格让他们感觉我是一个稳重的人。与我交流时，她并不急于把房子

推销给我，而是聊我的家庭、工作。我后来才知道她运用的是房地产销售技巧，她在了解我的购房意愿和动机：投资。”刘先生说。一席话后，女置业顾问转入正题，从专业的角度（成本分析、对比分析、投资潜力分析）替刘先生分析，并对黄金海岸项目的投资潜力进行了探讨。

“我看过很多楼盘，也投资了几处房产，自己感觉很专业了，不过我感觉她比我专业多了，我提到的问题，她都做出了令我满意的答复。我感觉她是在替我着想，这让我很感动。”刘先生如此评价女置业顾问。

在谈到价格时，双方陷入了僵局。刘先生感觉别的方面都好，就是价格太高。置业顾问请销售经理、总监出面，把能争取到的服务、能给的折扣，都给了刘先生。当刘先生继续苛刻地提出过分要求时，黄金海岸的销售人员只是摇头，但绝不开口拒绝。

“我本以为他们是在‘打太极’，后来我才知道，我所购买的这套房子由于朝向、景观、楼层都比较好，而且是依湖而建，本来就不在优惠价之列。对方的热情服务弄得我很不好意思，我对购买这套房子做投资并不是完全看好，准备过一段时间看看再说。现在对方层层争取，考虑到我是商业投资，给我争取到的价格是3 988 元/$m^2$，以求吉利。对方处处替我着想，很热情，这让我很高兴，也很信任他们。我要是不买，自己都不好意思了。”

资料来源：新浪乐居论坛，http://fj. bbs. house. sina. com. cn/

**案例讨论**

1. 黄金海岸的销售人员是否专业？
2. 房地产营销需要理论知识指导吗？

**学习任务**

从互联网上了解我国房地产市场情况和本地区房地产项目市场营销情况，写一份概况报告。

## 1.1 营销基础知识

### 1. 市场营销的概念

市场营销（marketing）又称为市场学、市场行销或行销学，是指企业通过向顾客提供能满足顾客需要的产品和服务，促使顾客消费企业提供的产品和服务，进而实现企业目标的经营理念和战略管理活动。美国市场营销协会给市场营销下的定义：市场营销是创造、沟通与传送价值给顾客，及经营顾客关系以便让组织与其利益关系人受益的一种组织功能和程序。若把“marketing”拆成“market”（市场）与“ing”（英文中现在进行式表示方法）这两个部分，那么营销可以用“市场的现在进行式”来理解，它包括以下5个方面的含义。

（1）市场营销是一种经营理念。核心思想是以顾客为中心，企业的经营活动自始至终要围绕顾客展开，服务顾客、满足顾客需求，先予后取。

（2）市场营销是企业的一种战略管理活动。最终目的就是实现企业生存、获利和发展。

（3）企业要实现自己的经营目标，就要对顾客需求进行分析，认清消费者的需求，这要求市场调研活动的支持。目前，顾客需求的个性化特征越来越明显、变化异常迅速，企业经营需要分析顾客、跟踪顾客。

（4）要根据顾客的需要，选择目标客户，设计满足顾客需要的产品和服务。这就要求进行市场细分，按照目标客户的需求进行产品或服务的设计。

（5）要通过向顾客提供能满足其需要的产品或服务，实现企业的目标。实现目标的基础，是提供的产品或服务能够被顾客认知，激起消费者的欲望，并为顾客选择。

### 2. 市场营销的起源与发展

市场营销是随着市场经济的发展而形成的一门学科，20 世纪初期产生于美国。随着社会经济及市场经济的发展，市场营销学演变为现代市场营销学，其应用从赢利组织扩展到非营利组织，从美国扩展到国外。市场营销学已成为同企业管理相结合，并同经济学、行为科学、人类学、数学等学科相结合的应用边缘管理学科。西方市场营销学的产生与发展同商品经济的发展、企业经营哲学的演变是密切相关的。市场营销理论的发展经过 4 个阶段。

（1）初创阶段。市场营销于 19 世纪末至 20 世纪 20 年代在美国创立，源于工业的发展。这时市场营销的特点是：着重推销术和广告术，没有出现现代市场营销的理论、概念和原则；营销理论还没有得到社会和企业界的重视。

（2）应用阶段。20 世纪 20 年代至第二次世界大战结束，市场营销的发展表现在应用上，市场营销理论研究开始走向社会，被广大企业界所重视。

（3）形成发展时期。20 世纪 50 ~ 80 年代，市场开始出现供过于求的状态，市场营销受到高度重视，发展较快。

（4）成熟阶段。20 世纪 80 年代至今，市场营销学与其他学科关联，开始形成自身的理论体系，进入现代营销领域。市场营销反过来又服务于市场经济，其哲学思想已成为企业整体战略的基石。进入 21 世纪，互联网的发展应用，推动着网上虚拟市场发展，使基于互联网的网络营销得到迅猛发展。

### 3. 市场营销与推销的关系

“市场营销”同“推销”不能混为一谈。在 20 世纪 30 年代，这两个词是通用的，没有很大区别。20 世纪 50 年代以来，随着市场营销的实践和现代市场营销理论的形成，市场营销一词已有了更加丰富的内涵，与推销已不再是同义词了。

（1）市场营销最主要的部分不是推销，推销仅仅是市场营销几个职能中的一个，并且往往不是最重要的一个。如果营销人员做好识别消费者需求的工作，开发出适销对路的产品，并且做好定价、渠道工作并实行有效的促销，这些货物将会很容易地销售出去。

（2）市场营销的目标就是使推销成为多余。市场营销是关于构思、货物和劳务的设计、定价、促销和渠道的规划与实施过程，旨在促进符合个人和组织目标的交换。

（3）市场营销是一种买卖双方互利的交换，即所谓“双赢游戏”，其实质是卖方按买方的需要供给产品或劳务，使买方得到满足；买方则付出相应的货币，使卖方也得到满足，双方各得其所，而非一方获利，另一方就必定受损。

### 4. 市场营销在企业中的地位

从全世界企业管理实践看，市场营销受到不同行业企业的重视。在对市场营销的认识过程中，企业高层管理人员对营销的地位和重要性的理解也有一个演变的过程。

（1）最初地位。营销职能与生产职能、财务职能、人事职能等处于同样重要的地位，企业各个职能部门经理参与经营决策时的权重都是相等的。

（2）供过于求时的地位。当出现市场需求不足、竞争激烈、销售下降、成本提高等情况时，企业高层管理者往往会意识到营销职能确实比其他职能更为重要，因而在资源配置、部门经理决策权重等方面向营销部门倾斜。

（3）当前地位。市场营销是企业经营的核心，一切围绕市场转，一切围绕客户转。

### 5. 企业经营观念

（1）生产观念。生产观念是指导销售者行为的最古老的观念，认为消费者喜欢那些随处买得到且价格低廉的产品，企业应该注重提高生产效率、扩大生产、降低成本以扩展市场。显然生产观念是一种重生产、轻市场营销的商业哲学。20 世纪 20 年代以前，在一些发达的资本主义国家，机器制造业成长迅速，市场需求比较旺盛，企业面临的是求过于供的卖方市场，企业的中心问题是扩大生产和降低成本，提高产品质量，生产物美价廉的商品，这时企业以生产观念作为企业进行经营活动的基本指导思想。生产观念表现为“我们能生产什么，就卖什么”，即以产定销。

（2）产品观念。产品观念认为消费者欢迎那些质量好、价格合理的产品，企业应致力于提高产品质量，只要物美，客户必然会找上门来，无需推销。但事实证明，在生产规模有所扩大后，如果企业的营销努力仍集中于生产定价合理、品质优良的产品上，而对消费者的需要与愿望很少关心，则价适物美的产品不一定是畅销的产品。“营销近视症”是产品观念所导致的一种毛病，即片面地把注意力放在产品上，而不是放在消费者需求上，只看到客户购买的是自己的产品，而没有看到客户购买该产品是为了满足某种需要。因此，当生产力发展到一定水平之后，生产观念和产品观念将会给企业带来麻烦。

(3) 推销观念。从第一次世界大战后至第二次世界大战之前，资本主义已处于严重的经济危机和不景气中，市场问题十分尖锐，生产相对过剩，供过于求，此时人们考虑的不是如何大量生产、提高质量，而是如何尽可能多地把生产出来的产品卖出去。在这样的背景下，推销观念开始受到企业的重视，成为当时企业经营的基本指导思想。具体表现为："我们卖什么，人们就买什么。"当时企业的主要任务在于扩大销售，通过大量销售获取更多的利润，注意运用销售术和广告术来大肆推销。推销观念认为消费者不会因自身的需要与愿望来主动地购买商品，而是经由推销的刺激才诱使其采取购买行为，因此企业必须对现存的商品努力实行推销，否则就不能增加销售量和销售利润。在推销观念指导下，企业致力于产品的推广和广告，对客户满意与否以及能否使其重复购买，则不太重视。推销观念与生产观念、产品观念一样，本质上都是以生产为中心，没有摆脱"以产定销"这一根本的经营观念。

(4) 市场营销观念。第二次世界大战后，随着科技革命的深入，不仅产品的产量剧增，而且产品的花色和品种日新月异，市场物资越加丰富，加上消费者的购买能力和文化水平不断提高，促使消费者的需要与愿望也不断变化，在美国率先出现了全面买方市场，卖方竞争激烈，企业必须拿出相当大的力量来研究市场。这时许多大企业以市场营销观念作为指导企业进行经营活动的基本思想，具体表现为"客户需要什么，就卖什么"，"哪里有消费者的需要，哪里就有我们的机会"，等等。公司的主要任务已不是单纯追求销售量的短期增长，而是从长期观点出发来占领市场、抓住客户。市场营销观念是指企业一切规划与策略应以客户为中心，满足消费者的需要与愿望是企业的责任。

(5) 社会营销观念。资本主义企业为获取最大利润，在市场营销上不惜动用一切手段，根据"非专家购买是消费市场的特点"这一理由，运用各种手段制造购买动机，从消费者手中夺取形成消费需求的主动权。这些营销手段，日益引起消费者的不满和抵制，进入20世纪60年代，在一些资本主义国家兴起了"消费者保护主义"运动，除了以各项信息供消费者参考外，还对这些信息如何评价和利用加以教育和指导。在消费者运动中，不少国家组成了专门团体，敦促立法机关以立法保护消费者利益，1962年美国总统肯尼迪宣布了消费者权利法案，宣称消费者有获得安全的产品、取得据以制订购买决策的情报、选择产品和劳务、以某种方式投诉及得到赔偿等权利。在消费者运动的推动下，市场营销学者从20世纪70年代起提出了"社会营销观念"。

(6) 经营观念的最新发展。

1) 经营观念的发展是建立在以上各种营销观念基础上的。生产观念、产品观念和推销观念的重点相似，都不是从市场出发，而是从生产角度出发，都没有摆脱以产定销的基本观念，属于传统的经营观念。市场营销观念和社会营销观念的重点都是以客户为中心，以市场为出发点，属于现代的、新的经营观念。推销观念与市场营销观念其实质存在很大差别。推销观念属于注重卖方需要，以产定销的传统经营观念；市场营销观念则是注重买方需要，以客户需求为中心，围绕“客户需要什么，我生产什么；客户需要多少，我生产多少”来组织生产的“以销定产”的现代经营观念。从本质上说，市场营销观念是一种以客户需要与愿望为导向的哲学，是消费者主权论在企业市场营销管理中的体现。

2）经营观念的发展：4Ps→4Cs→4Rs。随着市场竞争日趋激烈，媒介传播速度越来越快，现代市场营销中的4Ps，即产品（product）、价格（price）、渠道（place）、促销（promotion）理论越来越受到挑战。到20世纪80年代，美国劳特朋针对4Ps存在的问题提出了4Cs营销理论。4Cs分别指代顾客（customer），主要是指顾客的需求；成本（cost），不单指企业的生产成本；便利（convenience），为顾客提供最大的购物和使用便利；沟通（communication），取代4Ps中对应的促销。总体看起来，4Cs营销理论注重以消费者需求为导向，与4Ps相比，4Cs有了很大的进步和发展。从企业的营销实践和市场发展的趋势看，4Cs理论依然存在不足之处。针对这样的情况，美国Don E. Schuhz提出了4Rs营销新理论，即关联（relevancy），与顾客建立关联；反应（reactivity），提高市场反应速度；关系（relation），关系营销越来越重要；回报（return），回报是营销的源泉，阐述了一个全新的营销四要素。

3）4Ps、4Cs、4Rs三者关系。三者之间不是取代关系而是完善、发展的关系。由于企业层次不同，情况千差万别，市场、企业营销还处于发展之中，所以至少在一个时期内，4Ps还是营销的一个基础框架，4Cs也是很有价值的理论和思路。因而，两种理论仍具有适用性和可借鉴性。4Rs不是取代4Ps、4Cs，而是在4Ps、4Cs基础上的创新与发展，所以不可把三者割裂开来甚至对立起来。根据企业的实际，把三者结合起来指导营销实践，可能会取得更好的效果。

### 6. 市场营销的核心概念

（1）需要、欲望和需求。

1）需要（need）是指对人类基本生存条件满足的期望，比如庇护所、安全等。

2）欲望（want）是指满足具体效用的期望，比如住宅、旅游等。

3）需求（demand）是指有购买力的欲望，如动用多年的储蓄购买一套房产居住。

（2）产品指企业提供给市场的能够满足人们需要和欲望的任何东西，包括有形物品和无形物品（服务），如住宅。

（3）顾客价值、顾客满意和质量。

1）顾客价值也叫顾客让渡价值，是顾客所得与所付出之差额。所得包括功能利益和情感利益；而所付出包括金钱、时间、精力以及体力。顾客让渡价值如图1-1所示。

2）顾客满意取决于其实际感受到的绩效与期望的差异，是顾客的一种主观感觉状态，是顾客对企业产品和服务满足需要程度的体验和综合评估。

3）质量是指产品在使用时能成功地满足用户需要的程度。

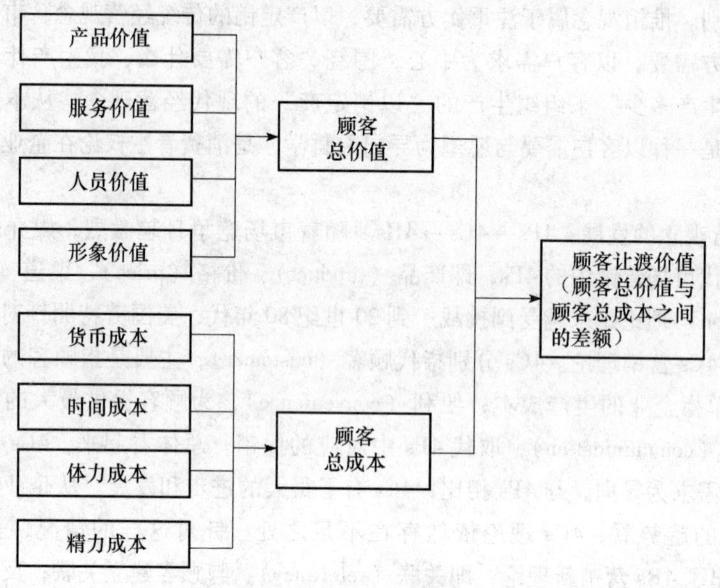


图 1-1 顾客让渡价值

（4）交换和交易。

1）交换（exchange）是指通过提供某种东西作为回报，从别人那里获得所需之物的行为。

2）交易。在交换的过程中，如果双方达成一项协议，进行以货币为媒介的买卖双方价值的交换，就称之为发生了交易（transaction）。而交换不一定以货币为媒介，它可以是物物交换。

（5）关系营销和营销网络。

1）关系营销（relationship marketing）是指市场营销者与顾客、经销商、供应商等建立、保持和加强合作关系，通过互利交换及共同履行诺言，使各方实现各自目的的营销方式。

2）营销网络（marketing network）是指企业与顾客、经销商、供应商及其他关联方建立起来的较为稳定的业务关系。

（6）市场。作为一种空间概念，市场（marketplace）是指商品买卖的场所；从市场营销学的角度，市场（market）指有某种特定需要和欲望，并且愿意而且能够通过交换来满足需要和欲望的所有潜在顾客和现实顾客。

市场 = 人口 + 购买力 + 购买欲望

（7）市场营销组合。

1）市场营销组合（marketing mix）指企业用来进占目标市场、满足顾客需求的各种营销手段的组合，即 4P 组合。

2）从价值的角度看 4P：创造价值靠产品、体现价值靠价格、交付价值靠渠道、宣传价值靠促销。

（8）市场营销者和潜在顾客。在交换的双方中，如果一方比另一方更主动、更积极地寻求交换，则前者称为市场营销者（marketer），后者称为潜在顾客（prospect）。所以，市场营销者可以是买者，也可以是卖者。

## 1.2　房地产营销的基础知识

### 1. 房地产行业与房地产企业

（1）房地产行业是指进行房地产投资、开发、经营、管理、服务的行业，属于第三产业，是具有基础性、先导性、带动性和风险性的产业。房地产业可分为房地产投资开发业和房地产服务业。房地产服务业又分为房地产咨询、房地产价格评估、房地产经纪和物业管理等。其中，又将房地产咨询、房地产价格评估、房地产经纪归为房地产中介服务业。

（2）房地产企业是指在房地产行业从事开发或经营的企业。房地产开发企业是指从事房地产开发经营业务，具有企业法人资格，且具有一定资质条件的经济实体。但是，还有一些房地产企业不具有一定资质，只能从事一般的经营活动，如房地产咨询公司、房地产估价公司、房地产经纪公司和物业管理公司等，也是房地产企业组织。

### 2. 房地产市场特点及类型

（1）房地产市场。房地产市场是指从事房产、土地的出售、租赁、买卖、抵押等交易活动的场所或领域。房产包括作为居民个人消费资料的住宅，也包括作为生产资料的厂房、办公楼等。住宅市场属于生活资料市场的一部分，非住宅房产市场则是生产要素市场的一部分。房产也是自然商品，建立和发展从事房产交易的市场是经济运行的要求。

（2）房地产市场特点。房地产市场具有交易对象和交易方式的多样性、消费和投资的双重性、供给和需求的不平衡性等特点，具体体现在：①房地产具有不可移性，因此其转移是无形权益的转移；②房地产市场是一个产品差异化的市场；③房地产市场是一个地区性市场；④房地产市场容易出现垄断和投机；⑤房地产市场的政策性很强；⑥一般人非经常性参与；⑦房地产交易的金额较大，依赖于金融机构的支持与配合；⑧房地产市场是一个专业性很强的市场，有广泛的房地产经纪人服务。

（3）房地产市场类型如表 1-1 所示。

表 1-1　房地产市场类型

| 序号 | 分类依据 | 房地产市场类型 |
|---|---|---|
| 1 | 用途 | 住宅、写字楼、商业用房、工业用房、特殊用房等房地产市场 |
| 2 | 表现形式 | 房产市场、地产市场、劳动力市场、资金市场、信息市场 |
| 3 | 供需行情 | 买方市场、卖方市场 |

（续）

| 序号 | 分类依据 | 房地产市场类型 |
|---|---|---|
| 4 | 供货方式 | 现房市场、期房市场 |
| 5 | 权益转让形式 | 买卖市场、租赁市场、抵押市场、典当市场 |
| 6 | 区域范围 | 全国、区域、大城市、中小城市等房地产市场 |
| 7 | 交易场所 | 有形市场、无形市场（网上交易） |
| 8 | 交易关系 | 房源、客源 |
| 9 | 市场层次 | 一级市场（土地）、二级市场（商品房）、三级市场（二手房） |
| 10 | 市场主体 | 消费房地产市场、投资房地产市场 |

### 3. 房地产市场波动

房地产市场波动，指从长期看房地产市场会呈现出一种有规律的上升和下降的周期性变化。房地产市场周期大体有如下几个阶段。

（1）上升期（复苏）。这一时期可描述为“消费需求夹杂着投资需求增加的时期”。主要特征有：租金和售价几乎同步上涨；二手房屋的价格上涨。在这一阶段的初期，房屋空置率略高于正常水平，随后，需求的不断增加使房屋空置率不断下降。到这一阶段后期，房屋空置率下降到正常水平。

（2）高峰期（兴旺）。需求继续增加，但增加的势头逐渐减弱，并在此阶段的后期，需求开始出现减少的势头。这一时期可描述为“投资需求夹杂着消费需求增加的时期”。主要特征有：售价以比租金快得多的速度上涨；新房换手快，交易量大；大批开发项目开工；房屋空置率也经历了在上升期的基础上继续下降到该阶段后期开始上升的过程。

（3）衰退期（平淡）。这一时期的主要特征有：新房销售困难，投资者纷纷设法将自己持有的房地产脱手，旧房交易量大；售价以比租金快得多的速度下降；房屋空置率上升。

（4）低谷期（萧条）。需求继续减少，新的供给不再产生或很少产生。主要特征有：市场极为萧条，交易量很小；开发项目开工率低；消费需求依市场惯性减少，租金下降。

### 4. 房地产供给与需求

（1）房地产供给是指房地产开发商和拥有者（卖者）在特定时间，以特定价格所愿意且能够出售的该种房地产的数量。决定房地产供给量的因素主要有：①该种房地产的价格水平，价格越高，开发该种房地产就越有利可图，供给量就会越多；②该种房地产的开发成本，开发成本上升会减少开发利润，从而会使供给减少；③该种房地产的开发技术水平，技术水平提高可以降低开发成本，加大供给；④开发商对未来的预期，预期看好，会使未来的供给增加。

(2) 房地产需求是指消费者在某一特定的时间内，在每一价格水平下，对某种房地产所愿意并且能够购买（或承租）的数量。房地产市场需求是所有消费者需求的总和，其种类包括消费性需求、投资性需求、投机性需求、盲目性跟风需求。决定房地产需求量的因素主要有：①该种房地产的价格水平；②消费者的收入水平；③消费者的偏好；④相关房地产的价格水平；⑤消费者对未来的预期。

(3) 房地产供求平衡。在一定时间、一定区域内房地产的供给量等于需求量，叫做房地产供求平衡。这是一种理想的状态，在现实中房地产供求是很难达到平衡的，需要政策上适当调控。

(4) 房地产泡沫。房地产中最容易出现“泡沫”的，第一是土地，第二是楼花(期房)，第三是新建成的商品房。存量旧房一般难以出现“泡沫”。房地产“泡沫”的形成原因：一是群体的非理性预期；二是过度的投机炒作。其中，对房地产价格看涨的共同预期是形成房地产“泡沫”的基础。判断房地产是否有“泡沫”的方法，简单的衡量指标有房价与房租之比（又称“毛租金乘数”、“租售比价”)、入住率。房价与房租之比，有一个合理的倍数，一般为 10 倍左右。如果房价与年房租之比大大高于这个倍数，则说明房价有“泡沫”。从入住率来看，只要有人住，“泡沫”的危险就不大，反之，没有人住，“泡沫”的危险就存在。“泡沫”表面上看起来是供不应求，实际上是供大于求。

### 5. 房地产市场营销概念

随着房地产市场的成熟和发展，市场营销扮演着越来越重要的角色。房地产市场营销是房地产企业在房地产市场上进行的营销活动。具体定义为：房地产企业适应动态变化着的房地产市场所开展的创造性活动，以及由这些活动综合形成的房地产商品、服务和信息从企业流向消费者的社会活动和管理过程。房地产市场营销是一个涉及财务支持、产品支持、成本控制、人力资源管理等各个部门业务的有机整体和开放系统。

(1) 房地产市场营销系统是由一系列相关要素构成。从大的方面来看，有宏观、微观两种要素。宏观要素是指国家及地方政府有关房地产市场营销的政策体系与内容以及社会经济背景环境；微观要素是指房地产开发经营企业围绕企业经营所投入的要素，企业的各个部门、每个人员都实际参与市场营销活动。

(2) 房地产市场营销系统的运行结构也是由输入、过程及输出三个部分构成。一是房地产市场营销系统运行中资源的输入、过程、输出；二是房地产市场营销战略的输入、过程、输出。

(3) 房地产市场营销具有特定目标。首先是通过房地产市场营销使房地产购买者的需求或欲望得到满足；其次是以营利为目的，追逐更多的长期利益；最后是推进房地产业以及社会经济的整体发展。

(4) 房地产市场营销系统具有环境相关性。房地产市场营销系统是一个开放的系统，系统环境要素对房地产市场营销系统具有重大影响，它可能为房地产市场营销活动提供机会、条件和激励，也可能对房地产市场营销活动产生制约，形成障碍。

### 6. 房地产市场营销特征

（1）房地产营销产品的特征：①开发周期长；②投入金额大、风险性高；③产品差异性大；④产品不可移动性。

（2）房地产营销机构的特征。按照开发经营活动顺序，房地产营销机构大致包括以下几类：①投资咨询机构；②市场调研机构；③项目策划机构；④规划设计机构；⑤建筑施工机构；⑥工程监理机构；⑦销售代理、市场推广机构；⑧物业管理机构。因此，它是一个多领域专家共同谋划的大工程，这些专家共同组成了房地产营销的智力结构系统。

（3）房地产市场营销的特征。主要从房地产经纪人在房地产市场营销活动中体现出来。

1）在房地产一级市场上，房地产市场营销活动主要分为：项目筹划与地块研究、产品设计与规划、项目策划与销售三大阶段。实际上在第一阶段经纪人很少参与，房地产经纪人一般在产品规划设计阶段开始介入。产品规划设计阶段的工作包括项目的市场定位、开发建议和工程施工监理。项目市场定位的内容有产品定位、客户定位和形象定位；开发建议是指从市场角度对产品设计提出要求，是市场需求和产品规划设计的桥梁，一般包括户型、功能等内容。房地产经纪人一般不参与工程施工与监理的工作，但会就施工和销售现场的协调提出建议，以保证销售效果。项目策划与销售阶段的工作内容包括：项目定价、项目市场推广和项目销售。在项目定价中，房地产经纪人需要制定价目表、确定价格策略，并在销售中根据实际情况进行价格调整；市场推广阶段的工作有卖点挖掘、市场推广费用分析和市场推广组织；在项目销售过程中，房地产经纪人应制定销售方案、细化销售流程、控制销售过程并进行相应的促销工作。

2）房地产经纪人在房地产二级市场上主要从事房地产转让、房地产租赁和其他房地产居间业务。由于房地产商品的复杂性，交易双方需要花费很多时间、精力去谈判，达成协议，房地产经纪人的居间撮合有助于交易双方明晰各自的权益，从而可以极大地降低交易风险，提高效率，节省交易成本。在房地产转让业务中，房地产经纪人的工作主要有寻找房源、市场推广、居间撮合和过户办证等；在房地产租赁业务中，房地产经纪人同样需要寻找房源、进行市场推广和居间撮合等活动。除了租赁和转让，房地产经纪人在房地产二级市场上的业务还包括项目转让、土地使用权转让、代办服务和投资顾问等。

### 7. 房地产市场营销流程

房地产市场营销流程，如图 1-2 所示。

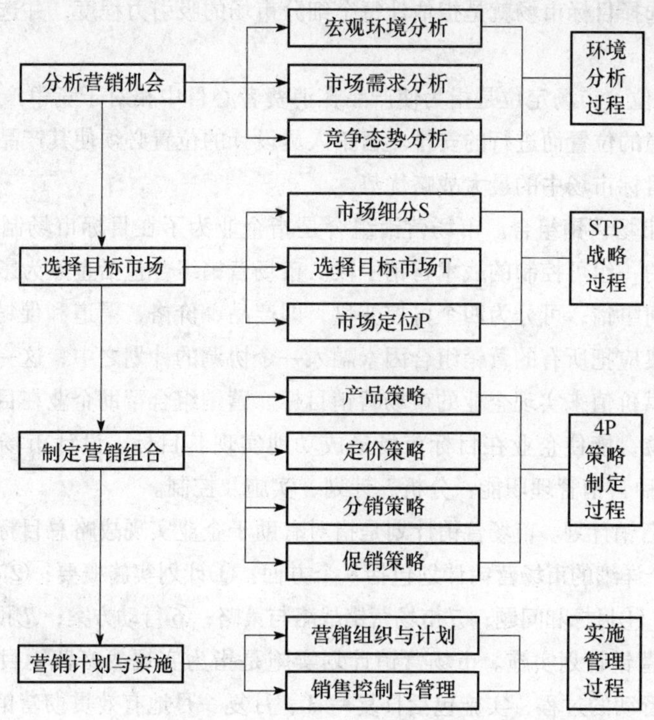


图 1-2　房地产市场营销流程

（1）市场营销环境分析。市场营销的职能始于市场营销环境的全面分析，企业通过分析市场营销环境，可以找到有吸引力的机会和避开环境中的威胁因素。市场营销环境分析包括外部环境分析和内部环境分析。

1）外部环境分析。包括外部宏观环境分析和外部微观环境分析。外部宏观环境分析有政治环境分析、经济环境分析、社会环境分析、技术环境分析、人口分布环境分析和自然环境分析等；微观环境分析包括供应商分析、竞争者分析、中介机构分析、客户和公共机构分析等。

2）内部环境分析。主要是对企业内部经营状况的分析，包括：优势分析、劣势分析、机会分析和威胁分析等。

（2）目标消费者分析。企业为了在日益竞争激烈的市场中获胜，必须以客户为中心，市场营销必须先了解客户的需求和欲望，仔细地分析了解消费者。目标消费者分析过程包括 3 个步骤。

1）市场细分。市场细分就是从消费者需求的差别出发，以消费者的需求为立足点，将市场分为具有不同需要、特征或行为的子市场，从而把消费者划分为需要不同产品的不同购买者群体，以便选择适合企业的目标市场。

2）选择目标市场。企业在划分好细分市场之后，可以进入既定市场中的一个或多个细分市场。选择目标市场就是指估计每个细分市场的吸引力程度，并选择进入一个或多个细分市场。

3）市场定位。市场定位是指为使产品在消费者心目中相对于竞争产品而言占据清晰、特别和理想的位置而进行的安排。营销人员设计的位置必须使其产品有别于竞争产品，并取得在目标市场中的最大战略优势。

(3）设计市场营销组合。市场营销组合是指企业为了在目标市场制造它想要的反应而混合采用的一组可控制的战术营销手段。市场营销组合包括企业为影响对其产品的需求而做的任何事情，可分为四个可控变量，即产品、价格、渠道和促销（4Ps 理论）。有效的营销方案应把所有的营销组合因素融入一个协调的计划之中，这一协调的计划通过向消费者提供价值来实现企业的市场营销目标。营销组合帮助企业在目标市场建立强有力的市场定位，能使企业在目标市场最成功地实现其目标。设计市场营销组合，除4P 外还包括四种营销管理职能：分析、计划、实施及控制。

(4）市场营销计划。市场营销计划是指对有助于企业实现战略总目标的营销战略做出的安排。一个详细的市场营销计划包括 8 个方面：①计划实施概要；②市场营销现状；③威胁和机会；④目标和问题；⑤市场营销战略与策略；⑥行动方案；⑦预算；⑧控制。

(5）市场营销计划实施。市场营销计划实施是指为实现战略营销目标而把营销计划转变为营销行动的过程，实施包括日复一日、月复一月地有效贯彻营销计划活动。市场营销计划实施需要回答 5 个问题，概括起来简称“4W1H”，即谁（who)、何时(when)、何地（where)、原因（why)，以及怎样（how)。市场营销系统中各个层次的人员必须通力实施市场营销战略和计划。成功的市场营销实施取决于企业能否将行动方案、组织结构、决策与奖励制度、人力资源和企业文化等5 大要素组合出一个能支持企业战略的、结合紧密的方案，即统筹内外资源来实施市场营销计划。

(6）市场营销控制。市场营销控制包括估计市场营销战略和计划的成果，并采取正确的行动以保证实现目标。控制过程包括4 个步骤：①管理部门设定具体的市场营销目标；②衡量企业在市场中的业绩；③估计希望业绩和实际业绩之间存在差异的原因；④管理部门采取正确的行动，以弥补目标与业绩之间的差距。

### 8. 房地产市场营销战略

房地产市场营销战略包括市场发展战略和市场竞争战略。

(1）房地产市场发展战略，如表 1-2 所示。

表 1-2 房地产市场发展战略

| 房地产市场发展战略 | 房地产市场发展方式 |
|---|---|
| 密集发展战略 | 市场渗透、市场开发、产品开发 |
| 一体化发展战略 | 后向一体化、前向一体化、水平一体化 |
| 多角化发展战略 | 同心多角化、水平多角化、集团多角化 |

1）密集发展战略，又称集约发展战略，是指房地产企业在现有业务中寻找迅速提高销售额，增长发展机会的战略。该战略有 3 种发展方式，即市场渗透、市场开发和产品开发，如图 1-3 所示。

|  | 现有产品 | 新产品 |
|---|---|---|
| 现有市场 | 市场渗透 | 产品开发 |
| 新市场 | 市场开发 | 多角化 |

图 1-3　产品—市场发展矩阵

2）一体化发展战略是指房地产开发企业在供应、产销方面的业务链上拓展业务领域，以增强企业优势和竞争力。其发展方式分为后向一体化（发展上游产品业务，如建材），前向一体化（发展下游产品业务，如营销中介）和水平一体化（收购、兼并同类企业）。

3）多角化发展战略是指房地产企业增加产品种类，跨行业生产经营多种产品和业务，扩大市场范围，充分利用企业现有资源，提高企业经济效益。其发展方式可分为同心多角化（利用现有技术和市场扩张业务范围）、水平多角化（利用现有市场、采用不同技术发展新产品扩张业务）、集团多角化（采用新技术和新市场扩张业务）。

（2）房地产市场竞争战略就是房地产企业如何取得竞争优势的战略途径，主要有 3 种：总成本领先战略（成本在同行中最低）、差别化战略（产品、服务或形象独特，与竞争对手不同）和集中战略（集中力量于目标市场，取得局部区域竞争优势），如表 1-3 所示。

表 1-3　房地产市场竞争战略

| 市场竞争战略（通用） | 所需的技能和资源 | 组织要求 |
|---|---|---|
| 总成本领先战略 | 大量的资本投资和良好的融资能力大规模开发的能力 | 严格的成本控制<br>组织严密、责任明确、奖惩力度大 |
| 差别化战略 | 强大的营销能力<br>产品独特<br>质量或技术声誉卓著 | 研究与开发和营销部门的和谐合作 |
| 集中战略 | 针对具体战略目标，能够聚集强大资源和技能 | 执行力强 |

（3）不同市场地位房地产企业竞争战略的选择。房地产企业在市场上地位不同，竞争战略也不同，有市场主导者（主导市场作用）、市场挑战者（力量仅次于主导者）、市场追随者（仿效市场主导者）和市场利基者（在细分市场的空缺位置专业化经营），如表 1-4 所示。

表 1-4　市场地位与竞争战略

| 房地产企业市场地位 | 市场竞争战略 | 通用市场竞争战略 |
|---|---|---|
| 市场主导者 | 扩大市场需求总量、保持市场占有率、提高市场占有率 | 总成本领先战略<br>差别化战略 |
| 市场挑战者 | 战略目标与攻击对象：市场主导者、实力相当者、实力弱小者<br>选择进攻战略：正面、侧翼、包围、迂回、游击进攻 | 总成本领先战略<br>差别化战略 |

（续）

| 房地产企业市场地位 | 市场竞争战略 | 通用市场竞争战略 |
| --- | --- | --- |
| 市场追随者 | 紧密追随、有距离追随、有选择追随 | 差别化战略<br>集中战略 |
| 市场利基者 | 找到细分市场的空缺位置<br>专业化市场营销 | 差别化战略<br>集中战略 |

## 9. 房地产市场营销管理

市场营销管理是为了实现企业目标，创造、建立和保持与目标市场之间的互利交换关系，而对设计方案的分析、计划、执行和控制。市场营销管理的本质是需求管理，发现和创造需求，或者改变或降低需求，要吸引新的盈利性客户并保留现有的盈利性客户。根据需求水平、时间和性质的不同，市场营销管理的任务也有所不同，市场营销管理有 8 大类型。

（1）负需求—扭转性营销。

1）需求状况：负需求，即全部或大部分潜在购买者对某种产品或服务不仅没有需求，甚至厌恶。

2）营销任务：扭转需求，把负需求变为正需求，称为改变市场营销。

（2）无需求—刺激性营销。

1）需求状况：无需求或对产品不了解而没有需求。

2）营销任务：激发需求，通过有效的促销手段，把产品利益同人们的自然需求及兴趣结合起来，在预期收益上做文章，创造需求、刺激需求，引起消费者的兴趣。

（3）潜在需求—开发性营销。

1）需求状况：潜在需求，即相当一部分消费者对某物有强烈的需求，而现有产品或服务又无法使之满足的一种需求状况。

2）营销任务：实现需求，设法开发能满足潜在需求的产品或服务，即开发市场营销。

（4）不规则需求—平衡性营销。

1）需求状况：不规则需求，即在不同时间、季节需求量不同，因而与供给量不协调。

2）营销任务：调节需求，设法调节需求与供给的矛盾，使二者达到协调同步。市场营销的任务是通过灵活的定价、促销及其他激励因素来改变需求时间模式，这称为平衡性（同步）营销。

（5）下降需求—恢复性营销。

1）需求状况：需求衰退，即消费者对产品的需求和兴趣从高潮走向衰退。

2）营销任务：恢复需求，设法使已衰退的需求重新兴起。应找出原因，通过改变产品的特色，采用更有效的沟通方法再刺激需求，即创造性的再营销，或通过寻求新的目标市场，以扭转需求下降的格局。

（6）充分需求—维持性营销。

1）需求状况：充分（饱和）需求，指当前的需求在数量和时间上同预期需求已达到一致。

2）营销任务：维持需求，设法改进产品质量及不断估计消费者的满足程度，维护现有的销售水平，防止出现下降趋势。

（7）过量需求—限制性营销。

1）需求状况：过量（过剩）需求，即需求量超过了卖方所能供给或所愿供给的水平。

2）营销任务：限制（降低）需求，通常采取提高价格、减少服务项目和供应网点、劝导节约等措施使需求减少，及时降低市场营销。最好选择那些利润较少、要求提供服务不多的目标顾客作为减缓营销的对象，减缓营销的目的不是破坏需求，而只是暂缓需求水平。

（8）有害需求—抑制性营销。

1）需求状况：有害需求，即市场对某些有害物品或服务的需求。

2）营销任务：消除（消灭）需求，强调产品或服务的有害性，通过减少可购买的机会或通过立法禁止销售来消灭某些有害的需求，称为反市场营销。

## 实践经验

### 营销管理心得及时写　好处多

营销人员及时写营销管理心得是一种职业习惯，有很多好处。

（1）巩固工作收获。当接触了一个客户，或实施了一项工作后，觉得有些收获，但如果放在一边不思考与整理，当时的感受就会慢慢淡忘。通过写工作心得体会，将工作的感悟建构在自己知识体系中，内化为自己的智慧结构，并对后期的工作进行指导和实践，这才是从工作中得到的真正收获。

（2）清理工作思路。完成一件工作后，往往感觉很有收获，这时脑子里的一些想法是模糊和杂乱的，将它们写下来，可以将暂存在大脑中的各种想法进行一番清理，形成思路清晰的工作头绪。

（3）提升表达能力。写心得的主要目的是提高自己。书写心得的过程，同时也是组织语言、总结工作，以及对把握重点的能力的综合锻炼。养成写作工作心得的习惯，可以提高语言表达能力、逻辑思维能力和理解力。

### 10. 房地产营销人员的素质

（1）礼节修养。

1）个人形象。营销人员的个人形象蕴涵着公司的企业文化，折射出企业的形象，在某种程度上也代表着楼盘的形象。它能够拉近与顾客的距离，减少顾客的疑虑，提高亲和力，进而促使顾客产生购买行为，达成交易。因此，营销人员应保持整洁的仪表、亲和力较强的仪容；具备主动积极、面带微笑、亲切诚恳的态度；保持进退有序的、规范的礼节；拥有流利的口才、收放自如的交谈能力等。

2）电话礼节。在通信高度发达的今天，电话常常是营销人员与顾客交谈的主要沟通手段之一，电话礼节也是营销人员应具备的素质之一。通过电话给客户留下良好的印象，有利于营销工作的开展。因此，接听电话要采用正确的接听方式和礼貌用语。如接听电话时，一般先主动问候“这里是某某花园或公寓，您好”，之后再开始交谈；在与顾客交谈时，声音一定要自然、亲切、柔和，让顾客感到愉快并愿意进一步联系，并设法获得企业想要的信息。

3）接待顾客时的礼节。良好的仪容和着装、诚恳的微笑能给客户较好的第一印象。因此，接待顾客时应留意和客户目光的交流，既能了解客户心理活动，又符合国际惯例；同时，还应留意引领客户看房时及客户离开时的礼仪，如顾客进门时，营销人员应立即上前，热情接待，主动招呼，以提醒他人留意。

（2）知识结构。房地产营销人员应有较强的求知欲和广博的知识。丰富的房地产知识是营销人员做好房地产营销的重要条件。一个好的房地产营销人员不仅仅是熟悉本行业的行家，而且要熟悉当地社会的风土民情，具有广泛的社会知识。

1）房地产企业相关知识信息。应熟悉房地产开发企业或房地产营销代理企业的历史及其在同行业中的地位；房地产企业发展历程、企业文化；房地产企业已开发的产品、品牌、社会知名度等。了解本企业的优势，可以增强营销人员的信心。

2）房地产开发有关知识信息。主要包括房地产的地点、交通、位置、环境、总建筑面积、占地面积、容积率、建筑物覆盖率、绿化率；房地产产品的结构、功能、用途、价格、得房率及物业管理知识；竞争楼盘的有关情况、本楼盘的卖点，以及与其他竞争对手的产品优劣比较。营销人员只有对产品的认识多于顾客，才能解答客户对产品的使用、功能等方面提出的各种问题，才能增强营销人员成功推销房地产产品的信心，增加成功说服客户做出购买决定的机会。

3）顾客有关的知识信息，包括购房者的购买动机、购买心理和购买习惯；谁是购买决策人，影响购买决策者的人有谁，在购买者家庭中扮演什么角色和地位，其家庭收入情况如何？此外，还包括其支出模式，以及购买的方式、条件、时间、偏好等有关信息情况。

4）房地产产业和市场行情有关知识信息，包括目前顾客情况如何？怎样才能增加购买量？潜在用户在哪里？潜在的销售量有多大？以及国家有关房地产政策法规等规定，房地产企业占有的市场信息有多少等。

5）房地产销售有关法律法规等知识信息。房地产营销人员应了解民法、合同法、商标法、广告法、反不正当竞争法、消费者权益法、城市房地产管理办法、房地产销售管理办法等知识。

(3) 敬业精神。营销人员是房地产企业与顾客间沟通联系的桥梁，是企业文化、社区文化和楼盘主题概念传播的窗口，并肩负着不断开拓新顾客维系老顾客的重任。因此，营销人员应热爱本职工作，具有企业的使命感和迫切完成营销任务的责任心，具有坚忍不拔的进取精神与扎实的工作作风，具有一股勇于进取、积极向上的敬业精神，才能扎扎实实地做好营销工作。但是，营销人员的工作往往困难重重、环境艰苦，有时营销人员甚至会遭受顾客的白眼，所以，营销人员更应该积极发掘销售机会，掌握好适当的销售时机，尽可能促成顾客购买。

(4) 心理素质。房地产营销人员应具备自知、自信、自尊、自爱、乐观开朗、坚强奋进的心理素质，了解职业、了解客户、了解企业，才能开展好销售工作。乐观、豁达、越挫越坚的性格和良好的心理素质，是优秀的营销人员必备的基本素质之一。

(5) 职业道德。职业道德是指从事一定职业劳动的人，在特定的工作和劳动中以其内心信念和特殊社会手段来维系，以善恶进行评价心理意识、行为原则和行为规范的总和。房地产营销人员除掌握必要的专业知识和其他知识外，还应该具备良好的职业道德素质，如守法经营、以诚为本、恪守信用、尽职尽责、团结合作等，良好职业道德是房地产营销成功的要素。

(6) 身体素质。营销人员在销售旺季每天要接触大量的人员，客户离开后还要对当天的客户各种信息和有关资料进行归类整理、统计和分析，这些信息对企业非常珍贵。因此，必须有好的身体素质，才能精神抖擞，满怀信心地应对繁忙的工作。

**11. 房地产营销人员的能力**

(1) 创造能力。营销人员需要有较好的创造力和坚强的信念，对行业、企业和市场了解得越深就会越有创意。任何时候，营销人员都不能使对方受到强制的感觉。面对营销人员的客户，本来就有一种抗拒感，若再加上受强制的感觉，营销人员就很难与之进行有效的沟通交流。因而有人说，杰出的推销员，给客户的是期待而不是强制。

(2) 判断及察言观色的能力。由于房地产市场环境和顾客凸显的个性日益复杂化，而且受许多因素的制约，这就要求营销人员在营销过程中，要具有极大灵活性，要有敏锐的观察能力，因人而异地选取推销方式，并随时观察顾客对推销陈述和推销方式的反应，揣摩其购买心理的变化过程，有针对性地改进推销方法，提高推销的成功率。

(3) 自我驱动能力。推销，简单地说就是将产品卖给顾客。它是一项专业性较强的工作，很多人之所以无法成为出类拔萃的推销员，主要原因是无法战胜自己。要成为一个成功的推销员，首先要做到不服输，这并不意味着跟别人较量，它更应该是指跟自己较量，战胜自己，确立绝不言败的个性及信念。

(4) 人际沟通的能力。营销人员必须有沟通能力，能在很短时间内缩短与客户之间的距离，找到谈话的共同点，同时让客户接受自己，让顾客愿意将自己的想法意见说出来，彼此形成良好的合作关系，就离成功近了一步。

（5）从业技术能力。营销人员应熟悉房地产市场交易法规、程序，具有策划和组织小型促销活动的能力，具有一定的文案写作能力，具有丰富的房地产市场知识并能灵活运用的能力，能为消费者提供合意的方案，能针对不同类型的消费者从不同的角度作不同的方案，对房地产市场信息能做出正确的分析和判断，这样才能为客户提供优质的服务。

（6）说服顾客的能力。营销人员要能熟练地运用各种推销技巧，成功地说服顾客。同时要熟知推销工作的一般程序，了解顾客的购买动机和购买行为，善于展示产品，善于接近顾客，善于排除异议直至达成交易。

此外，营销人员还应树立双赢理念，做好置业顾问。由于营销人员代表企业利益、同时也要为顾客着想。重视顾客利益、满足顾客需要是保证销售成功维护企业利益的关键。

## 思考题

1. 比较房地产市场与其他市场的异同点。
2. 比较房地产市场营销与其他市场营销的异同点。

## 实训题

撰写我国房地产市场情况和本地区房地产项目市场营销情况综合调研报告。

## 实训指导

1. 5~8 人一组，每组完成实训项目。

2. 从互联网上了解我国房地产市场情况和本地区房地产企业市场营销情况，主要参考网址如下。

[1] 中国房地产行业网［OL］. http://www.cingov.com.cn/

[2] 中国房地产信息网［OL］. http://www.realestate.cei.gov.cn/

[3] 中国房地产门户网站——搜房地产网［OL］. http://www.soufun.com/

[4] 焦点房产网［OL］. http://house.focus.cn/

[5] 南京房地产专业网站［OL］. http://www.e-njhouse.com/

[6] 南京房地产家居门户网站-365 地产家居网［OL］. http://www.house365.com/

[7] 万科公司网站［OL］. http://sh.vanke.com/

[8] 栖霞建设网站［OL］. http://www.chixia.com/

[9] 当地房地产政府网

3. 调研报告要求用自己的语言组织，不允许大段抄袭别人的文章，要求报告字数 1 500~2 000 字。

# 第 2 章
# 房地产营销策划基础知识

## 学习目标

1. 了解策划的概念、特点和基本方法

2. 熟悉房地产营销策划的发展过程、房地产营销策划误区

3. 掌握房地产营销策划的概念、特点、种类、原理与主题，掌握房地产营销策划的原则、模式和流程以及房地产策划人员的知识和能力要求

## 技能要求

1. 能够对当地房地产营销代理业的发展现状进行调查分析

2. 能够对当地房地产营销代理企业的业务种类和业务操作流程等进行调查分析

3. 能够区分房地产营销策划的种类、模式，具备进一步学习房地产营销策划专业知识和营销策划流程的能力

4. 能够对当地房地产项目营销策划的模式、流程进行调查和分析

## 案例：宁波房地产营销策划成功之法

营销之于房地产，虽不能生成需求，却能促进需求。因此，当市场观望情绪浓厚，买卖双方处于胶着状态时，除了提高产品品质、提升内功外，营销活动的开展及创新是非常必要的，谁的营销策略棋高一着，谁就将成功突围。一场成功的营销，不仅可以为楼盘造势、提高知名度，更能为楼盘后期的销售积攒人气。

纠结的 2011 年楼市使得宁波的房企们已经不能仅靠传统的营销方式进行销售，许多创新式的营销方法也成为这个楼市冬天中难得的亮点。

**方式一：楼市低迷　以价换量走为上**

2011 年的宁波楼市一如预料般在调控中走入了低谷。限购使观望的心态成为了市场的主流。不过随着时间的推进，调控并没有因此而放松，而政策影响下之下的宁波房企却受到了资金紧张的困扰。年中之后，宁波多个房企开始寻觅新的破市之法，以价换量成为了调控之下最为常见的一种方式。虽然宁波楼市中的打折优惠之风盛行，但是从优惠幅度上来说，仍旧没有达到一线城市的折扣幅度。从楼盘的看盘价格来看，虽然比

之前预期有所下降，但是还未到着急跑量的阶段。不过，随着2012年楼市调控的深化，可以预见，以价换量走为上势必将为更多的开发商所采用。

**方式二：差价赔付解决购房者后顾之忧**

房价的下行趋势越发明显，购房者买房的决心就越不坚定。买了怕跌，不买又怕错过——在这种心理的作用之下，很多购房者始终难以决断。另一方面，对于已经开盘销售的项目来说，当面对周边新盘的降价促销时，应对难免乏力。降了怕老业主心里不平衡，不降又意味着只能煎熬着。所以，差价赔付可以被当做是开发商在楼市趋紧情况下打破市场僵局的中庸之法。2011年8月2日，镇海郁金香中心项目封盘进行价格调整。半月之后，郁金香中心推出买即送66折优惠券，老业主可直接获取66折优惠券一张。这可以说是最为原始的一种差价赔付的手法。虽然没有全额赔付，但是66折的优惠券也使得老业主弥补了价格上的损失，而封盘降价的这种营销方式更是引起了宁波楼市的极大震动。时隔3个多月，宁波首个正式的差价赔付项目诞生——2011年12月15日，开元九龙湖畔项目三期联排别墅项目成为了楼市调控中首个承诺“降价补差价”的楼盘，而这种营销方式也获得了市场的欢迎。在楼市政策持续的背景之下，甬城其他项目或将跟进。

**方式三：明星助阵 剧组加盟 宁波楼盘带“星”味**

2011年，宁波多个楼盘也与国内演艺人士剧组牵手，使得宁波楼盘“星”味十足。几部耳熟能详的电视剧就在宁波多个楼盘的样板间中开拍，剧组与楼盘相结合可谓各取所需。楼盘通过剧组取得了全国性的曝光率，剧组则可以借助楼盘的样板间及布置好的现场作为拍片现场，百万元以上的豪装样板间在宁波并不少见，但是对于剧组来说确实不可多求。

**方式四：周末主打温情牌 独乐乐不如众乐乐**

作为传统的一种营销方式，周末一直都是各大楼盘给业主们营造气氛和展现日后社区文化的一个绝佳时候。与2010年相比，2011年周末营销活动的密度和创新有了非常大的变化。为了争夺有限的客户资源，各大楼盘在活动的安排上可谓煞费苦心。比如，万科就把最为流行的游戏疯狂的小鸟搬到了现场；奥克斯则引入了义卖，活动现场也是欢声笑语不断。除了创新式的营销活动之外，宁波多个楼盘更在周末打起了亲情牌，各种家庭节活动闪亮登场。万科的家庭节、社区运动会更是持续多月，已然成为了万科业主们的独有节日。

**方式五：电商平台开创楼市营销新思路**

在众多的营销活动中，电子商务平台的兴起成为了2011年宁波楼市的一道独特的风景线。把租房、买房放到网上，依托网络平台进行网上交易已然成为了现实。2011年，以搜房网“狂拍团”的面市为标志的电商元年带给房地产市场诸多期待，而年终盘点时一串辉煌的数字则将期待化为了惊喜：搜房网“狂拍团”产品累计在全国314

个城市全面展开，参与活动房源近 8 万套，创造销售额近 300 亿，为购房者争取的优惠总额超过 12 亿元，惠及全国百万购房者。在甬城，搜房网狂拍团也是创造了多个记录。2011 年 6 月 16 日，宁波首个搜房拍项目四明城市广场正式上线，在短短的半个月时间内，创造了近百人抢购的轰动场面。6 月 27 日，宁波第二个搜房拍项目东方蜜月城堡上线。作为一个以旅游地产为主的项目，通过网上推广，最终一个深圳的网友通过网络拍卖竞得。2011 年 8 月 24 日，宁波首个搜房狂项目海顿公馆正式推出，三日报名破百，最终 800 人哄抢成就了甬城另一个奇迹。2012 年，电子商务平台更加成熟，而这或许将成为楼市低谷中，宁波楼盘的另一条可行之路。

资料来源：中国第一房产电子杂志网 http://www.yuedutong.com.

**案例讨论**

1. 哪些策划方法值得你所在的城市采用？
2. 房地产营销策划有哪些作用？

**学习任务**

从互联网上了解我国房地产营销代理行业情况和本地区房地产营销代理公司营销策划情况，写一份概况报告。

## 2.1　策划的基本知识

### 1. 策划及作用

(1) 策划是指人们为了达成某种特定的目标，借助一定的科学方法和艺术，为决策、计划而构思、设计、制作科学行动方案的过程。策划是一种对未来采取的行动做决定的准备过程，又称“策略方案”和“战术计划”（strategical planning/tactical planning)。通俗地说，策划就是一种策略、筹划、谋划或者计划、打算，它是个人、企业、组织机构为了达到一定的目的，充分调查市场环境以及相关环境的基础之上，遵循一定的方法或者规则对未来即将发生的事情进行系统、周密、科学地预测并制定科学的可行性的行动方案，同时在发展中不断地调整以适应环境的变化，从而制定切合实际情况的科学方案就叫做策划。策划一般分为商业策划、创业计划、广告策划、活动策划、营销策划、网站策划、项目策划、公关策划、婚礼策划、战术策划、战略策划等。

(2) 策划 = 策略方案的思考 + 计划编制。策略方案的思考又称策略性思考，指的是为达成某种设计，所需采用的方法论的思考与设计；计划编制是指按照已经确定的方法论，编制具体行动的计划的过程。

(3) 策划的作用。作为市场营销的重要手段、市场推广行为的纲领与灵魂，策划的最大作用在于对销售的推动和促进。房地产营销策划的作用是加快房屋销售进度和提高资金回笼速度。

### 2. 策划的特点

策划有以下 7 个主要的特点。

（1）策划的本质是一种思维智慧的结晶。

（2）策划具有目的性。

（3）策划具有前瞻性、预测性。

（4）策划具有一定的不确定性、风险性。

（5）策划具有一定的科学性，是建立在调查的基础之上进行的预测、筹划。

（6）策划具有创意性，是思维智慧的结晶，策划的灵魂就是创意。

（7）策划具有可操作性，这是策划方案的前提，如果策划没有可操作性，再有创意也是一个失败的策划方案。

### 3. 策划的基本方法

策划基本方法有 9 种。

（1）相关专题调查法。调查方法是进行比较大的策划的基本方法，好的策划方案无不建立在相关调查的基础之上。随着竞争的加剧和市场的细分，相关调查也趋向“专题调查”。如：用户需求调查、商品或服务缺陷调查、产品调查、行业发展趋势调查、竞争对手调查等。通过细化的专题调查，获得充分的项目相关信息，并加以分析、比较，再加上行业信息的补充，就可以大致确定策划项目的运作方向、切入点、进程、节奏、实施步骤及所要达到的目标，并由此决定企业相关资源的分配以保证策划的实现。

（2）观察法。观察是策划人了解外界事物、获得直接感受或经验的基本方法。离开实地的、现场的观察，策划人便无从获得第一手资料和对事物的直觉判断。因此，策划人出于职业需要，要练就一双“慧眼”，勤于观察、善于观察，在观察中发现差别或联系，发现蛛丝马迹中蕴藏的信息，再“去粗取精、去伪存真”，于细微处洞察未来。如观察顾客对哪些促销措施反响热烈，对哪些促销措施反应平平。这种观察多了，积累的经验多了，就会心中有数、出手不凡。

（3）征询意见法。策划人在着手策划之前，运用征求意见的方法获得更多的信息，并借此打开或拓宽策划思路。除了征询专家的意见之外，最主要的是征询用户特别是最终用户或直接用户的意见，要请他们发表意见，作为策划新的活动的依据。

（4）组合信息法。策划过程中定期或不定期地将得到的孤立信息加以浓缩、组合。孤立的信息也许仅是信息，没有太大的价值，而把有关的信息组合到一起，有时就会出现意想不到的奇妙变化，单个信息就变成了“工作信息”，甚至变成有价值的情报。信息组合可以有正向信息组合，它能帮助策划人强化某些判断，肯定某些内容；也可以有负向信息的组合，它能帮助策划人彻底否定原来没有十分把握的想法。此外，信息的组合还有可能带来新的产品、新的经营方式、新的商业机会。

（5）直觉反应法。策划人凭“直觉反应”判断项目的可行性，并告诉委托人这个项目是否可以进行。如可以，要怎么进行才行；如不可以，原因是什么。这种方法看似简单，好像是“拍脑袋”，其实问题的关键是，“脑袋”中是否装有此项策划所需要的足够的准备知识、相关信息，是否装有类似活动的成功或失败的大量案例。由策划人凭“直觉反应”出的主意或建议绝不是无稽之谈，往往是最准确的。

（6）逆向思考法。策划人沿着人们通常思维习惯的反方向展开思路并最后形成方案。这种逆向思维如能成立，所形成的方案往往不仅充满灵气与智慧的火花，甚至能产生经营方式、经营模式的划时代巨变。国外某企业老板准备投资建一座动物园，于是请一些专家研讨如何从野外抓到老虎，把老虎关到笼子里。一位策划者策划的方法是把笼子的内部变成外部，把笼子的外部变成内部，这样不管哪里有老虎都可以将其捉到。老板就按这位策划者的主张，把老虎和其他动物放在野外（笼子外）。而把参观的游人放在“笼子”里（有铁栅栏保护其安全的特制游览车内）。这个奇特的创意后来被冠以“野生动物园”的概念，它不仅带来动物园参观模式的根本变化，且最大限度地激发了游客的兴趣，也给老板带来很好的经济效益。

（7）头脑风暴法。这是策划经常采用的激发灵感、激荡头脑而后集思广益的一种方法。具体做法是：在某一时间将有关专家集中到一起，事先明确有关议题，如针对某个项目经营方式的选择问题进行研讨。专家可以按照自己预先的准备，自由发表见解，不必对自己的言行产生顾虑。与会专家可以结合自己的准备和受其他发言人的启迪即兴发表观点或展开讨论，但不得相互批评、指责。此方法由于提供的信息量大，充满思想火花和智慧的光芒，在思维方法和思路上可以大大突破一两个策划人的局限，对形成高质量的策划方案至关重要。

（8）潜意识思考法。又称捕捉灵感法，即策划人在接受委托项目，已经进入研究和冥思苦想状态，而又苦于在某些关键点上没有突破，拿不出“出彩儿”的方案时，就索性放一放，使精神彻底松弛下来，做一些与策划无关的事，让自己的潜意识来思考与策划有关的事。策划中最关键的这层窗纸也许就会在此时被捅破，而变得豁然开朗。关于现代人取得重要思维成果的统计表明也多是在“车上、床上和散步中”，即在思想相对松弛的“非办公时间”和“非办公地点”。

（9）换位思考法。换位思考法指策划人在做策划方案时，不仅要从商家的角度考虑问题，而且更重要的是从受众（顾客）的角度考虑问题。这样，所形成的策划方案才能最终得到顾客的认同。

## 2.2 房地产营销策划概述

### 1. 房地产营销策划概念

（1）房地产营销策划。房地产企业为了取得理想的销售推广效果，在进行环境分析的基础上，利用其可动用的各种外部及内部资源进行优化组合，制订计划并统筹执行的过程。房地产营销策划是一项有连续性的系统工程，它统筹所有房地产销售及宣传推广工作。

（2）一个新楼盘的营销工作一般可以分为前、中、后三个时期。①前期工作包括了土地判断与评估、楼盘开发定位、市场可行性研究、项目规划设计等；②中期工作包括楼盘形象包装、楼盘市场推广、楼盘工程建议等；③后期工作有楼盘交付使用、尾房销售、物业管理等，每一个过程与环节都很重要。

（3）营销策划是对营销活动的设计与计划，而营销活动是企业的市场开拓活动，它贯穿于企业经营管理过程。因此，凡是涉及市场开拓的企业经营活动都是营销策划的内容。一个楼盘想要成功，必须具备全局性的营销观念，进行“整体营销”、“全程营销”。因此，房地产营销策划不但包括房地产营销战略与战术分析，还在此基础上确立投资地点、物业主题、规划设计，处理残局以及物色好策划人员等一系列策划工作。房地产开发与经营离不开市场营销策划，如果前期工作不扎实，那么后期工作往往也就容易出现预料不到的问题，营销策划在很大程度上已被视为是房地产项目制胜的关键。

### 2. 房地产营销观念演进与营销策划发展过程

（1）房地产营销观念演进过程。

1）生产观念阶段。此阶段的房地产商认为人们普遍喜欢低廉的房产，于是找到密集的居住区或者商业地带，并尽最大可能把房子建得简单实用，以节省成本。因此，那时的市场营销观念就是价格为主导的竞争。

2）产品观念阶段。此阶段房产商开始认为顾客的需求并非局限于价格，还有高质量、好性能和多样化的特色，于是开始将注意力转移到产品本身的设计上。但是这个阶段房产商忽视了消费者的实际需求，片面地追求建筑产品的品质，结果造成部分资源的浪费。

3）推销观念阶段。此阶段房产商大多认为顾客总是处于被动地位，通常对产品的判断力不足，单纯以为能用一整套行之有效的推销和促销手段来刺激人们的购买欲望。因此导致开发商在开发项目时没有详细周全的项目前期可行性研究，只是关注销售环节。

4）市场营销观念阶段。与推销阶段相比，市场营销阶段将企业和顾客在产品关系上单向的“推”转化到企业主导的“推”“拉”结合的模式。在实践中，以营销观念为导向的开发项目，取得了显著的业绩。

（2）房地产营销策划发展过程。

1）单项策划阶段。此阶段房地产策划的主要特点是运用各种单项技术手段进行策划，并在某种技术手段深入拓展，规范操作，取得了良好的效果。如对建筑群体变化丰富的空间设计，人车分流、动静兼顾的功能分区，等等。

2）综合策划阶段。此阶段房地产策划的主要特点是各项目根据自己的情况，以主题策划为主线，综合运用市场、投资、广告、营销等各种技术手段，使销售达到理想的效果。

3）复合策划阶段。此阶段房地产策划的主要特点是狭义地产与泛地产相复合，即房地产策划除了在房地产领域运用各种技术手段外，还可以运用房地产领域以外的其他手段。所谓“泛地产”，就是不局限于以“房子”为核心，是在某一特定概念下营造一种人性化的主题功能区域，“房子”在这里可能是主体，也可能成为附属的配套设施，这种功能区域的主题各有不同，如生态农业度假区、高科技园区、高尔夫生活村、观赏型农业旅游区等。

### 3. 房地产营销策划的特点

（1）“以人为本”。房地产企业面临的首要问题是使开发的房地产商品适应顾客的需要，从而促进商品房的销售，增加利润，加快资金周转，实现投资收益。因此，房地产企业首先强调“以人为本”的营销策划。企业的一切经营活动，都必须围绕消费者的愿望、需求和价值观念来展开，这是房地产营销的根本所在。

（2）复合多种理念。理念是营销策划的灵魂，房地产营销策划的主导理念一般包括以下内容。

1）人性理念。中国自古的儒家仁爱思想和西方的人本主义思潮为房地产营销的人性理念提供了坚实的文化基础。

2）生态理念。地球环境污染加重，要求房地产企业必须树立可持续发展生态理念，为人类提供更加适宜的生存和居住空间。

3）智能理念。充分利用科技成果实现建筑功能多元化。

4）投资理念。提供给购房者更多的价值服务，实现保值增值。

（3）注重策略和手段。楼盘最终需要通过市场的反应去实现自身的价值，所以营销中采用的合理策略、手段成为市场接受与否的试金石。通过各种营销策略，如产品策略、定价策略、促销策略、渠道策略等的组合，再依靠营销手段使其具体化，那么最终会产生令人满意的营销结果。

### 4. 房地产营销策划的主要种类

（1）房地产投资营销策划。投资分析是全程营销的起点，是房地产开发的关键。投资营销策划透过细致的市场调查，认真分析用地周边环境、区域市场现状及其发展趋势，进行科学的SWOT分析，归纳总结出房地产价值，模拟出最有实现可能的土地竞标价格方案，并进行投资风险分析，对价格方案进行调整，同时列出风险最低的价格方案与风险最高的价格方案，并提出规避风险的方法，在土地竞标时进行最有把握的竞争。评价房地产投资项目优势，可使用“市场吸引力—企业竞争力”矩阵，如图2-1所示。

（2）房地产定位营销策划。营销房地产的关键在于把握市场脉搏，进行准确的市场定位。开发的房地产只有符合市场规律、引导市场，才会得到较高的利润，甚至超额利润。只是迎合市场未必会取得市场，占领市场的往往就是那些有明确的目标消费群，

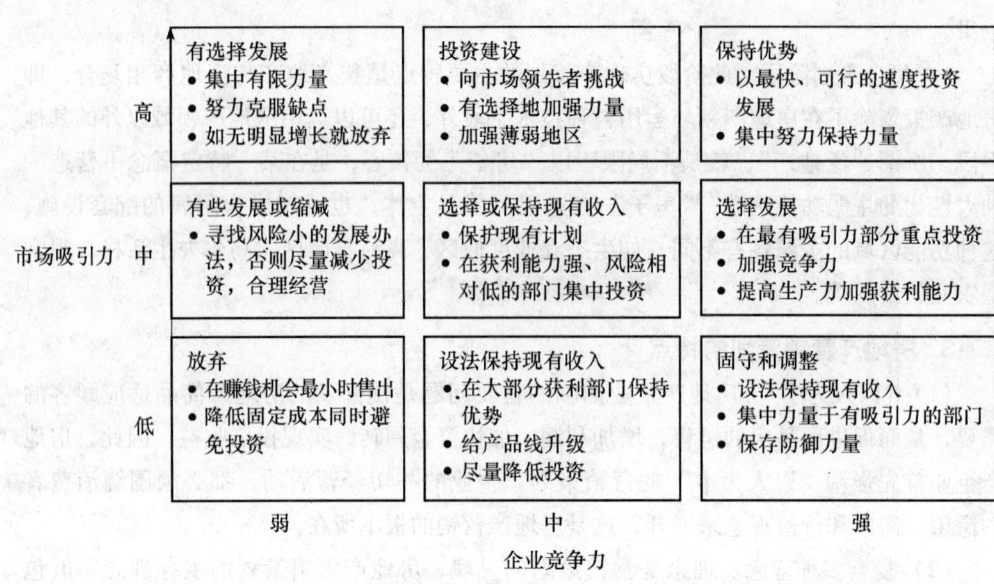


图 2-1 “市场吸引力—企业竞争力”矩阵

并能准确把握引导市场的开发商。

（3）房地产规划设计营销策划。经过准确的市场定位，根据目标客户群规划设计相应的房地产。规划设计必须以人为房地产的主要出发点和最终目标，这是创造精品房地产的最基本条件。规划设计者从项目的人文历史、地理地貌入手，进行总体规划布局和建筑风格定位，进行园林设计、配套设计、外观色彩以及外立面设计等。

（4）房地产形象营销策划。通过项目的整体包装，以到位的形象营销向消费者传达良好的企业形象、品牌形象。形象策划设计包括：周边环境包装、施工及小区内部环境包装、物业管理中心包装、营销中心包装、营销广告策划以及企业形象包装等。其他还有房地产价格策划、营销渠道策划、广告策划等。

### 5. 房地产营销策划误区

（1）过分夸大营销策划的作用。夸大事实，推行策划迷信，会使房地产营销策划误入歧途。事实上，房地产营销策划只是房地产资源配置中的一种无形资产，而不是全部无形资产，更不是全部资产。营销策划虽然在市场竞争中已日趋重要，但如果片面地利用策划替代市场的潜心开拓，认为策划能包治营销百病，则是一个认识误区。

（2）忽视营销策划的作用。目前许多营销策划方案表面花花绿绿，实则空洞无物，中看不中用。一些开发商也大有上当受骗之感，认为“策划无用”。事实上，房地产营销策划根本不是一本洋洋洒洒的策划方案文本，而是结合所在楼盘，贯穿市场意识，寻找总结出的把握楼盘市场推广的行为方式。高水平的营销策划不仅可以减少房地产项目在配置资源时的交易成本，而且可以有效规避经营风险，它是一种周密而详尽的房地产市场运作谋略，是房地产营销战略与战术的恰当运用。

（3）技巧决定论。现在的房地产推广中很多营销策划人员沉湎于各种促销方法、促销花样的翻陈出新，把营销策划等同于出点子、找技巧、搞促销，认为技巧新就能取得推广成功，这实际上是把一门相当严谨、专业的应用型科学变得十分低级化、庸俗化。营销策划是一种运用整合效应的行为过程，贯穿于房地产经营的始终，并不是几个点子、几组技巧就能涵盖的。楼盘品牌的创立，也不是营销策划方案的简单虚拟，而是在营销每一环节中追求品牌意义的综合体现，需要孜孜以求的努力。

（4）营销策划的“经验论”。一些房地产策划人员往往坚持把过往项目的成功经验，照搬照套到新项目的营销策划中，忽视了营销基础理论的研究和项目信息的调查与分析，忽视房地产消费者购买行为研究。事实上，房地产项目区域性极强，不同区域的人们购房需求有很大区别，生搬硬套个别项目的成功策划模式，往往会产生南辕北辙的效果。营销策划要通过“刺激—反应”模式研究房地产消费者购买行为，如图2-2所示。

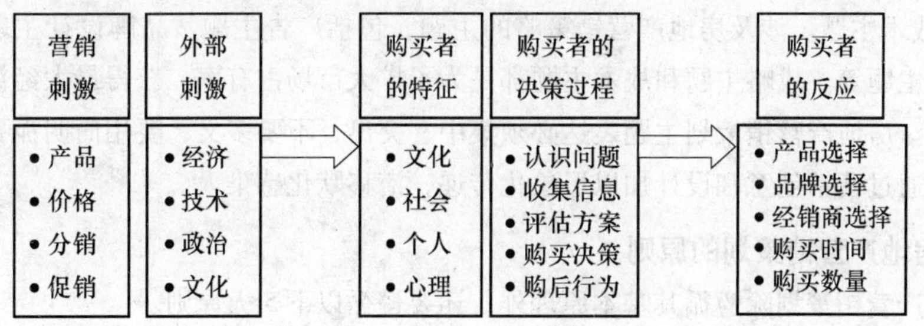


图2-2　消费者购买行为的“刺激—反应”模式

（5）只讲炒作不讲实际。一些营销策划人言必称造势，作方案时时刻刻想到制造轰动效应，以求媒介的大力宣传及消费者的关注。一些开发商也满足于做表面工夫，制造新闻，扩大效应，大肆进行新闻炒作、广告造势。炒作制胜其实是一种严重的投机心态，只能做到知名度一时提高。如果营销策划只停留于追求表面热闹，将会引发不少营销后遗症，必然难以长期制胜。

## 6. 房地产营销策划的原理与主题

（1）房地产营销策划的原理。

1）创新性原理。创新就是差异化、个性化，是营销策划成功的关键。创新性首先要策划观念新；其次是概念新、主题新；最后就是策划手段和方法新。

2）人本原理。服务于人是房地产营销策划的根本目的。策划人要深刻领会我国人文精神的精髓，注重人文关怀、情感和历史。同时，房地产营销策划还要把企业发展、社会发展和项目发展统一起来，形成绿色营销的境界，维护人类的根本利益。

3）差异性原理。策划的本质是向日益细分的市场强调单个产品与众不同和度身定做的个性化特征。差异性是策划的精髓所在。许多房地产项目存在严重的“同质化”倾向，导致项目竞争加剧，投资风险大。所以，项目营销策划必须坚持差异性，突出产品自身特征，加强易识别性。

4）整合原理。强调策划对象的优化组合，包括房地产产品功能组合、营销方式组合、项目资源组合、信息组合等。广告的发布，工程的进展，设计的优化，物业管理，价格变动等，每个策划点要环环相扣、统筹安排、目的一致，实行立体营销，坚持整合推广。

（2）房地产营销策划的主题。营销策划的主题是房地产营销策划所要表达的中心思想，但不同于项目开发主题。项目开发主题是整个项目所表达的主题，可以是开发商的理念，更可以是消费者的理念。而营销策划的主题是多级、多层面的，有战略主题和战术主题之分。

1）战略主题。涉及企业或项目发展战略的主题，包括市场开发主题、产品开发主题、项目形象或企业形象主题等。

2）战术主题。涉及房地产营销策略的主题，包括广告主题、品牌设计主题、项目形象包装主题等。战略主题和战术主题都是为了扩大市场占有率，获得最大经济效益和社会效益。房地产营销策划主题表达必须集中、突出，不要多义，要用简明扼要的文字叙述，并通过营销创意和设计加以形象化传递，潜移默化感染人。

### 7. 房地产营销策划的原则

房地产营销策划除遵循其基本原理外，还要遵循以下5大原则。

（1）全程营销策划原则。房地产营销策划以消费者为起点，开展市场需求调研、购买行为调研等，同时还要以消费者为终点，为消费者提供售后跟踪配套服务。策划的目的就是促进项目成交，优化项目品牌。营销策划关注的不仅仅是前期阶段，而且全程参与，以确保延伸产品附加值。

（2）客观性原则。营销策划必须从客户和市场需要出发。策划人最容易犯的错误是以自己的价值观、鉴赏品位去取代目标顾客的购房品位，不顾市场反应一味陶醉于自己的策划成果。实际上，特定的产品有特定的购买群体，他们未必和策划人的体验相同。所以，策划唯有在搞好市场调查的基础上，从客户出发，既符合实际，又有所超前，才能成功。

（3）可行性原则。①策划方案具有可行性，要选出最优方案；②策划方案经济性要可行，投资收益要好；③策划方案操作性要可行，要能够顺利实施。

（4）可持续性原则。房地产项目周期很长，要重视项目全程策划的持续性，保持项目各策划点的连贯性，使营销的各个阶段互相呼应、节奏明晰，逐渐加强客户对项目的良好印象。

（5）应变原则。市场与信息的变化是永恒的，房地产营销策划要增强动态意识和随机应变观念，在动态变化的复杂环境中及时把握信息、预测变化方向，调整、修改策划方案。

## 2.3　房地产营销策划的模式和流程

### 1. 房地产营销策划的模式

房地产策划是按一定的模式进行的。所谓“策划模式”，就是策划人可以照着去做的具体策划样式，体现了房地产策划的一些基本规律。灵活运用这些策划模式，可以提高房地产策划的科学性和规范性。下面介绍5种房地产营销策划模式。

（1）房地产战略策划模式，最大特征是强调宏观大势的把握与分析。

1）把握大势出思路。大势把握包括中国经济大势、区域经济大势、区域市场需求大势、区域行业竞争大势和区域板块文化底蕴。在把握宏观大势的前提下，根据每个企业的不同特点，找到适合它的发展思路。

2）创新理念出定位。理念创新包括概念创新、预见创新和整合创新。思路确定后，选择摆脱同质化竞争的迷局，确定差异化发展的突破点，总结、提炼出一个能体现并统帅企业或产品发展的灵魂和主旋律。

3）设计策略出方案。策略设计包括项目总体定位、理念设计、功能规划、运作模式、经营思路和推广策略。针对企业特点设计一套科学、独创、有前瞻性的，具可操作性的对策方案。

4）整合资源出平台。资源整合包括企业内部资源整合、外部资源整合，行业内部资源整合、外部资源整合。帮助企业整合内外资源，包含整合各种专业化公司的力量，创造一个统一的操作平台，让各种力量发挥应有的作用。

5）动态顾问出监理。顾问监理包括项目重大事件、重要环节、节奏把握和品牌提升等内容。操作过程主要由企业家完成，策划人作为顾问起参谋作用。

（2）房地产全程策划模式，就是对房地产项目进行“全过程”的策划，即从项目前期的市场调研开始到项目后期的物业服务等各个方面都进行全方位策划，为投资者提供标本兼治的全过程策划服务，每个环节都以提升项目的价值为重点，使项目以最佳的状态走向市场。

1）市场研究。对项目所处的经济环境、市场状况、同类楼盘进行调研分析。

2）土地研制。对土地的优势、劣势、机会和威胁进行分析研究，挖掘土地的潜在价值。

3）项目分析。分析项目自身条件及市场竞争情况，确定项目定位策略。

4）项目规划。提出建设性项目经济指标、市场要求、规划设计、建筑风格、户型设计及综合设施配套等。

5）概念设计。包括规划概念设计、建筑概念设计、环境概念设计和艺术概念设计。

6）形象设计。开发商与项目的形象整合，项目形象、概念及品牌前期推广。

7）营销策略。找准项目市场营销机会点及障碍点，整合项目外在资源，挖掘并向公众告知楼盘自身所具有的特色卖点。

8）物业服务。与项目定位相适应的物业管理概念，将服务意识传播给员工，构建以服务为圆心的组织架构。

9）品牌培植。抓住企业和项目培养品牌，延伸产品的价值。

（3）房地产品牌策划模式，品牌就是差异，就是个性。房地产品牌策划是对房地产品牌的内涵进行挖掘、发现和推广，使房地产项目赢得人们的信赖。

1）品牌策划以建立项目品牌为中心。

2）品牌策划就是建立一流的品质和一流的推广。

3）品牌策划中的附加值推广要有侧重点。一是要融入自然的和谐环境，二是要社区服务的社会化，三是要家居生活的信息化。

4）品牌策划推广有4个阶段，即“人工造雨”阶段、“筑池蓄水”阶段、“开闸泄流”阶段和“持续蓄水”阶段。

5）品牌策划推广有5种方法，即“筑巢引凤”法、“盆景示范”法、“借花献佛”法、“马良神笔”法和“巨量广告”法。

6）品牌策划有5个工程，即软性推广工程、公关活动工程、卖场包装工程、口碑工程和公关危机工程。

（4）房地产产品策划模式，就是对房地产项目进行谋划和运筹，注重项目产品的细节、细部的完美和舒适，以满足人们对房地产产品的特定要求。产品策划的重点是产品定位和产品设计，产品定位先于产品设计。

1）产品调研。目的是了解需求和供应状况，为产品定位做好准备。

2）产品定位。在产品调研的前提下，对产品进行恰如其分的确定具体位置。包括目标客户定位、产品品质定位、产品功能定位、产品形象定位等。

3）产品设计。这是策划的重心，根据目标客户的特性分析，设计产品。包括规划设计、建筑设计、环境设计、户型设计等。

4）产品工艺。采用先进的生产工艺，保证产品质量。

5）产品营销。针对量身定做的目标客户推出产品的半成品或成品，包括产品的包装、产品的推广等。

6）产品服务。主要是售后服务，目的是提升和延长产品的价值。

（5）房地产发展商策划模式，可以说是房地产另类策划模式，有人称它为“非策划”模式。倡导这种策划模式首推万科的王石先生，他说：“我不相信策划，我的企业没有策划人。”发展商策划模式之所以存在的原因主要有以下几点。

1）发展商本人有着很高的房地产开发水平，思想理念超前，对房地产开发的各个环节了如指掌，能从容地驾驭房地产市场的风云变幻。具备这样高超水平的发展商，实际就是高水平的策划人。

2）发展商企业内各部门人才济济，经验丰富，技术娴熟，观念超前，每个人都是实际的策划能手，自然会对发展商的开发思想和宗旨理解深刻，贯彻到位。

3）发展商企业经过多年的房地产开发实践，运作机制完善，开发经验丰富。

以上 5 种房地产策划模式都有自己的特色和专长，在具体的策划实践中各有一定的适用性，从不同的侧面和角度来策划房地产项目。战略策划模式侧重强调宏观大势的把握与分析来策划房地产项目；全程策划模式着重以提升项目价值为重点的全过程策划服务；品牌策划模式擅长对房地产项目品牌内涵进行挖掘、发现和推广；产品策划模式则在于产品的定位和设计均围绕着客户的需求来进行；发展商策划模式主要强调发展商在房地产策划中的主导地位。

## 2. 房地产营销策划流程

策划具有一般的基本程序：界定问题→搜集信息→产生创意→撰写策划书→执行策划。遵循策划的一般程序，房地产营销策划流程如图 2-3 所示。

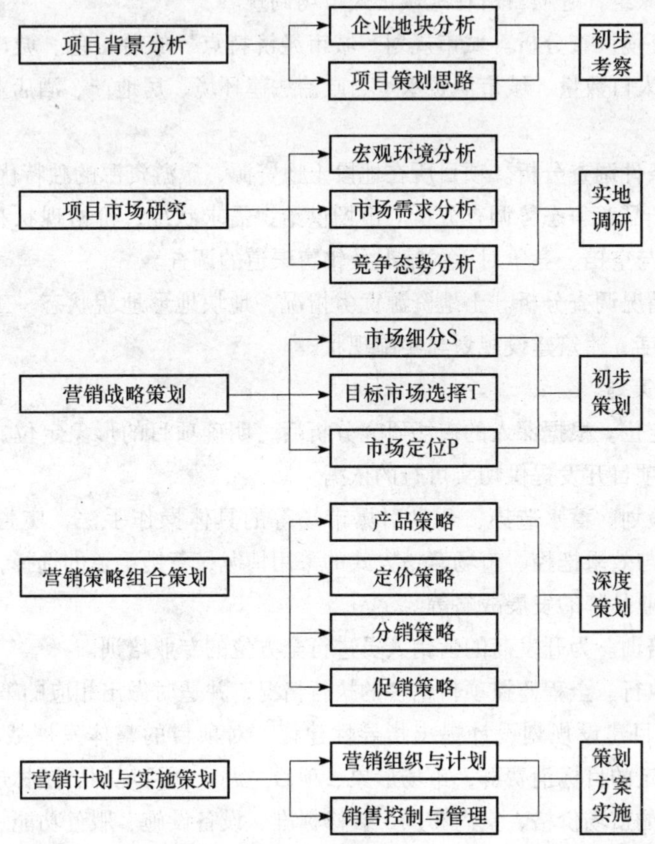


图 2-3　房地产营销策划流程

（1）初步考察。与项目方初步接洽，对项目进行初步考察，掌握基本情况和信息，对项目的可操作性做出初步结论。

1）对项目方提供的基本材料，包括项目位置、规划红线图、项目相关的法律手续文件、项目周边环境、项目所在区域的市政规划、发展商投资商背景实力、项目的发展意向等进行初步了解，确定初步印象。

2）根据项目的状况、开发进度，初步拟定考察内容、范围。

3）成立专案项目组赴实地进行初期市场调查。初步调查是确定项目发展方向的前期定位问题和研究范围，作为未来正式调查的基础。重点针对项目所在的城市功能定位、城市特色、人口数量、经济发展、城市旅游业、历史、现状、土地资源、开发商、管理方的情况以及对区域房地产市场的初步了解。

4）分析项目本身是否具有可操作性。

5）提出项目操作的总体思路。

（2）实地调研。根据初步考察结果制定详细的正式市场调查计划，组成市场调查小组和策划专家组，赴项目所在地做正式市场调查。

1）市场环境调查分析。城市规划、城市经济特点、旅游特色、城市人口、旅游季节、年均旅游人口数量、城市消费水平、政治法律环境、房地产、酒店业和旅游业的详细考察。

2）区域条件调查分析。项目所在地段土地资源、旅游资源的独特优势与劣势。

3）同类产品竞争态势调查分析。市场供给、需求状况，价格现状和趋势、产品类型及市场缺位与空挡、竞争对手的情况及销售渠道的调查。

4）项目情况调查分析。土地资源优劣情况、地块地形地貌状态、工程进度、资金投放计划与进度、建筑建设规划与实施现状。

（3）初步策划。

1）项目定位。根据深入的市场研究分析后，明确项目的形象定位、产品定位、价格定位等，为项目开发提供切实可行的依据。

2）营销策划。蓄水造势、开盘引爆市场等的具体操作手法，广告媒体的投放时机，广告特色与效果把控，市场营销方式的采用情况，营销渠道的选择，控制与调整情况，项目及企业品牌的发展战略等。

3）人员培训。为开发商的营销人员进行全方位的专业培训。

4）销售执行。全程监控项目销售的执行情况，并适时做出相应的策略调整。

（4）对项目建设规划设计提出指导性建议。对项目的整体发展战略、开发内容、开发模式、锁定的目标消费群，市场形象、项目主题、项目规划、园林规划、户型结构与面积，项目的市场价格、室内布局、装修标准、设备设施、服务功能、物业管理等各个方面提出具体意见。

（5）撰写各类报告。根据不同客户的需求，提供不同的方案报告。必须提供的核心报告为市场调查报告和项目定位报告。对市场调查所取得的原始的次级资料、信息、数据进行整理，出具市场调查报告，并据此撰写项目定位报告，含项目设计指导思想、产品组合设计和运营模式等。将方案报告提交给项目方进行讨论，并根据其意见进行修改。

（6）召开策划方案论证会。召开合作双方负责人及有关专家的论证会，对提交的策划方案报告进行研讨、论证与审核。由策划组人员根据讨论结果对方案做进一步的完善与改进。

（7）策划的执行。完善策划、建设期内跟进服务，促使项目成功。侧重策划方案的操作，根据销售前的各项推广策划工作内容要求，配合开发商组织相关的专业公司进行专业分工合作，并根据项目的发展战略和原则，针对具体问题提供策略性建议。

（8）整合各种社会资源，为项目及企业搭建操作平台。根据不同项目的实际情况，具体工作内容、时间等按照需要进行调整。

### 3. 房地产策划人员的知识和能力

（1）房地产策划人员需要具备的知识有：①策划学的基础理论知识，包括策划学的基本概念、基本技能、基本原则和工作程序，策划的基本方法以及广告策划知识等；②与企业经营密切相关的企业管理理论，包括管理学、行为科学、市场营销学；③与企业策划有关的社会科学知识，包括社会学、心理学、社会心理学等。④房地产知识，包括房地产开发与经营知识，房地产相关的法律、政策知识。此外还有现代理财金融知识、IT 网络知识以及现代传媒知识等。

（2）房地产策划人员需要具备的能力有：较强的学习能力、文字表达能力、观察能力、分析判断能力、人际沟通能力、协调合作能力以及信息处理能力和计算能力。

## 实践经验

### 成功营销的八大信条

一、营销人的职业信念：要把接受别人拒绝作为一种职业生活方式。

二、钱是给内行人赚的，世界上没有卖不出的货，只有卖不出货的人。

三、想干的人永远在找方法，不想干的人永远在找理由；世界上没有走不通的路，只有想不通的人。

四、带着目标出去，带着结果回来，成功不是因为快，而是因为有方法。

五、销售者不要与顾客争论价格，要与顾客讨论价值。

六、没有不对的客户，只有不够的服务。客户需要的不是产品，而是一套解决方案，卖什么不重要，重要的是怎么卖。

七、客户不会关心你卖什么，而只会关心自己要什么。没有最好的产品，只有最合适的产品。

八、客户会走到我们店里来，我们要走进客户心里去；老客户要坦诚，新客户要热情，急客户要速度，大客户要品位，小客户要利益。

## 思考题

1. 比较房地产市场营销策划与其他市场营销策划的异同点。

2. 房地产营销策划的流程与房地产项目开发的流程有何关系?

3. 房地产策划人员应该具备什么样的知识和能力?

4. 如何把握房地产营销策划的模式?

## 实训题

撰写我国房地产营销代理行业情况和本地区房地产营销代理公司营销策划情况综合调研报告。

## 实训指导

1. 5~8人一组，每组完成实训项目。

2. 实地考察与网上调查相结合，主要参考网址见本书第1章实训指导。

3. 营销策划情况内容：营销策划模式、流程、典型项目营销。

4. 调研报告要求用自己的语言组织，不允许大段抄袭别人的文章，要求报告字数1 500~2 000字。

第二篇

# 房地产项目营销环境分析与市场定位策划

## 本篇内容提要

本篇是房地产项目营销环境分析与市场定位策划模块。

1. 房地产项目市场营销环境分析。主要介绍了房地产市场营销环境及构成要素、特点、房地产市场营销环境分析及目的、原则；房地产市场营销的宏观环境分析，包括经济发展环境分析、政治法律环境分析、社会文化环境分析、人口环境分析、科学技术环境分析、自然资源环境分析；房地产市场营销的微观环境分析，包括供应商分析、房地产开发企业分析、房地产中介分析、顾客分析、竞争者分析和公众分析，并实训指导如何考察本地某房地产项目，撰写市场营销环境的调研报告。

2. 房地产项目市场分析与定位策划。主要介绍了房地产市场类型，房地产市场调研及任务，房地产市场调研的特点、程序、内容、方法，房地产调研资料搜集的途径和内容；房地产市场预测及作用，房地产市场预测的种类、方法及模型，房地产市场预测的主要内容、步骤，住宅市场需求预测，写字楼市场需求预测；房地产 STP 战略，房地产市场细分及作用，房地产市场细分的原则、依据、方法和程序；房地产项目及特性，房地产项目市场分析及流程、内容，项目所在的总体市场分析，项目所在的地段市场分析，项目的 SWOT 分析、竞争者分析，目标市场选择及条件，目标市场选择战略，房地产目标市场风险分析，房地产项目市场分析报告；房地产项目定位及内容，房地产项目定位原则、方法，房地产项目客户定位、产品定位和形象定位，并实训指导如何编写当地一个房地产项目的市场分析与市场定位报告。

# 第 3 章

# 房地产市场营销环境分析

## 学习目标

1. 了解房地产市场营销环境及构成要素、特点，房地产市场营销环境分析的目的及原则

2. 熟悉房地产市场营销的宏观环境分析，包括经济发展环境分析、政治法律环境分析、社会文化环境分析、人口环境分析、科学技术环境分析和自然资源环境分析

3. 掌握房地产市场营销的微观环境分析，包括供应商分析、房地产开发企业分析、房地产中介分析、顾客分析、竞争者分析和公众分析

## 技能要求

1. 能够搜集和处理房地产市场环境信息

2. 能够运用宏观环境分析方法和微观环境分析方法

3. 能够分析判断房地产市场营销环境形势

4. 能够编写房地产市场营销环境分析报告

### 案例 3-1：南京的房地产市场营销环境分析

2011 年弹指而过，截至 2011 年 12 月 31 日下午 5 时，南京网上房地产显示，2011 年南京新建商品住宅成交量为 37 969 套，成交面积为 393.4 万 $m^2$。这一成交量，和 2010 年相比下滑了 11 596 套，同比下滑 23.4%；成交面积下滑 138.9 万 $m^2$，同比下滑 26.1%。在成交量明显下滑的同时，2011 年全市成交价格也在明显下滑。搜房网数据监控中心统计数据显示，2011 年南京八大板块 168 家在售楼盘，房价下跌 1.31%。在量价齐跌的同时，南京楼市目前可售的新建商品房库存房源，已经达到了 55 239 套，创下了历史新高。

**一、调控贯穿全年，楼市“逐级而下”**

站在 2012 年元旦的门槛上，南京房地产促进会秘书长张辉，用一句话来概括 2011 年：南京楼市在房地产调控中逐级而下。作为南京房地产业内资深观察人士，张辉对于 2011 年最深刻的印象，便是贯穿全年的房地产调控。

2011 年 1 月 26 日，国务院常务会议研究出台“新国八条”，2011 年房地产调控自此拉开序幕；2 月 19 日晚间，南京市住建委发布了《关于进一步做好房地产市场调控工作的通知》，南京限购令正式落地。调控降临之初，南京房地产市场上的诸多人士，尽管认同这是“史上最严厉的调控”，但是心底里仍然对接下来的市场抱有幻想。江宁、城北、城东等一批楼盘，将原定于上半年的开盘时间纷纷延后，开发商寄希望于下半年调控的调整。

不少楼盘的操盘手，在回想起上半年的延期开盘决策时，都感到后悔万分。进入 2011 年下半年，房地产调控非但未见松动，反而银根进一步缩紧。2011 年 7 月之后，南京房地产市场降温越来越明显，尽管每个周末都有四五家甚至十余家楼盘推出新房源，但是市场成交量仍然难见起色，日均成交量始终在 100 套左右徘徊。

## 二、卖房：一个“降”字打天下

托乐嘉花园一线营销人员刘钧，在回首他的 2011 年时，概括 2011 年楼市的一句话是：今年干房地产这行的，都是满纸辛酸泪啊。在刘钧的印象中，2011 年南京楼市给他们带来了巨大的压力，除了少部分依仗地段或者产品的楼盘日子稍微好过一点以外，绝大部分楼盘 2011 年的销售过程都有难言的苦涩。

2011 年上半年，位于城南板桥某大盘首次开盘，在正式开盘之前开发商通过广告轰炸，积累了 2 000 多户来访客户。在大量客户的刺激之下，开发商将首次开盘的价格定在了一个相对较高的位置。结果，开盘当天认购折戟，卖出去了不足 100 套，实际成交量更少。此次开盘事件，几乎成为南京楼市全年销售的分水岭。在此之后开盘销售的项目，陆续开始下调预期价格。

进入 2011 年 7 月，河西、江宁、江北等一批楼盘陆续下调销售价格，通过“特价房”等方式，将板块价格下拉。一时间，河西板块的销售价格开始向 2 万元/$m^2$ 以下运动，江宁板块的销售价格则开始向 1 万元/$m^2$ 以下靠拢，江北的销售价格也向 8 000 元/$m^2$ 以内推进。在经过三四个月的价格震荡之后，年末万科金色领域“筑底价”的推出，更进一步掀起了南京楼市的降价浪潮，多家楼盘销售房价向成本价靠拢。

搜房网数据监控中心统计数据显示，2011 年南京八大板块 168 家在售楼盘，房价下跌 1.31%。考虑到全年 CPI 通胀因素的存在，2011 年南京全年房价实际下降幅度接近 10%。

## 三、分析：2011 年楼市开始拐弯

江苏苏垦机构董事长经纶在回顾 2011 年南京楼市的时候，他的概括是：2011 年是楼市惯性思维得到改变的一年。在经纶来看，南京房地产市场上的从业者，已经过了 15 年的好日子。经过 2011 年的全年考验，市场从业者明白，无论是此前房地产只上不下的思维，还是十几年以来的运作方法，都到了必须改变的时候，房地产市场已经拐弯。

南京网上房地产显示，目前可售的新建商品房库存房源已经达到了 55 239 套，创下了历史新高。在大量库存房源压境的大背景下，2012 年南京楼市潜在的住宅供应量

约为677.6万$m^2$，约是今年楼市成交量的两倍。不过，考虑到库存量巨大的现状，2012年住宅的实际供应量可能在432万$m^2$~540万$m^2$之间。

网尚研究机构研究总监颜涛表示，从宏观经济角度来说，预计2012年上半年或将迎来货币政策的松动，但是大幅度松动的可能性不大。从2011年12月央行下调准备金来看，货币供应量的增速已经在探底。在这种情况下，如果货币供应量在一两个月内见底，则房价很有可能在2012年第二季度见底。颜涛表示，南京的房价可能还有10%~15%的下跌空间。

## 四、2011年南京楼市大事记

(1) 二套房首付提至六成。国务院总理温家宝于2011年1月26日主持召开国务院常务会议，研究部署进一步做好房地产市场调控工作。会议要求强化差别化住房信贷政策。对贷款购买第二套住房的家庭，首付款比例不低于60%，贷款利率不低于基准利率的1.1倍。“新国八条”出台后，南京绝大部分银行，如南京的中行、农行、工行、建行、交行、招行、兴业、浦发、光大、民生等十多家银行，在政策发布的第二天上午，大都已经开始执行国八条的规定：二套房首付不低于六成。

(2) 南京限购令。2011年2月19日6时，南京市住建委官网上发布了《关于进一步做好房地产市场调控工作的通知》。此时距离“国八条”要求的省会城市必须在2月中旬前颁布的最后时限只有一天时间。最受关注的“南京限购令”与“国八条”中的规定几乎一样：本地家庭限购第三套房，拥有1套及以上住房的非本地家庭，无法提供1年以上（含1年）本市纳税证明或社会保险缴纳证明的，同样被纳入限购范围内。

(3) 宇扬卷款门。2011年9月在南京市六合区，一个名为宇扬·雨花石文化园的楼盘尚未封顶，开发商却突然“失踪”，波及200余名购房人和多家供应商。紧接着项目停工，开发公司人去楼空，宇扬集团董事长杨军因公司资金链断裂携款逃逸。当时，购买该楼盘的市民有200多户，其中交10万定金的有186户，一次性交完购房全款的有40多户。最终，政府相关部门介入调查，接手宇扬·雨花石文化园的建设，停工的房子再次复工。

(4) 南京公积金松绑。南京市公积金管理中心于2011年10月21日召开新闻发布会，宣布公积金贷款相关政策调整。10月24日起，恢复最高可贷额度，最高贷款额度由20万元/人、40万元/户，恢复为30万元/人、60万元/户。夫妻双方及未成年子女卖掉名下唯一房产再次购住房，可凭首套房证明，再次申请住房公积金贷款。夫妻及未成年子女原人均面积小于全市人均面积的，公积金已结清可再贷。

(5) 南京土地频现延拍。2011年10月以来，南京频频出现土地拍卖流拍，底价成交更是成为“主流”。10月南京举办的3场土地出让活动中，共推出16宗地块，最终只有7宗以底价成交，7宗土地延迟拍卖，1宗土地流标，1宗溢价仅1.9%。全国楼市在严厉的调控政策下，土地交易市场寒风阵阵。2011年下半年以来，土地竞拍场面冷清，近期流标率大幅攀升。业内人士认为，土地频频流拍可能给后期房地产市场调控增添新的阻力。

资料来源：朱福林.2011年南京新房成交37 969套[N].南京晨报.2011-12-31

## 案例 3-2：安品街项目的市场机会

### 一、安品街项目概况

安品街项目位于南京市白下区安品街牙檀巷，离华东第一商圈新街口约 1.6 公里，近临朝天宫、甘熙故居、张府园等百年历史遗迹，规划为低密度住宅小区，如图 3-1、图 3-2 所示。万科安品街项目占地面积 27 324.6$m^2$，地上建筑面积 20 457.5$m^2$，容积率为 0.7，绿化率为 30%，该项目是主城地区鲜有的别墅楼盘。万科安品街项目于 2010 年 7 月 20 日动工，9 月 15 日打桩完毕，10 月正式建设项目，预计 2013 年前后上市交易。

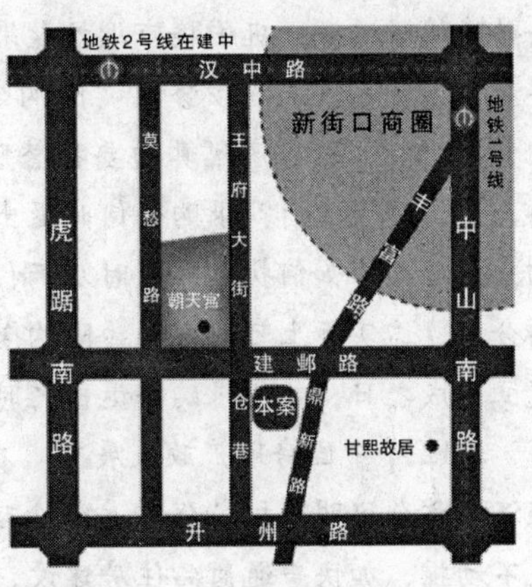


图3-1　安品街项目位置图

图 3-2　安品街项目规划公示图

## 二、房地产大势分析

调控进入“后限购令时代”。2011 年年底，首批限购城市到期，住建部明确指出无条件延续限购令，巩固楼市调控效果。财政部贾康表示，未来房地产调控大方向是以房产税等经济手段来逐步替换“限购令”这样的行政手段，而房产税进一步扩大方案正在制定中。如果房产税真的要接替限购，调控向长效机制转型，是否意味着限购将取消，什么时候取消？限购令何时退出以及如何退出，还有未来将以房产税的方式衔接限购来调节楼市如何执行？同时房产税的推行则有赖于全国个人住房信息平台的建成。业内分析，这实际上可以理解为限购令退出的时间表已经基本确定，即个人住房信息平台建立完成之日，就是限购令退出之时。

2012 年中国房地产政策展望。在跟很多人切身利益相关的房地产政策方面，中央经济工作会议明确把“促进房价合理回归”写进了文件，并提出要坚持房地产调控政策不动摇，加快普通商品住房建设，扩大有效供给，促进房地产市场健康发展。另外，会议提出要推进房产税的试点，要抓好保障性住房投融资、建设、运营、管理工作，逐步解决城镇低收入群众、新就业职工、农民工的住房困难。房产税试点一年逐渐显效，改革进度将加快推进。

## 三、安品街项目的市场机会展望

尽管南京的房地产市场营销环境不容乐观（见案例 3-1），但从长远分析来看，一方面随着南京城市定位变化和在长三角以及全国地位提升，这里房地产市场对于那些有长远发展目标的品牌开发商无疑吸引力大增，一些新规划片区因为未来可以预期巨大发展潜力将成为拿地热潮主角；另一方面，受益于 2014 年青奥会 557 亿元城建投资、房地产仍享“经济发展红利”；另外，据规划，2015 年南京市人均年收入达到 5 万元，还将新增上百万人口涌入南京，南京房价波动幅度有限，房地产市场也还有较大的发展机遇。不难看出，万科的安品街项目具有比较乐观的市场机会！

资料来源：编者整理。

### 案例讨论：

1. 南京房地产项目的经济环境如何？安品街项目的市场环境如何？
2. 市场营销环境中哪些因素对项目影响最大？

### 学习任务

1. 从互联网上调查我国房地产市场环境与一般消费品市场有何不同。
2. 写出本市某房地产项目市场环境的调查研究报告。

房地产市场营销与策划是围绕某个具体的房地产项目展开的，与一般消费品的营销与策划有很大不同。房地产项目的特点主要体现在地理位置固定、建设投资大、资金周转慢、开发周期长、受国家法规政策调控大、建设环节多、风险大以及差异性大等方面，所以市场营销环境复杂。

## 3.1 房地产市场营销环境概述

### 1. 房地产市场营销环境及构成要素

(1) 房地产市场营销环境含义。房地产市场营销环境是指与房地产企业营销活动有潜在关系的所有外部力量和相关因素的集合，这些力量和因素是影响企业营销活动及其目标实现的外部条件。房地产营销是在一定的环境下进行的，环境的优劣将直接影响房地产营销的效果。环境是企业不可控制的因素，营销活动要以环境为依据，主动地适应和利用环境。

(2) 房地产市场营销环境构成因素，如图 3-3 所示。①房地产市场营销的宏观环境要素，包括人口环境、经济环境、自然环境、技术环境、政策环境和文化环境等；②房地产市场营销的微观环境因素，包括房地产开发企业、施工企业、竞争者、顾客、房地产中介、公众等。微观环境可能会直接影响和制约房地产市场营销活动，而宏观环境主要通过微观环境为媒介间接影响和制约房地产市场营销活动。

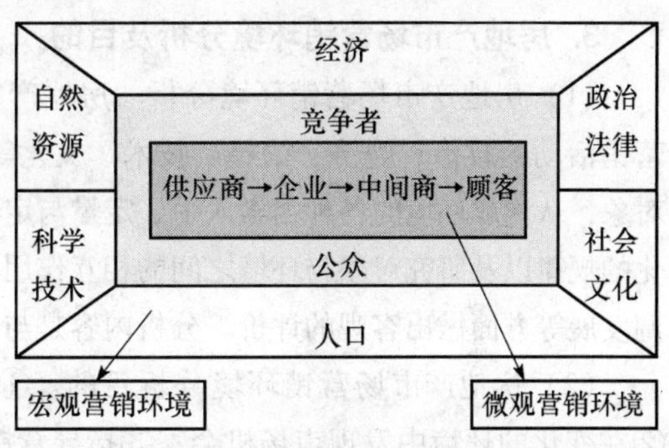

图 3-3 房地产市场营销环境构成因素

### 2. 房地产市场营销环境特点

(1) 客观性。房地产市场营销环境作为一种客观存在，是不以企业的意志为转移的，有着自己的运行规律和发展趋势，主观臆断必然会导致营销决策的盲目与失误，营销策划应该与客观存在的外部环境相适应。

(2) 关联性。构成房地产营销环境的各种因素和力量是相互联系、相互依赖的。如经济因素不能脱离政治因素而单独存在；同样，政治因素也要通过经济因素来体现。

(3) 层次性。第一层次是企业所在的地区环境，例如当地的房地产市场条件和地理位置。第二层次是整个国家的政策法规、社会经济因素，包括国情特点、全国性房地产市场条件等。第三层次是国际环境因素。这几个层次的外界环境因素与房地产企业发生联系的紧密程度是不相同的。

(4) 差异性。营销环境的差异主要因为房地产企业所处的地理环境、生产经营的性质、政府管理制度等方面存在差异，不仅表现在不同企业受不同环境的影响，而且同样一种环境对不同企业的影响也不尽相同。环境的差异性决定了企业经营战略的多样性。

（5）动态性。外界环境随着时间的推移经常处于变化之中，如人均收入的提高会引起房地产购买行为的变化。任何一种环境因素的稳定都是相对的，变化则是绝对的。市场供求关系变化的频率在不断加快。所有这些变化既有渐进性，又有突变性，都要求企业以相应的营销方案去适应这种变化。

（6）不可控性。影响市场营销环境的因素是多方面的，也是复杂的，且表现出企业不可控性。如一个国家的政治法律制度、人口增长及一些社会文化习俗等，企业不可能随意改变。

（7）可测性。每种环境因素对营销的具体影响是有限度的，而且各种环境因素之间是互相关联和互相制约的。因而某种环境因素的变化大都是有规律性的。不过，这种规律性有的比较明显，有的比较隐蔽，有的作用周期长，有的作用周期短。变化规律性明显且作用周期长的环境因素，其可测性则较高。

### 3. 房地产市场营销环境分析及目的

（1）房地产市场营销环境分析。房地产市场营销环境分析是指对影响房地产企业营销活动的政治、经济、法律、技术、文化等各因素的分析。具体来说，以外部环境为对象，从构成环境的各种因素入手，定量与定性相结合，综合系统地分析环境的构成、变化的规律以及研究对象与环境之间的相互作用，从而对环境的发展水平、费用效益以及协调发展等方面做出客观的评价。分析内容是与房地产项目营销相关的具体环境因素。

（2）房地产市场营销环境分析目的。①了解和把握房地产营销环境变化的趋势；②在变化的环境中发现市场机会；③指导营销策略调整以适应环境；④为企业实际的经营决策或应用提供科学的依据。

### 4. 房地产市场营销环境分析的原则

房地产市场营销环境分析的原则有4个。

（1）客观性原则。在分析中坚持实事求是，不能主观臆断。

（2）全面性原则。在分析中要全方位考察多种因素，切忌以偏赅全。

（3）比较性原则。在分析中要多角度比较，如前后比较、中外比较等，在比较中寻找和发现规律。

（4）预测性原则。在分析中要以事实、数据为依据，对未来做出科学的预测，以指导房地产市场营销策划活动。

## 3.2 房地产市场营销的宏观环境分析

房地产市场营销环境复杂，涉及方方面面。房地产市场营销宏观环境可以从以下6个方面来分析，如表3-1所示。

表3-1 房地产市场营销宏观环境分析

<table>
<tr><th colspan="4">市场营销宏观环境要素</th></tr>
<tr><td rowspan="25">房地产市场营销环境</td><td rowspan="9">经济发展环境</td><td rowspan="4">经济发展形势</td><td>国际经济发展形势</td></tr>
<tr><td>全国经济发展形势</td></tr>
<tr><td>当地城市经济发展形势</td></tr>
<tr><td>城市内某地段的经济发展态势</td></tr>
<tr><td rowspan="2">市民的收入</td><td>收入水平</td></tr>
<tr><td>贫富差异程度</td></tr>
<tr><td rowspan="2">资金市场发展形势</td><td>利率</td></tr>
<tr><td>贷款条件</td></tr>
<tr><td colspan="2">房地产市场发展态势</td></tr>
<tr><td rowspan="5">政治法律环境</td><td rowspan="3">政治环境</td><td>政治局势</td></tr>
<tr><td>政府房地产调控政策，包括政府土地供应的数量和开发条件、税费等</td></tr>
<tr><td>市场机制</td></tr>
<tr><td rowspan="2">法律环境</td><td>房地产直接法律</td></tr>
<tr><td>房地产间接法律</td></tr>
<tr><td rowspan="5">社会文化环境</td><td colspan="2">教育状况</td></tr>
<tr><td colspan="2">宗教信仰</td></tr>
<tr><td colspan="2">价值观念</td></tr>
<tr><td colspan="2">消费习俗</td></tr>
<tr><td colspan="2">城市历史传统文化</td></tr>
<tr><td rowspan="4">人口环境</td><td colspan="2">人口数量</td></tr>
<tr><td colspan="2">人口结构：年龄结构、性别结构、教育结构、职业结构、收入结构、阶层结构和民族结构</td></tr>
<tr><td colspan="2">人口分布：城乡人口分布、区域人口分布、户籍人口分布</td></tr>
<tr><td colspan="2">家庭组成</td></tr>
<tr><td>科学技术环境</td><td colspan="2">科学技术环境分析要素</td></tr>
<tr><td>自然资源环境</td><td colspan="2">自然资源的特点、城市自然环境</td></tr>
</table>

## 1. 经济发展环境分析

经济增长影响房地产业发展，如表3-2所示。

表3-2 经济增长率与房地产业发展之间的一般关系

| 序号 | 经济增长率 | 房地产业发展状况 |
|---|---|---|
| 1 | ≤4% | 萎缩 |
| 2 | 4%～5% | 停滞甚至倒退 |
| 3 | 5%～8% | 稳定发展 |
| 4 | ≥8% | 高速发展 |
| 5 | 10%～15% | 飞速发展 |

经济发展环境是对房地产市场营销产生最重要影响的环境因素，它既决定了房地产开发项目的市场需求，同时也决定了房地产开发项目的有效供给，只有供需正常的经营环境，房地产企业才能取得良好的营销效果。经济发展环境主要包括4个方面。

（1）经济发展形势分析。经济发展形势会对房地产项目营销产生直接或间接的影响。一般来说，经济发展形势在4个层次上影响房地产项目营销。

1）第一层是国际经济发展形势影响。对诸如北京CBD（central business district）这种房地产项目来说，由于它是全国性中心城市核心区域的中央商务区，直接服务于世界大型跨国公司，特别是世界500强公司，所以，国际经济形势的发展对其就有着十分重要的直接影响，直接决定了其客户的数量和需求力度。但是，国际经济发展形势对非国际型房地产项目影响较小。

2）第二层是全国经济发展形势影响。广州等大都市，虽然不是首都，但它们是全国性经济中心城市，其城市规划区内的房地产项目会受到全国经济发展形势十分重要的直接影响。当全国经济发展形势良好时，各种生产要素向其流动就呈现数量增大的特点，就造成了各机构对其房地产项目的强烈需求；反之，当全国经济发展形势不好时，各种机构对其房地产项目的需求就疲软。

3）第三层是当地城市经济发展形势影响。对其他区域内的中心城市，如各省会城市、全国性交通枢纽城市等，其城市规划区的房地产项目，虽然也受全国经济发展形势的影响，但是受影响的程度低于大都市的房地产项目，这是由于它们并不是全国生产要素的流动方向。对普通的城市来说，其城市规划区内的房地产项目则基本上只受当地经济发展形势的影响。如果该地区经济发达，房地产项目同样前景好，如广东东莞市。

4）第四层是城市内某地段经济发展态势影响。对一个普通的房地产项目来说，直接影响其经营成败的是其所处城市内该地段的经济发展态势。通常情况下，一个城市各个区的发展是不平衡的，有的地理位置好特别是处在市中心商业圈的区经济最发达，地处偏僻的区如郊区或城乡结合部则经济相对较差，这就导致了在同一个城市不同区的房地产项目，其营销效果却大相径庭。

总之，不同类型的房地产项目由于所服务的对象不同，那么它们受以上这4个层次影响的程度是不同的。

（2）资金市场发展形势分析。房地产项目需要大量资金，资金市场发展形势对房地产项目的影响，主要体现在利率和贷款条件两个重要方面。

1）利率会影响房地产市场的供给与需求。利率是资金的成本，利率走高，支付的利息增加，将加重开发商和购房贷款者的财务负担，不愿意多贷款，从而将抑制房地产项目开发的供给与需求；反之，利率降低，支付的利息减少，将减轻开发商和购房贷款者的财务负担，愿意多贷款，从而将激发房地产项目开发的供给与需求。

2）贷款条件会影响房地产市场的资金投放量。贷款条件决定了开发商和购房贷款者可以获得资金的数量和期限，当贷款条件趋于严格时，如提高自有资金比例或提高首付款比例，缩短贷款年限，将使开发商和购房贷款者可以获得的资金数量有所降低，还款的期限有所缩短，这将抑制房地产项目开发的供给与需求，抑制房地产市场发展；反之，贷款条件趋于宽松，将使开发商和购房贷款者可以获得的资金数量有所增加，还款的期限有所延长，这将激发房地产项目的供给与需求，繁荣房地产市场。

（3）市民的收入水平及其贫富差异程度分析。市民的贫富差异由其收入所决定，而收入水平直接决定了该城市市民对房地产产品及其相关配套服务设施的市场需求。

1）平均收入水平影响房地产价格。平均收入水平高，则有能力买房地产产品。平均收入水平越高的城市，房地产产品的价格往往也越高。三大都市圈是全国市民收入最高的地区，也是全国房地产价格最高的地区。

2）贫富差异影响房地产档次结构。市民的收入水平有着较大差异，往往平均收入水平越高的城市，市民收入的贫富差异程度也越高，城市房地产产品丰富多彩。如果一座城市市民的平均收入水平较低而且贫富差异程度较低，那么在进行住宅项目开发时，要把开发结构简单、造价低廉的住宅作为主攻方向，而且开发数量可以适当大一些，即使销售不出去，也可以留着进行租赁。如果一座城市市民的平均收入较高，且贫富差异程度较高，则适合根据市场分化程度，针对不同的消费群体开发不同的住宅，开发数量必须符合该地段相应的消费者数量，特别是高档住宅，如果开发数量不合适，既难以销售出去，也难以租赁出去。

（4）房地产市场发展态势分析。我国经济还是一个发展中的市场经济，各种市场开始从不成熟向成熟转变，作为生产要素市场之一的房地产市场，从我国改革开放之后逐步发展起来，已经有20多年的历史，但发育的程度不平衡，有的地方高如沿海大城市，有的地方还比较低。随着我国市场化改革进程的加快，我国房地产市场的完善程度有了大幅度提高，这对房地产营销来说，将产生重大而深远的影响。我国房地产市场发展态势，如表3-3所示。

**表3-3 房地产市场发展态势**

| 市场要素 | 发展态势 |
| --- | --- |
| 市场发育程度 | 短缺市场→供求平衡相对饱和→相对过剩市场 |
| 产品提升阶段 | 地段→家居→环境→服务管理→文化生活方式→智能低碳化 |
| 买家认识阶段 | 认地段→认环境→认服务管理→认品牌 |
| 竞争层面提升 | 资源→销售→设计→资源整合→全方位竞争 |
| 企业状态提升 | 项目公司→专业公司→管理公司→全能冠军 |
| 追求境界提升 | 看得见摸得着→看得见摸不着→看不见摸不着但感受得到 |

### 2. 政治法律环境分析

（1）政治环境分析。主要是指政治局势、各级政府对房地产行业的支持态度、出台的相关调控政策。政治民主、政权稳定、局势平稳，对房地产市场的发展有利，政治动荡则会严重影响房地产市场。房地产市场对由政府行为而引发的影响十分敏感。因为房地产对国民经济的影响巨大，住宅又是普通市民所能购买的最大一项商品，而且与房地产有关的税费是政府财政收入的重要来源，所以政府对房地产行业往往都采取较大的干预力度。由于近年来我国房价持续上涨，中央政府连续出台一系列调控政策，特别是2011年以来，调控政策的力度很大，对房地产市场影响巨大，成交量持续低迷，房价波动较大。从事房地产营销，必须认真考虑政府的态度，预测随时可能出台的政策。

1）土地供应的数量和开发条件。土地供应的数量和开发条件将会直接影响该城市房地产市场的规模和构成。在我国，土地归国家所有，国家也是城市国有土地一级市场的唯一供给者。如果政府的土地供应数量偏多，将导致房地产开发项目数量增加过多，从而将导致房地产市场的供过于求，房地产价格下跌。反之，如果政府的土地供应数量偏少，将导致房地产开发项目数量增加不足，从而将导致房地产市场的供不应求，房价大幅度上升，会加重消费者的房地产开支，也会影响国民经济的发展和人民的生活水平。

2）政府收取税费的水平。税费也在相当程度上影响房地产市场，税费影响着房地产交易的成本，也影响着房地产购买者的成本。实际上，政府往往也将房地产收取的税费高低作为一种市场调节手段。当政府觉得房地产发展过快时，往往就会通过提高房地产税费的征收标准，加大房地产企业和购买者的成本，进而使过热的房地产市场降温。而当政府觉得房地产市场持续低迷需要升温时，往往就会通过降低房地产税费的征收标准，降低房地产企业和购买者的成本，激发房地产市场热情。

3）政府对保障房的态度。保障房对房地产市场特别是住宅市场的影响是巨大的。由于有相当多的市民属于中低收入阶层，为解决这些市民的居住问题，我国实行了保障房开发制度。保障房的土地是属于划拨的，也有的城市采用有条件拍卖的形式，其房价低于正常的市场价格。如果政府划拨或有条件拍卖的土地数量偏多，开发的保障房数量就可能偏多，会冲击普通商品房市场。

4）政府市场机制的调节能力。市场机制有两个重要的功能，一是促使市场的各个参与者积极改善自己的经营水平，提高经营业绩，二是淘汰那些不能真正为市场提供相应的商品或服务的经营者。我国房地产市场矛盾突出地表现在空置率居高不下，房价居高不下，这深刻地表明了我国房地产的市场机制在充分有效调节市场方面还力不从心。房地产空置率的居高不下，将导致巨额资金沉淀，造成社会资金的紧张；而房价的居高不下，将极大地抑制消费者的购买热情。

（2）法律环境分析。房地产行业对社会的经济活动影响巨大，容易产生纠纷，没有法律环境的健全，就不可能健康运行。

1）各种直接管理房地产的法律、法规的立法与执法情况。直接管理房地产开发的法律、法规有《中华人民共和国城市房地产管理法》和《中华人民共和国土地管理法》及其配套的行政法规。

2）相关的法律。相关法律的影响也是十分深远的，特别是《中华人民共和国城乡规划法》和《中华人民共和国环境保护法》。在法律完备、法制稳定、执法公正的环境下，房地产市场营销必须遵守法律，违法行为将受到法律的制裁。

### 3. 社会文化环境分析

社会文化环境所蕴含的因素主要有教育水平、宗教信仰、价值观念、消费习俗、历史传统、社会阶层等。房地产营销是在一定的社会文化环境中进行的，营销活动必然受到所在社会文化环境的影响和制约。为此，企业应了解和分析社会文化环境，针对不同的文化环境制定不同的营销策略，组织不同的营销活动。

（1）教育状况分析。人的实际购买力 = 人的购买欲望 × 购买能力，而人的购买欲望和购买能力都与其所受教育的水平密切相关。受教育程度的高低，影响到消费者对房地产功能、套型和服务要求的差异性。通常文化教育水平高的国家或地区的消费者要求房地产产品绿色环保、对附加功能也有一定的要求。因此企业营销开展的市场开发、产品定价和促销等活动都要考虑到消费者所受教育程度的高低，采取不同的策略。当前，我国高等教育开始走向大众化，每年毕业的大学生很多，大部分向城市集中，一方面造成了直接的房地产需求，即需要大量的租住房，另一方面也造成了长远的需求，因为有钱后他们要买房，成为房地产市场发展的持续动力。

（2）价值观念分析。价值观念是指人们对社会生活中各种事物的态度和看法。不同文化背景下，人们的价值观念往往有着很大的差异，消费者对房地产产品的环境、功能以及促销方式都有自己褒贬不同的意见和态度。企业营销必须根据消费者不同的价值观念设计产品，提供服务。

（3）消费习俗分析。消费习俗是指人们在长期经济与社会活动中所形成的一种消费方式与习惯。研究消费习俗，有利于组织好房地产产品的开发与销售。了解目标市场消费者的禁忌、习惯、避讳等是企业进行市场营销的重要前提。

（4）城市历史传统文化分析。城市的历史是城市的特色，城市历史传统文化会对房地产项目经营产生深远的影响。历史悠久城市的市民往往受传统文化的熏陶形成了独特的审美眼光，对房地产产品有独特的要求。从住宅来讲，古城市民尤要求房地产要有地方文化背景、有人文关怀、有温暖的感觉，这使房地产企业面临更加个性化的市场，对房地产营销要求更高。

### 4. 人口环境分析

人口环境是指人口的数量、分布、年龄和性别结构等情况，是房地产营销的重要外部环境。

（1）人口数量分析。在收入水平和购买力大体相同的条件下，人口数量的多少直接决定了市场规模和市场发展的空间，人口数量与市场规模成正比。从全世界的角度来看，世界人口正呈现出爆炸性的增长趋势。我国人口已由高生育转入低生育、低死亡、低增长的发展阶段，进入了世界低生育水平国家行列，人口自然增长率降至1%以下。但由于我国人口基数大，每年仍有1 000多万新增人口。城市人口，是指城市规划区内的正常工作生活的人口，包括有户籍的人口和虽然没有户籍但长期生活在该城市规划区内且有着稳定收入的人口。房地产是为人而建设的，城市规划区内是否拥有足够数量的人口，是房地产营销的重要社会环境条件。该城市的人口数量直接决定了该城市所需要的住宅及其相关配套设施的数量，也间接决定了该城市所需要的商务类房地产、生产类房地产的数量。如果没有足够的市场人口容量，那么耗资巨大的房地产项目是无法获得应有的经济效益的。

（2）人口结构分析。人口结构包括人口的年龄结构、性别结构、教育结构、职业结构、收入结构、阶层结构和民族结构等多种因素。

1）不同年龄的构成。人口的年龄结构直接关系到各类房地产产品的市场需求量，以及企业目标市场的选择。中国现阶段人口金字塔图形接近于一个橄榄形，即劳动年龄人口比重较大。我国人口年龄结构的变化表现出如下特征：接受基础教育年龄人口比重将会缩小、劳动年龄人口比重略有增大、人口老龄化进程迅速、老年人口比重不断上升。在目前成熟的社会状态中，人均寿命达到70岁以上，各年龄段的人口大体上处于平衡的状态。在房地产市场上，每个年龄段的人需要的产品不同，市场营销人员要确定年龄段中可能成为目标市场的人群。

2）男女比例的构成。正常情况下，男女比例会保持在一个正常的数量上，但是重男轻女就会造成这一地区男女比例的失衡，这是人为选择子女的性别造成的。另外，人口流动如果流入的男性的数量和女性的数量不平衡，就会造成某城市规划区内男女比例的失衡。男性的收入一般比女性多，所以，男性比重大的地方房地产市场稍微好一些。

3）人口受教育程度不同、职业不同、收入不同、阶层不同，对市场也会产生重要的影响。

4）我国人口是由多民族构成的，不同的民族消费习惯不同。

（3）人口分布分析。人口分布分析可以从人口的城乡分布与地域分布两方面考察。

1）从城乡人口分布看，我国乡村人口比城镇人口多，但随着中国城市化率不断提高，乡村人口逐渐向城镇人口迁移，城镇不断扩大。

2）从区域人口分布看，中国东部沿海地区经济发达，人口密度大，消费水平高；中西部地区经济相对落后，人口密度小，消费水平低。但随着我国西部大开发战略的实施，必然推动西部地区的经济发展，从而大大拓展市场发展的空间。

3）当地户籍人口与无户籍常住人口的比例构成。对北京、上海、广州，特别是深圳等我国最发达的城市地区来说，实际人口中的相当比例，甚至主要部分都是无户籍的常住人口。无户籍的常住人口将成为房地产市场的主要消费者。

（4）家庭组成分析。家庭是构成市场的最基本的消费单位，直接影响着房地产产品的需求量。中国家庭近年来呈现出许多新的变化趋势。

1）三口之家大幅度增加，家庭规模趋于小型化，这有利于房地产市场开发。

2）丁克家庭的比例。丁克家庭是指只有夫妻二人而不生育子女的家庭。在北京、上海等大城市，由于人们观念的变化非常深刻，这种不想生育的丁克家庭成为了一种引人注目的社会现象，会对房屋有特殊的要求，要有针对性地开发房屋。

3）非家庭住户也在迅速增加。主要有单身成年人住户，包括未婚、分居、丧偶、离婚的个人，这种住户需要较小的公寓房间；两人同居者住户；集体住户，即若干大学生、职员等住在一起共同生活。现代社会中，单身人士的大量出现是十分正常的社会现象，在同龄人群中所占的比例越来越大，而这些单身人士往往还是经济条件较好的年轻人，对房屋的结构有特殊的不同于夫妻家庭的要求，同样需要有针对性地开发房屋。

实践经验告诉我们，不同的人及其家庭对住宅和相关配套设施的需求是不同的。大家庭要比小家庭对住宅面积的要求要大一些；高收入家庭对住宅的舒适度的要求则要高一些；丁克家庭对住宅的要求又与有子女的家庭对住宅的要求有所区别，强调高档次；单身人士对居所的要求又与成家的人士对居所的要求有所不同，强调高品位；流动人口与有户籍人口对住宅的购买心理也是完全不同的，需要房地产营销人员认真加以分析。

### 5. 科学技术环境分析

（1）科学技术环境（technical environment）指的是企业所处社会环境中的科技要素及与该要素直接相关的各种社会现象的集合。房地产企业的科技环境大体包括4个基本要素：社会科技水平、社会科技力量、国家科技体制、国家科技政策和科技立法。

（2）科学技术环境对房地产企业的市场竞争创新起着重要的影响作用。企业之间的技术竞争，越来越表现为科技成果及其应用水平的竞争，并且日趋激烈。企业想在市场中占据竞争的主动地位，就必须大量地进行技术创新。生产同一类房地产产品，不同档次科技水平的应用，工艺技术含量的差异，都会造成项目开发成果的差异。企业越来越要求具备良好的科学技术环境。企业对技术环境的调研，是因为任何一种新技术出现都可能会引出新的房地产产品，为公司带来发展的机会；也可能使采用旧技术的房地产产品衰落下去，给企业的生存带来威胁。因此，企业只有及时采用新技术、不断开发新产品并相应调整经营结构和营销方案，才能使企业长久保持兴旺发达。

（3）科学技术环境分析要素。与房地产业发展相关的基础科学研究、应用科学研究的最新动态；最新的科技发明和科技水平状况；新技术能够给房地产企业带来的商机和新的利润增长点；新技术的应用可能产生的新产品，会给哪些产品带来影响；科学技术转换为科技成果的情况，企业自身的科技开发能力；新技术、新工艺、新材料、新发明、新产品的开发、推广和应用状况，科研经费投入、科研人员的水平、开发的进度、先进程度；新科技对企业经营或消费者购买行为带来的影响。

### 6. 自然资源环境分析

（1）自然资源环境是指具有社会有效性和相对稀缺性的自然物质或自然环境的总称，是人类生活和生产资料的来源，是人类社会和经济发展的物质基础，同时也构成人类生存环境的基本要素。自然资源的分类如下。

1）按资源的实物类型划分，自然资源包括土地资源、气候资源、水资源、生物资源、矿产资源、海洋资源、能源资源、旅游资源等。这些资源的状况都能对房地产业产生影响，特别是土地资源。

2）从可持续发展的角度出发，自然资源可划分为耗竭性资源和非耗竭性资源。如果对这些资源使用不当，破坏了其更新循环过程，则会造成资源枯竭。

（2）自然资源的特点。

1）有限性。有限性是自然资源最本质的特征，在不可更新性资源中尤其明显。如果不合理地开发利用，当它的消耗超过它的更新能力和更新速度，资源就得不到恢复而受到破坏，直至从地球上消失。所以，房地产开发在利用自然资源时必须从长计议，珍惜一切自然资源，依靠科技进步，提高现有资源的利用率，拓展可利用的资源范围。

2）区域性。区域性是指资源分布的不平衡，存在数量或质量上的显著地域差异，并有其特殊分布规律。

3）整体性。整体性是指每个地区的自然资源要素彼此有生态的联系，形成一个整体，触动其中一个要素，可能引起一连串的连锁反应，从而影响到整个自然资源系统的变化。所以，对自然资源必须进行综合利用。

4）多用性。多用性是指任何一种自然资源都有多种用途。所以，必须做到物尽其用，以取得最佳效益。

（3）城市的自然环境分析。城市的自然环境对房地产项目有着重大的直接影响。

1）城市处在地震带上。地震带上开发房地产，必须严格按照该城市的城市规划所规定的防震要求进行设计与施工。由于地震的威胁，该城市规划区内的建筑物就难以建成较高的高度，这一方面影响了房地产开发项目的可建设高度，缩小了可建设规模，从而也就影响了房地产开发项目的收益。另一方面增加了防震要求，使房地产开发项目的直接建设成本增加，也影响了房地产开发项目的收益。

2）城市地处地质条件较软的地带。在软地基上开发房地产项目，就要在地基建设上花费巨大的投资，这会造成房地产开发成本居高不下，对开发商的技术水平、资金实力也是严峻的考验。

3）城市地处地形起伏不定的地表状态。如果起伏程度较低，则可以通过平整土地使待开发的土地变得平整，当然这需要投入较多的前期投资。如果起伏程度较高，则必须依据地形而进行相应的房地产开发。依地而建是一个不错的选择。

4）城市的地表水资源。如果地表水较为丰富，则对房地产开发有着潜在的危险，需要基础防水。

5）城市的降雨。如果降雨非常丰富，那么在房地产开发时就必须注意防水、排水措施的到位。如果高温少雨，会造成空气极度干燥，在房地产开发中，就必须注意防火的问题。

## 实践经验

### PEST 分析法

PEST 分析法是一个常见的分析工具，它是指对宏观环境的分析，P 是政治（political system）法律因素分析，E 是经济（economic）因素分析，S 是社会（social）文化因素分析，T 是技术（technological）发展因素分析，从总体上把握企业所处的宏观环境，并评价这些因素对企业的影响。

## 3.3　房地产市场营销的微观环境分析

微观营销环境是直接制约和影响企业营销活动的力量和因素，必须对微观营销环境进行分析，目的是更好地协调企业与这些相关群体的关系，促进企业营销目标的实现。房地产市场营销微观环境分析主要从 6 个方面进行，如表 3-4 所示。

表 3-4　房地产市场营销微观环境

| 市场营销微观环境要素 | | |
|---|---|---|
| 房地产市场营销环境 | 供应商 | 及时性和稳定性 |
| | | 价格变化 |
| | | 质量保证 |
| | 房地产开发企业 | 企业内部的环境力量和因素 |
| | | 营销部门与企业其他部门之间的合作程度 |
| | 房地产中介 | 中间商，即营销代理机构 |
| | | 营销服务机构 |
| | | 金融机构 |
| | 顾客 | 消费者、生产者、中间商、政府市场；国际市场 |
| | | 需求规模、需求结构、需求心理以及购买特点 |
| | 竞争者 | 竞争企业的数量、规模和能力 |
| | | 竞争企业对竞争产品的依赖程度 |
| | | 竞争企业所采取的营销策略及其对其他企业策略的反应程度 |
| | | 竞争企业能够获取优势的特殊生产资源要素来源及供应渠道 |
| | 公众 | 金融公众、媒介公众、政府公众 |
| | | 社团公众、社区公众 |

### 1. 供应商分析

（1）供应商。一般商品供应商是指对企业进行生产所需而提供特定的原材料、辅助材料、设备、能源、劳务、资金等资源的供货单位。这些资源的变化直接影响到企业产品的产量、质量以及利润，从而影响企业营销计划和营销目标的完成。房地产商品供应商是指政府土地、规划、建设等相关机构，设计机构，建筑承包商、监理单位，金融机构以及律师事务所等房地产生产参与者，这些参与者的有效配合对房地产项目营销目标的完成至关重要。

(2) 供应商对企业营销的影响分析。

1) 及时性和稳定性。土地、资金、劳务等生产资料的保证供应，是企业营销活动顺利进行的前提。如土地，进行房地产项目开发首先需要获得土地，需要向政府机关土地管理部门申请土地的使用权，还需要由城市规划部门、建设部门进行各种审查，还会涉及环境保护部门、消防部门、交通部门、文物保护部门等，都要经过这些部门的审批。为此，企业为了在时间上和连续性上保证房地产项目的运行，就必须和这些部门保持良好的关系，及时了解和掌握情况，分析可能出现的变化，及时采取对策。

2) 价格变化。价格变化会直接影响房地产产品的成本。如由金融机构提供房地产开发资金，如果利率上调，则必然会带来房地产产品成本上升，如提高产品价格，又会影响产品的市场销路。为此，企业必须密切关注和分析房地产生产要素价格变化趋势，早作准备，积极应对。

3) 质量保证。能否供应质量有保证的生产资料直接影响到房地产产品的质量，进一步会影响到销售量、利润及企业信誉。例如设计机构的设计图纸、建筑承包商的施工质量、监理单位的现场把控水平，这些都会影响房地产产品质量。为此，企业必须了解供应商的产品或服务，分析其质量标准，从而来保证房地产产品的质量，赢得消费者，赢得市场。

### 2. 房地产开发企业分析

(1) 房地产开发企业开展营销活动要充分考虑到企业内部的环境力量和因素。房地产企业内部一般设立计划、开发、工程技术、营销、财务、后勤等部门，各职能部门的工作及其相互之间的协调关系，直接影响企业的整个营销活动。一个成功的房地产企业需要多方面的素质：要有敏锐的市场嗅觉和判断力，能够在动荡不定的房地产市场中找到机会，并能敏锐地判断这种机会的成功概率；要有快速的决断能力，房地产开发项目投资大、风险大，要敢于决断，只有快速决断，才能抓住市场机遇；还要有出色的组织协调能力，一个房地产项目需要许多人参与其中，只有依靠统一组织，才能保证整个项目的顺利进行。组织协调能力需要有良好的公关技巧，化不利为有利，使项目开发顺利进行直至成功。

(2) 营销部门与企业其他部门之间的合作程度分析。由于各部门各自的工作重点不同，有些矛盾往往难以协调。如技术部门关注的是长期开发的定型产品，要求品种规格少、批量大、标准统一、较稳定的质量管理，而营销部门注重的是能适应市场变化、满足目标消费者需求的“个性化”产品，对技术上提出了多品种规格、少批量、个性化订单、特殊的质量管理。所以，企业在制订营销计划、开展营销活动时，必须协调和处理好各部门之间的矛盾和关系。这就要求进行有效沟通，协调、处理好各部门的关系，营造良好的企业环境，更好地实现营销目标。

### 3. 房地产中介分析

（1）营销中介分析的必要性。营销中介是指为企业营销活动提供各种服务的企业或部门的总称，主要功能是帮助企业推广和分销产品。房地产经营是一项信息量巨大、相关事务繁多的经营活动，高水平的市场中介机构可以促进房地产营销的有效进行，是房地产营销的有益补充。营销中介对房地产企业营销产生直接的、重大的影响，企业充分借助有关营销中介所提供的服务，可以把产品顺利地送达到目标消费者手中。

（2）营销中介主要对象分析。

1）中间商。中间商是指产品从开发商流向消费者的中间环节或渠道，它主要是营销代理机构。中间商对企业营销具有极其重要的影响，它能帮助企业寻找目标顾客，为产品打开销路，为顾客创造地点效用、时间效用和持有效用。一般企业都需要与中间商合作，来完成企业营销目标。企业需要选择适合自己营销的合格中间商，与其建立良好的合作关系，了解和分析其经营活动，并采取一些激励性措施来推动其业务活动的开展。

2）营销服务机构。营销服务机构是指企业营销中提供专业服务的机构，包括广告公司、市场调研公司、营销咨询公司、评估公司、财务公司等。这些机构对企业的营销活动会产生直接的影响，它们的主要任务是协助企业确立市场定位，进行市场推广，提供活动方便。一些大企业往往有自己的广告和市场调研部门，但大多数企业则以合同方式委托专业服务机构来办理有关事务。为此，企业需要关注、分析这些服务机构，选择最能为本企业提供有效服务的机构。

3）金融机构。金融机构是指企业营销活动中进行资金融通的机构，包括银行、信托公司、保险公司等。金融机构的主要功能是为企业营销活动提供融资及保险服务。金融机构业务活动的变化还会影响企业的营销活动，比如信贷资金来源受到限制，会使企业经营陷入困境。为此，企业应与这些公司保持良好的关系，以保证融资及信贷业务的稳定和渠道的畅通。此外，熟知房地产事务的律师事务所也是必要的中介结构。

### 4. 顾客分析

（1）顾客分析的必要性。顾客是指使用进入消费领域的最终产品或劳务的消费者和生产者，也是企业营销活动的最终目标市场。顾客对房地产营销的影响程度远远超过前述的环境因素，只有得到了顾客的认可，才能赢得这个市场，房地产营销强调把满足顾客需要作为企业营销管理的核心。

（2）顾客市场类型分析。

1）消费者市场是指为满足个人或家庭消费需求购买房地产产品或服务的个人和家庭。

2）生产者市场是指购买房地产作为生产要素的组织。

3）中间商市场是指投资房地产产品以转售，从中赢利的组织。

4）政府市场是指购买房地产产品或服务，以提供公共服务或把这些产品及服务转让给其他需要的人的政府机构。

5）国际市场是指国外购买房地产产品或服务的个人及组织，包括外国消费者、生产商、中间商及政府。

(3）顾客分析要点。上述5类市场的顾客需求各不相同，要求企业以不同的方式提供产品或服务，它们的需求、欲望和偏好直接影响企业营销目标的实现。为此，企业要注重对顾客进行研究，分析顾客的需求规模、需求结构、需求心理以及购买特点，这是企业营销活动的起点和前提。

**5. 竞争者分析**

(1）竞争者类型。从消费需求的角度，房地产企业的竞争者分为以下几类。

1）愿望竞争者是指提供不同房地产（如住宅、商业用房等）以满足不同需要的竞争者，也称消费竞争者。

2）一般竞争者是指提供不同产品（如提供普通住宅、高级公寓、别墅）以满足同一种需要的竞争者，也称属类竞争者、需要竞争者。

3）产品形式竞争者是指提供同种或同类房地产，但户型、面积、设计风格不同，以满足同一需要的竞争者，也称行业竞争者。

4）品牌竞争者是指开发同种房地产，而且其户型、面积等也相同，但品牌不同的竞争者。

(2）分析竞争者的必要性。竞争是商品经济的必然现象，任何企业在目标市场进行营销活动时，都不可避免地会遇到竞争对手的挑战。企业竞争对手的状况将直接影响企业营销活动。如竞争对手的营销策略及营销活动的变化就会直接影响企业营销，最为明显的是竞争对手的产品价格、广告宣传、促销手段的变化，以及产品的开发、销售服务的加强都将直接对企业造成威胁。为此，企业在制定营销策略前必须先弄清竞争对手，特别是同行业竞争对手的房地产项目经营状况，做到知己知彼，有效地开展营销活动。

(3）竞争者分析的内容。①竞争企业的数量有多少；②竞争企业的规模和能力的大小和强弱；③竞争企业的竞争产品及其依赖程度；④竞争企业所采取的营销策略及其对其他企业策略的反应程度；⑤竞争企业能够获取优势的特殊生产资源要素来源及供应渠道。

**6. 公众分析**

(1）社会公众。社会公众是企业营销活动中与企业营销活动发生关系的各种群体的总称。公众对企业的态度，会对其营销活动产生巨大的影响，它既可以有助于企业树立良好的形象，也可能破坏企业的形象。所以，企业必须处理好与主要公众的关系，争取公众的支持和偏爱，努力营造和谐、宽松的社会环境。

（2）社会公众对象分析。

1）金融公众。主要包括银行、投资公司、证券公司、股东等，他们对企业的融资能力有重要的影响。

2）媒介公众。主要包括报纸、杂志、电台、电视台等传播媒介，他们掌握传媒工具，有着广泛的社会联系，能直接影响社会舆论对企业的认识和评价。

3）政府公众。主要指与房地产营销活动有关的各级政府机构部门，他们所制定的方针、政策对企业营销活动或是限制，或是机遇。

4）社团公众。主要指与房地产营销活动有关的非政府机构，如消费者组织、环境保护组织，以及其他群众团体。企业营销活动涉及社会各方面的利益，来自这些社团公众的意见、建议，往往对企业营销决策有着十分重要的影响。

5）社区公众。主要指房地产项目所在地附近的居民和社区团体。房地产企业保持与社区的良好关系，为社区的发展作一定的贡献，会受到社区居民的好评，他们的口碑能帮助企业在社会上树立良好的形象。

6）内部公众。指企业内部的管理人员及一般员工，企业的营销活动离不开内部公众的支持。应该处理好与广大员工的关系，调动他们积极参与市场营销活动。

## 思考题

1. 我国房地产市场营销环境与一般消费品市场营销环境有何不同？

2. 如何把握当前我国房地产市场营销环境？

## 实训题

考察本地某房地产项目，并撰写市场营销环境的调研报告。

## 实训指导

1. 5～8 人一组，每组完成实训项目。

2. 实地考察与网上调查相结合，主要参考网址见本书第 1 章实训指导。

3. 营销策划情况内容：宏观环境 6 要素分析、微观环境 6 要素分析（见表 3-1、表 3-4）。

4. 调研报告要求用自己的语言组织，不允许大段抄袭别人的文章，要求报告字数 1 500～2 000 字。

# 第 4 章
# 房地产项目市场分析与定位策划

## 学习目标

1. 了解房地产市场调研、市场预测、STP 战略及市场细分、项目市场分析与目标市场选择、市场定位策划的基本概念

2. 熟悉房地产市场调研、市场预测、市场细分、项目市场分析与目标市场选择、市场定位策划的特点

3. 掌握房地产市场调研、市场预测、市场细分、项目市场分析与目标市场选择、市场定位策划的程序、内容和方法

## 技能要求

1. 养成积极思考问题、主动学习的习惯，培养良好的团队合作精神，乐于助人

2. 能够开展房地产市场调研活动，搜集、分析、整理当地房地产市场信息

3. 能够开展房地产市场预测，进行房地产市场细分

4. 能够熟练运用房地产市场分析方法对具体房地产项目进行市场分析、目标市场选择以及市场定位策划

5. 能够编写本地区某地块的房地产市场分析与市场定位策划报告

## 案例：金色里程项目的市场定位

### 一、金色里程项目概况

万科金色里程位于南京市雨花台区秦淮新河以北、宁丹路以西，西侧为三江学院，南侧为龙西路，北向临近绕城公路，东向临近机场高速以及南京南站，属于正在崛起的铁心桥板块，如图 4-1 所示。2007 年南京万科以 3.12 亿拿下铁心桥地块。随后定名为万科金色城品。2008 年，在房地产市场低迷的情形下，万科金色城品选择蛰伏。期间，传出项目将修改规划与定位，重新上市的消息。时间推移到 2009 年 7 月，一首《房的一米》扯出一个新的案名——万科金色里程。而实际上，万科金色里程正是万科金色城品的华丽转身。金色里程小区占地 4.2 万 $m^2$，总建筑面积约 10 万 $m^2$。小区规划建设 10 幢 15 ~18 层的高层，2011 年完工。

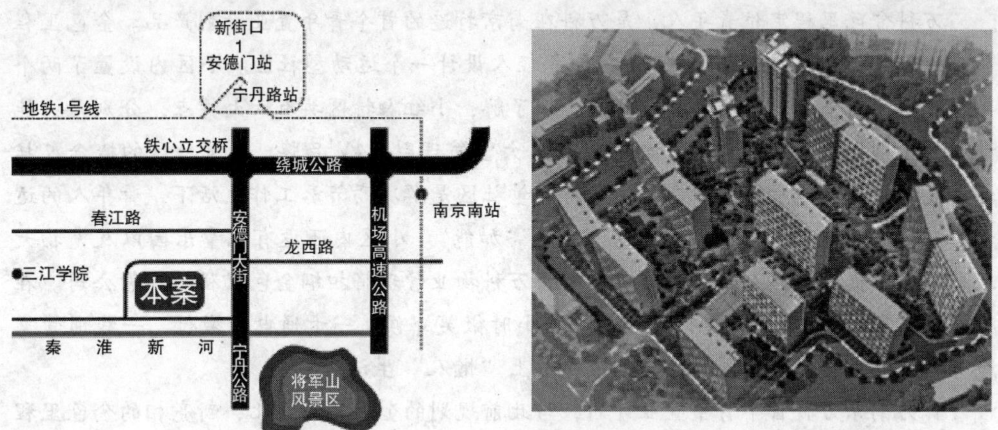


图4-1 金色里程的位置与规划

## 二、金色里程的市场定位

万科金色里程地理位置优越。处于正在崛起的铁心桥板块，该板块是南京主城东进南延的重要发展区域，在未来必将强势崛起，随着南京地铁1号线正式南延，亚洲最大火车站即将落户本区，投资数亿巨资打造的软件园正在建设，这里不仅会成为交通枢纽，更筹谋发展成一座集居住、商业、办公、科技于一体的生态复合型新城。同时，项目的地块位于南京高档别墅的集中板块——三山板块的正北面，与占地3.5$km^2$的将军山隔秦淮河相望，与新街口直线距离9km，并基本与江宁的门户岔路口处于同一纬度之上。因此，不管是从距离还是山水来说，都是一个极其难得的区域，可谓是南京城际板块中最后的一块璞玉。

综观南京城市的整体布局，向东有紫金山、青龙山，向西、向北都有长江天堑完全阻挡，只有南面还有广阔的腹地。近年的市政规划也证明了城市向南发展的趋势，南京南站2011年即将开通，南站地区将被打造成南京城市副中心，出行、娱乐、生活更加便捷、轻松、丰盛。城南还将被打造成南京市主城内最大的软件基地，周边已有华为、中兴、东软等众多知名企业进驻，既满足青年“择邻而居”的愿望，同时大大提高了住宅的增值潜力。项目西侧是三江学院，南侧隔龙西路与秦淮新河相望；周边配套齐全：餐饮、超市、银行、学校一应俱全，交通便利，6条公交线路，其中3条对接安德门地铁，公交转地铁到达新街口仅需25分钟。

金色里程几乎贴着秦淮新河而建，临湖望山。脚下一泓清溪大河，眼前一片苍翠山景，人与自然几乎是没有距离的接触。举目南望，韩府山、将军山、翠屏山三山列如屏，点亮了疲惫的双眼。据悉，将军山风景区是南京三大“城市绿肺”之一，而金色里程所在的铁心桥地区的森林覆盖率更是达到了50%以上，成为南京人居环境的标杆地区之一。

万科金色里程定位青年人，是万科在南京打造的首个青年置业计划产品。金色里程“小红人城市特区”应运而生，着力为年轻人设计一个运动型社区。小区内设置了两个半篮球场，一个标准网球场和慢跑道。据了解，小红人特区共有六大特点，分别是：能量社区、剧场园林、TT空间、懒人物管、大富翁理财、4V品牌。能量社区的概念包括运动能量、童趣能量、爱心能量。运动能量社区是解决高节奏工作生活下，青年人的运动难题。运动就在家门口，全方位为生活“加能”。小区内还设有儿童乐园以及宠物天地。值得一提的是懒人物管。享誉全国的万科物业管理将担纲金色里程的物管公司。在万科金色里程备有24小时安防系统，24小时微笑守候。一卡通电子缴付、一线通管家服务、一站式车主服务等，让自己轻松过上“懒人”生活。

作为南京万科首个青年置业计划，与此前规划的金色城品相比，新亮相的金色里程项目定位更加明确，金色里程项目仔细调研了青年人的生活习惯和独特需要，是专门为青年人设计的一个社区，精心打造了适合青年的户型和社区配套，在公共空间，户型产品、物业管理、贷款理财等方面都做了规划，就连售楼中心也设置了不少娱乐设施，一切听从青年的实际需要。新推出的约71m$^2$和108m$^2$两种户型为南京首创，功能齐全，还可根据需要灵动安排各房间使用。金色里程究竟能不能成为金色城品项目的华丽转身？市场验证的结果是肯定的，项目在2011年已经全部售完。

资料来源：编者根据万科公司资料整理。

### 案例讨论

1. 你认为万科金色里程项目成功的关键是什么？
2. 普通住宅项目可以从万科金色里程项目的市场定位中吸取什么？

### 学习任务

编写本地区某房地产地块项目的市场分析与市场定位策划报告。

## 4.1 房地产市场调研方法

房地产市场调研与预测是房地产市场营销的“眼睛”。房地产营销人员只有充分了解和把握房地产市场详细情况后，才能做出正确的营销策划。

### 1. 房地产市场类型

要想了解房地产市场，做好房地产市场调研，就必须了解房地产市场的类型特点。房地产市场可以根据不同的依据划分成不同的类型。

（1）根据房地产的用途来划分。①住宅市场；②写字楼市场；③商业用房市场；④仓储用房市场；⑤行政司法用房市场；⑥科教文卫用房市场；⑦旅游娱乐用房市场；⑧特殊用房市场。每一类还可以进一步划分，如住宅市场可以分成：经济适用房市场、普通住宅市场、高级住宅市场、别墅市场等。

（2）根据房地产的交易客体来划分。

1）地产市场。也称土地市场，是房地产市场的基础。具体来看，地产市场有国有土地使用权出让市场，国有土地使用权转让市场。

2）房产市场。房产市场可以分成两个层次：一是新房市场，在这个市场上，房地产开发商将其新开发的房屋（包括住宅和商业用房）投放到房地产市场进行交易，即房屋首次交易；二是二手房市场，也叫旧房市场，即房屋非首次交易。

3）房地产金融市场。主要包括房地产融资、按揭贷款等。

4）房地产中介服务市场。主要包括房地产评估、房地产经纪、房地产咨询、房地产信息服务等市场。

（3）根据房地产的档次来划分。

1）高档房地产市场，是针对高收入消费者和大企业的房地产市场，这部分消费者经济实力雄厚，对房地产项目的档次要求高，价格敏感性相对不强，一般表现为单价高、总价也高。

2）普通房地产市场，是面对普通工薪消费者和中小企业的房地产市场，这部分消费者经济条件一般，对房地产项目的档次有一定的要求，但对价格的敏感性又较强。一般表现为单价适中、总价不高。

3）低档房地产市场，是针对低收入人群的房地产市场，这部分消费者收入低，只能要求最基本的居住条件。实际上，低档房地产市场只有依靠政府的介入搞保障房建设，才能运转起来。一般表现为单价低、总价也低。

（4）根据房地产的辐射范围来划分。

1）世界性的房地产市场。我国目前除香港外，还没有真正意义上的世界性的房地产市场，但随着我国经济在整个世界经济体系的地位不断提高，我国开始局部形成世界性的房地产市场。

2）亚洲性的房地产市场，如我国北京、上海等国际化大都市的 CBD 项目的开发与经营市场，已经成为了亚洲性的房地产市场。

3）全国性的房地产市场，如南京的新街口商业用房市场、北京的中关村科技园生产和经营用房市场就是全国性的房地产市场，吸引了全国各地的投资者。

4）跨省区的房地产市场，如成都春熙路商业用房市场就是覆盖整个西南地区的房地产市场。

5）省区内的房地产市场。省内较大城市的房地产市场，能吸引省内消费者，就属于省区内的房地产市场。

6）市区内的房地产市场。普通城市的房地产市场，只能吸引本市内消费者，就属于市区内的房地产市场。一般来说，房地产市场的档次越高，其辐射、覆盖的范围就越广，因此在分析房地产市场的辐射范围时，对房地产的档次必须予以考虑。

（5）根据房地产的供应方式来划分。

1）现房市场，是指进行交易的房屋（连同它占有的相应地块）已经建好，可以立即投入使用的市场。

2）期房市场，是指进行交易的房屋还没有建好，需要等待一段时间才能投入使用的市场。期房市场的出现对开发商来说，可以提前回收资金，对消费者来说，可以以较低的价格购房，甚至可以进行市场投机。但是，如果政府管制不严格，期房可能会出现欺诈现象，引起房地产市场混乱。

（6）根据房地产的供求力量对比方式来划分。

1）买方市场，是指供过于求的市场，在这种市场上，买方居于主动地位，房价可能下跌。

2）卖方市场，是指供不应求的市场，在这种市场上，卖方居于主动地位，房价可能上涨。

从我国商品房市场来看，由于商品房供给结构失调，当前的房地产市场应该是混合市场，如小户型、低档房供小于求，多半是卖方市场；超大户型、豪华房供大于求，多半是买方市场。

（7）根据房地产的权属让渡方式来划分。①买卖市场；②租赁市场；③抵押市场；④典当市场；⑤置换市场；⑥用房地产联营、参股的市场等。不同的权属让渡方式，可以满足不同房地产交易的需要。

（8）根据房地产市场的发育程度划分。

1）相对成熟的市场。主要是北京、上海等国际化大都市的高档写字楼市场，这是因为其服务的对象主要是来自发达国家的跨国公司，市场化、规范化程度高。

2）正在发育的市场。由于我国的房地产市场还处于一种正待成熟、正待规范的状态，所以我国大部分房地产市场都是正在发育的市场。

3）刚刚萌发的市场。旅游房地产市场、大学生公寓市场，则是刚刚萌发的市场的典型。

总之，当房地产企业准备进行项目经营时，一定要对各种类型的房地产市场进行调查，只有首先了解各种不同类型的房地产市场的特点和走势，才能够正确发现市场机会。

### 2. 房地产市场调研及任务

（1）市场调研。市场调研即市场调查，就是针对某一特定问题运用科学理论，设计搜集信息的方法，有目的、有计划地搜集、整理和分析与企业市场营销有关的各种情报、信息和资料，从中识别和确定市场营销机会及问题，为企业营销决策提供依据的信息管理活动。市场调研的内容涉及消费者的意见、观念、习惯、行为和态度等方面。市场调研的目的是为决策部门提供参考依据。按调研的功能划分，营销调研分为：探索性调研，描述性调研，因果性调研，预测性调研。营销调研主要内容有：市场需求调研、购买行为调研、产品调研、定价调研、分销调研、促销调研、竞争情况调研。

（2）房地产市场调研的重要性。房地产市场调研可以为房地产项目决策提供参考依据，其重要性体现在以下几个方面。

1）识别市场机会，把握瞬息万变的市场环境。房地产行业市场机会不少，但难以把握。房地产行业创新层出不穷，市场追捧的概念时时转换。市场环境的变化主要有消费者需求水平和基本特征的变化，如随着收入水平的提高，人们对居住的需求的改变；产品设计和特征的变化，如普通住宅户型结构的变化；应用技术水平的变化，如住宅小区智能化等。面对瞬息万变的市场环境，房地产企业如果能够把握变化，并根据变化的市场环境适时做出经营调整，那么就可以抓住市场机会，创造新的赢利点。而把握市场环境变化主要依靠市场调研，目前在房地产行业经营绩效较好的房地产企业，都在市场调研方面投入了巨大的努力。

2）分析市场潜力，判断项目的赢利性。在房地产项目开发前，企业要确定项目推出后的销售前景或称市场潜力，需要对潜在客户的需求特征和规模进行调研，以确定能否赢利。从根本意义上来说，某一产品市场潜力大，则意味着其潜在的赢利高。要想在众多的可选产品形式中找到富有成长性、潜在高赢利性的类型，只有借助市场调研来估算。同时，在项目开发完成后制定相应的市场推广计划时，要确定如何将项目的关键信息有效地传达给潜在客户，以尽可能小的推广成本获得最大的宣传效果，这种有针对性地提出市场推广计划，也需要借助市场调研。另外，在市场推广计划中确定销售时机、价格落差、价格变化等细节，更离不开市场调研。

3）评价决策效果，找出改进的关键点。当房地产企业做出某种市场决策后，往往想急切地知道市场的反应，决策正确与否？相关配套措施能否满足需要？是否需要进行调整？如果需要，如何调整？等等。这种评价决策效果的工作要靠市场调研来完成。此外，市场调研还可以评估顾客对产品或服务的满意度，据此企业就可以对产品或服务进行改进，提高满意度，扩大市场份额，在市场竞争中占据有利地位。

（3）房地产市场调研任务。房地产市场调研可以识别和确定房地产市场营销机会及问题，并为房地产企业的经营决策提供信息，应该贯穿于整个房地产项目开发经营全过程，而不仅仅是销售房屋时才想起要搞市场调研。具体来说，按时间顺序，市场调研要完成以下主要任务。

1）立项前市场调研。主要是土地开发潜力分析，要进行初步的市场供求关系调研，分析各种可能开发方向的赢利潜力，确定开发的基本类型。

2）立项后市场调研。主要是针对项目的详细市场调研。一是进行详细的市场需求调研，确定市场需求的基本特征和规模；二是进行详细的竞争楼盘供给调研，确定市场近期和远期（本项目开盘时及开盘后一定期间）的供给水平和特征；三是进行项目总体规划设计调研、环境设计调研、细部规划设计调研和市场推广调研，并将调研结果应用于开发工作。

3）开发过程中市场调研。主要是市场需求和供给的跟踪调研，及时发现市场需求和供给特征是否发生了变化及变化的方向，以确定销售的时机、销售的价格策略和市场推广计划。可以肯定地说，如果房地产企业能按市场调研的基本原则有效地完成上述任务，那么房地产销售就是一件很容易的事。

### 3. 房地产市场调研的特点

房地产市场调研与一般耐用消费品市场调研不同：一是市场调研的内容不同。房地产市场调研具有多样性和复杂性，贯穿整个房地产市场营销过程，且每个阶段具有不同的调研内容。如在房地产定位阶段，市场调研主要调研竞争项目的基本数据和消费者的生活模式；一般耐用消费品市场调研的主要内容是调研消费者的个人偏好。二是市场调研的侧重点不同。房地产市场营销活动涉及环节和阶段众多。同样是消费者调研，房地产市场调研侧重消费者的生活模式、行为模式的研究分析；一般耐用消费品市场调研则侧重对产品的消费习惯、消费偏好、消费者特征分析。三是市场调研的对象不同。房地产市场调研侧重对房地产市场上产品的调研，如项目基地状况、交通信息和基本信息；一般耐用消费品市场调研则侧重对消费者的消费行为调研。四是市场调研的方法不同。房地产市场调研经常采用的方法有实地调研法、座谈会调研法等；一般耐用消费品市场调研经常采用的方法有调查问卷、网上调查。房地产市场调研的主要特点如下。

（1）调研内容具有广泛性。房地产市场调研既包括很简单的内容，如被调研者的性别、年龄、文化程度等基本情况，也包括像态度或爱好之类的复杂问题。要得到这些方面的信息必须靠相当的专业知识、努力和智慧。例如消费者的户型和空间布局偏好调研，消费者如不面对实际户型空间，一般很难回答调研者的问题。仅靠一般的调研，就想得到所需的信息是不可能的。

（2）调研任务具有针对性。房地产市场调研在营销不同阶段的内容不同，实施调研需要具体问题具体分析。一个调研项目可以在一天之内完成，也可长达数月；可以只提供小范围的一点点数据，也可以给出覆盖大范围的大量信息。房地产项目调研对时效性要求也很高，如销售率、价格等动态营销信息的调研，时间发生变化，动态营销信息也会发生改变。所以，每个房地产市场调研任务都要有针对性。

（3）调研方法具有多样性。市场调研方案设计是多样的，搜集数据可以采用实地调研、座谈会、面访、电话访谈或邮寄调研等方法。房地产市场调研展开的程度有伸缩性，所搜集数据的多少和复杂程度是可以选择的，选择何种调研方法取决于所需要的信息和所计划的经费。

（4）调研结果具有一定的局限性。房地产市场调研的结论不是完美无缺的，不可避免地会存在错误或误差。对方案的缜密设计和细心实施是为了尽可能地避免这些误差和错误。只要对调研信息的价值没有严重损害，细小的错误是可以容忍的。对调研结果必须参考一般经验、普通的道理和其他信息来进行评价。对调研的结果要认真思考、理解，看与我们对问题的感性认识是否基本吻合，如果不相符，原因何在，必要时需作进一步的调研和分析。

### 4. 房地产市场调研的程序

（1）确定调研目的。一般来说确定调研目的要有一个过程，一时确定不下来的可以采用探测性调研、描述性调研、因果性调研来确定。

1）探测性调研。当企业对需要研究的问题和范围不明确，无法确定应该调研哪些内容时，可以采用探测性调研来找出症结所在，然后再作进一步研究。

2）描述性调研。它只是从外部联系上找出各种相关因素，并不回答因果关系问题。与探测性调研比较，描述性调研需要事先拟定计划，需要确定搜集的资料和搜集资料的步骤，需要对某一专门问题提出答案。

3）因果性调研。这种调研是要找出事情的原因和结果。

4）预测性调研。通过搜集、分析和研究过去和现在的各种市场情报资料，运用数学方法，估计未来一定时期内市场对某种产品的需求量及其变化趋势。

（2）制订调研计划。调研计划包括人员、时间、资金、工具等方面的安排。根据调研目的成立调研小组，选派有关调研人员，明确调研起始时间、结束时间、进度结点以及调研方法，配置车辆、计算机、录音机等调研工具，预算调研资金，确保计划的有效执行。

（3）调研表格设计。一项房地产市场调研工作至少应设计以下 4 种调研表格。

1）当地房地产资源统计表，如表 4-1 所示。其中包括房地产分布、面积、类型、单位价格、总价、开发程度、居住密度、交易状况和规模、使用期限、抵押保险、政策限制、竞争程度、发展远景、其他具体情况和调研日期等项目。

**表 4-1 房地产资源统计表**

<table>
<tr><td colspan="2">调研名称</td><td colspan="2"></td><td colspan="2">调研目的</td></tr>
<tr><td colspan="2">调研地点</td><td>调研人员</td><td></td><td>调研日期</td><td></td></tr>
<tr><td>序号</td><td>调研项目</td><td colspan="3">内容描述</td><td>备注</td></tr>
<tr><td>1</td><td>房地产分布</td><td colspan="3"></td><td></td></tr>
<tr><td>2</td><td>类型、面积</td><td colspan="3"></td><td></td></tr>
<tr><td>3</td><td>单位价格、总价</td><td colspan="3"></td><td></td></tr>
<tr><td>4</td><td>开发程度、居住密度</td><td colspan="3"></td><td></td></tr>
<tr><td>5</td><td>交易状况和规模</td><td colspan="3"></td><td></td></tr>
<tr><td>6</td><td>使用期限、抵押保险</td><td colspan="3"></td><td></td></tr>
<tr><td>7</td><td>政策限制</td><td colspan="3"></td><td></td></tr>
<tr><td>8</td><td>竞争程度</td><td colspan="3"></td><td></td></tr>
<tr><td>9</td><td>发展远景</td><td colspan="3"></td><td></td></tr>
<tr><td>10</td><td>其他具体情况</td><td colspan="3"></td><td></td></tr>
<tr><td>主要结论</td><td colspan="5">负责人（签名）</td></tr>
</table>

2）房地产出租市场统计表，如表 4-2 所示。其中包括出租房地产名称、所在地区、出租面积、租金水平、出租房的类型和等级、室内设备状况、环境条件（庭院、阳台、停车场、文娱场所、交通和购物等）、空置率、影响房租市场的最大因素、具体房东的记录、房地产出租公司的资料和调研日期等项目。

表 4-2 房地产出租市场统计表

| 调研名称 | | | 调研目的 | | |
|---|---|---|---|---|---|
| 调研地点 | | 调研人员 | | 调研日期 | |
| 序号 | 调研项目 | 内容描述 | | | 备注 |
| 1 | 出租房地产名称 | | | | |
| 2 | 出租面积 | | | | |
| 3 | 租金水平 | | | | |
| 4 | 出租房的类型和等级 | | | | |
| 5 | 室内设备状况 | | | | |
| 6 | 环境条件（庭院、阳台、停车场、文娱场所、交通和购物等） | | | | |
| 7 | 空置率 | | | | |
| 8 | 影响房租市场的最大因素 | | | | |
| 9 | 具体房东的记录 | | | | |
| 10 | 出租公司的资料 | | | | |
| 主要结论 | 负责人（签名） | | | | |

3）房地产出售统计表，如表 4-3 所示。其中包括已售和待售房地产的名称、地区、开发商、数量、结构类型、成交期、成交条件（预付款、贷款额和利率、偿还约束、其他附加条款等）、出售时的房龄和状况、客户资料和调研日期等项目。

表 4-3 房地产出售统计表

| 调研名称 | | | 调研目的 | | |
|---|---|---|---|---|---|
| 调研地点 | | 调研人员 | | 调研日期 | |
| 序号 | 调研项目 | 内容描述 | | | 备注 |
| 1 | 已售和待售房地产的名称 | | | | |
| 2 | 地区 | | | | |
| 3 | 开发商 | | | | |
| 4 | 数量 | | | | |
| 5 | 结构类型 | | | | |
| 6 | 成交期 | | | | |
| 7 | 成交条件（预付款、贷款额和利率、偿还约束、其他附加条款等） | | | | |
| 8 | 出售时的房龄和状况 | | | | |
| 9 | 客户资料 | | | | |
| 10 | 其他情况 | | | | |
| 主要结论 | 负责人（签名） | | | | |

4）房地产个案实调分析表，如表4-4 所示。其中包括案名、区位、投资公司、产品规划、推出日期、入伙日期、基地面积、建筑密度、土地使用权年限、单位售价、付款方式、产品特色、销售策略、客源分析、媒体广告、调研资料来源和调研日期等。

表 4-4　房地产个案实调分析表

| 调研名称 | | 调研目的 | |
|---|---|---|---|
| 调研地点 | | 调研人员 | 调研日期 |

| 序号 | 调研项目 | 内容描述 | 备注 |
|---|---|---|---|
| 1 | 案名、区位 | | |
| 2 | 投资公司 | | |
| 3 | 产品规划 | | |
| 4 | 推出日期、入伙日期 | | |
| 5 | 基地面积、建筑密度 | | |
| 6 | 土地使用权年限 | | |
| 7 | 单位售价、付款方式 | | |
| 8 | 产品特色 | | |
| 9 | 销售策略 | | |
| 10 | 客源分析 | | |
| 11 | 媒体广告 | | |
| 12 | 调研资料来源 | | |
| 13 | 其他情况 | | |
| 主要结论 | 负责人（签名） | | |

（4）初步调研，搜集信息资料。初步调研的目的是了解产生问题的一些原因，主要任务就是搜集信息资料，搜集方式有：①经常不断地搜集；②定期搜集；③需要时立即搜集；④更新资料时搜集。

初步调研通常有 3 个过程。

1）研究搜集的信息材料。

a. 研究企业外部材料。从各种信息资料中，了解一些市场情况和竞争概况，从中了解目前市场上哪类房产最好销？价格如何？当地消费者对房产有什么偏爱？

b. 分析企业内部资料。对公司的各种记录、函件、订单、年度报表等内部资料进行分析，从而找出产生问题的原因和线索。

2）与企业有关领导进行非正式谈话。从这些领导人的谈话中，寻找市场占有率下降的原因，如市场营销经理可能认为房产价格定得太高；工程部经理可能认为设计不十分合理、材料供应质量不高；材料部经理可能认为物价指数上涨太快，所划拨的经费不能全部采用进口名牌材料等。

3）了解市场情况。市场是无情的，消费者对公司所开发经营房产的态度，就是反映企业市场营销水平的重要标志，也是初步调研的关键内容，如消费者不购买本公司商品房，就需要对用户进行调研。

（5）现场调研。初步调研不能达到目的，则需要到现场调研。现场调研工作的好坏，直接影响到调研结果的正确性。必须重视现场调研人员的选拔和培训工作，确保调研人员能按规定进度和方法取得所需资料。同时，将调研搜集到的资料进行整理、统计和分析。

1）编辑整理。把零碎的、杂乱的、分散的资料加以筛选，去粗取精，去伪存真，以保证资料的系统性、完整性和可靠性。在资料编辑整理过程中，要检查调研资料的误差，剔除那些错误的资料，然后要对资料进行评定，以确保资料的真实与准确。

2）分类编号。就是把调研资料编入适当的类别并编上号码，以便于查找、归档和使用。

3）统计。将已经分类的资料进行统计计算，有系统地制成各种计算表、统计表、统计图。

4）分析。对各项资料中的数据和事实进行比较分析，得出一些可以说明有关问题的统计数据，直至得出必要的结论。

（6）撰写和提交调研报告。调研报告反映了调研工作的最终成果。要十分重视调研报告的撰写，并按时提交调研报告。撰写调研报告应做到：①客观、真实、准确地反映调研成果；②报告内容简明扼要，重点突出；③文字精练，用语中肯；④结论和建议应表达清晰，可归纳为要点；⑤报告后应附必要的表格和附图，以便阅读和使用；⑥报告完整，印刷清楚美观。

### 5. 房地产市场调研的内容

（1）房地产市场环境调研。房地产企业的生存发展是以适应房地产市场环境为前提的，房地产市场环境调研有 4 个方面。

1）政治法律环境调研。主要是了解对房地产市场起影响作用的政治形势、国家对房地产行业管理的有关方针政策、有关法律法规及其变化等，包括以下几点。

a. 各级政府有关房地产开发经营的方针政策。如房改政策、开发区政策、房地产价格政策、房地产税收政策、房地产金融政策、土地分等定级及地价政策、人口政策和产业发展政策等；

b. 各级政府有关国民经济社会发展计划、发展规划、土地利用规划、城乡规划和区域规划等；

c. 国家有关法律法规，如环境保护法、土地管理法、城市房地产管理法、广告法、反不正当竞争法等；

d. 政府有关方针和政策，如产业政策、税收政策、财政政策、物价政策、就业政策等；

e. 政局的变化，包括国际和国内政治形势、政府的重大人事变动等。

2）经济环境调研。应该把握企业所在地区的总的经济发展前景，具体包括以下几点。

a. 国家、地区或城市的经济特性，包括经济发展规模、趋势、速度和效益；

b. 项目所在地区的经济结构、人口及其就业状况、就学条件、基础设施情况、地区内的重点开发区域、同类竞争物业的供给情况；

c. 一般利率水平、获取贷款的可能性以及预期的通货膨胀率；

d. 国民经济产业结构和主导产业；

e. 居民收入水平、消费结构和消费水平；

f. 物价水平及通货膨胀；

g. 项目所在地区的对外开放程度和国际经济合作的情况，对外贸易和外商投资的发展情况；

h. 与特定房地产开发类型和开发地点相关因素的调研。

3）社会文化环境调研。社会文化环境影响着房地产消费者购买房地产产品的动机、种类、方式。某一地区人们所持有的核心文化价值观念具有高度的持续性，因此房地产企业必须了解当地消费者的文化和传统习惯，才能为当地消费者所接受。文化环境调研的内容主要包括以下几点。

a. 居民职业构成、教育程度、文化水平等；

b. 家庭人口规模及构成；

c. 居民家庭生活习惯、审美观念及价值取向等；

d. 消费者民族与宗教信仰、社会风俗等。

4）社区环境调研。社区环境直接影响着房地产产品的价格，这是房地产商品特有的属性。社区环境调研内容包括：社区繁荣程度、购物条件、文化氛围、居民素质、交通和教育的便利、安全保障程度、卫生、空气和水源质量及景观等方面。

（2）房地产市场需求调研。房地产市场需求既可以是特定房地产市场需求的总和，也可以是专指对某一房地产企业房地产产品的需求数量。市场需求由购买者、购买欲望、购买能力组成。房地产市场需求调研主要包括以下 3 个方面。

1）房地产消费者调研。主要是调研房地产消费者的数量及其构成。

a. 消费者对某类房地产的总需求量及其饱和点、房地产市场需求发展趋势；

b. 房地产现实与潜在消费者数量与结构，如地区、年龄、职业等；

c. 消费者的经济来源和经济收入水平；

d. 消费者的实际支付能力；

e. 消费者对房地产产品质量、价格、服务等方面的要求和意见等。

2）房地产消费动机调研。房地产消费动机就是为满足一定的需要，而引起人们购买房地产产品的愿望和意念。房地产消费动机主要包括：消费者的购买意向、影响消费者购买动机的因素、消费者购买动机的类型等。

3）房地产消费行为调研。房地产消费行为是房地产消费者在实际房地产消费过程中的具体表现。房地产消费行为的调研就是对房地产消费者购买模式和习惯的调研。

a. 消费者购买房地产商品的数量及种类；

b. 消费者对房屋设计、价格、质量及位置的要求；

c. 消费者对本企业房地产商品的信赖程度和印象；

d. 房地产商品购买行为的主要决策者和影响者情况等。

（3）房地产市场供给调研。房地产市场的供给是指在某一时期内为房地产市场提供房地产产品的总量。房地产市场供给调研主要调研 3 个方面。

1）行情调研。

a. 整个地区市场，房地产市场现有产品的供给总量、供给结构、供给变化趋势、市场占有率；

b. 房地产市场的销售状况与销售潜力；

c. 房地产市场上产品的市场生命周期；

d. 房地产产品供给的充足程度、房地产企业的种类和数量、是否存在着市场空隙；

e. 有关同类房地产企业的生产经营成本、价格、利润的比较；

f. 整个房地产产品价格水平的现状和趋势，最适合于客户接受的价格策略；

g. 新产品定价及价格变动幅度等。

2）市场反响调研。

a. 现有房地产租售客户和业主对房地产的环境、功能、格局、售后服务的意见以及对某种房地产产品的接受程度；

b. 新技术、新产品、新工艺、新材料的出现及其在房地产产品上的应用情况。

3）建筑设计及施工企业的有关情况调研。包括建筑设计及施工企业的信誉、资质和业绩等情况。

（4）房地产市场营销活动调研。房地产市场营销活动是一系列活动的组合，包括房地产产品、价格、促销、广告等活动。房地产市场营销活动调研主要有 4 个方面。

1）房地产市场竞争情况调研，包括竞争企业和竞争产品两方面内容。

a. 对竞争企业的调研主要包括竞争企业的数量、规模、实力状况；竞争企业的生产能力、技术装备水平和社会信誉；竞争企业所采用的市场营销策略以及新产品的开发情况；对房地产企业未来市场竞争情况的分析、预测等；

b. 对竞争产品的调研主要包括竞争产品的设计、结构、质量、服务状况；竞争产品的市场定价及反应状况；竞争产品的市场占有率；消费者对竞争产品的态度和接受情况等。

2）房地产价格调研。

a. 影响房地产价格变化的因素，特别是国家价格政策对房地产企业定价的影响；

b. 房地产市场供求情况的变化趋势；

c. 房地产商品价格需求弹性和供给弹性的大小；

d. 开发企业各种不同的价格策略和定价方法对房地产租售量的影响；

e. 国际、国内相关房地产市场的价格；

f. 开发个案所在城市及街区房地产市场价格。

3）房地产促销调研。

a. 房地产企业促销方式，广告媒介的比较、选择；

b. 房地产广告的时空分布及广告效果测定；

c. 房地产广告媒体使用情况调研；

d. 房地产商品广告计划和预算的拟定；

e. 房地产广告代理公司的选择；

f. 人员促销的配备状况；

g. 各种营业推广活动的租售绩效。

4）房地产营销渠道调研。

a. 房地产营销渠道的选择、控制与调整情况；

b. 房地产市场营销方式的采用情况、发展趋势及其原因；

c. 租售代理商的数量、素质及其租售代理的情况；

d. 房地产租售客户对租售代理商的评价。

### 6. 房地产市场调研的方法

市场调研方法可分为两大类：一类是按选择调研对象来划分，有全面调研、重点调研、抽样调研等；另一类是按调研对象所采用的具体方法来划分，有访问法、观察法、实验法。市场调研人员可根据具体情况选择不同的方法。

（1）全面调研，又叫普查，是对调研对象总体所包含的全部单位进行调研。

（2）重点调研，是以有代表性的单位或消费者作为调研对象，进而推断出一般结论。

（3）抽样调研，就是从调查对象全体（总体）中选择若干具有代表性的个体组成样本，对样本进行调查，然后根据调查结果可推断总体特征的方法。抽样调研大体上可以分成两大类：一是随机抽样，二是非随机抽样。

1）随机抽样分为 3 种：①随机抽样，即整体中所有个体都有同等的机会被选作样本；②分层随机抽样，即对总体按某种特征（如年龄、性别、职业等）分组（分层），然后从各组中随机抽取一定数量的样本；③分群随机抽样，即将总体按一定特征分成若干群体，随机抽取其中一部分作为样本。

2）非随机抽样分为 3 种具体方法：①就便抽样，也称为随意抽样调研法，即市场调研人员根据最方便的时间、地点任意选择样本，如在街头上任意找一些行人询问其对某产品的看法和印象。这在商圈调研中是常用的方法；②判断抽样，即通过市场调研人员，根据自己的以往经验来判断由哪些个体来作为样本的一种方法。当样本数目不多，样本间的差异又较为明显时，采用此法能起到一定效果；③配额抽样，即市场调研人员通过确定一些控制特征，将样本空间进行分类，然后由调研人员从各组中任意抽取一定数量的样本。

调研方法与规模的选择。调研规模是指调研对象范围的大小、内容的深浅，其规模越大，结果也就越令人信服。但是由于人力、物力的限制，还有调研技术条件的限制，使企业不得不从4个方面来考虑调研的规模：①样本数的分量；②样本涵盖面的广度；③问题涵盖面的广度；④调研的深度。

### 7. 房地产调研资料搜集的途径和内容

（1）房地产市场调研搜集资料的途径。主要有：①交易双方当事人；②促成房地产交易行为的中间商；③房地产开发商公开推出的各种销售或出租广告；④熟悉房地产市场的人士，如房地产经纪人、估价师等；⑤同业间资料的交流；⑥准交易资料的搜集；⑦向房地产租售经办人员讨教，参加房地产交易展示会、展览会，了解各类信息、行情，索取有关资料；⑧各类次级资料。

（2）搜集资料的内容。

1）基本资料的搜集。可分为初级（一手）资料及次级（二手）资料两类。初级资料的搜集是依据特定目的，遵循完整的研究设计及调研设计，并通过调研执行、资料处理与分析，来得到所需的资料。次级资料有内部次级资料（一般人常常忽略公司内部资料的可贵性而未加以利用）和外部次级资料。外部次级资料的来源主要包括官方、学术单位、产业三大部分。

2）房地产法规资料的搜集。目前我国已出台的有关房地产的法律法规主要有：《中华人民共和国城市房地产管理法》、《中华人民共和国土地管理法》、《中华人民共和国城乡规划法》、《中华人民共和国建筑法》等。

## 4.2 房地产市场预测方法

### 1. 房地产市场预测及作用

（1）房地产市场预测的概念。房地产市场预测是在市场调研获得一定资料的基础上，针对需要，运用已有的知识、经验和科学方法，对房地产企业和市场的未来发展趋势以及与之相关的营销环境因素进行分析和判断，从而为房地产企业的营销决策提供依据。

（2）房地产市场预测的作用。①房地产市场预测是房地产企业制定开发经营计划和进行营销决策的基础；②房地产市场预测是改善企业经营管理，提高经济效益的重要手段；③房地产市场预测可以降低市场的不确定性给房地产企业所带来的市场风险，减少房地产经营的盲目性，提高房地产项目的收益性。

### 2. 房地产市场预测的种类

（1）按预测时间的长短划分。

1）短期预测，是指房地产企业安排年度内市场营销计划的预测。由于房地产具有开发周期长的特点，因此这种短时期的预测主要用于制订月计划、季度计划、年度计划，为日常的市场营销工作服务。

2）中期预测，是指企业对1~5年内的房地产市场变化及其发展趋势的预测，是企业制定发展规划的依据。

3）长期预测，是指房地产企业对5年以上的房地产市场变化及其趋势的预测。这种预测是企业制定长期战略目标的科学依据。长期预测的难度较大，精确度也很难把握。

（2）按预测对象的范围划分。

1）宏观市场预测，是对整个市场的预测分析，涉及范围大，牵涉面广。

2）微观市场预测，是指房地产企业营销活动范围内进行的市场预测，如房地产企业产品的市场份额、价格变化等预测。微观市场预测是企业制定经营决策、编制营销计划的依据。

（3）按预测方法的性质划分。

1）定性预测，又称判断预测，是预测者根据自己掌握的实际情况、实践经验和逻辑推理能力，对房地产市场的发展趋势做出的推测和判断。常用的有德尔菲法、意见集中法、类推法等。

2）定量预测，是在了解历史资料和统计数据的基础上，运用统计方法和数学模型，对市场发展趋势进行数量分析的预测方法。定量预测也称统计预测，主要包括时间序列预测和因果关系预测。时间序列预测是依据预测对象随时间的变化规律建立模型，主要包括移动平均法、指数平滑法、季节变动预测法等；因果关系预测是依据预测对象及其影响因素间的因果关系建立模型，主要包括回归分析、经济计量模型、投入产出模型等。

### 3. 房地产市场预测方法及模型

（1）房地产市场定性分析预测方法。

1）经验判断预测方法，又分为个人经验判断法和集体经验判断法。个人经验预测，是指凭借个人的知识和综合分析能力对预测对象的发展趋势做出判断，完成市场预测；集体经验预测，是通过有关人员共同座谈讨论，交换意见，提出预测方案的集体判断的方法，这种方法可以克服个人预测的局限性，提高预测的准确性，但是在讨论中容易受各种心理因素的影响。

2）德尔菲法，又称专家小组法或专家意见征询法。它是以匿名的方式，轮番征求一组专家或房地产业内人士各自的预测意见，并在专家分析判断的基础上，综合他们的意见，对市场发展趋势做出量的推断。其优点在于能较好的从理论上预测市场或企业的发展趋势；缺点在于缺乏数字的计算，只能大概代表未来的发展。

（2）房地产市场定量分析预测方法（模型）。定量预测方法就是采用模型分析法。

1）基于时间序列预测法的模型。时间序列预测法是将历史资料和数据按时间顺序排列成一系列，根据时间顺序所反映的经济现象的发展过程、方向和趋势，将时间顺序外推或延伸，以预测经济现象未来可能达到的水平。这一预测方法在房地产市场稳定发展、没有大幅价格浮动的情况下可以较好预测出房地产市场未来的价格水平。房价收入比模型即基于此法，列出一段时间内房地产价格与人均收入值的比例，进而预测未来房价。

2）基于回归分析预测法的模型。回归分析预测法是从市场现象之间的因果关系出发，通过建立回归预测模型，根据一种或几种现象的变化去推测另一种现象变化的一种定量预测法。根据线性回归原理建立的线性回归模型便是现在广为使用的市场预测模型之一，它通过计算两种或多种现象的相关关系，模拟出这些现象的数学曲线，进而达到预测市场未来发展的目的。回归模型按预测的需要又可分为一元回归模型和多元回归模型等。

### 4. 房地产市场预测的主要内容

房地产市场的预测主要包括 3 个方面：①房地产市场需求预测；②房地产供给预测；③房地产价格预测。根据实践经验，房地产市场预测的核心是需求预测。这是因为，市场需求的数量和结构是最终决定市场发展状况的因素，房地产市场的供给实际上是围绕着未来的房地产需求而决定的。而且，房地产市场的供给难以预测。供给难预测是因为房地产市场的供给受政府相关政策的影响，在我国社会主义市场经济体系尚不完善，存在着诸多的人为因素和不确定因素，难以找到有效的预测方法。由于当前房地产市场的主要产品是住宅和商业写字楼，所以本节主要讲解住宅市场需求预测和商业写字楼市场预测。

### 5. 房地产市场预测的步骤

房地产市场预测主要有 7 个步骤，如图 4-2 所示。

（1）确定预测对象和目的。要确定预测的对象、达到的目的、预测的范围、预测时间等。如开发商要预测商品房的市场销售量，应明确是哪类商品房，短期预测还是中长期预测，是全国预测还是某地区预测等。

（2）制定预测方案。包括具体内容、人员、分工、资料搜集办法、地点、时间安排等。

（3）搜集和分析有关资料。在搜集资料时要注意信息资料的广泛性和信息来源的多渠道性，确保信息具有代表性、准确性、系统性、完整性和可比性，在分析筛选时还要注意资料的实用价值性。

（4）选定预测方法和模型。要根据预测目标、

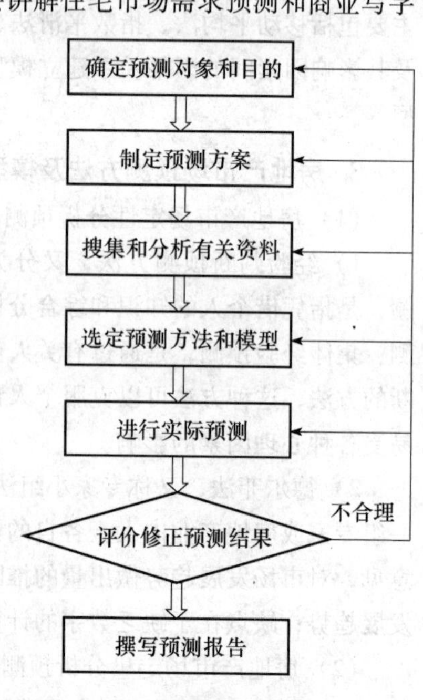

图 4-2 房地产市场预测步骤

资料占有情况、准确度要求及预测费用多少来选定预测方法和预测模型。

(5) 进行实际预测。根据搜集的有关资料、选定的预测方法和模型，进行预测计算。

(6) 评价修正预测结果。预测不可能做到百分之百的精确，但若预测误差很大，就失去了预测的意义。所以，对预测误差进行具体分析，看预测结果是否达到预测目标的要求。如不能达到要求，则回到前面步骤，或重新确定目标、搜集资料，或重新选择方法，再进行预测，直到误差符合预测要求。

(7) 撰写预测报告。房地产市场预测报告既要有定性分析，也要有定量分析，尽量做到数据真实、准确，论据充分、可靠，建议切实可行。然后，还要对预测的结果进行判断、评价，重点是预测误差的分析。

### 6. 住宅市场需求预测

(1) 住宅需求预测。

1) 住宅数量的需求预测。对住宅数量的需求，是由总人口、人口年龄结构和家庭结构这3个因素所决定的。

2) 住宅标准的要求预测。对住房标准的基本要求，由人口收入水平和消费结构2个因素所决定的。

因此，对未来住宅市场的需求进行预测，就要综合分析上述5个因素的变化趋势，以及这些因素对住宅市场需求的影响。

(2) 住宅市场需求的预测方法。一般有额定需求预测和有效需求预测两种方法，但有效需求预测结果常常不准确，误差很大，几乎没有参考价值，所以房地产企业常用额定需求预测法。额定需求预测法是在假设人均的住宅需求保持相对稳定的条件下，来预测未来的住宅市场需求的。这种方法对预测中低收入人群的住宅需求效果最好，他们对面积需求变化不大。使用这种方法，首先需要分析目前住宅状况和未来发展趋势。这种分析包括3个方面的内容。

1) 现有住宅的规模和特点，包括本地区住宅总数，低于所定标准的住宅数量、高于所定标准的住宅数量等。

2) 人口家庭变化状况，包括总人口的变化趋势、人口年龄结构变化趋势、家庭结构变化趋势。

3) 经济发展趋势，包括国民经济发展预测、人均收入预测和消费结构预测。

通过对以上资料进行分析研究，提出预期可以达到的住房标准。住房标准可以用人均居住面积来表示。未来的住宅市场需求预测可以用如下公式表示

$$D_f = P_f \times T_f - S_C$$

$$S_f = D_f / n + A$$

式中 $D_f$——预测年限的住宅市场需求（按预期的住房标准）与现有的供给量（合乎

预期标准的现有住宅）之差；

$P_f$——预期人口数；

$T_f$——预期住房标准；

$S_C$——现有供给量；

$n$——预测年限；

$A$——原住宅的年均报废量；

$S_f$——预期年均开发建设的住宅量。

例如，江苏某县级市预期人口数40万人，预期住房标准人均$30m^2$，现有供给量$500\,000m^2$，原住宅的年均报废量$10\,000m^2$，预测2年后年均开发建设的住宅量。

由上面公式 $D_f = P_f \times T_f - S_C = 400\,000 \times 30 - 500\,000 = 700\,000$（$m^2$）

$S_f = D_f/n + A = 700\,000/2 + 10\,000 = 450\,000$（$m^2$）

**7. 写字楼市场需求预测**

通常情况下，做写字楼的市场预测，要从4个方面考虑。

（1）了解写字楼面积的主要影响因素。主要有职员数量、每人平均的办公用房面积、现有的写字楼面积及空置率等。不同的职员由于工作性质和职位的不同，所需要的办公面积是不同的，所以必须对职员的构成进行有效分类，如经理人员、办事人员和销售人员等。

（2）根据城市的就业增长率预测各种职员的数量。根据所预测的各种职员的数量乘以每种职员的人均办公面积就得出了所需要的办公面积的总量。

（3）考虑空置率因素。就可以得出预测年限所需要的办公室总面积。

（4）预测新增的写字楼面积。上面总面积减去现在已经被利用的写字楼总面积再加上预测年限内需要拆除或改变了使用用途的写字楼面积，就是预测年限内需求新增的写字楼面积。做好了各类房地产产品的预测，房地产企业就可以胸有成竹，有针对性地开发市场需求量大、效益好的房地产产品了。

## 4.3 房地产STP战略与市场细分

### 1. 房地产STP战略

房地产STP战略是房地产目标市场营销，分为3个步骤，即市场细分（segmenting market，S）、选择目标市场（targeting market，T）、市场定位（positioning，P），又称STP营销或STP三部曲。营销大师菲利普·科特勒认为：当代战略营销的核心，可被定义为STP。市场细分、选择目标市场和市场定位的步骤，如图4-3所示。

（1）市场细分（S）。市场细分就是指按照消费者的收入水平、职业、年龄、文化、购买习惯、偏好等细节分变量，把整个市场划分成若干需求不同的子市场或次子市场的过程，其中任意子市场或次子市场都是一个拥有相似需求的购买者群体。

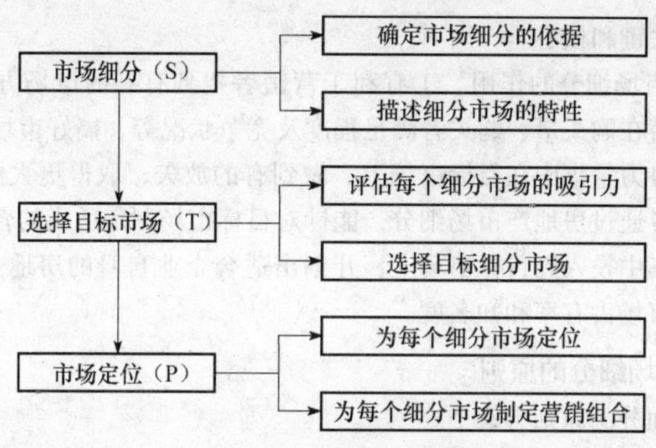


图 4-3　房地产 STP 战略

（2）选择目标市场（T）。选择目标市场就是明确企业应为哪一类用户服务，满足他们的哪一种需求，是企业在营销活动中的一项重要策略。企业通过市场细分，从众多的细分市场中，选择出一个或几个具有吸引力、有利于发挥企业优势的细分市场作为自己的目标市场，综合考虑产品特性、竞争状况和自身实力，针对不同的目标市场选择营销策略。

（3）市场定位（P）。市场定位是指企业针对目标市场潜在顾客的心理进行营销设计，创立产品、品牌或企业在目标客户心目中的某种形象或个性特征，保留深刻的印象和独特的位置，从而取得竞争优势。

## 2. 房地产市场细分及作用

市场的每一种划分都可以再继续划分下去，这种继续的划分就是市场细分。市场细分可以使房地产企业更准确地了解房地产市场，如住宅市场细分，如图 4-4 所示。市场细分的理论基础是消费者需求偏好的差异性。

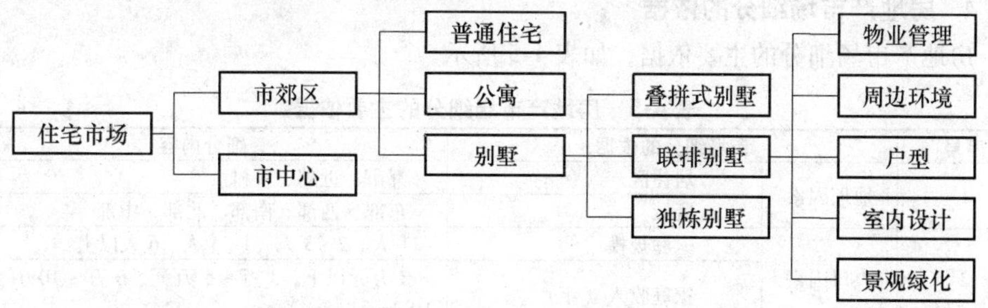


图 4-4　住宅市场细分

（1）房地产市场细分。房地产市场细分是指在房地产市场调研的基础上，从消费者需求的差别出发，以消费者的需求为立足点，根据消费者购买行为的差异性，把消费者市场划分为具有类似性的若干不同的购买群体——子市场，使房地产企业可以从中认定目标市场的过程和策略。房地产企业在制定战略性的房地产市场营销计划时，基本任务是发现和了解它的市场机会，然后制定和执行有效的营销方案，而房地产市场细分是完成这一任务的关键和核心。

（2）房地产市场细分的作用。①有利于营销者找到有利的市场方向，掌握市场上的现实购买量与潜在购买量、购买者满足程度及竞争状况等，搞好市场定位；②有利于房地产企业把优势力量集中在目标市场上，做到有的放矢，取得更大的社会经济效益。房地产市场营销者通过房地产市场细分，能针对目标市场制定适当的营销组合方案，从而把有限的资源集中投入到目标市场上，开创出适合企业自身的房地产经营特色之路，从而提高自己的市场占有率和知名度。

### 3. 房地产市场细分的原则

房地产市场细分的原则有5个。

（1）差异性，是指各个细分市场与众不同，而且具有稳定性。

（2）可测量性，是指各个细分市场的现实或潜在购买力和市场规模大小是可以识别、可以衡量的。

（3）可进入性，是指房地产企业可能进入所选定细分市场的程度。主要从3个方面判断细分市场对于企业是否具有可进入性。

1）企业是否具有进入细分市场的条件，如是否存在壁垒。

2）企业是否能将产品推广给细分市场的消费者。

3）产品是否能够进入市场。

（4）可赢利性，即足量性、收益性，是指市场规模足以使房地产企业有利可图。也就是说，一个细分市场应该具有一定的规模，并且具有相当程度的发展潜力，足以满足企业销售和利润的要求。

（5）可行性，是指房地产企业选择的细分市场，能否制定和实施相应有效的市场营销计划，包括产品、价格、渠道以及促销等计划。

### 4. 房地产市场细分的依据

房地产市场细分的主要依据，如表4-5所示。

**表4-5 房地产市场细分的主要依据**

| 序号 | 市场细分的依据 | | 细分内容 |
|---|---|---|---|
| 1 | 地理因素 | 居住区 | 都市、近郊、乡村 |
| | | 区域 | 东部、西部、南部、北部、中部 |
| 2 | 人口因素 | 家庭规模 | 1人、2~3人、4~5人、6人以上 |
| | | 家庭收入（年） | 3万元以下，3万~5万元、6万~10万元、10万元以上 |
| 3 | 心理因素 | 活动 | 保守型、激进型、自由型 |
| | | 兴趣 | 外向型、内向型 |
| | | 意见 | 主导型、服从型 |
| 4 | 行为因素 | 对价格反应 | 高价、中价、低价；价格弹性小（无所谓） |
| | | 对促销推广反应 | 冲动型、理智型、经济型、感情型 |

（1）地理细分。地理细分是按照消费者所在的地理位置、地形、气候等因素来细分市场。

（2）人口细分。人口细分是根据人口的一系列性质因素所造成的需求上的差异来细分市场。

1）家庭规模，指家庭人口数量多少以及家庭组成范围大小。

2）家庭类型，指家庭成员之间的关系，分为单身家庭、夫妻家庭、核心家庭、主干家庭、联合家庭和其他家庭。

3）家庭代际数，指家庭成员由几代人构成。

（3）心理细分。心理细分（内因）是按照消费者的生活方式和个性进行市场细分。生活方式是指个人或群体对消费、工作和娱乐的特定习惯和倾向性方式。可以从 3 个尺度来测量消费者的生活方式。

1）活动，如消费者的工作、业余消遣、运动、公共关系等活动。

2）兴趣，如消费者对家庭娱乐、家庭设备、色彩等的兴趣。

3）意见，如消费者对社会、经济、文化、环境的意见。

由于活动、兴趣、意见三个英文词的第一个字母分别为 A、I、O，这种尺度又叫 AIO 尺度。

（4）行为细分。行为细分（外在表现）是按照消费者购买或使用某种产品的时机、追求的利益、使用情况、使用程度、信赖情况、消费者待购阶段等行为变量来细分房地产市场。

### 5. 房地产市场细分的方法

（1）在细分依据中选择重点因素。通常情况下，房地产市场的细分要对照上述细分依据，在各种细分因素中选择重点考虑的因素。房地产市场细分所要重点考虑的因素一般有 4 项：①收入状况，决定其购买能力；②购买动机，决定其购买欲望；③需求档次，决定整个项目的市场定位；④需求房型，决定项目楼盘的产品类型。

（2）根据重点因素进行市场细分。这是一个将消费者特征和产品特征进行匹配的过程。比如，高收入的经理阶层，其买房的动机就不仅是自用，可能是出于某种炫耀的心理，或者是证明自己成功的心理，对档次的要求一般是高档的，对房型的要求就可能是别墅住宅或市区里离其办公地点较近的高级公寓。而低收入的打工阶层，其买房的动机就是结婚或接父母同住，他们对档次的要求一般较低，对房型的要求能够住就行，离市中心远点也能忍受。

（3）评价市场细分结果。市场细分是为了更好地发现市场机会，评价一个成功的市场细分必须满足 4 点要求：①要形成足够进行开发的销量并能产生利润，确保在盈亏平衡点之上；②细分之后的市场需求和购买力可以量化处理，能估算出投资回报；③细分之后的市场上的消费者可以通过某种营销渠道最大幅度地接近，便于楼盘成功销售；④细分之后的市场营销行为相对单一，可以促使其产生购买行为。

### 6. 房地产市场细分的程序

（1）确定市场方向，根据需要选定产品市场范围。产品市场范围应以顾客的需求，而不是产品本身特性来确定。

（2）研究客户的潜在要求，列举潜在顾客对房地产的基本需求。

（3）区分客户的需求差异，分析潜在顾客的不同需求，初步细分房地产市场。根据潜在顾客基本需求上的差异性，将其划分为不同的群体或子市场。

（4）进行细分市场的初步筛选，舍去共同需求，以特殊需求作为细分标准。

（5）划分房地产市场，为市场暂时取名。

（6）分析市场营销机会，认识各子市场的特点。分析每一房地产细分市场的需求与购买行为特点，估计每一房地产细分市场的规模，以便在此基础上决定是否可以对这些细分出来的市场进行合并，或作进一步细分。

（7）确定客户群体的规模，确定可进入的细分市场，设计市场营销组合策略。

## 4.4 房地产项目市场分析与目标市场选择

### 1. 房地产项目及特性

（1）房地产项目。房地产项目是指一个房地产将被完成的有限任务，它是在一定时间内，满足一系列特定目标的多项相关工作的总称。包含3层含义：①房地产项目是一项有待完成的任务，且有特定的环境与要求；②在房地产企业内，利用有限资源（人力、物力、财力等）在规定的时间内完成任务；③任务要满足一定性能、质量、数量、技术指标等要求。这3层含义对应房地产项目的三重约束：时间、费用和性能。房地产项目参数包括项目范围、质量、成本、时间、资源。房地产项目主要有住宅项目、商业项目、写字楼项目以及工业项目等。

（2）房地产项目特性。由于房地产产品的特殊性，所以房地产项目具有不同于其他项目的5个特性：①位置固定性，也可以称为不可移动性，是房地产项目最重要的一个特性；②寿命周期长，投资回收期长。土地不会毁损，投资者在其上所拥有的权益通常在40年以上，地上建筑物及其附属物也具有很好的耐久性；③投资成本高。具体原因是土地稀缺价值高、建筑耗费成本高、房屋建设资金占用高；④投资风险大。由于房地产项目投资具有占用资金多、资金周转回收期长、影响因素多等原因，所以，随着时间的推移，其投资的风险因素也将增多，投资的风险加大；⑤投资收益高，房地产用途土地具有稀缺性、不可替代性等特点，所以房地产具有保值、增值的优点。

### 2. 房地产项目市场分析及流程

（1）房地产项目市场分析。是对项目相关的市场规模、位置、性质、特点、市场容量及吸引范围等调查资料所进行的经济分析。市场分析是通过市场调查和供求预测，根据项目产品的市场环境、竞争力和竞争者，分析、判断项目投资后所开发的产品在限定时间内是否有市场，以及采取怎样的营销战略来实现销售目标。市场分析的主要任务是：分析、预测社会对项目产品的需求量；分析同类产品的市场供给量及竞争对手情况；初步确定开发规模；初步测算项目的经济效益。狭义的市场分析就是市场调查研究，而广义的市场分析就是对从生产者到消费者或用户这一过程中全部商业活动的资料、情报和数据，作系统地搜集、记录、整理和分析，以了解产品的现实市场和潜在市场，要对各种类型的市场营销活动的所有阶段加以研究。市场分析的方法，一般可按统计分析法进行趋势和相关分析，也可以根据已有的市场调查资料，采取直接资料法、必然结果法和复合因素法等进行市场分析。

（2）房地产市场分析流程。尽管不同的房地产项目所要分析的具体问题不尽相同，但房地产市场分析一般要包含如图 4-5 所示的流程。

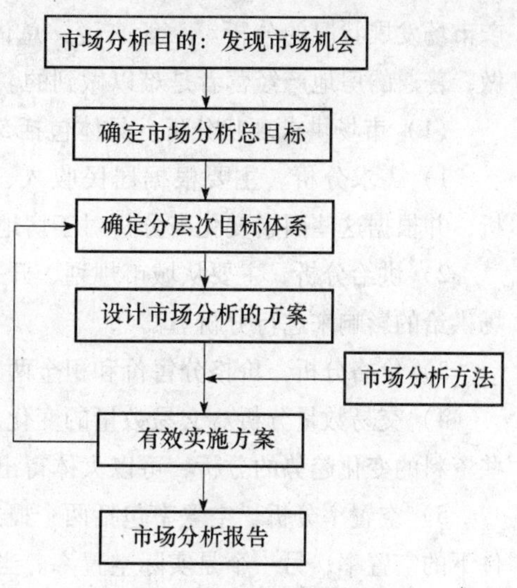


图 4-5　房地产市场分析流程

### 3. 房地产项目市场分析的内容

房地产项目市场分析的内容，如表 4-6 所示，主要包括项目所在的总体市场分析、项目所在的地段市场分析以及项目自身的 SWOT 分析。

表 4-6　房地产项目市场分析内容

| 项目市场分析要素 | | | |
|---|---|---|---|
| 房地产项目市场分析 | 项目所在的总体市场分析 | 市场供求现状分析 | 需求分析 |
| | | | 供给分析 |
| | | | 价格分析：售价和租价 |
| | | | 交易数量分析 |
| | | | 空置率分析 |
| | | 房地产信贷条件分析 | 利率 |
| | | | 贷款条件 |
| | | 房地产市场周期阶段分析：兴旺—平淡—萧条—复苏 | |
| | 项目所在的地段市场分析 | 该地段限制因素分析 | 城市规划 |
| | | | 基础设施 |
| | | | 交通运输条件 |
| | | | 社会环境 |
| | | | 地质情况和环境保护要求 |
| | | 类似竞争性项目的价格或租金分析 | |
| | | 市场需求的数量、房型分析 | |
| | | 市场对该地段房地产功能、档次的需求分析 | |
| | 项目 SWOT 分析 | 优势 | |
| | | 劣势 | |
| | | 机遇 | |
| | | 风险 | |

### 4. 项目所在的总体市场分析

项目所在的总体市场分析是指对项目所在城市的城市规划区范围内特定类型的房地产市场发展状况的分析。一般来说，总体的市场分析由专门的房地产市场分析机构来做，普通的房地产经营者是难以做到的。总体市场分析的内容，通常包括3个方面。

（1）市场供求现状分析。具体包括5个方面的分析。

1）需求分析。主要根据居民收入、就业、新创办公司数量、类型等因素进行分析，并根据这些因素变化来分析对于房地产数量、功能、档次的需求特点。

2）供给分析。主要从城市规划、开工数量、建筑成本、用途变化等因素对未来市场供给的影响来进行分析。

3）价格分析。价格分售价和租金两种，通过价格分析，找出价格波动规律。

4）交易数量分析。交易数量的变化，是房地产市场最重要的分析资料，通过对这些资料的变化趋势的分析，可以大体得出目前市场的发展走势。

5）空置率分析。空置率包括两个概念：一是自然空置率，即长期市场供求均衡条件下的空置率；另一个是实际空置率。当实际空置率低于自然空置率时，就表明市场是供不应求的，市场机会众多，开发商就应加快开发速度或提高开发力度；当实际空置率高于自然空置率时，就表明市场是供过于求的，缺乏市场机会，开发商就应减慢开发速度或降低开发力度。

（2）房地产市场周期阶段分析。房地产市场鲜明地体现出“兴旺—平淡—萧条—复苏—兴旺”这样的循环往复的周期，房地产市场周期阶段分析的目的就是正确判断市场当前处于周期中的哪个阶段。这对房地产开发商来说，在不同的阶段选择不同的经营行为是十分必要的。在兴旺期进行投资实际上是冒巨大风险的，因为这时投资成本大，而且房地产投放市场时可能正好赶上房地产市场趋于平淡甚至是萧条阶段，那么就面临着巨大的资金回笼压力。房地产市场的萧条阶段是最理想的投资时期，这时不仅投资的成本低，而且当投资的房地产投放市场时可能正好赶上房地产市场复苏期是兴旺阶段，将会获得巨额的经济利益。

（3）房地产信贷条件分析。信贷条件主要指利率走势和抵押贷款年限。房地产市场是受金融市场强烈影响的市场，分析房地产信贷条件是了解房地产市场走向的重要依据。信贷条件宽松，即利率低、抵押贷款年限长，则房地产市场活跃；反之，则房地产市场沉闷。

### 5. 项目所在的地段市场分析

（1）限制性因素分析。

1）城市规划。城市规划对城市规划区内各个地段的土地用途、容积率等开发必须注意的事项都已经做出了明确的规定，房地产开发商必须遵守这些规定，不能超越规划要求，要依据规划条件进行开发设计。对这些规定进行分析，可以判断出相应的成本支出。

2）基础设施。基础设施及其他相关设施是否配套，会影响开发项目的销售和租赁。基础设施及其他相关设施不配套的优点可能是地价较低，缺点是需要投资建设这些设施而要增加投资。开发商选择该地段时，需要权衡利弊。

3）交通运输条件。一般来说，交通运输条件极大地影响房地产项目的价值，因此需要对该地段的交通运输条件的影响进行定量分析。地段决定价值，主要因为差的地段交通运输条件差，人们出行不便，价值大打折扣。

4）社会环境。社会环境会对房地产项目开发产生影响，需要分析其对开发项目经济利益的实际影响。

5）地质情况和环境保护要求。地质情况和环境保护要求也都会对房地产项目开发产生影响，需要分析这些因素的实际影响，特别是成本额外支出方面。

（2）类似项目的价格或租金分析。目的是判断这一特定地段所设想开发的房地产项目在整个市场上的竞争力。只有在价格或租金上不高于类似房地产项目，所开发的房地产项目才会有市场竞争力。同时，在进行类似项目的价格或租金分析时，一方面要选取最相似的房地产项目作为分析对象，另一方面也要注意不同的房地产项目的性能价格比的测算。类似项目分析要做到知己知彼，定位出自己的特色，超越竞争对手。

（3）市场需求的数量、房型分析。目的是寻求这一特定地段的最佳开发方式。人们需要房地产，不仅需要足够的空间，更需要各种空间的合理组合。不同的消费者有着不同的空间需求和不同的空间组合需求。对住宅项目来说，应该根据该项目所要吸引消费者的数量、家庭结构、生活水平、行为习惯等因素，合理确定房型。对商业用房的项目开发来说，则应该根据预期的营业范围、吸引的顾客量、所处商业中心的市场级别，来确定商业用房的规模和内部设计。对写字楼项目开发来说，则应该根据所要吸引企业的规模、业务特点和经营习惯来确定写字楼的规模和内部设计。总之，要选择市场需求量大、房型集中的对象作为开发主攻方向。

（4）市场个性需求分析。重点分析市场对这一特定地段房地产功能、档次的需求，目的是想知道是否需要提供特殊配套服务设施。提供配套服务设施，虽然可能会增加开发成本，但有助于开发项目的销售和租赁。

### 6. 房地产项目的SWOT分析

（1）SWOT分析方法。SWTO是优势（strengths）、劣势（weakness）、机会（opportunity）和威胁（threats）的合称，它是将项目内外部各方面内容进行综合和概括，进而分析项目的优势和劣势、机会和威胁的一种方法。其中，优势和劣势分析主要着眼于项目自身的实力及与竞争对手的比较；而机会和威胁分析是指外部环境的变化及对项目的可能影响，两者之间有着紧密的联系。房地产项目的SWOT分析内容如图4-6所示，可以从项目位置、交通、当地居民收入、人文氛围、房地产政策、城市规划等方面来分析。房地产项目的SWOT分析过程，可以借助表格来完成，如表4-7所示。

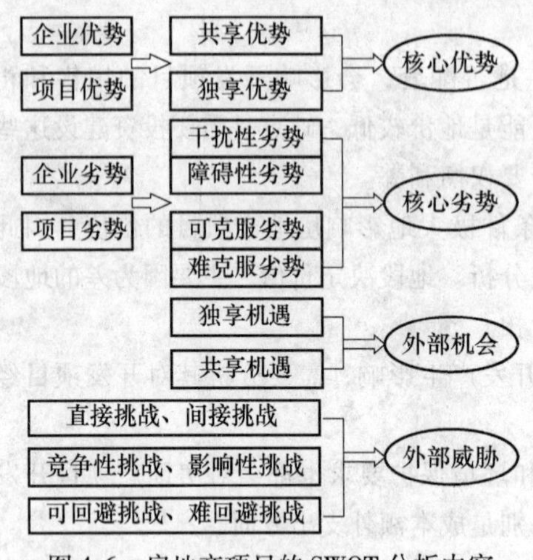

图 4-6 房地产项目的 SWOT 分析内容

表 4-7 某房地产项目的 SWOT 分析

| 项目名称 | ××项目 | | |
|---|---|---|---|
| 优势（S） | S1. 地段 | 劣势（W） | W1. 地段 |
| | S2. 交通 | | W2. 规模 |
| | S3. 配套 | | W3. 产品 |
| | S4. 产品 | | W4. |
| 机会（O） | O1. 规划 | 威胁（T） | T1. 竞争 |
| | O2. 政策 | | T2. 时机 |
| | O3. | | T3. |
| | O4. | | T4. |
| 综合分析结论 | 对优势、劣势、机会、威胁进行分析比较，判断项目的前景 | | |

（2）SWOT 分析矩阵与营销战略。根据对上述房地产项目的 SWOT 分析，就可以按照 SWOT 分析矩阵，如图 4-7 所示，采取相应的市场营销战略。企业可选择的 4 种战略：①SO 战略——理想的业务，机会多、威胁少；②WO 战略——风险的业务，机会多、威胁多；③ST战略——成熟的业务，机会少、威胁少；④WT 战略——麻烦的业务，机会少、威胁多。

| 项目战略 | 内部优势<br>S | 内部劣势<br>W |
|---|---|---|
| 外部机会<br>O | SO战略<br>依靠内部优势<br>抓住外部机会 | WO战略<br>利用外部机会<br>克服内部弱点 |
| 外部威胁<br>T | ST战略<br>利用内部优势<br>抵制外部威胁 | WT战略<br>减少内部弱点<br>回避外部威胁 |

图 4-7 SWOT 分析矩阵

## 小案例

### 某住宅项目的 SWOT 分析与战略（见表 4-8）

表 4-8 某住宅项目的 SWOT 分析

| 某住宅项目战略 | 内部优势（S）<br>CBD 特殊地理位置<br>区域配套<br>园林平台、外立面等 | 内部劣势（W）<br>片区形象差<br>生活氛围不足<br>目前交通障碍 |
|---|---|---|
| **外部机会（O）**<br>宏观经济情况<br>城市化<br>地产诚信缺乏 | SO 战略：发挥优势，抢占机会<br>1. 分阶段展示，价值最大化<br>2. 诚信宣言，树立诚信形象 | WO 战略：利用机会，克服劣势<br>1. CBD 生活价值挖掘<br>2. 远期价值展示 |
| **外部威胁（T）**<br>供应量多<br>景观、价格竞争激烈<br>CBD 不成熟 | ST 战略：发挥优势，转化威胁<br>1. 抢时间，避免分流<br>2. 产品领先/形象领先战略——突出 | WT 战略：减小劣势，避免威胁<br>1. 理性入市，火爆开场<br>2. 改变市场运行规则——必杀技 |

## 7. 房地产项目竞争者分析

竞争者分析是指企业通过某种分析方法识别出竞争对手，并对它们的目标、资源、市场力量和当前战略等要素进行评价。主要分析如下内容。

（1）识别竞争者。

1）从产业竞争角度看，可用波特的五力竞争模型分析，如图4-8所示。竞争者有现有企业、潜在加入企业、替代品企业、供应商的讨价还价能力、购买者的讨价还价能力。

2）从市场竞争角度看，竞争者有以下几类。

a. 品牌竞争者（品牌竞争）。把同一行业中以相似的价格向相同的顾客提供类似产品或服务的其他企业称为品牌竞争者，如销售100m² 普通住宅；

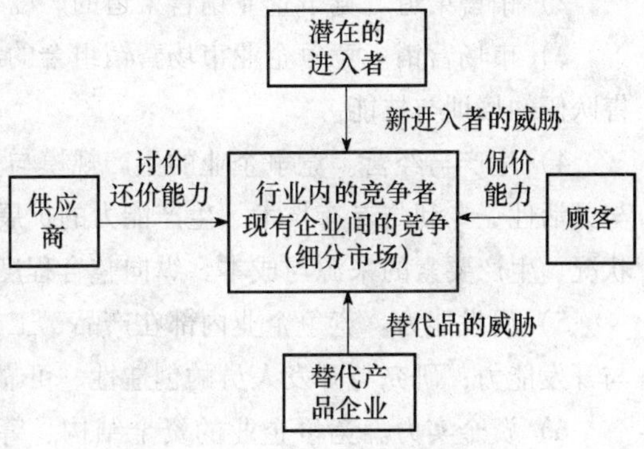


图4-8　波特的五力竞争模型

b. 行业竞争者（行业竞争）。把提供同种或同类产品但户型、建筑外观不同（如除普通住宅外，提供100m² 豪华住宅、经济型住宅）的企业称为行业竞争者，同行业的企业之间存在彼此争夺市场的竞争关系；

c. 需要竞争者（平行竞争）。提供不同种类的产品但满足和实现消费者同种需要的企业称为需要竞争者（如提供60～200m² 住宅）；

d. 消费竞争者（愿望竞争）。提供不同产品，满足消费者的不同愿望，但目标消费者相同的企业称为消费竞争者，企业间存在相互争夺消费者购买力的竞争关系，消费支出结构的变化，对企业的竞争有很大影响，如购车与购房。

3）从企业所处的竞争地位来看，竞争者有市场领导者（leader）、市场挑战者（challenger）、市场追随者（follower）和市场补缺者（nichers）。

（2）确定竞争者的战略目标。在识别了主要竞争者之后，还要搞清楚每个竞争者的战略目标。竞争者虽然无一例外关心利润，但它们往往并不把利润作为唯一的或首要的目标。在利润目标的背后，竞争者的目标是一系列目标的组合，对这些目标竞争者各有侧重。所以，应该了解竞争者对目前赢利的可能性、市场占有率的增长、资金流动、技术领先、服务领先和其他目标所给予的重要性权数。了解了竞争者的这种加权目标组合，就可以了解竞争者对目前的财力状况感不感到满意、对各种类型的竞争性攻击会做出什么样的反应等。如追求低成本领先的企业，对竞争对手因技术性突破而使成本降低所做出的反应，比对同一位竞争对手增加广告宣传所做出的反应强烈得多。必须跟踪了解竞争者进入新的产品细分市场的目标，若发现竞争者开拓了一个新的细分市场，这对企业来说可能是一个发展机遇；若发现竞争者开始进入本公司经营的细分市场，这意味着企业将面临新的竞争与挑战。对于这些市场竞争动态了如指掌，企业就可以争取主动，有备无患。

(3) 分析竞争者的优劣势。

1) 产品。竞争企业产品在市场上的地位、产品的适销性以及产品系列的宽度与深度。

2) 销售渠道。竞争企业销售渠道的广度与深度、效率与实力以及服务能力。

3) 市场营销。竞争企业市场营销组合的水平、市场调研与新产品开发的能力、销售队伍的培训与技能。

4) 生产与经营。竞争企业的生产规模与生产成本水平、设施与设备的技术先进性与灵活性、专利与专有技术、生产能力的扩展、质量控制与成本控制、区位优势、员工状况、生产要素的来源与成本、纵向整合程度。

5) 研发能力。竞争企业内部在产品、工艺、基础研究、仿制等方面所具有的研究与开发能力；研究与开发人员的创造性、可靠性等方面的素质与技能。

6) 资金实力。竞争企业的资金结构、筹资能力、现金流量、资信度、财务比率、财务管理能力。

7) 组织。竞争企业组织成员价值观的一致性与目标的明确性，组织结构与企业策略的一致性，组织结构与信息传递的有效性，组织对环境因素变化的适应性与反应程度，组织成员的素质。

8) 管理能力。竞争企业管理者的领导素质与激励能力、协调能力，管理者的专业知识，管理决策的灵活性、适应性、前瞻性。

(4) 判断竞争者的反应模式。主要有从容不迫型竞争者、选择型竞争者、凶猛型竞争者、随机型竞争者4种类型。

(5) 企业应采取的对策。可根据以上分析，结合竞争者的强弱、竞争者与本企业的相似程度、竞争者表现的好坏等要素采取相应的对策。

---

**实践经验**

### 房地产项目竞争者快速简易分析法

在实际操作中由于时间紧迫、人手少等原因，对房地产项目竞争者的分析主要采用对细分市场竞争者的分析，内容主要有：①细分市场竞争者产品的供应量；②竞争者产品的空置率；③竞争者产品的市场价格。分析方法主要采用楼盘营销实证分析比较法，在当地寻找几个类似的竞争者楼盘进行分析对比，采用SWOT分析法详细分析。

---

### 8. 房地产项目目标市场选择条件及原则

(1) 房地产目标市场（target market）是指房地产企业在市场细分的基础上，经过评价和筛选后决定要进入的那个市场部分，也就是房地产企业准备用其产品或服务来满足的一组特定消费者。

（2）房地产目标市场选择的条件。

1）有足够的规模和良好的发展潜力。需要对房地产细分市场的需求进行预测，包括：市场需求潜量预测、区域市场需求预测以及项目本身的市场需求预测。

2）具有良好的赢利能力，细分市场结构有吸引力。波特认为同行业竞争者、潜在的新参加的竞争者、替代产品、购买者和供应商五种力量决定整个市场或其中任何一个细分市场长期的内在吸引力，他们具有如下 5 种威胁性：一是细分市场内激烈竞争的威胁，二是新竞争者的威胁，三是替代产品的威胁，四是购买者讨价还价能力增强的威胁，五是供应商讨价还价能力增强的威胁。

3）符合房地产企业的目标和能力。

（3）房地产目标市场选择的原则。市场选择有 7 个原则，如图 4-9 所示。

### 9. 房地产项目目标市场选择战略

房地产项目目标市场选择战略有 3 种，如图 4-10 所示。目标市场营销战略选择的影响因素有企业实力、产品差异性、产品所处生命周期阶段、市场差异性以及竞争者的营销战略等。

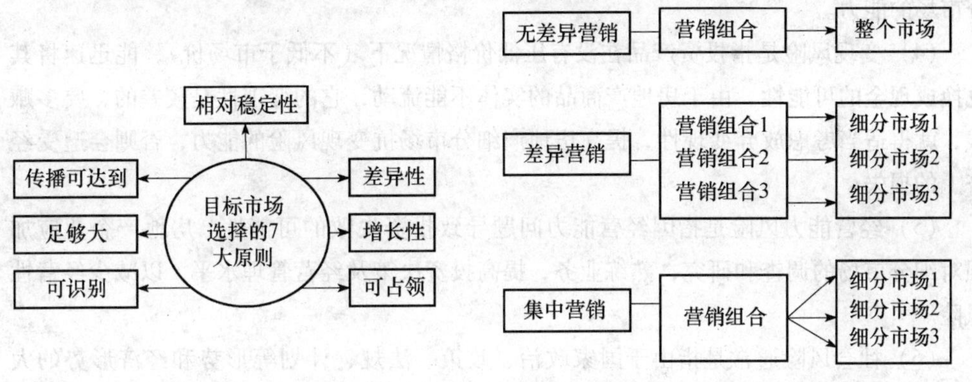


图 4-9　房地产目标市场选择原则　　图 4-10　房地产项目的目标市场选择战略

（1）无差异性目标市场策略。把整个市场作为一个大目标开展营销，强调消费者的共同需要，忽视其差异性。采用这一策略的企业，一般都实力强大能进行大规模开发方式，又有广泛且可靠的分销渠道，并采取统一的广告宣传方式和内容。

（2）差异性目标市场策略。通常是把整体市场划分为若干细分市场作为其目标市场，针对不同目标市场的特点，分别制定出不同的营销计划，按计划开发目标市场所需要的产品，满足不同消费者的需要。

（3）集中性目标市场策略。选择一个或几个细分化的专门市场作为营销目标，集中企业的优势力量，对某细分市场采取攻势营销战略，以取得市场上的优势地位。一般来说，实力有限的中小房地产企业多采用集中性市场策略。房地产企业选择目标市场的过程就是对房地产投资项目进行可行性研究和做出投资决策的过程。

**10. 房地产目标（细分）市场风险分析**

由于房地产项目占用资金多、回收期长、影响因素多、风险大，所以需要对房地产目标（细分）市场进行风险分析。

（1）购买力风险是指购买力下降引起对细分市场产品需求降低这种情况出现的可能性。比如，当社会经济处于滑坡阶段、经济形势出现萧条，则物价总水平迅速上涨，通货膨胀上升，出售或出租房地产获得的现金不能买到原来能买到的物品，购买力就下降了，此时人们的购买力水平将受到直接影响。所以，购买力风险是房地产细分市场的首要风险。

（2）财务风险主要是资金风险，指房地产企业运用财务杠杆在使用贷款扩大投资利润范围的条件下，增加了不确定性，其增加的营业收入不足以偿还债务的可能性。实践经验显示，房地产细分市场的财务风险来自融资和房款回笼。

（3）利率风险。中央政府对房地产行业高度关注，一定时期会出台变动利率等调控措施。由于房地产投资具有资金量大、开发周期长的特点，房地产投资不可避免地存在着随市场利率的变动而产生的风险。贷款利率的高低直接影响着消费者进入房地产细分市场的能力。

（4）变现风险是指投资产品在没有压低价格情况下（不低于市场价），能迅速将其兑换成现金的可能性。由于房地产商品的实体不能流动，它的变现性是较差的，要多赚钱，就得适当考虑放弃变现性，提高房地产细分市场抗变现风险的能力，否则会遭受经济上的损失。

（5）经营能力风险是指因经营能力问题导致投资失败的可能性。房地产企业应加强对细分市场的调查和研究，熟练业务，提高投资决策及经营管理水平，以减少经营性风险。

（6）社会风险通常是指由于国家政治、政策、法规、计划等形势和经济形势的大气候变化等因素的影响给房地产细分市场带来经济损失的风险。

**11. 房地产项目市场分析报告**

（1）房地产项目市场分析报告。市场分析报告是把从房地产市场调查得到的分析结论加以整理，经过分析、综合并报告给有关领导或部门的文件。它是认识市场、了解市场、掌握市场的主要工具。

（2）房地产项目市场分析报告的基本结构。

1）标题。分单标题和双标题两种，双标题是指既有正题，又有副题。正题揭示市场分析报告的主旨，副题标明进行市场分析的对象、内容等。标题的词句应反复琢磨，要概括精练，一般只用一句话，至多两句为宜。

2）导语。也称前言、总述、开头。市场分析报告一般都要写一段导语，以此来说明这次市场分析的目的、对象、范围、经过情况、收获、基本经验等，这些方面应有侧重点，不必面面俱到。或侧重于市场分析的目的、时间、方法、对象、经过的说明，或侧重于主观情况，或侧重于收获、基本经验，或对领导所关注和市场分析所要迫切解决的问题作重点说明。如果是几个部门共同调查分析的，还可在导语中写上参加调查分析的单位、人员等。总之，导语应文字精练，概括性强，扣住中心内容。

3）主体。主体是市场分析报告的主要部分，一般是写调查分析的主要情况、做法、经验或问题。如果内容多、篇幅长，最好把它分成若干部分，各加上一个小标题；难以用文字概括其内容的，可用序码来标明顺序。主体部分有 4 种基本构筑形式。

a. 分述式。多用来描述对事物做多角度、多侧面分析的结果，其特点是反映业务范围宽、概括面广；

b. 层进式。主要用来表现对事物逐层深化的认识，其特点是概括业务面虽然不广，开掘却很深；

c. 三段式。由 3 个段落组成，即现状，原因，对策。三段是 3 个层次，故称三段结构；

d. 综合式。将上述各种结构形式融为一体，加以综合运用，即为综合式。如，用“分述结构”来写“三段结构”中的“现状”；用“三段结构”来写“层进结构”中的一个层次；用“总分结构”来写“分述结构”中的某一方面内容，等等。

4）结尾。

a. 自然结尾。如果主体部分已把观点阐述清楚，做出了明确结论，就不必再硬加一条尾巴；

b. 总结性结尾。为加深读者的印象，深化主旨，概括前文，把调查分析后对事物的看法再一次强调，做出结论性的收尾；

c. 启示性结尾。在写完主要事实和分析结论之后，如果还有些问题或情况需要指出，引起思考和探讨，或为了展示事物发展趋势，指出努力方向，就可以写一个富有启示性的结尾；

d. 预测性结语。指出可能引起的后果和影响，这是在更广阔的视野上来深化主题。

（3）市场分析报告的格式。

1）产品市场概述。

a. 产品市场容量：显性市场容量、隐性市场容量；

b. 行业分析：主要品牌市场占有率、销售量年增长率、行业发展方向（市场发展方向、产品研发方向）；

c. 市场发展历程及产品生命周期。

2）市场竞争状况分析。

a. 市场竞争状况：竞争者地位分布、竞争者类型；

b. 产品销售特征：主要销售渠道（分销渠道）、主要销售手段、产品地位分布及策略比较、产品销售区域分布及分析、未来3年各产品销售区域市场需求及价格预测；

c. 行业竞争者分析：主要开发企业基本资料、主要品牌经营策略、竞争品牌近3年发展情况、竞争者未来发展预测。

3）市场特点。

4）消费状况。

5）主要房地产品牌产品售价市场调查。

6）主要结论、建议。

## 4.5 房地产项目市场定位策划

### 1. 房地产项目定位及内容

（1）房地产项目定位（positioning）。就是目标地块所开发楼盘的市场定位和目标客户群定位，以便在目标顾客的心目中占有独特的地位。房地产项目定位要在国家和地区相关的法律、法规和规划的指导下，根据本项目所在地域的经济、政治、人文和风俗习惯，结合项目本身特点和对市场未来发展趋势的判断，找到适合于项目的客户群体，在客户群体消费特征的基础上，进行产品定位。广义的市场定位，是指通过为自己的企业、产品、服务等创立鲜明的特色或个性，塑造出独特的市场形象，从而确定本企业的市场位置。狭义的市场定位，即产品定位是对房地产项目所施行的产品市场定位行为，是根据企业现有产品在市场上做出的位置，塑造本项目产品与众不同、有鲜明个性或特色的形象，以适合目标顾客的需要或偏好。产品市场定位的手段是差异化，选择房地产项目整体定位战略如图4-11所示。

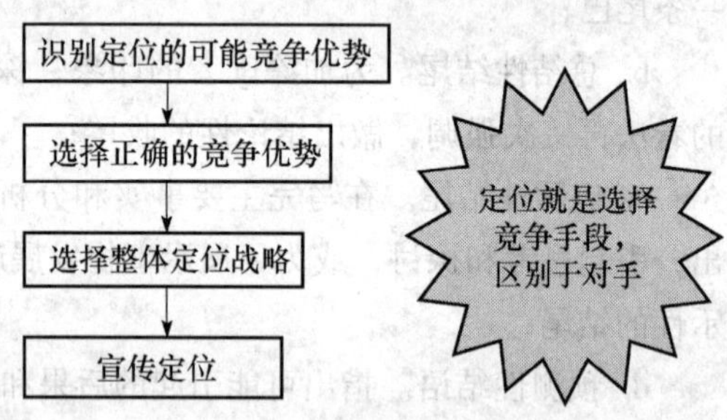


图4-11 房地产项目选择整体定位战略

（2）房地产项目定位的内容。定位是项目策划的核心、本源，是项目全程策划的出发点和回归点，是在项目策划初期就必须首先明确。包括：①客户定位，如高端客户、中端客户、低端客户；②产品定位，如品质定位、价格定位；③形象定位，如：主题定位、竞争定位。市场定位以后，房地产项目实施才进入实质阶段。

（3）房地产项目的定位语。指高度概括项目定位特征的精练语言，一般用一句话，便于市场传达和目标客户记忆。如南京某项目是个商务写字楼，项目的体量很大，套型面积为300~2 000m²，以办公为主，目标是改变城市办公写字楼形象。其定位语可选用“一栋改变世界的力量”、“南京市对话世界的平台”或“南京CBD首席商务写字楼”，等等。

## 2. 房地产项目定位原则

房地产项目的市场定位有三重标准：准确地结合需求、差异的存在市场和容易传播。需要考虑市场需求、市场机遇、市场竞争以及企业拥有的内外资源，主要原则如下。

（1）与企业发展战略相一致的原则。这里的企业发展战略包括品牌战略、经营战略和管理战略等。在企业发展战略的框架下进行房地产项目的市场定位，体现企业的竞争优势，发挥企业的核心竞争力，构建企业品牌和产品品牌，使得企业的产品具有延续性和创新性，实现企业的发展目标。

（2）经济性原则。

1）产品定位应具有较高的性价比，在满足必要建筑功能的前提下，租售价格合理。

2）从企业角度出发，在成本控制的基础上，做到效益最大化。

3）在成本和费用测算、效益测算基础上，计算的各项经济评价指标达到社会平均水平，确定项目赢利预期的可能性和风险性，明确项目经济利益实施的可行性。

（3）适应性原则。也可理解为受众导向原则，包括：①与当地或区域的社会经济发展水平和消费者收入水平相适应；②与所在区域房地产市场的物业档次、标准、品质相适应；③和经市场调查分析确定的目标客户群的消费特点和消费能力相匹配；④与企业的技术和管理水平相适应。

（4）差异化原则。项目定位在满足适应性原则的同时，还要考虑差异化，有产品差异化、服务差异化、人员差异化和形象差异化，要根据项目地块的特点和目标客户的消费特点做出项目的差异化来，如建筑规划设计、景观、物业档次、品质等。

（5）可行性原则。包括项目实施的可行性和经济评价的可行性两方面。

1）要根据项目规模、地块特性和本项目的优势来分析入市的时机，准确设计项目的实施进度。

2）要运用微观效益分析与宏观效益分析相结合、定量分析与定性分析相结合、动态分析与静态分析相结合的方法，对项目进行经济评价，分析各经济评价指标是否可行。

3）项目规模、开发模式和项目进度受到经济实力、融资能力和企业管理能力等因素的限制，它们容易定性但难以定量，在市场定位时如何“量力而行”，这个问题在市场定位时就应该得到解决。

## 3. 房地产项目定位方法

房地产项目定位工具有四维分析模型，如图 4-12 所示。

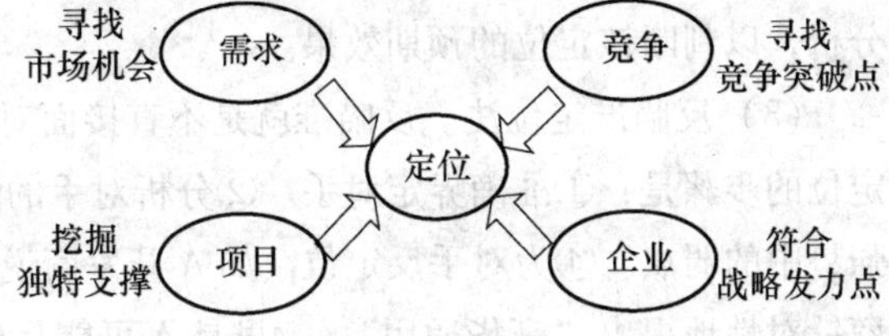


图 4-12　房地产项目定位的四维分析模型

房地产项目定位的过程。市场调研→土地条件分析→确立开发理念→明确用途功能→分析和确定潜在客户群→市场细分、筛选目标客户→客户定位、进行项目初步设计→产品定位（户型、面积、档次等）→形象定位→销售价格定位→征询意见→方案调整→成本与费用测算→预测销售收入和销售进度→经济评价→确定最后项目定位方案。

市场定位方法一般有：属性定位、利益定位、使用者定位、竞争定位、质量—价格定位、在产品情感上的定位、为特定使用场合的定位、比附的定位等。房地产项目定位方法没有固定的模式，下面介绍3种方法。

（1）三相交定位法。即在地块、市场、竞争态势3个层面寻找交汇点，找到地块适合开发什么。以下用一个项目举例说明。

1）地块分析，从地块与城市关系、地块与区域的关系、地块与地段的关系、地块特征4个方面进行分析，得出的结论是：适宜做该市最高端的别墅项目。

2）市场分析，重点是客户需求，即项目辐射圈内客户的最大需求是什么？最缺失的需求是什么？要分析人口结构特征、房地产发展特征、需求变化特征，得出的结论是：项目辐射圈内客户需要别墅项目。

3）竞争态势分析，对项目辐射圈内高端消费细分市场、别墅目标市场进行竞争对手分析，得出的结论是：几乎没有竞争者。由此，对该地块项目可以定位为开发高端别墅。

（2）假设论证定位法。从结论出发，在很难确立最佳定位时，对几种难以排除的定位进行假设论证，分析各自的优劣势，再将分析结果进行对比，据此确立最终定位。假设论证法主要依靠策划人对项目的感觉判断，是建立在策划人对地产行业的敏锐、经验、独特的思维方式和能力等基础之上的，该方法的优势是直奔主题、迅速快捷，适用于疑难项目、特殊项目、单体项目，不适合大型项目。其具体方法如下。

1）事先由策划人设计几种最佳定位，然后分别对每一个定位进行分析、求证。

2）根据求证结论选取最优的两个定位，以时间、成本、难度为坐标，再次进行求证分析。

3）根据再次求证的结论最终确定项目定位，并将该定位与市场同类项目进行对比分析，以判断该定位的预期效果。

（3）反瞄准定位法。反瞄准就是不直接面对，只瞄准对手的薄弱处寻找市场空间。定位的步骤是：①准确界定对手。②分析对手的强势，这就是瞄准的目标。③分析对手强势中的弱点。④为对手反定位。如A开发商说自己的楼盘是最豪华的写字楼，B开发商针对性地提出“豪华适用”，意思是A可能是最豪华的写字楼，但浪费不适用；⑤把对手反定位作为自己的定位策略。B开发商可以把A的反定位“适用、节能”作为自己的定位。

### 4. 房地产项目客户定位

（1）房地产项目客户定位是指在项目市场定位的基础上，企业为该项目确定、确认潜在客户的过程。一般是通过区域、人文、消费心理、购买行为等方面来全方位刻画客户群，明确客户的生活惯性、消费习惯、居住意识等，为项目营销推广提供准对象。

（2）目标客户群的定位过程。

1）客户细分。客户是千差万别的，企业必须从家庭状况、社会和经济背景等因素对客户进行细分，整理出客户类别、家庭特征、职业特征、经济收入特征，企业从中选择一类客户作为该项目的主力客户群。

2）客户需求分析。根据市场调研，对项目潜在客户的需求进行研究分析。要注重从客户购买心理上分析，即从"用得上→买得起→信得过→看得中→急着用"5 个层次来综合分析。

3）锁定目标客户群。对该房地产项目，目标客户群特征内容主要包括：区域结构、年龄结构、职业特征、消费能力与方式、对产品特征的需求、对环境及配套的需求以及购房目的等。根据这些内容描绘出该项目的目标客户群，用该项目的定位特征来锁定所描绘的目标客户群。

### 5. 房地产项目产品定位

（1）房地产产品定位是指企业在对项目市场细分、目标市场选择、客户需求分析、目标客户锁定的基础上，对房地产项目的主要技术参数、开发模式等的确定和确认，是对产品的概念规划，争取独特的市场形象并为市场所接收。产品定位是建立在客户需求的基础之上，是以需求为导向的定位。准确的产品定位离不开正确的市场分析。通过各种手段进行市场调研做出的市场分析必须能够回答以下 5 个问题：①谁是消费者？②消费者买什么（样）？③消费者何时购买？④消费者购买的目的是什么？⑤消费者如何购买？

（2）房地产产品定位的意义。进行正确的产品定位，可解决为谁服务的问题，反映了公司或产品的竞争能力。

1）通过产品定位，以房地产开发商或土地使用者的立场为出发点，满足其利益目的。

2）通过产品定位，以目标市场潜在的客户需要为导向，满足其产品期望。

3）通过产品定位，以土地特性及环境条件为基础，创造产品附加值。

4）通过产品定位，以同时满足规划、市场、财务三者的可行性为原则，设计供求有效的产品。

（3）产品定位的内容。包括：小区规划、建筑风格、小区环境、户型设计、功能定位、物业名称、物业管理等内容。产品定位在抓住需求和市场机会点的前提下，对产品设计创新，在竞争中树立产品差异化，以产品本身充分的独特性诉求打动客户，实现品牌与利润的双赢。

（4）房地产产品定位方法。

1）需求导向的定位方法，指在项目所在地段需求客群非常明确的情况下，选择其中适合本项目条件的顾客群作为目标顾客群，根据目标顾客群的消费偏好定制产品的一种房地产定位方法。

2）竞争导向的定位方法，即先假设需求是切实存在的，然后从与周边项目竞争的角度出发，采用错位或者进位的方法设计出差异化的产品，以避开同质价格竞争，获取超额利润。可能的竞争优势来源，如图4-13所示。

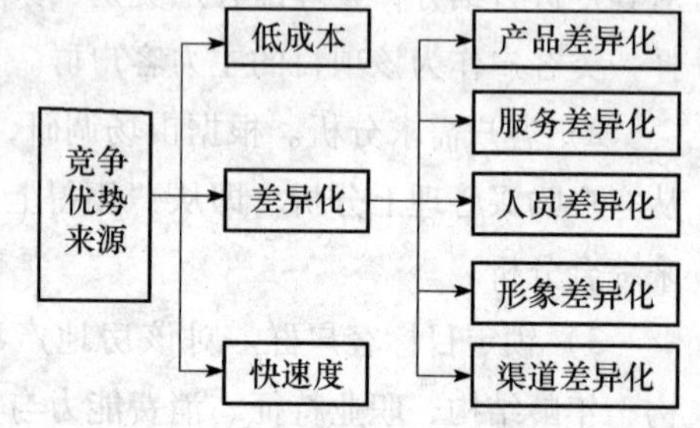

图4-13 可能的竞争优势来源

3）生活方式导向的定位方法，是指在一个独特的、为迎合某一特定人群的特定生活方式而“创造”出的一种特殊的房地产产品定位方法，一般用于一些少见而特殊的房地产项目的市场定位。这种定位方法也是休闲地产项目主要运用的定位方法。

（5）避免3种可能出现的定位错误。

1）定位过低，即定位不足、过窄，会使消费者对公司的定位印象模糊，看不出与其他公司有什么差别。

2）定位过高，即定位过头，使消费者对公司的某一种特定的产品产生强烈的印象，而忽略了对其他产品的关注，这时，就有可能失去许多潜在的客户。

3）定位混乱，即定位不稳定令人怀疑，会使消费者对公司的形象和产品产生模棱两可的认识，产生无所适从的感觉，从而丧失其购买欲望。

### 6. 房地产项目形象定位

（1）形象定位。从企业层面讲是企业在市场中、在公众中、在同行和社会中的位置。

（2）房地产项目形象定位。就是房地产项目在市场中的位置和在竞争楼盘中的位置，也就是在市场上的形象，在客户心目中的形象。房地产项目形象定位亦指项目的品牌形象定位，形象定位是要在广告宣传中反复出现的，是开发商在消费者心目中极力强调和渲染的，也是消费者接受广告宣传以后，心目中留下的项目形象。它首先承担着表现产品，告之信息和塑造形象的功能，最后达到促进销售的目的。

(3) 房地产项目形象定位主要遵循五位一体原则，如图4-14所示。

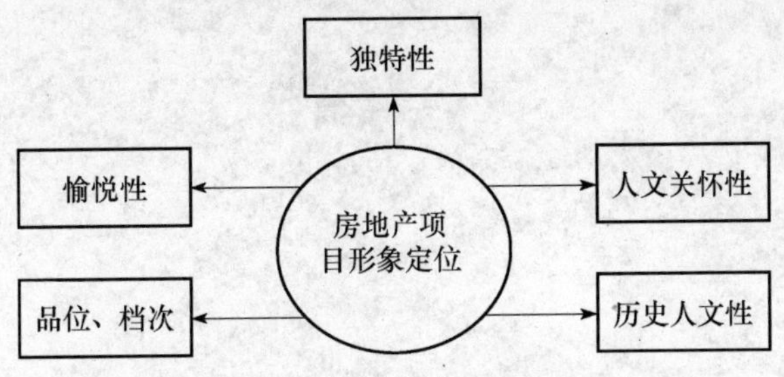


图4-14　房地产项目形象定位五位一体原则

(4) 房地产项目形象定位要注意以下5个方面：①项目形象是易于展示和传播项目的形象；②项目形象定位应与项目产品特征符合；③项目形象应与项目周边的资源条件相符合；④项目形象应与目标客户群的需求特征符合；⑤项目形象定位应充分考虑市场竞争的因素，与其他楼盘有比较明显的差异和区别。

## 思考题

1. 房地产市场调研、市场分析的方法与一般消费品有何异同?
2. 不同类型的房地产项目，其市场分析及市场定位有何不同?

## 实训题

编写本地区某房地产地块项目的市场分析与市场定位策划报告。

## 实训指导

1. 5~8人一组，每组完成实训项目。项目市场分析内容参照表4-6内容，市场定位策划内容包括客户定位、产品定位和形象定位。

2. 实地考察与网上调查相结合，主要参考网址见本书第1章实训指导。

3. 报告要求用自己的语言组织，不允许大段抄袭别人的文章，要求报告字数2 000~3 000字。

第三篇

# 房地产项目营销组合策划

## 本篇内容提要

本篇是房地产项目营销组合策划模块。

1. 房地产项目产品策划。主要介绍了房地产项目的主题概念设计和整体形象设计、项目楼盘（小区）的命名、项目楼盘的logo设计，房地产产品的基本类型和特点、房地产产品的整体概念、房地产产品差异化策略和品牌策略、房地产项目整体布局规划、房地产项目产品组合设计与优化，并实训指导如何考察本地某房地产项目进而撰写产品策划方案。

2. 房地产项目价格策划。主要介绍了房地产价格形成条件及构成、房地产价格的特征、房地产买卖价格和租赁价格、成交价格与市场价格、现房价格和期房价格、房地产单价和总价、房地产市场调节价、政府指导价和政府定价、房地产实际价格和名义价格，影响房地产价格的因素分析、房地产价格偏差的特殊因素，房地产项目定价目标、原则、定价方法、定价策略，房地产项目价格控制与调整策略、房地产项目调价技巧，并实训指导如何考察本地某房地产项目进而撰写价格策划方案。

3. 房地产项目营销渠道策划。主要介绍了营销渠道及结构、房地产营销渠道及功能与类型及特征，房地产营销渠道设计及管理，房地产项目营销代理程序与要点、房地产代理销售合同，并实训指导如何考察本地某房地产项目进而撰写营销渠道策划方案。

4. 房地产项目促销推广策划。主要介绍了房地产促销推广与促销组合、推广计划制定，房地产广告宣传促销推广策划、房地产人员促销推广策划、房地产营业推广策划、房地产公共关系推广策划以及房地产活动推广策划，并实训指导如何考察本地某房地产项目进而撰写促销推广策划方案。

# 第5章
# 房地产项目产品策划

## 学习目标

1. 了解房地产项目主题概念设计、整体形象设计与房地产项目产品策划概念

2. 熟悉房地产项目主题概念设计与整体形象设计特点、房地产产品的基本类型和特点

3. 掌握房地产项目的主题概念设计、整体形象设计、项目楼盘（小区）的命名、项目楼盘的logo设计，房地产产品差异化策略、品牌策略，房地产项目整体布局规划、房地产项目产品组合设计与优化

## 技能要求

1. 能够根据房地产项目产品定位进行主题概念设计、整体形象设计

2. 能够制定房地产项目整体布局规划

3. 能够制定房地产项目产品策略

4. 能够设计本地区某地块项目的房地产产品策划方案

## 案例5-1：保利紫晶山项目的产品组合

### 一、项目概况

保利紫晶山项目开发商是保利江苏房地产发展有限公司。保利紫晶山项目地块位于南京市栖霞区紫金东麓马群大庄6号，土地使用年限70年，用地面积21.44万$m^2$，容积率1.2，建筑密度28%，总建筑面积25.73万$m^2$。项目紧邻地铁2号线仙鹤门出口，项目位于仙林大道北侧，交通便利，如图5-1所示。保利紫晶山项目处于仙林居住板块核心区域，项目地块呈西高东低的自然地形。该项目2010年9月24日正式开工，预计竣工时间为2012年12月1日。建筑设计单位是南京长江都市建筑设计股份有限公司；景观设计单位是广东棕榈园林股份有限公司上海分公司；建筑单位为广州富利建筑安装工程有限公司；营销代理商是广州保利地产代理有限公司南京分公司。

图5-1　保利紫晶山地理位置

## 二、保利紫晶山项目区位交通

- 公交：50路、138路、310路等；
- 地铁：地铁2号线仙鹤门站旁；
- 高速公路：仙林大道、土城头路。

## 三、保利紫晶山项目周边配套

- 教育：仙林中小学、南师大附属实验中学、北京东路小学（分校）、南京外国语学校仙林分校、大学城十所知名高校；
- 医院：鼓楼医院仙林分院；
- 银行：兴业银行、招商银行；
- 餐饮：百姓人家餐饮、老妈火锅、新仙林大酒店、名典咖啡；
- 休闲购物：苏果超市、仙林商业广场，仙林中心商业区、大成名店公园、麦当劳、阿迪达斯、耐克、李宁专卖店；
- 休闲娱乐：钟山国际高尔夫、南京赛马场、狮子山商务会所、索菲特钟山高尔夫酒店、克丽缇娜美容、朝晖美容等；
- 公园：紫金山5A级国际风景区、钟山国际体育公园、聚宝山公园、狮子山公园。

## 四、保利紫晶山项目定位

保利紫晶山定位为一个低密度的别墅和花园洋房产品。保利地产以人文的高度筑造品质人居，为城市领袖划定了明城墙内的1.2超低容积率、25万$m^2$人文聚落。承紫金山原生自然美景于外，项目以28%的建筑密度勾勒美妙的溪谷花园于内，其间散落的英伦王室风情别墅与 ART DECO 洋房，将为居者演绎出百年的贵胄气质，再现皇室大宅风情。毗邻地铁2号线仙鹤门站的交通优势，让项目与河西 CBD、新街口繁华中心紧密相连，直达城心，坐享城市级生活配套。私家院落的精致与外部的园林美景融洽共生，与周边自然起伏的山峦坡地融合无间，再现天人合一的至臻生活境界。

## 五、保利紫晶山产品组合设计

保利紫晶山项目规划成为城东板块集地铁、山景、园林等卖点于一体的文化属性的低密度住宅，建筑密度为28%，小区内设有水景园林景观。项目物业包括230～360m$^2$英伦风格别墅与140～200m$^2$ART DECO 花园洋房。

图 5-2 保利紫晶山项目规划平面

社区内配：管理服务设施400m$^2$，医疗卫生设施120m$^2$，公厕60m$^2$，垃圾站100m$^2$，环卫用房20m$^2$。同时，配备商务、运动双会所，商务会所将配备高端餐饮、水疗 SPA、棋牌室等休闲场所，运动会所则包含了2个室内外双泳池、3个室内羽毛球场、2个室外网球场及若干健身设施。

建筑规划：如图5-2、图5-3所示；

图 5-3 保利紫晶山项目景观

建筑类型：多层住宅、类独栋类双拼别墅；

建筑类别：板楼、低层、多层；

楼层状况：类双拼、类独栋均为地上3层、地下1层；洋房均为6层；

建筑面积：257 000m$^2$；

总户数：2 119 户；

车位数：车位配比1∶1.7，车位总数3 602 个；

绿化率：35%；

得房率：85%。

## 六、保利紫晶山户型设计

保利紫晶山主力户型：别墅230~310m²，洋房140~180m²；

保利紫晶山A户型，三房两厅两卫，142m²，如图5-4所示；

保利紫晶山B户型，四房两厅两卫，170m²，如图5-4所示；

保利紫晶山C户型，四房两厅三卫，195m²，如图5-4所示；

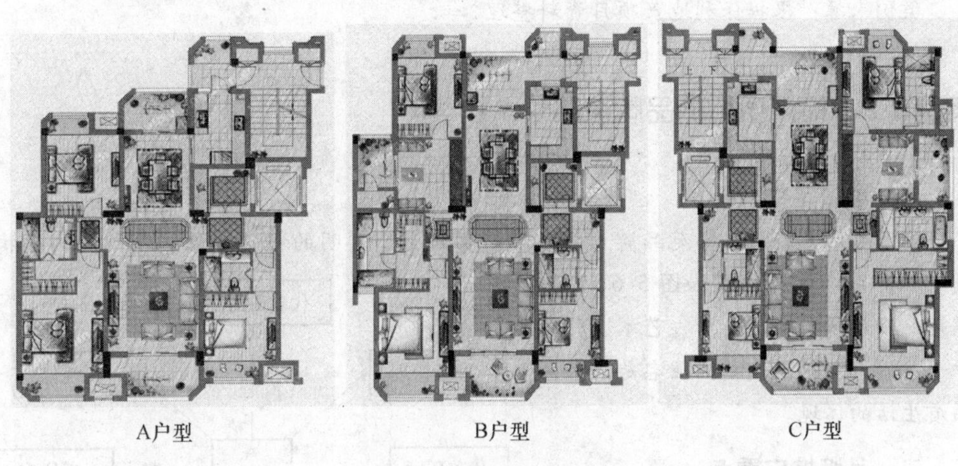


图5-4 保利紫晶山户型图

保利紫晶山N01户型，一层135m²、二层112m²、三层94m²，总面积441m²，如图5-5所示。

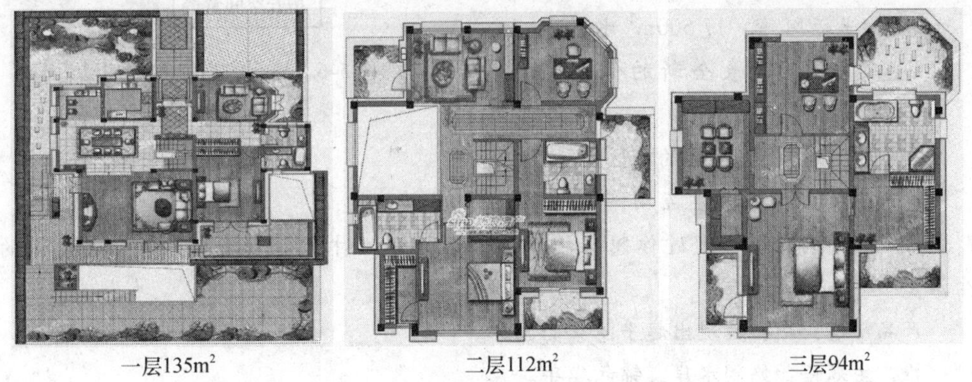


图5-5 保利紫晶山N01户型图

## 七、产品建材与装修

屋面保温：保温材料种类硬质聚氨酯发泡，保温层厚度35mm；

外墙保温：墙体材料双排孔空心砌块；保温型式外墙外保温；保温材料种类硬质聚

氨酯发泡；

保温层厚度：20mm；

外门窗：窗框型材隔热金属型材；

窗玻璃材料：北向双层中空；南向双层中空；东向双层中空；西向双层中空；

遮阳措施：活动外遮阳，LOW-E 玻璃；

其他节能措施：太阳能。

案例来源：根据保利地产项目资料整理.

## 案例 5-2：锦苑项目的品牌策略

### 一、项目定位

名贵生活升级版。锦苑品牌由清晰的产品描述、鲜明的视觉印象、深刻的内涵构成。项目品牌内涵构成如图 5-6 所示。

锦苑是一座融人文、园林、艺术、科技于一身的大型花园式社区住宅是未来高品质生活的体现。

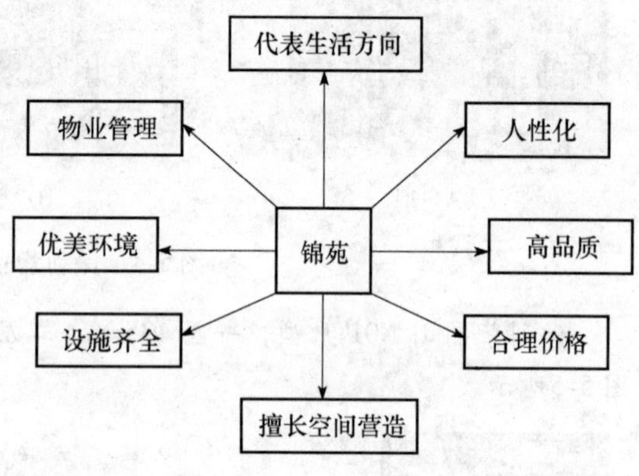


图 5-6 锦苑的品牌内涵

### 二、品牌推广重点

- 售楼处：高品质生活的见证；
- 示范环境：人与自然的最大限度的亲近；
- 阳光迈阿密：17 500m² 水景中心花园，代表全新的休闲式生活；
- 商业步行街：便捷的社区生活；
- 主题活动：与业主互动，建立与客户的感情纽带；

锦苑最大的价值：超过你想象的产品，不断增加对产品的投入为了你的更好的生活。

产品形态：即将展现出超乎想象的园林。

推广主题语：悠闲水岸，锦色华年。

### 三、锦苑九段锦推广

一段锦：从家走进家园。中林锦苑大手笔规划了近 20 000m² 的社区生态园林，突破传统景观规制，以乔木、整形灌木、木本花木为主体，营造一个色彩缤纷、层次考究、花开不败、绿树常荫的主题花园。同时划分中心花园及住宅间高品质绿化带，居家的惬意弥散在屋内屋外。

二段锦：别致生活感触。中林锦苑独有顶层空间别墅或阁楼式住宅设计，底层架空带私家花园设计，伸展生动的生活感受。

三段锦：舒张居所空间。中林锦苑住宅全部采用全框架、3m 层高设计，使居住的内涵宽域无限。

四段锦：全面亲近阳光。中林锦苑采用超大楼间距，房屋间距大于 1∶1，每套单位采光充裕。每个房间按自然采光的原则设计，摈弃了二次采光的不便。

五段锦：典雅建筑造型。中林锦苑采用全坡屋面屋顶，丰富了建筑的“第五立面”，整体造型极具欧陆风格经典特色，恰恰契合居者的品位与素养。

六段锦：雅静自有天地。中林锦苑配备的通风隔声窗，是结合最新科技成果的实际应用，解决了临街住宅的通风与隔声的问题。

七段锦：相随艺术之思。中林锦苑社区内配套设施艺术化，无论是幼儿园、配电房，还是会所、垃圾站等均以整体审美风格相一致为原则，把建筑的每一细节都当做艺术品来做。

八段锦：国际物管标准。中林锦苑率先引进国际知名公司——中国香港戴德梁行进行小区高素质物业管理，确保物业的升值保值，提高居住品质。

九段锦：科技融入生活。中林锦苑充盈人文与文化气息，也最能享受到高新科技所带来的便利。高频宽带网入户，保证居者在信息时代的需求。智能化安保系统，精确严密确保社区安宁。

报纸广告：

一段锦 * 春城　成熟社区、花园社区、升级版生活

二段锦 * 花都　20 000m² 超大规模中心园林

三段锦 * 水国　一江一河之间的惬意人生

……

春城，不仅仅是昆明的代称，也指锦苑花都，不只是赞美昆明，更在说锦苑。

案例来源：根据昆明锦苑项目资料整理.

### 案例讨论

1. 你认为保利紫晶山项目产品策划的依据是什么？
2. 普通住宅项目可以从保利紫晶山项目的产品策划中吸取什么？
3. 锦苑项目品牌策略核心是什么？

### 学习任务

1. 对本地区某房地产地块项目进行主题概念设计、整体形象设计
2. 制定本地区某房地产地块项目的产品策划方案

## 5.1 房地产项目主题概念设计与整体形象设计

### 1. 房地产项目的主题概念设计

房地产的竞争已从户型、价格、地段、环境之争转到了文化和生活方式之争。理念、文化和生活方式等方面已经成为统帅房地产营销策划的思想精华，它渗透、融合、演绎在房地产开发之中，对于房地产的其他要素，如设计、产品、销售、运营、管理、服务等的创新具有直接的指导作用，房地产项目主题策划已成为房地产营销策划的灵魂。

（1）主题概念的本质和作用。房地产项目主题概念是房地产产品与品牌的核心内涵。主题概念策划是房地产营销策划的灵魂。

1）概念的本质。恰如其分的“概念”在一定程度上是楼市的生产力，包含建筑、景观、生态、管理、配套及营销等多方面内容，是一个项目的内核之所在。概念看上去很“虚”，但是它跟科技一样，一旦与实践活动结合起来，就能成为一股引导、支撑及推动生产力发展的强大动力。这种动力从本质上说就是具有强大引导性和推动性的生产力。

2）概念的作用。①“务实”作用，具有功利性的一面，可以为某个具体的房地产项目带来一定的经济效益，一般成功炒作概念的楼房都有喜人的销售业绩；②“务虚”作用，可以吸收文化营养，不断完善地产项目的建筑风格、规划设计、园林景观及物业管理，帮助企业建造和管理更趋完美的楼盘，指导整个房地产界进一步发展的方向。

（2）房地产项目主题概念的内涵。主题概念就是房地产产品与品牌的核心内涵。

1）主题概念是一条主线。如果项目是分区分期开发的，那么开发商分区分期推出的房地产产品就如一颗颗珍珠，项目的主题概念就像一条主线，把这些珍珠串成一条项链，形成一件具有非凡价值的艺术品。

2）主题概念是一个统领全局的制高点。主题概念是企业对市场需求、消费群体、竞争对手、楼盘特色、地理位置、人文环境等一系列要素进行整合而成的，它把构成社区的种种要素统领于旗下，构成了一个完整的系统。

3）主题概念是一个中心或一种包装。整个房地产项目的构成、功能、风格、规范、形象等方面，应通过主题概念进行包装，使其得到合理的、人性化的阐述。因此，开发商的土地选择、规划设计、建筑工程、营销推广、物业管理、社区文化建设等行为，要围绕这一中心完成。

（3）房地产项目主题概念策划的内涵。主题概念策划（简称“主题策划”），亦称主题概念设计，是房地产策划相当重要的内容，它是策划人通过房地产策划实践总结出来的一种有效的方法。主题策划是房地产策划的核心，通过主题策划的贯穿和支持，可以推动房地产项目开发的全面创新。主题策划有狭义与广义之分。狭义的主题策划是指为规划设计或建筑设计所赋予的一种创意概念；广义的主题策划是指为项目开发所赋予的总体指导思想，是贯穿项目发展始终的“灵魂”。

（4）房地产项目主题概念策划的原则。

1）把握趋势性与机遇性。开发商应把握宏观行业市场与微观区域市场发展的趋势与机遇。有时，微观区域市场发展的趋势会滞后宏观行业市场，这就要求某一区域内房地产主题概念的策划，一方面要根植于买家生活中的根本需求和成长性需求；另一方面要高度重视市场及行业走势，特别要注重那些已经被人们认同，却没有在市场上得到充分满足的需求。

2）既立足现实，又具有超前性。主题概念的策划，必须立足于项目或企业自身的资源优势，既符合实际，又具有超前性。如果不符合项目或企业独特的优势，主题概念一定做不好或者没有特色；不以自身优势迎合市场，即使主题概念做出来，它的演绎和支持体系也不完善，甚至很容易被克隆，后者有可能做得更好。从以上两方面考虑，主题概念的设计必须寻求资源优势和市场机遇的对接点。

3）符合社会时代的发展．具有可持续性。唯有紧跟时代的步伐，项目才经得起考验。因此，主题概念的内涵要有足够的深度、外延要有足够的广度、境界要有足够的高度。主题概念的内涵有足够的深度，才能充分挖掘出源源不绝的题材以吸引买家；主题概念的外延有足够的广度，才能包容社区开发的种种房地产要素；主题概念的境界有足够的高度，才能超越同行和同类，树立唯一性、权威性和排他性。只有这样的主题概念才能符合社会时代的发展需求，具有可持续性。

4）富于表现力与感染力，具有独特性。项目的主题概念只有富于表现力与感染力，植根于顾客的心目中，才能成为小区的精神支柱和基准点，才有营销力和生命力。如果是市场上已有的概念，就要在内容上有突破、创新和提高，在表现形式上别具一格，才具有独特性。

（5）房地产项目主题概念策划的程序。

1）市场调查及市场定位。通过房地产市场分析和预测，可以初步了解某区域房地产市场的供需关系及其影响因素，基本把握该区域房地产客户的主要消费观念及特性，认清房地产市场变化的未来趋势，这是房地产项目主题概念与形象确立的基础。在前期策划时，进行市场调查及对调查资料进行准确分析，以确定正确的发展方向、找准市场定位，是项目开发成功的最为关键的一步。

2）主题概念的来源与获取。要进行主题策划，就要寻找主题概念的源头，即主题概念来源于哪里。这实际上是概念的创意过程，策划主题可从以下几个方面来获取：①从该项目区域的文化内涵中抽象出来；②从竞争性项目的对比中挖掘出来：③从项目自身的内在素质中分析出来；④从顾客需求中选择出来；⑤从社会经济发展趋势中演绎出来；⑥从房地产发展的最新理念中提取出来。

3）策划主题的提炼与确定。主题概念的素材有了以后，就要对其进行提炼与确定，实际上是概念创意的论证过程。在提炼与确定主题概念的时候，应着重考虑以下几个问题。①主题概念是否富于个性，与众不同。这是取舍主题概念的主要标准。如果达不到这个要求，宁可舍弃，也不勉强使用。②主题概念是否内涵丰富，易于展开，充分展现项目的优势和卖点。有些主题概念内涵狭小，展开时支持点不够，不利于主题概念的体现与贯彻。③主题概念是否符合自身情况，是否与本项目的要求相吻合，那些脱离项目实际情况的主题概念是不可取的。④主题概念是否迎合市场买家及目标顾客的需求，这是判断主题概念的关键所在。那些不能激起买家购买欲的主题概念，最终会断送项目的前途。例如：南京“东城水岸”策划主题的提炼与确定很有诗情画意，通过寥寥数语，秦淮河岸边的一幅健康人家风景画就呈现在人们面前，视觉冲击力相当强。

## 小案例

### 东城水岸项目的主题概念

南京“东城水岸”在楼盘策划之初，通过两个方面进行市场分析：一是问卷调查，内容是市民在目前的生活环境下最重视的是什么。反馈回来的是“身体健康”；二是找出项目现状最有价值的方面。经过深入地了解和分析，项目地块最有价值、可以大做文章的是秦淮河。策划人通过思想碰撞，“身体健康”与“河岸环境”有关。于是，南京“东城水岸”的项目主题“秦淮河岸边，健康人家”就应运而生。“河岸”风景成为“东城水岸”发挥的绝佳题材。

深圳华侨城在网络时代的今天，以“创造新的生活品质”为核心理念，提出了建设“数码华侨城”的概念构想，倡导21世纪数码生活新时尚，企业蓬勃发展，项目开发非常成功。

再如：中国人家，推出中式住宅，刮起“中国风”；

吟梅山庄，打出“绿色生态”牌；

万欣花园，打出“运动”牌；

奥体附近群楼，打出“奥体”牌、“地铁”牌……

概念不断翻新，但每一次翻新都能对楼市起到一定的推动作用。

(6) 房地产项目主题概念的支持体系。对于提出的任何主题概念，无论其具有多大的诱惑力与煽动性，都必须为其找到强有力的、可靠的支撑。因此，必须营造一个实现这一主题概念的支持体系。房地产项目主题概念的支持体系，包括区位、生活方式、社区服务、购买方式四个主要因素。其中包括价位、建筑风格、社区格局形态、景观设计、环境绿化、物业管理、市政设施等硬件要素；顾客的生活方式、购买方式（如付款方式）、社区文化和治安环境等软件要素。主题概念是项目的灵魂，有了以上这些承载概念的载体，就搭建了实现这一主题概念的支持体系平台，项目的主题概念就有了实实在在的感觉和认识，消费者就有了实现理想或联想的舞台，同时也是消费者身份、地位和价值取向的外显，还是企业整体形象的基础和外显。否则，主题概念就是虚无缥缈的，其对项目的作用不是支撑和支持，而是潜在的威胁，这种主题概念只不过是一种包装，经不起时间和实践的检验。因此，一个小区、一个商圈、一个楼盘如果离开了主题概念支持体系，就没有了主题概念，也就没有了灵魂，就等同于无人气、无灵气，当然也无卖点可言。

### 2. 房地产项目整体形象设计

（1）房地产项目整体形象设计，是指企业按照项目的形象定位，有意识、有计划地将房地产项目的各种特征向社会公众主动地展示与传播，使公众在市场环境中对该特定的房地产项目有一个标准化、差别化的印象和认识，以便更好地识别并留下良好的印象。对房地产项目整体形象设计，一般是通过企业形象识别系统（CIS）完成的，重点是其中的VIS设计。

（2）房地产项目的VIS设计。企业视觉形象识别（visual identity system，VIS）是指在企业经营理念的指导下，利用平面设计等手法将房地产项目的内在气质和市场定位视觉化、形象化的结果，是房地产项目与其周围的市场环境相互区别、联系和沟通的最直接和常用的信息平台。在品牌营销的今天，没有VIS对于一个房地产项目来说，就意味着它的形象将淹没于商海之中，它的产品与服务毫无个性，消费者对它毫无眷恋。

（3）房地产项目VIS形象设计的内容。VIS形象设计的内容，如图5-7所示。①基础设计系统，包括楼盘名称、楼盘logo、标准字、标准色等；②应用设计系统，包括事务用品、员工工作服、工作内外环境和交通工具等。

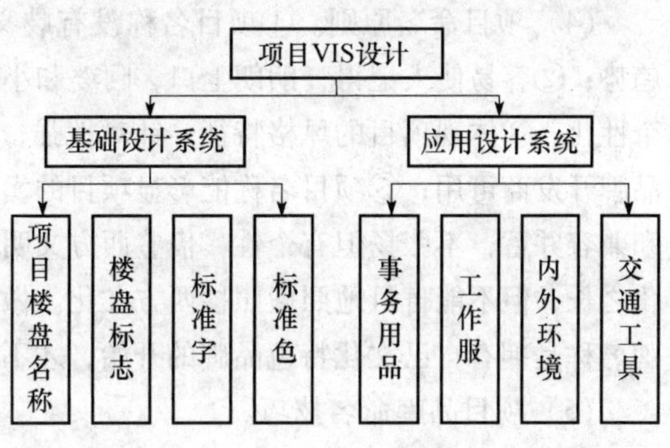

图5-7 房地产项目VIS形象设计的内容

（4）房地产项目整体形象设计的原则。①以项目开发理念为中心的原则；②同一性原则；③美学原则；④差异化原则。

（5）房地产项目整体形象设计的标准。①可记忆性，容易识别和回忆；②具有描述性、说明性和联系性；③适应性，灵活可更新。

### 3. 项目楼盘（小区）的命名

（1）房地产项目的命名是房地产营销策划的内容。好的楼盘名称能恰如其分透射开发理念，展示规划设计灵魂，吸引广大消费者。房地产企业在项目楼盘（小区）命名上可谓用心良苦，近年来纷纷打出智能化、亲水型、绿色生态和环保等人文概念。我们不难发现，老式住宅的“里弄”、“小院”、“宿舍”等名词已在新式住宅中销声匿迹了。随之而来的是一系列充满诗情画意的如“花园”、“水岸”、“苑”、“阁”、“公寓”、

“别墅”等楼盘名称，适时地满足了不同人的不同品位。开发商从居住者出发，在满足住宅建设基本要素的基础上，提升健康要素，使楼盘命名满足居住者生理、心理和社会等多层次需求。楼盘名称的变化，从本质上体现着房地产开发商对“人”的重视，它使“家”不再是一个简单的空间结构，一个充满“诗情画意”的楼盘名称使人未入其室便能感受那种怡人与温馨！

（2）命名意义重大。靠出色的名称在销售业绩上取得额外收获的案例并不鲜见，新锐的成功命名不少，如：星河湾、泰晤士小镇、北京青年城、蜂鸟社区、城市亮点、橙色时光、天赐良园、青年汇、苹果社区等。构思巧妙的楼盘名称，强烈地吸引人们的眼球，引发目标消费者的购买行为，不仅起到促销效果，甚至成为品牌延伸，进而产生品牌效益。项目名称所昭示的卖点特征不突出，虽然不构成致命的负面效应，但是好的卖点没有在名称中体现是有缺憾的。名不符实及不规范的楼盘命名容易给人们心理造成极大的期望落差，会使开发商在市场上失去信誉度和美誉度，所以，如何给楼盘命名就成为一门重要学问。

（3）好的项目命名特点：①简洁，长度在2~6个字；②独特，能突出项目客户定位和特色优势；③新颖，名字好记；④响亮，名字好念、好听。

（4）项目命名原则。①项目名称没有歧义，有国际观更好，这是潮流，也是时代趋势；②容易使人记得，朗朗上口，阿婆和小孩能打的能找到家，不然就另类，前卫和个性化；③体现项目的风格特征，针对性强，切勿张冠李戴；④以自身品牌带动项目，品牌开发商可用；⑤项目名称能彰显项目的卖点。项目命名要保留本土文化，海纳百川和兼容并蓄，不张扬但有个性，借鉴西方文明但不媚俗。能博取不同民族、不同地域文化之长，但不能盲目地照搬照抄西方文化。做品牌楼盘如同做品牌产品，有个良好的品牌名称是拥有自己文化特色品牌的开始，才不会被市场经济所淘汰。

（5）项目品牌命名技巧。

1）谐音及借用法。由受众都很熟知的名称或现成习惯语、成语、名人、地名引申出来，此类命名法基本不要考虑项目的物理特性，尤其适用于一些卖点不明显的项目。当前市场一些典型如“现代思想家”、“大唐世家”、“东方巴黎”、“星语馨苑”、“第九城市”等，使项目很容易被记得。几乎适用所有的项目。如果楼盘本身特色和卖点不是很显著的项目，就更加要多花些心思让它有可读性、或新锐点。但不能选用和项目定位相违背和具有不良意义的名称。

2）卖点彰显法。从项目的内部因素，比如独特的配套方案、会所等，和外部因素比如交通等做推敲。地理位置是所有要素中最具独特性的，值得夸耀点的就认定了，比如“半岛水花园”、“虹桥高尔夫别墅”、“云顶花园”等都属于这一范畴。适用其他项目无法复制的地理优势，或重建成本要很高的因素如人造湖之类的。

3）企业品牌法。如果是当地已经完成优质项目，并且形成口碑，有连续项目发展计划的发展商，将其企业名称嵌入项目名无疑就是最好的广告，比如深圳万科、中海地产、华侨城、北京城建地产、绿城集团等。品牌对产品销售成功的提升作用在成熟的房地产市场尤为明显，在万科，开发的项目售价总可以较周边楼盘高10%~15%。适用于品牌发展商在公众中形成口碑，有做强品牌的强烈意识，永续经营的良好资质的企业。

4）系列命名法。如“东方曼哈顿”传达的概念是位于上海的5个住宅项目，利用品牌系列的方法，其他项目命名为“东方剑桥”、“东方巴黎”等，效果很好。推广时大部分概念要素建立在一个理念平台上，各项目只要置换一个概念要素，不仅巩固了发展商品牌，而且能取得最节省的推广效果，可使项目迅速在市场中获胜，并累积品牌资产。适用于已经完成优质项目，并且形成良好口碑，在公众中心目中认可，对连续项目发展计划有期待的。

**4. 项目楼盘的标志设计**

项目楼盘不仅要有一个好的名称，还要有一个好的logo。

（1）logo设计。就是标志的设计，它在项目传递形象的过程是应用最为广泛，出现次数最多，也是一个企业CIS战略中最重要的因素。企业将项目所有的文化内容包括产品与服务、整体的特色等都融合在这个标志里面，通过后期的不断宣传，使项目在大众的心里留下深刻的印象。作为具有传媒特性的logo，为了在最有效的空间内实现所有的视觉识别功能，一般是通过特示图案及特示文字的组合，达到对房地产项目的出示、说明、沟通、交流从而引导消费者的兴趣，达到增强美誉、记忆等目的。

（2）房地产项目logo设计原则。①能充分展示项目的沟通意图；②简洁明了；③在黑色和白色底色下均能良好显示；④在小尺寸下能良好显示；⑤在众多情况下能良好显示，如产品包装上、广告上等。

（3）logo的设计技巧。①保持视觉平衡、讲究线条的流畅，使整体形状美观；②用反差、对比或边框等强调主题；③选择恰当的字体；④注意留白，给人想象空间；⑤运用色彩。因为人们对色彩的反映比对形状的反映更为敏锐和直接，更能激发情感，购买欲望。

## 5.2 房地产项目产品策划

**1. 房地产产品的基本类型和特点**

（1）房地产产品基本类型。房地产产品就是“房子”，基本类型包括：①住宅，具有居住属性；②商铺，具有商业属性；③写字楼，具有办公属性；④厂房，具有工业属性。

（2）房地产产品特点。房地产商品是有别于其他经济物品的特殊商品，它既有一般商品的共性，又有其特殊性，这种特殊性主要有：①组合性。一是土地与房屋的组合；二是不变性与多样性的结合；三是消费品与投资品的组合。②位置固定性。产品市场区域性强，在不同的市场上不可调剂余缺。③异质性，即个别性。产品不可批量生产，没有完全相同的房地产。④价值的巨额性。土地是稀有商品，房屋的建造费用很高、使用年限很长，这两方面造成了房地产这种商品价值量巨大。⑤政策限制性。开发周期长，相关行业多，关系到国计民生。⑥使用的长期性、耐用性。房地产是相当耐久的生活资料和生产要素，具有两种寿命周期，其自然寿命期限一般可达几十年甚至上百年，但经济寿命却很难确定。由于房地产商品有以上独特的属性，所以在确定其营销战略、制定营销策略时，必须考虑到上述特征，使其适应房地产这一特定商品的需要。

### 2. 房地产产品的整体概念

房地产产品的整体概念是指提供给市场，能够满足消费者某种需求或欲望的任何有形建筑物、核心利益和各种无形服务。其中包含核心产品、有形产品和附加产品三个层次，如图5-8所示。

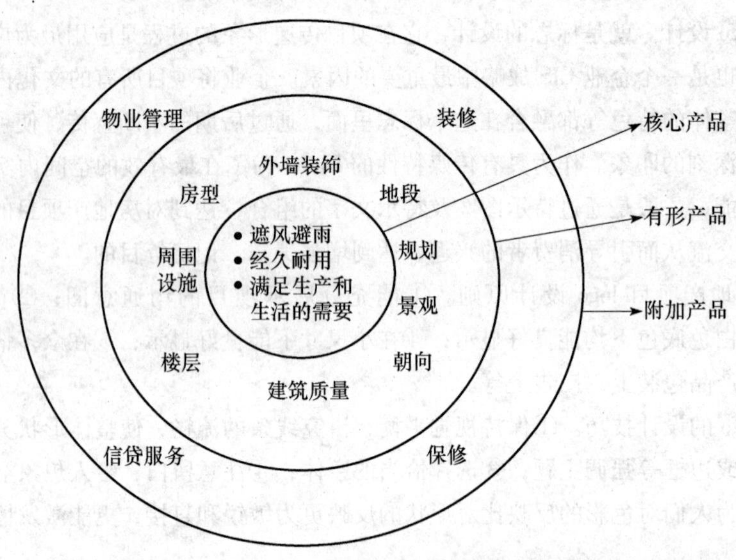


图5-8 房地产产品的整体概念

（1）房地产核心产品是指消费者购买房地产产品时所追求的利益，是顾客真正要买的东西。消费者购买房地产产品，并不是仅仅为了占有或获得产品本身，而是为获得能满足某种需要的效用或利益，如遮风避雨、经久耐用、满足生产和生活的需要、投资增值、身份炫耀等。

（2）房地产有形产品是指核心产品借以实现的形式，即向市场提供的房屋建筑实体和服务的形象。房屋产品在市场上通常表现为建筑质量水平、外观特色、品牌名称和景观等。市场营销者应首先着眼于顾客购买产品时所追求的利益，以求更完美地满足顾客需要，从这一点出发再去寻求利益得以实现的房屋形式，进行产品设计。

（3）房地产附加产品是顾客购买有形房屋建筑产品时所获得的全部附加服务和利益，包括提供投资咨询、房贷代办、权证代办、质量保证、物业服务等。附加产品的概念来源于对市场需要的深入认识。因为购买者的目的是为满足某种需要，因而他们希望得到与满足该项需要有关的一切。

## 实践经验

### 从赢利点角度看房地产产品整体概念

房地产产品的整体概念，从房地产产品赢利点角度看，在营销策略上可以将其剖析成4个不同的层次，每个层次对企业来讲都是些可捕捉的赢利点。①核心产品层。房屋为人们提供的是使用空间和安全，这是实体，也是一切消费和服务的载体。②形式产品层。通常指产品的品质、外观、品牌、设计，如住宅的套型、结构、装修等方面。③延伸产品层。是指核心产品及形式产品以外，产品所提供的服务项目。如装修、物业管理、安装三网等。④潜在产品层。由产品带来的可发展的潜在性产品，如停车场、餐饮服务、特殊服务、娱乐服务等。

### 3. 房地产产品差异化策略

产品差异化策略是企业差异化战略在产品策划中的应用。差异化战略又称别具一格战略，是指为使企业产品、服务、企业形象等与竞争对手有明显的区别，以获得竞争优势而采取的战略。这种战略的重点是创造被全行业和顾客都视为是独特的产品和服务。实现差异化战略，可以培养用户对品牌的忠诚，使企业获得高于同行业平均水平利润的一种有效的竞争战略。

（1）房地产产品差异化策略是差异化战略在房地产产品策划中的应用。

1）产品差异化。对于房地产有形产品来讲，产品差异化是最基础的，同其他产品比较，房地产产品本身有较大的差异化。

a. 产品质量，有设计质量、工程质量、环境质量和配套质量；

b. 产品性能。例如，在同一区位内，比别的楼盘有更好的生态小环境；在同一得房率的基础上，房型比别的楼盘有更多或更方便的功能组合等；

c. 产品特色，指房地产产品基本功能的增加和补充。例如，重视绿化，完善住宅区的生态功能；

d. 产品设计风格，得到目标市场顾客对产品差异化和价值对比的认识。

2）服务差异化。当竞争对手之间在客户共性需求方面势均力敌时，影响客户购买意向的因素往往就是哪个项目更能满足他的个性需要。这些个性需要往往是产品本身无法满足的，需要通过产品附加的服务来满足，即“服务能提高产品附加值”。

3）品牌差异化。消费者进入“品牌消费”阶段，在选房时慎之又慎，房地产项目非常有必要树立品牌。

4）营销渠道差异化。可通过业主直销方法。在房地产销售中，如果一个已经购房的业主，通过现身说法向朋友、同事推销楼盘，可以产生比销售人员推销更好的效果。

（2）房地产产品差异化实施要点。

1）有效差异。也就是能够有效形成项目市场力量，提高市场绩效的差异化。有效差异对策包括以下几个方面。

a. 实在性。房地产产品差异化确实能使相当多的顾客得到更多的实际利益，这样的差异才能够吸引消费者的注意，才能在市场竞争中立于不败之地；

b. 独特性。应该具有不同于竞争对手的明显特征，才能突现差异性优势，才能引人注目。解决独特性问题，一是概念创新，从产品的性能特征和愉悦特征上去挖掘；二是调性处理，将理性的事情感性化，将乏味的事情有趣化，并具有时代感；

c. 不易模仿性。当今的中国房地产市场上，跟风现象较为严重，竞争者的模仿，使得差异化缩小，使企业在差异化中的投入巨大，效果却不好。差异化的缩小主要体现在规划设计、建材选用和施工工艺上，所以企业可以在这些方面设置模仿障碍。

2）准确定位。设计出项目楼盘的目标市场最有吸引力的差异化。

a. 内容定位。开发企业及其开发的项目楼盘有不同的优势，要同竞争者的优势进行比较，强化和突出自己的优势。例如：项目楼盘在环境、户型上同另一家相似楼盘相竞争，如果本企业声誉更大更好、人员素质和服务又有优势，那么应该强调推出品牌和服务优势作为差别；

b. 传播定位。企业不仅要确定一个清晰的差异化定位，还要将此定位进行卓有成效的宣传。例如：企业将"信誉最好"作为定位主题，那就必须要保证此主题的宣传深入顾客之心。比较好的办法是宣传自己的楼盘销售业绩好、交房日期最及时、销售纠纷最少和所得的奖项最多最高等。此外，"信誉最好"还可以通过其他的营销组合如价格、广告、促销手段、分销渠道来体现。

### 4. 房地产产品品牌策略

房地产品牌是消费者对房地产产品的各种感受的总和，本质上它是一种抽象的、无形的概念，它存在于消费者的头脑中。房地产的发展趋势，是以品牌驱动为主导，卖的不仅仅是高质量的房屋，更是一种情感、一种文化、一种体验。

（1）品牌策略的价值。

1）给消费者以良好购买体验和利益。产品品牌不仅能够给消费者带来质量和功能的优越保证，而且给消费者带来社会地位和阶层的荣耀感、成就感等良好购买体验，这些心理感受也是一种实在的利益特征。

2）加快消费者的购买决策。一个没有品牌的房地产产品，一旦有计划地"植入"房地产品牌，就会彻底改变原来的产品形象，品牌效应能够加快消费者的购买决策速度。

3）打造不可模仿的竞争力。房地产市场竞争将更为激烈，打造品牌形象、提升品牌价值将成为企业市场竞争的必要手段。在科技高度发达、信息快速传播的今天，产品、技术及管理诀窍等容易被对手模仿，难以成为核心专长，而品牌一旦树立，则不但有价值并且不可模仿，因为品牌是一种消费者认知，是一种心里感觉，这种认知和感觉不能被轻易模仿。很多企业实施的品牌战略，就是将品牌作为企业核心竞争力，以获取差别利润与价值的经营战略。

(2) 统筹房地产项目产品品牌与企业品牌。房地产业的品牌有企业品牌与项目品牌或物业品牌之分。企业品牌反映的是企业整体形象，如深圳万科、大连万达、中海地产等品牌，企业品牌的塑造是对企业整体资源的整合，强势企业品牌地位的取得可以带动企业整体价值的提升，是企业的重要资产。而项目产品品牌是房地产企业单个项目的品牌，项目品牌的塑造只能带动项目本身的销售，对企业整体形象与价值提升作用有限。两者之间是集体与个体的关系。企业品牌离不开项目品牌，项目品牌有待于提升为企业品牌。当品牌项目形成规模，品牌形成体系，并实现地域跨越时，项目品牌逐步支撑起企业品牌。房地产品牌策划要统筹项目品牌与企业品牌，实现两者互动。强势企业名牌可以将知名度、鲜明个性、情感化的特性转移到项目品牌身上，抬升项目品牌的价值．带动房地产项目的销售；同样做强项目品牌可以支撑企业品牌、丰富企业品牌。

(3) 建立房地产企业品牌模式。房地产品牌的构成不是单一的，是一个内涵十分丰富的复杂系统，包括产品、质量、服务、物业管理、营销等。因此，房地产企业在实施品牌战略中，不是片面强调技术、新材料、新设备等物质因素的运用，也不是人云亦云地强调时髦的市场概念，而是通过整合资源来赢得消费者对品牌的认同。房地产企业品牌主要有3种模式。

1）单一品牌模式是指所开发的所有项目都与企业使用同一个品牌名称的品牌模式，便于企业形象的统一，易于被顾客识别和接受。同时，还能明确品牌含义，降低导入性促销成本，降低开发新品牌的成本。这种品牌模式主要通过项目品牌推动企业品牌。阳光100是单一品牌的典型代表。从2 000年起，阳光100在北京、天津、沈阳、济南、长沙等9大城市开展了13个阳光100项目，其单一品牌策略使得“阳光100”在全国房地产业广为流传。实施单一品牌模式的好处是有利于树立产品的专业化形象、减少传播费用，在宣传企业的同时宣传了品牌，互动的形式对品牌资产的积累将更加快速有效。当然，该模式也有不利的一面，由于企业行为就是品牌行为，如果某城市品牌项目出现问题，极有可能产生连锁反应。

2）多品牌模式是指同时开发两个以上相互独立且市场定位明确的品牌。通过多品牌模式，企业可以通过品牌细分市场，从总体上提高市场占有率。其优点是各品牌有明确的市场定位，可以发挥多品牌整体优势；区域品牌避开区域壁垒，快速提升企业品牌价值。多品牌模式在细分市场的基础上主要强调各项目品牌的独立性，通过各个优秀的项目品牌推进公司品牌的提升。如大连某房地产公司下面的东方威尼斯、皇城酒店公寓、地王国际花园、艾特国际公寓项目等。多品牌模式的实施有两个特点：一是不同的品牌针对不同的目标市场。二是品牌的经营具有相对的独立性（各个项目营销企划都是由不同人员组成）。实施多品牌模式可以最大限度地占有市场，对消费者实施交叉覆盖。且降低企业经营的风险，即使一个品牌失败，对其他的品牌也没有多大的影响。

3）主副品牌模式。主副品牌模式是一种介于多品牌与单一品牌之间的一种品牌发展模式，需要利用消费者对主品牌的信赖和忠诚度以推动副品牌产品的销售。采用主副品牌战略的具体做法是以一个成功品牌作为主品牌，涵盖企业的系列产品，同时又给不同产品起一个生动活泼、富有魅力的名字作为副品牌，以突出产品的个性形象。如万科·金色花园、万科·四季花城等。这种模式的成功必须建立在一个成功的主品牌基础上；副品牌则对统一品牌战略进行有效补充。采用这种品牌模式能使得企业文化及战略与企业的产品保持协调一致，在推广项目品牌的同时使得企业品牌获得稳步提升。其房地产企业项目品牌多采用“企业名称+项目名称”的模式，如保利·紫晶山。主副品牌模式下副品牌与主品牌关系密切，容易发挥品牌的杠杆效应，但如果副品牌策略失败，就有可能损害到企业品牌。为了发挥副品牌策略的功效，房地产企业就要在品牌推广中以企业品牌为主，凸显企业品牌形象，同时，对副品牌的命名要在项目自身特点与目标市场特征基础上，准确生动地命名。

(4) 房地产项目产品品牌策略是房地产产品差异化策略的延续。对品牌房地产企业来说，其房地产产品品牌策略一般使用企业自身的品牌，对一般中小型房地产企业来说，其知名度低，没有形成品牌企业，特别需要策划好项目产品品牌。

1）品牌定位。“好的品牌定位是品牌成功的一半”。品牌定位是为了让消费者清晰地识别记住品牌的特征及品牌的核心价值。在产品研发、包装设计、广告设计等方面都要围绕品牌定位去做。

2）战略规划。企业要通过品牌策划和战略规划来提升品牌形象，提高消费者对产品的认知度、忠诚度，树立企业良好的品牌形象。首先，质量战略是实施品牌战略的关键、核心，质量是产品的生命，严格的质量管理是开拓、保持、发展名牌的首要条件。其次，市场战略是实施名牌战略的根本，实施市场战略一定要树立市场导向观念。从产品的开发到营销，必须牢牢扣住市场变化这一主题，最大限度地满足客户需求。

3）大力宣传品牌形象。通过独特销售主张，强调将产品本身独特的卖点（USP）传播出去，借助一个强有力的卖点，就可以最快最好地销售，并建立起项目独特个性的品牌。通过广告宣传等手段，建立起良好的、有独特感性利益的品牌形象，在短时间内让消费者认同其品牌很重要，在宣传过程中要突出品牌的定位和核心价值，找准产品与消费者之间的情感交汇点，让消费者在极短的时间内对该产品产生认知感，以吸引消费者的购买。

### 5. 房地产项目整体布局规划

(1) 房地产项目整体布局原则。房地产项目在策划产品前必须对市场进行周密的调查和准确定位，对不同类型、不同规模的房地产项目，其整体布局规划有不同的具体要求，应遵循以下基本原则。

1）突出“以人为本”的理念。规划设计必须“以人为本”，满足客户需要。如住宅项目布局规划，要以提高城市居民的生活质量和生活水平为最终目的，努力实现在限定的条件下，建设布局合理、设计新颖、功能齐全、配套完善、质量优良、环境优美、具有本地建筑风格的住宅小区，在不大的空间内创造较高的居住生活舒适度，既能满足居民当前的基本需要，又能适应市场的需求变化。

2）体现人文关怀。“人文关怀”成了楼市发展新方向，能提升住宅品质，能满足购房者需要。就建筑本身而言，它是承载文化的一个载体，是人文环境的一个反映。

3）符合城市总体布局，丰富和创造最佳的城市空间环境。房地产项目建设应起补充、完善城市布局结构的作用，要把项目的环境融入城市空间环境中，创造满足人们生存要求的物质功能和满足人的心理要求的精神功能相统一的城市空间环境。

4）体现产品差异化策略和品牌策略。

5）房地产项目规划设计应满足的具体要求：使用要求、卫生要求、安全要求、经济要求、施工要求、美观要求。创造一个优美的居住环境和城市面貌。

（2）房地产项目整体布局内容。包括：建筑规划、道路规划和绿化规划3大块内容，如图5-9所示。

（3）房地产项目整体规划设计。

1）建筑类型的选择。建筑类型直接影响房地产项目投资和经营效益，同时也是影响城市用地及城市面貌的重要因素。建筑类型的选择要在满足城市规划要求的同时，综合考虑项目自身的技术经济条件，决定具体的建筑物类型，如对住宅项目是选择超高层、多层还是别墅群建筑。

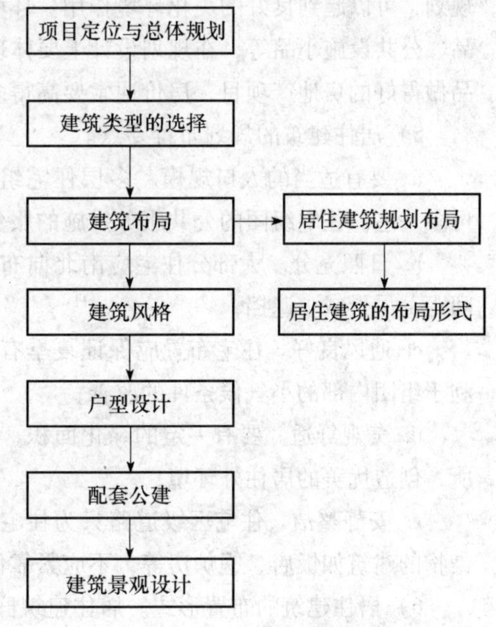

图5-9 房地产项目建筑规划设计内容

2）建筑布局。建筑布局受建筑容积率和规划建设用地面积的限制，建筑容积率是项目规划设计方案中主要的技术经济指标之一。总建筑面积 = 规划建设用地面积 × 建筑容积率。

a. 建筑布局考虑容积率。容积率高，说明居住区用地内房子建得多，人口密度大。在房地产开发中，为了取得更高的经济效益，一些开发商千方百计地要求提高建筑高度，争取更高的容积率，但容积率过高，会出现楼房高、道路窄、绿地少的情形，将极大地影响项目的环境。容积率的高低，只是一个简单的指标，有些项目虽然看上去容积率不高，但是为了增大中庭园林或是闪避地下车库，而使得楼座拥挤一隅也是不恰当的。

b. 建筑布局考虑日照间距。如果住宅的日照间距不够，北面住宅的低层就不能获得有效日照。在房地产项目规划中，应使住宅布局合理，日照充分。为保证每户都能获得规定的日照时间和日照质量，要求条形住宅纵向外墙之间保持一定距离，即为日照间距。北京地区的日照间距条形住宅采用1.6～1.7$h$，$h$为前排住宅檐口和后排住宅底层窗台的高差。塔式住宅，也叫点式住宅，采用大于或等于1$h$的日照间距标准。

3）配套公建。居住区内配套公建是否方便合理，是衡量居住区质量的重要标准之一。稍大的居住区内人口众多，应设有小学，且住宅离小学校的距离应在300m左右，近则扰民，远则不便。菜店、食品店、小型超市等居民每天都要光顾的社区商店等配套公建，服务半径最好不要超过200m。

4）环境小品。环境小品的规划设计成为项目室外环境的重要内容，结合园林绿地规划，可以起到良好的美化环境作用。环境小品内容丰富，主要包括建筑小品、装饰小品、公共设施小品等，在规划设计上要体现整体性、实用性、艺术性和趣味性，环境小品做得好的房地产项目，房价通常要高得多。

5）居住建筑的规划布置要点。

a. 要有适当的人口规模。多层住宅组团以500户左右为宜，高层住宅的组团户数可多一些。住宅组团的公共服务设施的服务半径以100m左右为宜；

b. 日照充分。大部分住宅应南北向布置，小部分东西排列，保证住宅之间的日照间距，尽量减少遮挡；

c. 通风良好。住宅布置应保证夏季有良好的通风，冬季防止冷风直接贯入，并有利于组团内部的小气候条件的改善；

d. 美观舒适。要有一定的绿化面积，多布置建筑小品，开辟儿童及老人的休息场所，创造优美的居住外环境；

e. 安静整洁。住宅区级道路只为住宅区内部服务，不能作为过境交通线。排放污染物的建筑如饭店、锅炉房等，不应紧靠住宅群。垃圾站与住宅楼要保持一定距离。

6）居住建筑的布置形式。居住建筑群体的平面组合的基本形式有以下几种。

a. 行列式。按一定的朝向和间距成排布置住宅建筑；

b. 周边式。沿街坊或院落周围布置。其优点是内庭院有封闭的空间感，比较安静，土地利用率高，但其中部分住宅的通风及朝向较差；

c. 混合式。采用行列式和周边式相结合的方法布置住宅建筑，可以取两种形式之长，形成半敞开式的住宅院落，是较理想的布置形式；

d. 自由式。结合地形地貌、周围条件，成组自由灵活地布置，以追求空间的变化和较大的绿化、活动空间。灵活布置还有利于取得良好的日照和通风效果。

### 6. 房地产项目产品组合设计与优化

房地产产品组合是决定房地产市场营销成败的重大因素。

（1）房地产产品组合策略内涵。房地产产品组合是房地产企业向市场提供的全部物业的结构或构成。房地产产品组合策略是房地产企业根据开发与经济能力和市场环境做出的关于企业产品品种、规格及其生产比例方面的决策。一般是从产品组合的广度、长度、深度和黏度等方面做出决定，如图5-10所示。房地产某个具体项目的产品组合策略，一般重点考虑产品长度和深度。

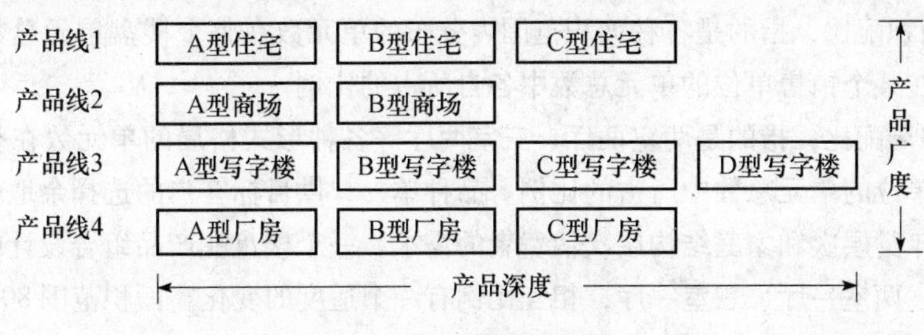


图5-10　房地产产品组合

1）产品广度，指房地产产品的种类多少，如住宅、商铺等。

2）产品长度，指项目产品的某一类产品不同形式的总和，如住宅多层、高层、塔式、板式等。

3）产品深度，指每种产品所提供的款式、建筑风格的多少，如普通住宅、豪华住宅、别墅。

4）产品黏度，指各产品之间在最终用途、开发建设条件、销售渠道或其他方面的相互关联程度。

（2）房地产产品策略原则。

1）产品策略应和目标客户定位相吻合。不同的消费群体对应着不同的产品，目标客户的定位虽然涉及客户的年龄、生活习俗等各个方面的基本情况，但归根结底决定于客户的收入水平和消费观念，反映到产品上来，便是房屋的总价区别。总价的设定其实就是产品规划和目标客户定位的最根本的一条标准。在设定的总价下，产品设计要尽力满足消费者需要，房地产的规格、类型、档次、配置、设计风格要注意适应目标客户意愿的变化。

2）产品策略应顺应和引导消费时尚。产品设计要与目标客户相吻合，并不是简单地迎合和迁就客户，而是更应该善于挖掘和满足客户的潜在要求。同样，为了使产品能脱颖而出，推出一些与众不同的产品配置是必不可少的，虽然投入要高一些，但由于不同的产品配置满足了不同消费者的需求，在区域条件相当的情况下就能受到更多消费者的青睐。因此，产品策略应着眼于顺应和引导消费者的时尚潮流。如目标客户在一些30～40岁，文化层次高、思想新潮的雅皮士身上，可以从居室的设计风格、户型外墙等方面强调“现代”特征，采用一些科技含量高的建筑材料、节水洁具、高速电梯、智能化管理等，而不是把钱花在昂贵的大理石、金碧辉煌的水晶吊灯上，这些符合雅皮士“简约、时尚、高质量”的生活品位。现代都市人的工作压力大，竞争激烈，他们对居室及周边的环境可能会有一些符合自身条件要求的，比如空间、绿化、设施的完备与交通的便捷，网络化的完全管理，这些都是产品策略争取市场优势的强有力保证。

3）体现产品差异化策略和品牌策略。

（3）产品组合设计。一个楼盘只有具备适当的有针对性的面积、格局配比的产品组合，才能形成丰富的产品品种系列，才能满足市场的苛刻需求。

1）面积配比，指的是各种面积范围内分布的单元数在整个楼盘单元总数中所占的比例，或在某个销售单位的单元总数中各自所占的比例。

2）格局配比，指的是两室两厅、三室两厅等各种形式格局的单元数在整栋楼房或某个销售单位的单元总数中所占的比例。品种单一，供目标客户的选择余地就窄，不能满足不同年龄层次和家庭结构层次消费者的需求。一个楼盘在产品组合设计中，如果有一室一厅、两室一厅、三室一厅，相互比例有一个适度的变化，面积范围 80 ~ 150$m^2$ 大小不等，则产品就会有机地分解成几个层次，可以满足不同客户对产品的合理需求，客户挑选的余地大，市场抗风险能力也就强。格局配比如同面积配比一样，都对应着一个总价市场，但它所反映更多的是消费者生活需求结构的某种状况。如以青年夫妇为对象的产品，一般面积不需要很大，但考虑到日后小孩的出生，格局也多以两室一厅为主。对市场的深入了解和及时反馈是制定最佳面积及格局配比的关键。

（4）产品组合优化。就是一方面选择最能适应市场需要的、企业赢利又最好的企业产品品种结构，另一方面根据市场的变化，不断调整产品结构、开发新产品、改进老产品，使本企业的产品适销对路。以住宅项目产品组合设计与优化为例：产品组合必须以项目的总体规划设计、市场定位为前提，策划出好的产品，营造符合生态和可持续发展要求的现代化人居环境。

1）人与自然的和谐。设计住宅就是设计生活，搞规划设计的人必须有文化，必须懂生活，这样才可能使楼盘真正做到有品位，人性化。产品策划要围着业主转，做到人文居住与绿色景观和谐统一，营造出现代人理想的居住环境。要开发花园社区，即：高绿化，低密度，绿化率达到50%以上，环境优美，空气清新，空气中负氧离子浓度高，建有运动休闲主题公园，喷泉雕塑布置合理，生活配套完善，体现出独有的绿色景观和人文关怀，是高品质生活的健康选择。

2）精心设计房型。人对生活的需求千变万化，反映到居住空间的设计上，也就有了千变万化的特点，有居住类别的不同，有建筑风格的不同，有环境主题的不同，有建筑细节的不同，有文化蕴涵的不同，有使用功能的不同，凡此种种，无不是对应着人的需求、市场的需求、社会的需求，其中良性的、有机的组合就构成了“成功项目”的基础。

a. 项目要推出目前市场欢迎的套型。

- 户型整体精巧实用，功能完善；
- 动静分区，干湿分离；
- 大面宽，短进深；
- 明厨明卫、明客明卧，通透采光；

- 空间利用率高；
- 最好 50% 以上楼前有水系。

b. 为了适应居住者不同层次的个性与追求，要精心设计丰富多彩的户型。

- 50$m^2$ 以下的一居小户型；
- 60 ~ 99$m^2$ 的两居一厅或两厅小夫妻型，如图 5-11 所示；
- 100 ~ 130$m^2$ 的三居两厅小康型；
- 140$m^2$ 以上及超大面积空中 townhouse 等豪华型。多种空间形态供购房者随意选择。

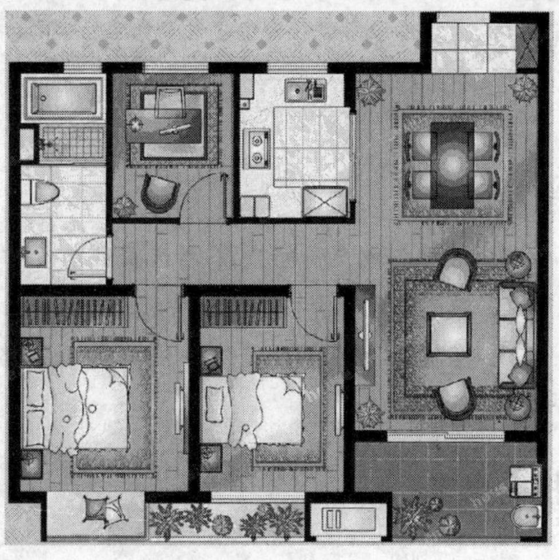

图 5-11　90$m^2$ 的三室两厅一卫户型

3）房型设计要与时俱进，要紧随不同地区房型结构特点和外形、功能演变而变化。企业通过强化规划设计，应用具有节能、节水、节材、节地特性，符合环保要求，以及经济实用的智能化技术系列的“四新”成果，促使项目住宅向多功能发展。开发商建造最人性化的住宅，可以给业主提供高质量的菜单式房型和装修，关注细节，体现人性化，拿出一份实实在在的人文关怀。

## 思考题

1. 如何开展房地产项目主题概念设计与整体形象设计？
2. 房地产产品策划的方法与一般消费品有何异同？
3. 不同类型的房地产项目，其产品策划有何不同？

## 实训题

对本地区某房地产地块项目进行主题概念设计与整体形象设计，编写产品策划方案。

## 实训指导

1. 5 ~ 8 人一组，每组完成实训项目。
2. 实地考察与网上调查相结合，主要参考网址见本书第 1 章实训指导。
3. 报告要求用自己的语言组织，不允许大段抄袭别人的文章，要求报告字数 2 000 ~ 3 000 字。

# 第 6 章

# 房地产项目价格策划

## 学习目标

1. 了解房地产价格、房地产项目定价、房地产项目价格控制与调整策略概念

2. 熟悉房地产价格类型和特点、房地产价格的影响因素、房地产项目定价目标与原则

3. 掌握房地产项目定价方法与定价策略、房地产项目价格控制与调整策略、房地产项目调价技巧

## 技能要求

1. 能够根据房地产项目产品方案进行房地产价格的影响因素分析

2. 能够确定房地产项目定价目标与原则

3. 能够制定房地产项目价格方案

## 案例：中海·凤凰熙岸项目的住宅定价

### 一、项目概况

中海·凤凰熙岸位于南京河西板块和城中板块交界区域，东至凤凰东街，南至凤凰西街，西至北圩路，北至清凉门大街。中海·凤凰熙岸离地铁 2 号线汉中门站和莫愁湖站约 500m，东侧为秦淮河，沿河为市政绿化风光带，隔河可见明城墙、石头城公园、清凉山公园。项目周边分布了南京师范大学、河海大学、中国医科大学、南京审计学院、晓庄师范学院等高等院校。中海·凤凰熙岸周边配套：商业、银行、医院等。按照规划，该建设项目用地性质为二类居住、商业混合用地，总用地面积 204 000$m^2$，容积率≤3.35，建筑面积≤568 049.01$m^2$，绿地率≥30%。中海·凤凰熙岸总建筑面积 568 000$m^2$，包括 1 幢办公楼、2 幢酒店式公寓、22 幢住宅楼。中海·凤凰熙岸 2010 年 6 月 27 日开盘，2012 年 5 月交付。

### 二、中海·凤凰熙岸住宅产品组合

- 住宅幢数：中海·凤凰熙岸共有 22 幢住宅楼，11～30 层。其中 10 幢，即 1～3 幢、5～7 幢、9、10、14、18 幢带有 2 层的商业裙房。
- 住宅户数：项目普通住宅可容纳住户 2 647 户，共计可容纳居民约 11 505 人。

- 产品户型：有20多种，主力户型有两室两厅70~100m²；三室两厅130~160m²；四室两厅170~240m²；五室三厅365~464m²。

## 三、中海·凤凰熙岸的住宅产品定价

项目定价目标。中海·凤凰熙岸的房屋品质本身定位于高档产品，因此销售群体主要锁定的是南京及周边的高收入消费者群体。经过市场调查，南京该地段的新售楼盘房屋定价在20 000~30 000元/m²，所以中海·凤凰熙岸在整个南京房地产市场里的定价目标也就在：22 000~32 000元/m²，也能让消费者接受。

项目的定价方式。中海·凤凰熙岸实施一房一价，在房屋价格报价中已经包含了层次差以及其他景观因素。

项目具体定价方案：一期均价25 000元/m²，定价在22 000~28 000元/m²；二期均价26 000元/m²，定价在23 000~29 000元/m²；三期均价27 000元/m²，定价在24 000~30 000元/m²；四期均价28 000元/m²，定价在25 000~31 000元/m²；五期均价29 000元/m²，定价在26 000~32 000元/m²。每期具体"一房一价"价格表要向南京市物价局申报审核，并公示在售楼处。

定价策略：以低开高走的策略进行销售。前后差500~4 000元/m²，人为造成一种升值的现象，将项目住宅价值利润最大化。

销售过程价格控制：中海·凤凰熙岸2010年2月4日开始接受诚意金缴纳，客户需要缴纳50万元诚意金，方能参与摇号选房。如果没有参加选房，开盘10日内可退回诚意金。2010年6月27日摇号开盘，首批推出2、3、6栋，共计298套房源，2号楼主力240m²，总价在580万~700万元，3号楼主力190m²，总价在450万~520万元，6号楼100~170m²，总价335万~380万元。售楼处，现场公示的一房一价最便宜的一套是99.35m²房源，总价207.9万元；最贵的是一套338.49m²房源，总价1 067.5万元。2010年6月27日认购日的特别优惠为1个点，另外一次性付款可享受1.5个点的优惠，按揭可享受1个点的优惠。开盘当天共认购232套，销售率达78%。随后的几期销售，中海·凤凰熙岸保持了"低开高走"的价格走势，但由于2011年下半年国家房地产调控政策力度持续加大，中海·凤凰熙岸的价格走势开始有所下跌，如图6-1所示。

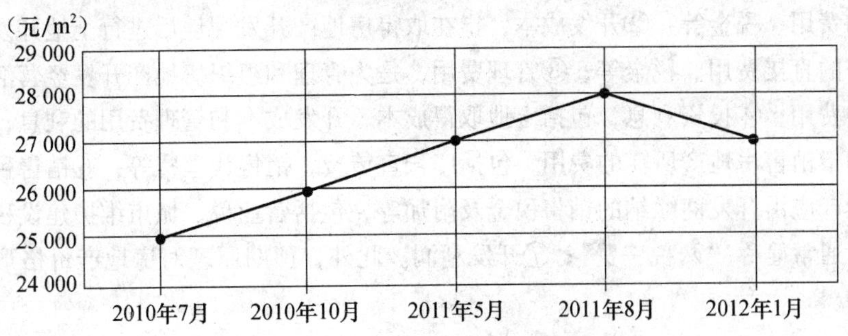


图6-1　中海·凤凰熙岸2010~2012房价走势

为了应对国家房地产调控政策带来的销售困境，中海·凤凰熙岸及时调整房价，把均价下调为27 000元/m$^2$左右，而且加大购房优惠，一次性付款打95折，按揭付款打96折。

资料来源：编者根据中海地产项目资料整理.

**案例讨论**

1. 你认为中海·凤凰熙岸项目价格策划的依据是什么？
2. 普通住宅项目可以从中海·凤凰熙岸项目的价格策划中吸取什么？

**学习任务**

1. 对本地区某房地产地块项目进行价格影响因素分析。
2. 制定本地区某房地产地块项目的价格策划方案。

## 6.1 房地产价格概述

房地产价格是价值的货币表现，是房地产商品交易时，买方所需要付出的代价或付款，包括建筑物连同其占用的土地的价格，通常用货币来表示。

### 1. 房地产价格的形成条件及构成

（1）房地产价格的形成条件。房地产价格形成需要具备3个条件：①有用性。房地产的内在使用价值，是房地产价格形成的基础。②稀缺性。稀缺的，并不意味着它是难以得到的，仅仅意味着它是不能自由取用的，即不付出代价就不能得到，是相对缺乏，不是绝对缺乏。稀缺对价格的作用是很大的，俗话说物以稀为贵。有些物品，无论它多么有用，只要是相对富余的，就不会有高的价格。供求规律和竞争规律也是调节房地产价格的重要因素。③有效需求。人们对一种物品有需求，是指不仅愿意购买它，而且有能力购买它。只有需要而无支付能力（想买但没有钱），或者虽然有支付能力但不需要（有钱但不想买），都不能使购买行为发生，从而不能使价格成为现实。

（2）房地产价格构成，通常由7大项：①土地取得成本，是指取得房地产开发用地所需的费用、税金等；②开发成本，指在取得房地产开发用地后进行土地开发和房屋建设所需的直接费用、税金等；③管理费用，是为管理和组织房地产开发经营活动所发生的各种费用；④投资利息，包括土地取得成本、开发成本和管理费用的利息；⑤销售费用，是指销售房地产所需的费用，包括广告宣传费、销售代理费等；⑥销售税费，指销售房地产应由开发商缴纳的销售税金及附加等，包括营业税、城市维护建设税和教育费附加，通常简称“两税一费”；⑦开发利润。此外，预期原理对房地产价格形成也有特殊作用。

### 2. 房地产价格的特征

(1) 房地产价格受区位的影响很大。除了其地理坐标位置，还包括它与重要场所如市中心、机场、港口、车站、政府机关、同行业等的距离，从其他地方到达该宗房地产的可及性，从该宗房地产去往其他地方的便捷性，该宗房地产的周围环境、景观等。其中，最简单和最常见的是用距离来衡量区位的好坏，人们最重视交通时间距离。

(2) 房地产价格实质上是房地产权益的价格。房地产由于不可移动，在交易中可以转移的不是其实物，而是其所有权、使用权或其他权利。

(3) 房地产价格既有交换代价的价格，又有使用代价的租金。房地产同时存在着买卖和租赁两种交易方式、两个市场。因此，房地产同时有两个价格：一是其本身有一个价格，即买卖价格，通常简称价格；二是使用它一定时间的价格，即租赁价格，通常简称租金。房地产的价格与租金的关系，类似于本金与利息的关系。

(4) 房地产价格是在长期考虑下形成的。因为房地产具有独一无二特性，相互之间难以比较，加上价值量大，人们在房地产交易时一般是十分谨慎的，所以房地产交易价格通常难以在短期内达成。

(5) 房地产价格通常是个别形成，容易受交易者的个别因素的影响。要认识房地产，只有亲自到实地查看，相似的房地产一般只有少数几个买者和卖者，有的房地产甚至只有一个买者和一个卖者，所以，房地产价格通常随交易的需要而个别形成，并容易受买卖双方的个别情况（如偏好、讨价还价能力、感情冲动）的影响。

### 3. 房地产买卖价格和租赁价格

(1) 房地产买卖价格是指以买卖方式支付或收取的货币额、商品或其他有价物，简称买卖价。

(2) 房地产租赁价格。常称租金，在土地场合称为地租，在房地混合场合称为房租。房租有按使用面积计的，有按建筑面积计的，也有按套计的。房租也有天租金、月租金和年租金之别。

### 4. 房地产成交价格与市场价格

(1) 房地产成交价格简称成交价，是房地产交易双方实际达成交易的价格。只有当买者所愿意支付的最高价格，高于或等于卖者所愿意接受的最低价格时，交易才可能成功。

(2) 房地产市场价格是指某种房地产在市场上的一般、平均水平价格，是该类房地产大量成交价格的抽象结果。

### 5. 现房价格和期房价格

(1) 现房价格是指以现状房地产为交易标的的价格。无论是现货交易还是期货交易，付款方式又有在交易达成后立刻或在短期内一次付清、按约定在未来某个日期一次付清和分期付清等，因此形成了多种组合形式。

（2）期房价格是指以目前尚未建成而在将来建成的房屋为交易标的的价格。期房价格通常低于现房价格。期房价格＝现房价格－预计从期房达到现房期间现房出租的净收益的折现值－风险补偿。上述关系是期房与现房同品质（包括工程质量、功能、户型、环境和物业管理服务等）下的关系。

### 6. 房地产总价和单价

（1）房地产总价格简称总价，是指某一宗或某一区域范围内的房地产整体的价格。房地产的总价格一般不能反映房地产价格水平的高低。

（2）房地产单位价格简称单价，对于土地来说，具体是指单位土地面积的土地价格；土地与建筑物合在一起的房地产单价通常是指单位建筑物面积的价格。价格单位由货币和面积两方面构成，即元/$m^2$。房地产的单位价格一般可以反映房地产价格水平的高低。

### 7. 房地产市场调节价、政府指导价和政府定价

（1）房地产市场调节价是指由经营者自主制定，通过市场竞争形成的价格。

（2）政府指导价是指由政府价格主管部门或者其他有关部门，按照定价权限和范围规定基准价及其浮动幅度，指导经营者制定的价格。

（3）政府定价是指由政府价格主管部门或者其他有关部门，按照定价权限和范围制定的价格，如保障房定价。政府对价格的限定，还有最高限价和最低限价。

### 8. 房地产实际价格和名义价格

（1）房地产实际价格是指在成交日期时一次付清的价格，或者将不是在成交日期时一次付清的价格折现到成交日期时的价格。

（2）房地产名义价格是指在成交日期时讲明，但不是在成交日期时一次付清的价格。例如，一套建筑面积100$m^2$的住房，总价为30万元，其在实际交易中的付款方式可能有下列几种：①要求在成交日期时一次付清；②如果在成交日期时一次付清，则给予折扣，如优惠5%；③从成交日期时起分期付清，如首付10万元，余款在一年内分两期支付，如每隔半年支付10万元。上述第一种情况，实际总价为30万元，不存在名义价格；第二种情况，实际总价为28.5万元，名义价格为30万元；第三种情况，实际总价为29.282 8万元（假定年折现率为5%），名义价格为30万元。

## 6.2 房地产价格的影响因素

房地产价格水平及其变动是由众多房地产价格影响因素对房地产价格综合作用的结果。不同的价格影响因素，引起房地产价格变动的方向、变动的程度，与房地产价格之间的影响关系是不尽相同的。有的与时间有关、有的与时间无关，有的可以用数学公式

量化，但更多影响因素对房地产价格的影响主要依靠对当地房地产市场的深入了解和长期积累的估价实践经验作出判断。

**1. 房地产价格的影响 10 个因素**

（1）自身因素。也就是房地产产品因素，包括权利、位置、地质条件、地形、地势、面积、日照、通风、建筑物状况等。产品因素过硬，一般房地产价格就高。

（2）环境因素。包括视觉环境、声觉环境、大气环境、水文环境、卫生环境等。环境条件好，一般房地产价格就高。

（3）人口因素。房地产的需求主体是人，人口因素对房地产价格有很大影响。

1）人口数量。房地产价格与人口数量的关系非常密切。当人口数量增加时，对房地产的需求就会增加，房地产价格也就会上涨；反之，房地产价格就会下落。人口增长有人口净增长、人口零增长和人口负增长三种情况。人口还可以分为常住人口、暂住人口和流动人口，以及日间人口和夜间人口。这些人口的数量都会对不同类型房地产的价格产生影响。在人口数量因素中，反映人口数量的相对指标是人口密度。人口密度从两方面影响房地产价格：一方面，人口密度高的地区，房地产的价格趋高；另一方面，人口密度过高会导致生活环境恶化，从而有可能降低房地产价格，特别是在大量低收入者涌入某一地区的情况下会出现这种现象。

2）人口素质。人们的文化教育水平、生活质量和文明程度，可以引起房地产价格的变化。

3）家庭人口规模。家庭人口规模发生变化，即使人口总量不变，也将引起居住单位数的变动。一般来说，随着家庭人口规模小型化，即家庭平均人口数的下降，家庭数量增多，所需要的住房总量将增加，房地产价格有上涨的趋势。

（4）经济因素。

1）经济发展。经济形势乐观，对房地产的需求就增加，一般房地产价格会上涨。

2）物价。物价会影响房地产市场供给。物价走高，将加重开发商成本，从而将抑制房地产项目开发的供给，价格会上涨，而且物价上涨可能出现通货膨胀，人们会选择投资房地产保值，也会刺激价格上涨；反之，物价走低，将减轻开发商成本，房地产价格会下降或涨幅减小。

3）居民收入。居民收入水平直接决定了该城市市民对住宅及其相关配套服务设施的市场需求。由于房地产耗资巨大，没有足够的收入是无法负担高昂房价的。

a. 居民平均收入水平影响房屋价格，平均收入水平越高的城市，住宅的价格往往也越高。三大都市圈是全国市民收入最高的地区，也是全国住宅价格最高的地区。

b. 贫富差异影响房屋档次结构，即使平均收入一样，收入的贫富差异程度越大，房地产价格的变动区间就越大。

（5）社会因素。包括政治安定、社会治安、房地产投机、城市化。社会环境好，一般房地产市场比较稳定，房地产价格波动就小。

（6）行政因素。

1）利率因素。利率会影响房地产市场供给与需求。利率是资金的成本，利率走高，将加重开发商和购房贷款者的财务负担，从而将抑制房地产项目开发的供给与需求，价格会下降或涨幅减小；利率降低，将减轻开发商和购房贷款者的财务负担，从而将激发房地产项目开发的供给与需求，房地产价格会上涨。

2）汇率因素。汇率的短期波动对房地产价格也会产生显著的影响，汇率变化对房地产价格的影响持续力度大、持续时间长。一般而言，汇率调整主要表现为境外资金对东道国房地产市场的投机活动，如果投资者预期东道国货币会升值，他们就会在东道国的房地产市场投入更多的资金，刺激房地产市场需求。现阶段我国要确保货币政策的独立性，并采取有效措施防止国际游资在我国房地产市场的投机行为。

3）房地产税收因素。税费也在相当程度上影响房地产价格。目前在中国，可列入商品房成本进入房地产销售价格的税种主要有营业税、城乡维护建设税、教育费附加和固定资产投资方向调节税。当政府觉得房地产发展过快时，往往就会通过提高房地产税费的征收标准，使房地产市场降温。而当政府觉得房地产市场持续低迷时，往往就会通过降低房地产税费的征收标准激发房地产市场。

4）城市规划因素。城市规划会确定房地产所在区域的商服中心、道路、交通、城市设施和环境状况，这些因素都会影响当地房地产价格，如规划中的地铁会造成沿线所有房价上涨。

5）交通管制因素。交通管制会改变房地产道路通达因素、交通便捷因素，当交通管制改善了房地产的道路通达状况，使交通更加便捷，则会刺激房价上涨；反之，房价可能会下跌。

（7）心理因素，包括心态、偏好、时尚风气等。对房价的心理预期会影响房地产价格。当心理预期房价会上涨，人们则会选择购买房地产，从而可能真正造成房价上涨；反之，人们则会选择不买房或售房，从而可能真正造成房价下跌。

（8）国际因素，包括世界经济、军事冲突、政治对立、国际竞争等。国际形势动荡，会传递到国内房地产市场，引起房地产价格波动。

（9）供求因素，包括房地产供给、需求。供大于求情况下，一般房地产价格会下降；相反，求大于供情况下，一般房地产价格会上涨。

（10）其他因素。上述9方面之外的因素，也可能会影响房地产价格，如地震造成的连锁反应会引起相关房地产市场价格波动。

## 2. 影响房地产价格的个别因素、区域因素与一般因素

从个别因素、区域因素、一般因素3个方面分析房地产价格的影响因素。个别因素导致相同地区之间的价格差异；区域因素导致城市内部不同地区之间的价格差异；一般因素导致城市与城市之间的价格差异。

（1）个别因素，即房地产自身因素。土地的个别因素有区位、面积、形状、容积

率、用途、使用年限因素等；建筑物的个别因素有面积、结构、材料、设计、设备、施工质量、是否与周围环境协调等。

(2) 区域因素，包括人口因素、经济因素、社会因素、环境因素、行政因素、心理因素、供求因素。如区域内商服繁华、道路通达、交通便捷、城市设施状况、环境状况等因素。

(3) 一般因素，主要包括国际因素、社会因素、经济因素、行政因素和心理因素等。

此外，还可以从自然因素、经济因素、社会因素和行政因素4个方面分析房地产价格的影响因素。①自然因素，即房地产自身因素；②经济因素，包括经济因素、供求因素等；③社会因素，包括人口因素、社会因素、环境因素、心理因素、国际因素等；④行政因素，包括行政因素、国际因素等。

### 3. 房地产价格偏差的特殊因素

导致房地产价格偏差的特殊因素有以下几种。

(1) 有一定的特殊利害关系的交易主体之间的房地产交易。如集团公司下属企业自有房产的内部销售，一般会偏离市场价格，通常低于市场价格。

(2) 有特别动机的房地产交易。交易双方有特殊关系，如房者是开发商的贷款银行领导，交易价格会偏离市场价格，通常会远低于市场价格。

(3) 交易双方信息不对称。房地产一般只有少数几个买者和卖者，有的房地产甚至只有一个买者和一个卖者，所以，交易双方信息不对称，容易引起价格偏差。

(4) 其他特殊的交易情形。如房地产作价入股，通常房地产价格会高于市场价格。

## 6.3 房地产项目定价目标与原则

### 1. 房地产项目定价目标

房地产项目定价目标（pricing objectives）是房地产企业在对其开发的项目制定价格时，有意识地要求达到的目的和标准。定价目标是整个定价策略的灵魂。一方面，它要服务于房地产项目营销目标和企业经营战略；另一方面，它还是定价方法和定价策略的依据。房地产定价目标一般有3种形式。

(1) 利润最大化目标是许多企业的定价目标。当该宗物业独特性较强，不易被其他产品替代时，可在边际利润与边际成本一致的点位定价。一方面靠促销激发需求，另一方面有计划地供给，就可获得最大限度的利润。利润最大化不是短期定价目标，而是企业长期奋斗的方向。由于房地产定价受经济环境的影响，繁多的变量会增加定价的难度，因此，需要动态地分析企业的内部条件和外部环境，不能单纯定位于项目利润。忽视市场相关因素和公司经营战略，则会欲速不达。

（2）市场占有率目标以市场占有率为定价目标，是一种志存高远的选择方式。市场占有率是指一定时期内某企业房地产的销售量占当地细分市场销售总量的份额。市场占有率高意味着公司的竞争能力较强，说明公司对消费信息把握得较准确、充分，房地产开发企业资金占用量极大，规模经济现象表现明显。而且，企业利润与市场占有率正向相关。提高市场占有率是增加企业利润的有效途径。一般地讲，成长型的公司适宜采用市场占有率目标，通过薄利多销的经营方式，达到以量换利，提高市场地位的目的。

（3）树立企业形象目标是以树立企业形象为定价目标，不太关注利润和市场占有率，一般很少企业采用，只有少数企业在少数项目上偶尔采用，一般是新企业或老企业到新城市需要树立形象时采用，或房地产项目刚开盘时采用。

在某些特殊时期，房地产企业也需要制定临时性定价目标。如：政策调控背景下，房地产市场行情低速时，企业就要以保本销售或尽快脱手变现为定价目标；为了应对竞争者的挑战，企业也可能以牺牲局部利益遏制对手为定价目标。但是一旦出现转机，过渡性定价目标就应转变为长远定价目标。

**2. 房地产项目定价原则**

（1）市场导向原则。项目价格应能反映产品的定位和消费群的定位，成为目标消费群能够接受并愿意支付的价格。该原则还包括另一层意思，在同类竞争中，借助价格优势，取得更好业绩，树立企业和产品的品牌形象，为其他同类产品开发做好铺垫。

（2）加快销售速度，加速资金回笼原则。合理的价格有利市场销售，并实现目标利润，定价过高将产生较大的营销障碍和销售滞慢性，利润也只能是虚拟的账面利润。

（3）弹性灵活原则。定价应有灵活性，以适应市场的变化情况。项目入市时，宜采用较低价格聚人气，随着工程进度的发展、产品的成熟，可逐渐提高价格。

（4）价值相符原则。项目的价格应与项目的地段、品质相符合，才能赢得消费者的信赖。无论企业的战略、产品和服务如何与对手不同，最终都体现为客户让渡价值。

（5）购买力适应原则。所定价格还应与目标客户群的购买力相适应。

（6）有利竞争原则。项目销售初期建议采用对消费者较大吸引力的价格入市以利于在市场竞争中取得优势。

## 6.4 房地产项目定价方法

在市场营销组合中，价格是唯一能创造收益的因素，其他因素只影响成本，用科学方法制定房地产项目价格意义重大。但许多房地产公司未能妥善处理定价问题，最常见的定价弊病是：定价过于强调成本导向；不能经常根据市场变化调整价格；制定价格脱离了市场营销组合的其他因素，没有将它作为市场定位策略的内在要素；没有根据不同的产品品种和细分市场调整价格。房地产定价方法一般采用加权点数定价法，充分考虑房屋朝向差价、楼层差价、采光差价、面积差价、视野差价、产品差价、设计差价等综合因素制定价格。房地产价格 = 每栋楼的基准价格 + 垂直价差 + 水平价差 + 其他因素价差。

### 1. 房地产项目垂直价差的确定

（1）垂直价差是指同一栋建筑物中不同楼层之间的价格差异，通常以每平方米的单价差额来表示。一般在制定垂直价差时，常会先决定一个基准楼层，使基准楼层的单价等于该栋建筑的平均单价，然后再评估其他楼层与该基准楼层之间价格差异的程度。

（2）影响垂直价差的因素。

1）楼层数。楼层数越多，最高层与最低层之间的差价也就越大。

2）市场状况。市场状况较好时，价差幅度大；市场状况不佳时，价差幅度小。

3）产品单价。产品单价水平高时，价差幅度大；产品单价水平低时，价差幅度小。

4）目标客户的购房习性。目标客户的购房习性比较保守时，大多无法接受差异大的价格，因此价差的幅度不宜过大；反之，若客户多来自本区域之外，或客户的背景多元化，则价差幅度可能较大。

（3）确定垂直价差的分布规律。就2楼以上而言，无论是小高层，还是高层，其最高单价层几乎全在楼顶，最低单价则为2楼。至于其他楼层之间价格高低的顺序可以依据实际情况划分等级。决定各楼层之间价格高低顺序后，选定垂直价差的基准层，即垂直价差为0的楼层。基准层的确定一般需视楼层数量而定，且以取价格顺序居中的楼层最为常见。各楼层之间的价差也因产品而异。例如，多层住宅楼层少，各层条件相差不远，价差一般在50~100元/m$^2$之间，如表6-1所示；高层住宅，特别是超高层，与基准价格差距为100~200元/m$^2$，甚至更大。

表6-1 多层住宅楼层垂直价差

| 楼层 | 单价（元/m$^2$） | 价差（元/m$^2$） | 备注 |
|---|---|---|---|
| 1 | 5 100 | 100 | 送庭院 |
| 2 | 5 000 | 0 | 基准层 |
| 3 | 5 300 | 300 | 金三 |
| 4 | 5 200 | 200 | 银四 |
| 5 | 5 100 | 100 | 铜五 |
| 6 | 5 100 | 100 | 送阁楼 |

（4）首层住宅的定价方法。一楼住宅价格的确定方式，大多以2楼以上平均单价（或基准层单价）的倍数来计算，其价格一般为2楼以上平均单价的0.9~1.3倍，倍数

的大小视环境、配套、绿化宽度或庭院大小来确定。附近的环境优良、适合住家，则差价的倍数较大，反之则倍数较小；配套设施完善，例如附近即为公园，则倍数较大，反之则倍数较小；庭院的面积大，且形状方正实用，则价差的倍数就大。

（5）地下室的定价方法。

1）地下室用做停车场。由于地下室不计容积率，且大多地下室规划为停车场，其价值主要视当地停车场价位而定。

2）用做住宅地下室。规划为住宅，其价格一般可以定为1楼住宅的30%～50%。

3）用做商铺，其价格一般为1楼商铺的40%～60%。

---

## 实践经验

### 一楼、二楼作为商铺的定价技巧

一楼作为商铺的定价方法。由于商铺与住宅的价值差异较大，因此其价格与2楼以上平均价格的差距可能达到2.5～5倍。倍数的大小受附近商铺的开店率、行业结构、商业规模等因素的影响。附近商铺开店率高，商业气氛已经形成，则价差的倍数大；开店率低，商业气氛还未形成，则价差的倍数就小。附近商业结构偏重于零售、服务等行业，则价差的倍数就大；若附近商业结构多为小作坊（如皮革加工、建材店等），则价差的倍数就较小。楼盘所在的位置商业规模大，则价差倍数大；楼盘所在位置商业规模小，则价差倍数较小。如果一楼商铺仅能为小区居民或附近居民提供服务，规模覆盖小，那么价差就小；如果一楼的商铺可以为片区甚至全市居民服务，规模大，则价差倍数就大。

二楼作为商铺的定价方法。若楼盘二楼也作为商铺，则二楼的单价大多为一楼单价的40%～70%，百分比大小可视实际情况而定。如果地区的消费习惯不局限于一楼，可以延伸至二楼，则二楼占一楼的百分比较高；若消费习惯少涉及二楼，则二楼占一楼的百分比就低。如果二楼的商铺面积大，则价差百分比就大；如果商铺面积较小，则价差百分比就小。若二楼有独立的出入口，进出二楼可以不经过一楼，则价差百分比就大；反之，价差百分比就小。

---

### 2. 房地产项目水平价差的确定

（1）水平价差是指同一楼层各户之间的价格差异，通常以每平方米的单价差额来表示。通常是依据各楼层的平均垂直价格，评估同一楼层之间朝向、采光、私密性、格局等因素之优劣程度，写出同层平面中各户的单价。

（2）制定水平价差的依据。楼座位置朝向、所在单元位置、采光、视野观景效果、户型布局、面积大小、客户的消费心理等。

（3）制定项目水平价差过程。

1）先确定建筑栋数。只有单栋建筑，则以同一楼层的不同户别制定水平价差；

有多栋建筑，先制定各栋之间的水平价差，再分别就同一栋同一楼层的户别制定差价。

2）确定各楼层的户数与位置是否有差别：

a. 如果建筑物各个楼层的户数相同，而且相对位置也相同，则只需制定一个楼层的水平价差，其余楼层均可参照；

b. 楼层之间户数不同或位置不同，则需各自制定不同楼层的水平价差；

c. 虽然户数与位置相同，但临近的环境却不同，例如外部景观等，水平价差也各自制定。

3）单一楼座定价。根据以上定价依据排定价次序，先定出第一位户型为基价，然后同一户型根据不同位置制定出第一个价差，再根据采光制定出第二个价差，以此类推，综合计算价差。再根据不同楼座的价格排定顺序的价差，最终制定出楼座价格。不同楼座户型的定价策略基本吻合，故不做过多解释。

## 实践经验

### 朝向水平价差的确定方法

朝向通常是指客厅的朝向，简易的判断方式以客厅邻接主阳台所在方向为座向。

水平价差调整原则：①大户型住宅，调整幅度大；中小型户型，调整幅度小；②单价高时，为达到价差的效果，调整幅度较大，单价低时，调整幅度小；③朝向向南，日照适中时，调整幅度大；朝西或朝东日照过多、朝北日照明显不足时，其调整幅度较小；④风向与朝向不同时，调整幅度大；风向与朝向相同时，调整幅度小。朝向价差修正系数，如表6-2所示。

表6-2 朝向价差修正系数

| 朝向 | 东 | 东南 | 南 | 西南 | 西 | 西北 | 北 | 东北 |
|---|---|---|---|---|---|---|---|---|
| 系数 | 1.010 | 1.015 | 1.020 | 1.000 | 0.980 | 0.985 | 0.990 | 1.000 |

影响朝向取舍的变因：①景观。现代园林设计、绿化，使得小区内部景观舒适、清新宜人，由此可以缓解朝向的压力，优质景观设计可以弥补同方向的朝向缺陷；②技术。例如空调的设置以及室内自动换气设备可以在一定程度上缓解朝向无风的压力；③生活习惯。例如因工作习惯，早上需睡懒觉的人就不适合东向朝向，早上充足的阳光会影响睡眠。

### 采光水平价差的确定方法

采光通常是指房屋所邻接采光面积的大小。

调整原则：①有暗房时，调整幅度大，反之则小；②与邻屋栋距大时，调整幅度大，反之则小；③面前道路宽敞时，调整幅度大，反之则小；④日照时数适中时，调整幅度大，日照时数太长或太短时，调整幅度小；⑤楼层位置较高者，调整幅度大，反之则小。

修正价差。若以单面采光者为零，再以同楼层作比较：①无采光之暗房，价差可为100～200元；②两面采光者，可比单面采光者多加100～200元；③三面采光时，则可由两面采光的价格再加50～150元；④四面采光甚至于四面以上，每增加一个采光面，每平方米加50～100元。

### 3. 四种房地产常用定价方法

(1) 成本导向定价法。成本导向定价法是以产品的成本为中心，制定对企业最有利的价格的一种定价方法。房地产成本导向定价法主要有4种。

1) 成本加成定价法。这是一种最简单的定价方法，即在产品单位成本的基础上，加上预期利润作为产品的销售价格。采用这种定价方式，一要准确核算成本（平均成本）；二要确定恰当的利润百分比（加成率）。

2) 变动成本定价法，即在定价时只计算变动成本，而不计算固定成本，在变动成本的基础上加上预期的边际贡献。用公式表示为：单位产品价格 = 单位产品变动成本 + 单位产品边际贡献。

3) 盈亏平衡定价法，即根据盈亏平衡点原理进行定价。盈亏平衡点又称保本点，是指一定价格水平下，企业的销售收入刚好与同期发生的费用额相等，收支相抵、不盈不亏时的销售量，或在一定销售量前提下，使收支相抵的价格。

4) 目标利润定价法。这是根据企业的总成本和估计的总销售量确定一个目标利润，作为定价的标准。

(2) 需求导向定价法。需求导向定价法是指企业在定价时不再以成本为基础，而是以消费者的认知价值、需求强度及对价格的承受能力为依据，以市场占有率、品牌形象和最终利润为目标，真正按照有效需求来策划房地产价格。需求导向定价在实际运用中又有认知价值和差异需求两种不同的形式。

1) 认知价值定价法。也称理解价值定价法、觉察价值定价法，是根据购买者对房地产的认知价值定价，以消费者对产品价值的感受及理解程度作为定价的基本依据。认定价值的形成一般基于购买者对有形产品、无形服务及公司商业信誉的综合评价，它包括实际情况与期望情况的比较，待定物业与参照物业的比较等一系列过程。品牌形象好的物业往往能获得很高的评价。只要实际定价低于购买者的认知价值，即物超所值，购买行为就很容易发生。这种“以消费者为中心”营销理念运用的关键在于与潜在购买者充分沟通、掌握调查数据、并对其进行整理分析。把买方的价值判断与卖方的成本费用相比较，定价时更应侧重考虑前者。因为消费者购买产品时总会在同类产品之间进行比较，选购那些既能满足其消费需要，又符合其支付标准的产品。消费者对产品价值的理解不同，会形成不同的价格限度。这个限度就是消费者宁愿付房款而不愿失去这次购买机会的价格。如果价格刚好定在这一限度内，消费者就会顺利购买。为了加深消费者对产品价值的理解程度，从而提高其愿意支付的价格限度，定价时首先要确定好产品的市场定位，拉开与市场上同类产品的差异，突出产品的特征，并综合运用各种营销手段，加深消费者对产品的印象，使消费者感到购买这种产品能获得更多的相对利益，从而提高他们接受价格的限度，企业则据此提出一个可销价格，进而估算在此价格水平下产品的销量、成本及盈利状况，最后确定实际价格。

2）需求差异定价法。这种定价是以不同时间、地点、产品及不同消费者的消费需求强度差异为定价的基本依据，针对每种差异决定其在基础价格上是加价还是减价。

（3）竞争导向定价法。竞争导向定价是以企业所处的行业地位和竞争定位而制定价格的一种方法，通过研究竞争对手的产品价格、生产条件、服务状况等，以竞争对手的价格作为定价的依据，确定自己产品的价格。主要特征是随竞争状况的变化确定和调整价格水平，主要有随行就市定价和主动竞争定价等方法。

1）随行就市定价法。这是竞争导向定价方法中使用最为普遍的一种。定价原则是使本企业产品的价格与本行业的平均价格水平保持一致。这种定价方法的目的如下。

a. 易为消费者接受；

b. 试图与竞争者和平相处，避免有害的价格战；

c. 一般能为企业带来合理、适度的盈利。这种定价适用于竞争激烈的均质产品，在垄断竞争条件下也很普遍。

2）主动竞争定价法。与通行价格定价法相反，它不是追随竞争者的价格，而是根据本企业产品的实际情况及与竞争对手的产品差异状况来确定价格。因而价格有可能高于、低于市场价格或与市场价格一致。一般为实力雄厚或产品独具特色的企业所采用。

a. 定价时将市场上的竞争产品价格与企业估算价格进行比较，分为高于、一致及低于3个价格层次；

b. 将本企业产品的性能、质量、成本、式样、产量与竞争者进行比较，分析造成价格差异的原因；

c. 根据以上综合指标确定本企业产品的特色、优势及市场定位，在此基础上，按定价所要达到的目标，确定产品价格；

d. 跟踪竞争产品的价格变化，及时分析原因，相应调整本企业产品价格。

## 实践经验

### 不同企业地位的定价方法

行业领导者定价。在区域性市场上处于行业领导者地位的开发商，可借助其品牌形象好、市场动员能力强的优势，使产品价格超过同类物业的价格水平。高价不仅符合其精品定位市场目标，也与以稳定价格维护市场形象的定价目标相一致。万科房地产在深圳住宅市场的力作——俊园，就是在大势趋于平淡的情况下，以每平方米过万元的高价昂首入市，取得良好的销售效果和经济效益。

市场挑战者定价。对于具有向领导者挑战的实力但缺乏品牌认知度的企业，适宜以更好的性能、更低的价格，将看得见的优惠让利于买方。这样可以促进销售，扩大市场占有率，提高企业在行业中的声望。运用此方法一般要对可比性强的领导者物业进行周密分析，在促销中借其声威，并突出宣传自身优势。广州祈福新村推出时，正是针对当地大名鼎鼎的碧桂园采用了挑战者定价，很快成为市场的新热点。

市场追随者定价。物业推出时，也可选择当时市场同类物业的平均价格。一般认为平均市价是供求均衡的结果。以随行就市方法定价，既会带来合理的平均利润，又不破坏行业秩序，因而为市场追随者普遍采用。虽然其定价目标缺乏特色，但对于竞争激烈、信息充分、需求弹性较低的房地产市场，不失是一种稳妥方法。尤其适用于产品特色性不强、开发者行业地位一般的物业。

---

（4）比较定价法。比较定价法就是把房地产项目与其周边几个同等竞争对手的项目进行全方面对比，根据对比情况对本项目进行定价。一般选取多个类似房地产项目，即用途相同、规模相当、档次相当、建筑结构相同、处于同一供需圈的实例，通过综合比较，可以给出目标产品的定价。

**4. 房地产常用定价方法的比较**

不同的定价方法需要不同的条件，也会产生不同的结果。

（1）成本导向是计划经济时代的管理方法。由于它仅在“知己”的基础上定价，对交易环境、交易对方、交易实现的必要条件都缺乏了解，所以只能制定出基于卖方利益的价格，而不容易与市场消费需求相吻合，一般很少使用。

（2）竞争导向以“取得赛跑中的胜利”为经营理念，注重行业相对价格，比成本导向更贴近市场供求，但交易的实现取决于交易双方的利益吻合，只研究如何在供给群体中合理定位，忽视购买群体的反应，其定价难免一相情愿。竞争导向定价法一定时期内虽有助于制定有效的竞争策略，取得销售成果，但却忽视了需求在价格形成中的重要作用，往往会导致“无效供给”。

（3）需求导向定价则是从市场需求出发制定房地产价格，它能行之有效地激发潜在需求，使房地产产品从根本上实现交易的可能性。它能使房地产价格“一步到位”，避免价格的剧烈波动，减少投机。

（4）成本导向定价要求对企业自身生产能力有准确的把握，竞争导向需要明智的行业定位，而需求导向则跨越了供方的思维定式，从供求双方的互动关系中寻找解决问题的思路。策划人员必须牢牢把握项目自身特点，结合公司经营优势，顺应房地产市场行情，通盘策划，理性抉择，才能取得好的营销效果。

## 6.5 房地产项目定价策略

定价策略是市场营销组合中一个十分关键的组成部分，具有买卖双方双向决策的特征，要求企业既要考虑成本的补偿，又要考虑消费者对价格的接受能力。房地产项目常见的定价策略有以下5种。

### 1. 新产品定价策略

新产品定价是对新开发产品的定价，关系到新产品能否顺利地进入市场，能否站稳脚跟，能否获得较大的经济效益。房地产新产品的定价策略，主要有3种。

（1）取脂定价策略，又称撇油定价策略，是指企业在产品寿命周期的投入期或成长期，利用消费者的求新、求奇心理，抓住激烈竞争尚未出现的有利时机，有目的地将价格定得很高，以便在短期内获取尽可能多的利润，尽快地收回投资的一种定价策略。其名称来自从鲜奶中撇取乳脂，含有提取精华之意。如：新能源楼盘定价采用该方法。

（2）渗透定价策略，又称薄利多销策略，是指企业在产品上市初期，利用消费者求廉的消费心理，有意将价格定得很低，使新产品以物美价廉的形象，吸引顾客，占领市场，谋取远期的稳定利润。如：超大型普通住宅项目定价常采用该方法。

（3）满意价格策略，又称平价销售策略，是介于取脂定价和渗透定价之间的一种定价策略。由于取脂定价法定价过高，对消费者不利，既容易引起竞争，又可能遇到消费者拒绝，具有一定风险；渗透定价法定价过低，对消费者有利，对企业最初收入不利，资金的回收期也较长，若企业实力不强，将很难承受。而满意价格策略采取适中价格，基本上能够做到供求双方都比较满意。如：一般住宅项目定价常采用该方法。

### 2. 心理定价策略

心理定价策略是针对消费者的不同消费心理，制定相应的商品价格，以满足不同类型消费者的需求的策略。具体分为5种。

（1）尾数定价策略，也称零头定价或缺额定价，即给产品定一个零头数结尾的非整数价格。大多数消费者在购买产品时，乐于接受尾数价格，如8 721元/$m^2$、5 639元/$m^2$等。消费者会认为这种价格经过精确计算，购买不会吃亏，从而产生信任感。同时，价格虽离整数仅相差几十元或几元钱，但给人一种低一位数的感觉，符合消费者求廉的心理愿望。这种策略通常适用于单价较低的项目。

（2）整数定价策略。整数定价与尾数定价正好相反，企业有意将产品价格定为整数，以显示产品具有一定质量。整数定价多用于单价较高的房地产项目，以及消费者不太了解的项目，对于价格较贵的高档项目，顾客对质量较为重视，往往把价格高低作为衡量产品质量的标准之一，容易产生“一分价钱一分货”的感觉，有利于销售。

(3) 声望定价策略，也叫品牌定价策略，即针对消费者“便宜无好货、价高质必优”的心理，对在消费者心目中享有一定声望，具有较高信誉的品牌项目产品制定高价。不少高级品牌项目和稀缺产品，如豪宅、景观房等，在消费者心目中享有极高的声望价值。购买这些产品的人，往往不在乎产品价格，而关心的是产品能否显示其身份和地位，价格越高，心理满足的程度也就越大。

(4) 习惯定价策略。有些产品，如普通住宅，在长期的市场交换过程中已经形成了为消费者所适应的价格，成为习惯价格。企业对这类产品定价时要充分考虑消费者的习惯倾向，采用“习惯成自然”的定价策略，不宜轻易变动。降低价格会使消费者怀疑产品质量是否有问题；提高价格会使消费者产生不满情绪。在不得不需要提价时，应采取改换产品内容或品牌等措施，减少抵触心理，并引导消费者逐步形成新的习惯价格。

(5) 招徕定价策略。这是适应消费者“求廉”的心理，将产品价格定得低于一般市价，个别的甚至低于成本，以吸引顾客、扩大销售的一种定价策略。如：在一个项目中，把位置最差、结构最不合理套型的房屋拿出几套定个超低价吸引顾客。采用这种策略，虽然几种低价产品不赚钱，甚至亏本，但从总的经济效益看，由于低价产品带动了其他产品的销售，整个房地产项目还是有利可图的。

### 3. 差别定价策略

差别定价策略是对不同的顾客群规定不同的价格。该方法可为制定项目全盘价格策略和多层次供房价格体系提供决策参考。

(1) 差别定价主要有4种形式：①因地点而异，位置优越的地点定价高；②因时间而异，如劳动节、国庆节长假日，制定促销价；③因产品而异，套型不同、面积不同、配置不同则价格不同；④因顾客而异，主要根据项目的目标客户的经济实力强弱定价，经济实力强的客户定价高。或者按不同顾客感受定价，让顾客先看房感受，后面通过拍卖或与顾客直接谈判定价。

(2) 实行差异定价要具备4个条件：①市场能够根据需求强度的不同进行细分；②细分后的市场在一定时期内相对独立，互不干扰；③高价市场中不能有低价竞争者；④价格差异适度，不会引起消费者的反感。

### 4. 折扣定价策略

折扣定价是指对基本价格做出一定的让步，直接或间接降低价格，以争取顾客，扩大销量。房地产开发商为了加速资金回笼，往往会给予客户一定的价格优惠，它是通过不同的付款方式来实现的，如购买数套房优惠、首购优惠、购房抽奖、一次性付款优惠等。

(1) 直接折扣定价。

1) 现金折扣是对在规定的时间内提前付款或用现金付款者所给予的一种价格折

扣，其目的是鼓励顾客尽早付款，加速资金周转，降低销售费用，减少财务风险。采用现金折扣一般要考虑3个因素：折扣比例；给予折扣的时间限制；付清全部货款的期限。如西方国家，典型的付款期限折扣表示为“3/20，Net60”，其含义是在成交后20天内付款，买者可以得到3%的折扣，超过20天，在60天内付款不予折扣，超过60天付款要加付利息。现金折扣的前提是产品的销售方式为赊销或分期付款，分期付款条件下买者支付的房款总额不宜高于现款交易价太少，否则就起不到“折扣”促销的效果。提供现金折扣等于降低价格，在运用这种手段时要考虑产品是否有足够的需求弹性，保证通过需求量的增加获得足够利润。

2）数量折扣指按购买数量的多少，分别给予不同的折扣，购买数量愈多，折扣愈大。其目的是鼓励大量购买，或集中向本企业购买，即团购。数量折扣包括累计数量折扣和一次性数量折扣两种形式。累计数量折扣规定顾客在一定时间内，购买产品若达到一定数量或金额，则按其总量给予一定折扣，其目的是鼓励顾客经常向本企业购买，成为可信赖的长期客户。一次性数量折扣规定一次购买某种产品达到一定数量或购买多种产品达到一定金额，则给予折扣优惠，其目的是鼓励顾客大批量购买，促进产品多销、快销。

3）季节折扣。为了调节供需矛盾，便采用季节折扣的方式，对在淡季购买产品的顾客给予一定的优惠，使企业的生产和销售在一年四季能保持相对稳定。季节折扣比例的确定，应考虑成本、基价和资金利息等因素。季节折扣有利于加速产品销售，迅速收回资金，促进企业均衡生产，充分发挥生产和销售潜力，避免因季节需求变化所带来的市场风险。

4）功能折扣（推广折扣）。中间商在产品分销过程中所处的环节不同，其所承担的功能、责任和风险也不同，企业据此给予不同的折扣称为功能折扣。对生产性用户的价格折扣也属于一种功能折扣。功能折扣的比例，主要考虑中间商在分销渠道中的地位、对产品销售的重要性、完成的促销功能、承担的风险、服务水平、履行的商业责任，以及产品在分销中所经历的层次和在市场上的最终售价，等等。功能折扣的结果是形成购销差价。鼓励中间商大批量销售，争取顾客，并与企业建立长期、稳定、良好的合作关系是实行功能折扣的一个主要目标。

（2）间接折扣定价。

1）回扣是间接折扣的一种形式，它是指购买者在按价格目录将房款全部付给销售者以后，销售者再按一定比例将房款的一部分返还给购买者。

2）津贴是企业为非凡目的，对非凡顾客以特定形式所给予的价格补贴或其他补贴。比如，当中间商为企业产品提供了包括刊登地方性广告、设置楼盘陈列沙盘等在内的各种促销活动时，开发企业给予中间商一定数额的资助或补贴。

### 5. 过程定价策略

过程定价策略也叫“试探性”定价策略，是房地产项目全营销定价，采用以售看价的定价技巧。房地产经营企业在出售商品房时，先以较低价售出少量商品房，如果买房的人多，就可以把价格提高一些；如果提价后仍供不应求，之后还可以把价格再提高。策略具体有以下 3 种。

(1) 低开高走策略。就是随着施工进度，每到一个调价时点，按照预先确定好的调价幅度调高售价策略，这种价格策略是大多数开发商经常使用的一种方法。并且这种方法特别适合于"期房"销售，由于运用这种方法，造成前期物业一种"假增值"，实际是开发商让利给前期业主。低开高走定价，要预先设计好价格上调的频率和幅度。

(2) 高开低走策略。就是高价开盘，然后降价。这种价格策略适合于以下两种情况：①高档商品房，市场竞争趋于平缓，且通过高价开盘实现了预期的销售目标，剩余少量的房源以低价售出，回笼资金；②项目处于宏观经济的衰退期，或者是由于竞争激烈，高价开盘没有达到预期的销售效果，导致开发商不得不调低价格，回收投资。高开低走定价，要预先设计好价格下调的频率和幅度，处理好与前期业主的关系。

(3) 稳定价格策略。就是在整个项目的销售期，价格始终保持相对稳定，既没有大幅提价也没有大幅降价，这种方法适合于房地产状况比较稳定的区域内的项目。

这 3 种价格策略在整个销售环节并不是独立运用的，而是综合运用的。要根据当地的房地产销售状况来综合运用这 3 种价格策略。

## 6.6 房地产项目价格控制与调整策略

### 1. 房地产项目价格控制

房地产营销最实质的内容是价格控制，所以要做好房地产项目的价格控制。

(1) 价格控制方案与指标。有序控制房地产项目价格，应预先慎重设计价格控制方案，安排控制指标。一般的价格控制方案主要设置这 4 个控制价格：①开盘价；②封顶价；③竣工价；④入住价。同时，控制方案还要设置与此价格相适应的销售比例，一般达到 30%；30%；30%；10%。

(2) 价格控制的基本原则。

1) 逐步渐进提高。让消费者感觉越早买越好，不买还要涨，代价会更高。

2) 留有升值空间。让消费者感觉买得不吃亏，财富还会升值。

(3) 价格控制的 3 种情况应严格避免。

1) 价格下调。对前期已经购房者不利，造成其已购房屋贬值；对以后销售也不利，造成潜在购房者观望情绪更浓。

2) 价格做空。会造成有价无市。

3) 升值太快缺少价格空间。会让消费者感觉买得不划算，以后还有机会买。

### 2. 房地产项目价格调整

(1) 房地产价格调整是指在销售过程中，按预想的情况或者预想情况与实际情况出现偏差，做出的价格调整。

（2）房地产项目的价格调整策略是指在房地产项目整体定价确定的前提下，在销售过程中，根据房地产项目及市场的发展情况，引导价格发展走势的价格方案。在不同的房地产项目中，由于房地产项目自身的各项素质差异很大，加之市场状况不同，每个房地产项目会根据自己的特点采取不同的价格调整策略，以正确引导房地产项目价格走势。房地产项目定价与其调价策略从性质上讲，并不属于同一概念。准确、合理的价格调整策略，是出色销售工作的基础和前提，调价策略来源于房地产项目市场定位，而最终服务于销售策略。

### 3. 房地产价格调整过程

（1）市场验证。房地产价格在调整前需要进行市场验证。市场验证就是对房地产项目预先的整体定价方案通过市场进行验证，如果市场销售状况好，则定价方案通过验证；否则，就没有通过市场验证，需要采用分析方法查找原因，然后进行价格调整。

（2）市场价格分析。对没有通过市场验证的价格需要进行分析，分析方法如下。

1）价格敏感度分析。营销人员通过一般市场调查、成交客户分析、售楼现场调查等方法，找出目标客户的理性价格区间，作为价格敏感度分析的依据；一般来说，低档盘、小户型的客户对单价敏感，中档的客户对单价、总价都较为敏感，高档的客户只对总价敏感。

2）难点户型价格分析。一般情况，销售户型单位比较均匀，基本上可以判断市场接受方面可能并没有难点户型，但如果一种户型单位特别难以消化，此种户型可作为难点户型处理。

（3）调整价格。

1）根据市场反馈信息，验证预先的设想，如果设想通过验证，价格可按预先设想实现调整。

2）如果设想没有通过验证，就需要根据市场反馈信息，重新制定价格策略。

3）调整策略包括难点户型的均价的调整，难点户型的层差和朝向差的调整，难点户型的重点推荐，如广告突出、样板房优化、附送装修等变相降价行为。

### 4. 低开高走调价策略

（1）低开高走调价策略。就是项目在开盘时价格较低，但随着销售的推进，售价不断调高。

（2）适用情况。在房地产项目综合素质较高，但初期优势不明显，而市场状况不好或市场发展趋向不明朗的情况下，为取得市场认同，适宜采用低开高走调价策略。房地产项目应低价入市，根据销售工作的开展，视具体销售进展的好坏情况适时调价，决定每次价格提升的幅度。当然，如果项目的确综合素质较低，市场认同感差，且市场状况不好、竞争较为激烈的情况下，房地产项目一般只能采取低报价，低价成交，以价格取胜的“低开低走”策略。

### 5. 高开低走调价策略

（1）高开低走调价策略。就是项目在开盘时价格较高，但随着销售的推进，售价不断调低。

（2）适用情况。在房地产项目综合素质高，而市场状况不好，竞争又较为激烈的情况下，房地产项目为树立房地产项目形象和知名度，适宜采用高开低走调价策略。房地产项目应高报价入市突出项目优秀品质，根据销售工作的开展，视具体销售进展情况适时调价，决定每次价格下调的幅度，以较低成交价格争取客户和市场份额。当然，如果市场状况好，竞争不激烈，而且项目自身规模又不大的情况下，项目完全可以采取突出房地产项目优秀品质，大规模营造房地产项目形象和知名度，高价报盘，高价成交，在短期内迅速获得市场认同，即“高开高走”策略。

### 6. 波浪螺旋调价策略

（1）房地产价格“低开高走”、“高开低走”、“低开低走”、“高开高走”和“平稳推进”都是一种较为理想的价格策略，在现实的营销工作中很难维系。实践证明，很多项目的各楼座素质因为位置、景观、交通等因素的影响而差异较大，而且市场状况的好与坏在很多情况下也是很难判断的，所以“波浪螺旋”的调价策略应运而生。

（2）“波浪螺旋”调价策略是一种结合房地产市场周期波动而调整价格，发生同步的周期性波动的房地产调价策略。①调价周期以房地产市场周期、项目的销售速度和最终利润的回收作为判断标准；②根据工程进度及销售情况，对提价幅度及周期进行进一步细化调整；③应考虑不同楼座在销售速度上的差异，分别调整提价幅度，避免“一刀切”的做法。

（3）适用情况。在房地产项目素质一般，规模较大，而市场发展趋势不很明朗的情况下，多数项目应该采取“波浪螺旋”的调价策略，可以最终给整个项目营销工作带来快速的销售速度和良好的业绩。

### 7. 房地产项目调价技巧

调价都是为了维持和抢占更多市场份额，或追求最大利润，需要一些调价技巧。

（1）提价技巧。引起提价的主要因素是供不应求。当产品不能满足顾客的需要时，它要么提价，要么对顾客限额供应，或者两者均用。提高“实际”价格有几种方法：①减少折扣。减少房屋销售常用的现金和数量折扣；②统一调价。指示房地产项目销售人员不可为了兜揽生意争取销售额不按目录价格报价；③采用延缓报价。企业决定在产品建成或交付使用时才制定最终价格，这对开发周期长的房地产建筑来说相当普遍；④使用价格自动调整条款。企业要求顾客按当前价格付款，并且支付房屋交付前由于通货膨胀引起增长的全部或部分费用。在施工较长期的房地产项目中，许多合同里都有价格自动调整条款规定，根据某个规定的物价指数计算提高价格。在一般情况下，每种提价方法都会对消费者产生影响，房地产企业可以采取一些必要的方法来应对不必提价便可弥补高额成本或满足大量需求。如：使用便宜的建筑材料或设计做成代用品；减少或者改变房屋特点以降低成本；改变或者减少服务项目，如取消精装修、免费送阳台等。

（2）降价技巧。在产品价格调节的过程中，有升当然也有降。当产品降价时，可能引起消费者的观望情绪或对产品质量的猜疑，消费者的这些心理对降价的销售会带来不利影响，可能会增加销售量，也可能会减少销售量。这就需要在降价时，要注意方法的选择和技巧的运用以及时间的把握。

1）直接降价法是指直接降低产品的价格，它包括一次性出清存量房和自动降价销售。在很多情况下，这种降价方法不宜采用。因为直接降价很难达到预期的目的。

2）间接降价法可供采用的间接降价方式很多，主要有如下几种。

a. 增加额外费用支出；

b. 馈赠物品；

c. 在价格不变的情况下，提高商品质量，即用相同的价格，可买到质量更好的商品，也就降低了价格；

d. 增大各种折扣的比例。

3）准确把握降价时间。降价时间有早晚之分。

a. 早降价有这样的优势：可以在市场需求活跃时，就把商品销售出去；降价幅度较小，就可以销售出去；可以为新产品腾出销售空间；可以加速项目资金周转，使现金流动状况得以改善；

b. 晚降价好处：可以避免频繁降价对正常产品销售的干扰；可以减少项目由于降价带来的毛利的减少。选择降价时机，关键要看降价的结果。如果产品能顺利地销售，项目可以选择晚降价；如果降价对顾客有足够的刺激，可以加速商品销售，可以采用早降价的政策。

（3）在同质产品市场上对竞争者的降价行动，企业可以选择的对策主要有：①维持原价，但改进产品、增加服务等；②追随降价；③推出价格更高的新品牌攻击竞争者的降价品牌；④推出更廉价的产品进行竞争。在异质产品市场上，竞争者一般不会追随企业的调价。

总之，在对房地产项目价格进行调节之时，要灵活地制定调价方略，不能盲目行事。

## 思考题

1. 如何开展房地产项目价格的影响因素分析？
2. 房地产价格策划的方法与一般消费品有何异同？

3. 不同类型的房地产项目，其价格策划有何不同?

## 实训题

对本地区某房地产地块项目进行价格影响因素分析，编写价格策划方案。

## 实训指导

1. 5~8人一组，每组完成实训项目。

2. 实地考察与网上调查相结合，主要参考网址见本书第1章实训指导。

3. 报告要求用自己的语言组织，不允许大段抄袭别人的文章，要求报告字数2 000~3 000字。

# 第 7 章
# 房地产项目营销渠道策划

## 学习目标

1. 了解营销渠道及结构、房地产营销渠道概念

2. 熟悉房地产营销渠道及功能、类型及特征

3. 掌握房地产营销渠道设计、营销渠道管理、房地产项目营销代理程序与要点以及代理销售合同

## 技能要求

1. 能够根据房地产项目的特点选择营销渠道

2. 能够起草房地产项目代理销售合同

3. 能够制定房地产项目营销渠道方案

## 案例：东郊小镇项目的营销渠道

### 一、东郊小镇项目概况

东郊小镇坐落于南京市区东郊的紫金山东麓，隶属于江宁区麒麟镇。东郊小镇地块西临钟山风景区，东傍汤山风景区，北接栖霞山和沪宁高速公路，西临锦绣花园，南至宁杭公路，东至南京二环高速公路，整个项目与建设中的仙西新市区相连，快速交通网络完善，项目距麒麟镇不足3km，距中山门不到12km，至新街口约15km。项目用地紧邻以沪宁高速及二环构成的南京东郊的绿色生态网架，项目内为丘陵地形，起伏变化较大，现状多为农田，尚有部分村落及农户集居地。东郊小镇占地1 916 亩[㊀]，产权年限70 年，总建筑面积超过130 万 $m^2$，初步规划总人口3. 5 万。按照新市政的规模和功能要求，将分期建设幼儿园、小学、公交车站和社区大型生活、商业、文化、体育等服务设施。小镇周围有55 路、309 路、314 路、游5 路、太作、南汤等公交线路，南京地铁2 号线已经开通至马群、仙林，白水桥立交已建成通车，交通地理位置如图 7-1 所示。

---

㊀ 1 亩 =666. 6$m^2$。

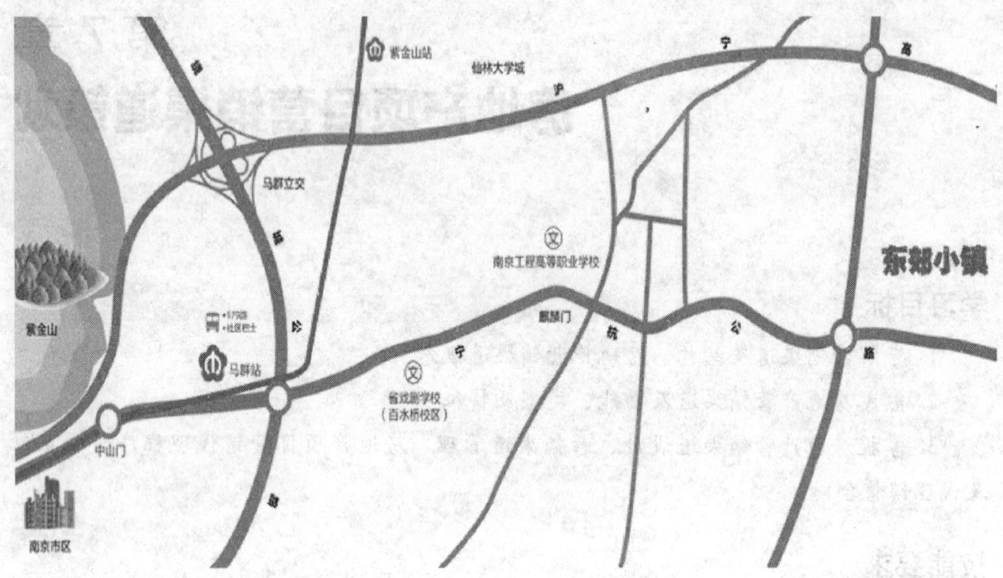


图 7-1　东郊小镇项目交通地理位置

## 二、东郊小镇项目营销渠道选择

1. 项目特点

（1）项目总量大，开发周期长，多期开发。整个项目计划分 5～7 年开发，开工时间 2005 年 4 月 1 日，竣工时间 2013 年 12 月 31 日，年开发量在 20 万 $m^2$ 左右，东郊小镇项目地块规划如图 7-2 所示。

图 7-2　东郊小镇项目地块规划

（2）产品种类多。建筑类型：多层住宅、小高层和别墅。户数：总户数 10 000 户。户型：有 20 多种户型，主力户型为 80$m^2$ 两居、90～150$m^2$ 三居，均价 7 000～8 000 元/$m^2$。如：项目一期第一街区。南至宁杭路，东至晨光村小学，北至用地红线，西至区内道路。用地面积为 75 222.6$m^2$，南北长 304～307m，东西宽约 220m，合计约 112.8 亩。一期项目绿化率为 43.5%，容积率为 1.302。第一街区规划总建筑面积为 10 万 $m^2$ 左右，其中住宅约为 96 000$m^2$，商业用房约为 1 400$m^2$，一期共计 36 幢房屋，除了 19 号楼为 7 层挑高高层住宅以外，其余的均为 6 层普通多层住宅（21 号楼为 5 层样板房），住宅合计为 963 户。东郊小镇第一街区与住宅同步建设满足业主日常生活的商业街，在对南京众多已入住郊区住宅的调查基础上，对交付后的使用功能科学规划，引进便利店、面包店、洗衣店、快餐店、影音店、美容美发店，并且通过一系列的政策鼓励商家及早开业。

（3）开发商及建设、物管单位综合实力一般。开发商：百胜麒麟（南京）建设发展有限公司，综合实力一般；建筑单位：南京明辉建筑工程有限公司，综合实力一般；物业管理公司：南京金凤凰物业管理有限公司，综合实力一般。

（4）国家宏观调控持续发力，房地产市场形势复杂。东郊小镇项目分 5～7 年开发，计划竣工时间要到 2013 年 12 月 31 日，面临的经济形势与政策形势变数很大，不容乐观，难以把握。

2. 项目营销渠道选择

综合上述项目特点和开发商实力以及房地产市场经营环境，东郊小镇项目营销难度很大。百胜麒麟（南京）建设发展有限公司在选择营销渠道时，决定放弃直接营销，采用专业的房地产中间商（代理商）方式。经过考察比较，东郊小镇项目最终选定南京润昇房地产咨询策划有限公司作为营销代理商。

资料来源：根据东郊小镇项目资料整理.

**案例讨论**

1. 你认为东郊小镇选择营销渠道的依据是什么？
2. 如何改进东郊小镇的营销渠道？

**学习任务**

制定本地区某房地产地块项目的营销渠道策划方案。

## 7.1　房地产营销渠道类型

### 1. 营销渠道及结构

（1）营销渠道。就是商品和服务从生产者向消费者转移过程的具体通道或路径。一般的商品营销渠道成员有：厂商、代理商、经销商以及用户。

（2）渠道结构。渠道结构可以笼统地分为直销和分销两个大类，其中直销又可以细分为制造商直接设立的大客户部、行业客户部或制造商直接成立的销售公司及其分支机构等。此外，还包括直接邮购、电话销售、公司网上销售等。分销则可以进一步细分为代理和经销两类。代理和经销均可能选择密集型、选择性和独家等方式。具体地说，营销渠道的结构可以分为以下几个方面。

1）长度结构（层级结构）。营销渠道的长度结构，又称为层级结构，是指按照其包含的渠道中间商（购销环节），即渠道层级数量的多少来定义的一种渠道结构，可以将一条营销渠道分为零级、一级和二级渠道等。

a. 零级渠道，又称为直接渠道，是指没有渠道中间商参与的一种渠道结构。在零级渠道中，产品或服务直接由生产者销售给消费者；

b. 一级渠道包括一个渠道中间商。房地产渠道中间商通常是一个代理商；

c. 二级渠道包括两个渠道中间商，这两个渠道中间商通常是经销商和代理商，如图 7-3 所示。

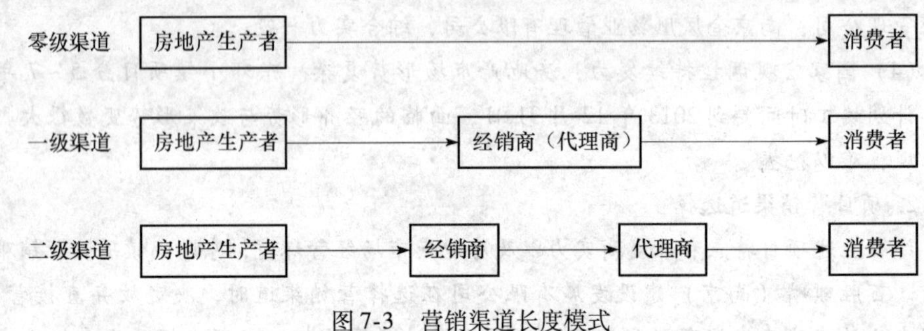


图 7-3 营销渠道长度模式

2）宽度结构。是根据每一层级渠道中间商的数量的多少来定义的一种渠道结构，有宽渠道和窄渠道。渠道的宽度结构受产品的性质、市场特征、用户分布以及企业分销战略等因素的影响。渠道的宽度结构分成以下几类。

a. 密集型分销渠道，也称为广泛型分销渠道，就是指在同一渠道层级上选用尽可能多的渠道中间商来经销自己的产品的一种渠道类型，多见于消费品领域中的便利品，比如牙膏、饮料等；

b. 选择性分销渠道，是指在某一渠道层级上选择少量的渠道中间商来进行商品分销的一种渠道类型；

c. 独家分销渠道，是指在某一渠道层级上选用唯一的一家渠道中间商的一种渠道类型。这种渠道结构多出现在总代理或总分销一级。房地产常常采用独家分销渠道。

3）广度结构。实际上是渠道的一种多元化选择，有直接渠道和间接渠道，也有长渠道和短渠道。也就是说许多公司实际上使用了多种渠道的组合，即采用了混合渠道模式来进行销售。比如，有的公司针对大的行业客户，公司内部成立大客户部直接销售；针对数量众多的中小企业用户，采用广泛的分销渠道；针对一些偏远地区的消费者，则可能采用独家分销等方式来覆盖。

### 2. 房地产营销渠道及功能

（1）房地产营销渠道。就是房地产产品投放市场进行交换的通路。房地产营销渠道成员组成包括：①房地产开发商；②房地产中间商（代理商）；③消费者。分销渠道的意义：能够提高企业的工作效率；降低企业的交易成本。

（2）房地产营销渠道的功能。就是确保产品销售能有理想的覆盖面，即锁定细分的市场使产品可以通畅直达客户。具体来说，营销渠道的功能主要如下。

1）研究，即搜集制订房地产计划和进行交换时所必需的信息。

2）促销，即设计和传播有关房地产项目的信息，鼓励消费者购买。

3）接洽，即为开发商寻找、物色潜在消费者，并和消费者进行沟通。

4）配合，即按照消费者的要求调整供应的产品，包括分等和分类等活动。

5）谈判，即代表消费者或者房地产企业参加有关价格和其他交易条件的谈判，以促成最终协议的签订，实现产品所有权的转移。

6）实体分销，即产品权属转移。

7）融资，即搜集和分散资金，以负担分销工作所需的部分费用或全部费用。

8）风险承担，即承担与从事渠道工作有关的全部风险。

### 3. 房地产营销渠道的类型及特征

从房地产产品销售的方式来看，目前我国房地产销售渠道的类型有以下 4 种：

（1）房地产直接营销是开发商自行销售。由于委托销售代理要支付一定的代理手续费，有时开发商为了节省这笔代理费愿意自行销售。一般在以下 3 种情况下开发商可以考虑自行销售。

1）大型房地产开发公司经过多年的开发运作，有自己专门的市场推销队伍，有地区性的、全国性的甚至世界性的销售网络，对自己所开发的项目有十分丰富的推广经验。

2）房地产市场上扬，开发商所开发的项目很受投资者和置业者的欢迎，而且开发商预计在项目竣工后，很快便能出售，如目前在全国价格中的微利商品房、在大城市中供不应求的铺面房、工业园区和开发区中的厂房和仓库用房等。这些商品房应不同的需求范围，市场看好，在这种情况下，销售相对容易，开发公司能够自行销售。

3）当开发商所发展的项目已有较明确的销售对象时，也无需再委托租售代理。

直接营销的特征：①优点：房地产发展商控制了开发经营的全过程，可以避免某些素质不高的代理商介入造成的营销短期行为，如简单地将好销楼盘单元销售出去，造成相对难销的楼盘单元积压；产销直接见面，便于房地产发展商直接了解顾客的需求、购买特点及变化趋势，由此可以较快地调整楼盘的各种功能。②弱点：房地产发展商直接营销，难以汇集在营销方面确有专长的人才，难以形成营销专业优势，这样在相当程度上会影响营销业绩的提升；会分散企业人力、物力、财力，分散企业决策层精力，搞不好会使企业顾此失彼，生产和销售两头都受影响。

（2）房地产间接营销也叫委托销售代理，房地产发展商把自己开发的房地产商品委托给中间商如房地产代理商销售。销售是专业性工作，有效的促销活动主要为开发商带来的收益要远远大于为此所支付的费用（如售价提高、出售期短），经济效益是可观的。房地产销售代理机构通常熟悉市场情况，具有信息优势、经验优势、销售渠道多的优势、专职销售人员多的优势，尤其是成熟、优秀的代理商对市场脉络的把握、对消费者心理的把握较好，可以通过策划，有限度地制造热点、引导消费，也可给开发商提供一些有益的建议，往往促销效果很好。

间接营销的特征：①优点：有利于发挥营销专业特长，便于从专业上保证发展商开发的房地产商品销售成功；有利于发展商集中精力，重点进行开发、工程方面的工作。②缺点：我国目前的房地产中间商良莠不齐，专业素养和职业道德水准差异很大，如果被一些专业素养和职业道德低下的中间商花言巧语所迷惑让他们代理销售，往往会增加时间成本，减少项目开发利润；如果代理商销售业绩和发展商自己销售预计的业绩基本持平，在这种情况下发展商支付的销售费用会“得不偿失”。

(3) “第三种”营销渠道。这是一种直接渠道与间接渠道相融合的营销渠道。由于房地产直接营销渠道和间接营销渠道优点和缺点共存，实际操作中房地产商和中间商的配合也存在着种种问题，所以采用第三种渠道，如联合一体销售。房地产发展商对销售也有较大的关注和投入，如项目规划、产品策划，代理商则发挥自己的特长作全程深度策划，优化营销渠道。联合一体营销渠道的建立旨在集中发展商和代理商的优势，避免单纯直接营销和间接营销的不足，其成功操作的关键在于发展商和中间商真诚相待，利益共享，并且依赖于中间商高超的专业素养和优良的职业道德。

(4) 第四种营销渠道，网络营销。房地产营销者将自己的营销活动全部或部分建立在互联网的基础之上，就具备了网络营销的特性，网络营销开发商、代理商共同使用网络进行营销。房地产网络营销通常首先是建立自己的网站，然后借助各种方式，让消费者获知该营销项目在互联网上的域名地址，而消费者则根据自己的需要浏览房地产企业或项目的网页，了解正在营销的房地产项目，同时可以在线向房地产营销网站反馈一些重要的信息。理论上，通过网上支付，还可在网上签订购房合同。但是，在现实中，房地产作为大宗投资消费，消费者直接通过网络进行交易的情况非常少见，房地产网络营销目前最主要的目的，还是通过网络给浏览者创造一个虚拟体验的环境，让他充分感受房地产项目的特性，吸引他进入现实售楼现场或者电话进一步沟通，为成交做好前期工作。

## 7.2 房地产营销渠道设计与管理

### 1. 房地产营销渠道设计

(1) 营销渠道设计是指为实现营销目标，对各种备选渠道结构进行评估和选择，从而开发新型的营销渠道或改进现有营销渠道的过程。

（2）营销渠道设计考虑的因素。

1）产品因素。

a. 价值大小。单价越低、渠道越多、路线越长；单价越高、路线越短、渠道越少；

b. 时尚性。式样变化快的产品应多利用直接营销渠道，避免不必要的损失；

c. 技术性和售后服务。具有高度技术性或需要经常服务与保养的商品，营销渠道要短；

d. 产品数量。数量大，中间商多；

e. 产品市场寿命周期。产品在市场寿命周期的不同阶段，营销渠道的选择不同，如在衰退期就要压缩营销渠道；

f. 新产品。直接向消费者推销或利用原有营销路线展销。

2）市场因素。

a. 潜在顾客的状况。如果潜在顾客分布面广，市场范围大，就要利用长渠道，广为推销；

b. 市场的地区性。国际市场聚集的地区，营销渠道的结构可以短些，一般地区则采用传统性营销路线；

c. 消费者购买习惯。如最易接受的价格、购买场所的偏好、对服务的要求等均直接影响分销路线；

d. 季节性。具有季节性的产品应采取较长的分销路线；

e. 竞争性商品。同类商品一般应采取同样的分销路线，较易占领市场；

f. 销售量的大小。如果一次销售量大，可以直接供货，营销渠道就短；一次销售量少就要多次批售，渠道则会长些。

3）竞争者。要尽量避免和竞争者使用一样的分销渠道。

4）开发商。

a. 产品组合情况。宽度和深度大（产品的种类、规格多），可能直接销售给各零售商，这种分销渠道是“较短而宽”的；反之，如果“产品组合”的宽度和深度小（产品的种类、规格少），开发商只能通过中间商转卖给最后消费者，这种分销渠道是“较长而宽”的；

b. 能否控制分销渠道。需要控制分销渠道，就要加强销售力量，从事直接销售，使用较短的分销渠道。反之，一般只能通过若干中间商推销其产品，这种分销渠道是“较长而宽”的。

5）环境因素。

a. 影响渠道结构和行为的环境因素：社会文化环境；经济环境；竞争环境。

b. 环境对渠道行为的具体影响：环境因素中的消费需求变化因素和社会行为变化因素是直接影响渠道行为的因素，渠道成员应保持敏锐的观察力，做出适应这些变化的经营决策；环境形成的社会价值观念是时时刻刻影响渠道行为的重要因素，任何渠道成员必须在符合社会价值观念下营运。

（3）房地产营销渠道的选择。尽管前面概述了房地产销售渠道的4种类型及特征，但是目前我国房地产营销在设计渠道时，还是主要考虑自销与中介代理两种常用渠道。企业选择销售渠道主要应根据市场条件和销售量来决定。

1）当市场为卖方市场时，商品住宅供不应求，开发企业销售人员完全可以坐等顾客上门，在这种情况下寻求其他渠道不但浪费人力、物力、财力，而且还会影响企业的经济效益。

2）在买方市场条件下，开发企业就必须寻求多个销售渠道，如果待售的数量不是很多，企业自身的销售又很强，那么开发企业也可以采取直接销售的形式，否则就应该委托房地产中介机构代理销售。

3）销售量分析，如图7-4所示，当销售量大于$S_B$时企业直销，反之则选择中介代理。无论采用哪一种营销渠道方式，都要认真计算所选渠道带来的收益增加值，并充分利用好网络销售渠道。

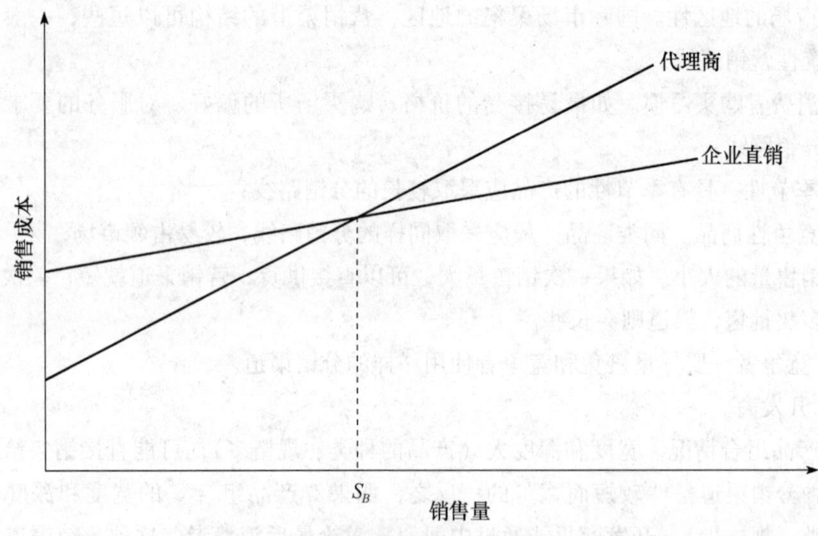


图7-4 两种渠道方案的经济性比较

## 2. 房地产营销渠道管理

（1）渠道管理是指企业为实现分销的目标而对现有渠道进行管理，以确保渠道成员间、企业和渠道成员间相互协调和通力合作的一切活动。

（2）渠道管理工作包括：①对经销商的房源管理，保证房源及时，帮助经销商建立并理顺销售子网；②对经销商广告、促销的支持；③对经销商提供产品服务支持；④对经销商房款的结算管理；⑤对经销商进行培训，增强经销商对公司理念、价值观的认同以及对产品知识的认知；⑥协调一些突发事件，如价格涨落、产品竞争、产品滞销以及周边市场冲击或低价倾销等扰乱市场的问题。

（3）房地产渠道管理中存在的问题：①企业力不从心盲目自建营销网络；②企业对代理商的选择缺乏标准，渠道选择混乱，渠道不统一引发企业与代理商之间的矛盾；③渠道冗长、覆盖面过广造成管理难度加大，企业不能很好地掌控并管理终端售楼处；④忽略渠道的后续跟踪管理。

（4）房地产营销渠道管理的方法。

1）科学选择和评价代理商。主要标准如下。

a. 与企业有相同的经营目标和营销理念；

b. 经营历史久、市场信誉好、业绩突出；

c. 独家代理品牌，非竞争性项目的代理商；

d. 业务人员的素质高、合作态度好，有较强的服务意识；

e. 有较强的资金实力、硬件条件和固定的分销网络，市场覆盖面大；

f. 网络拓展能力和市场操作能力强；

g. 终端销售能力和管理能力强。对没有改造价值的代理商，坚决予以更换；对符合标准的代理商全力扶持并培训。

2）全面高度控制。选择产品营销中介类型、数目和地理分布，并且能够支配这些营销中介的销售政策和价格政策。高度控制维持高价格，维护产品的优良品质形象，即使对一般产品，也可以防止价格竞争，保证良好的经济效益。

3）低度控制又称影响控制，当企业无力或不需要对营销渠道进行绝对控制，往往通过提供具体支持协助来影响营销中介，如向营销中介派驻代表、与营销中介联合进行广告宣传等。

### 3. 房地产项目营销代理程序与要点

（1）房地产项目营销代理是指房地产营销代理机构受房地产开发商及房地产所有权人的委托，以委托人的名义在授权范围内，对所有房地产代行销售并收取委托人佣金的经纪行为。分为商品房现售代理和商品房预售代理，具体形式又分为一般代理、总代理、独家代理、共同代理、参与代理等。房地产营销代理是我国目前房地产代理活动的主要形式，其特点是：从事代理业务时，经纪人必须以被代理人的名义，而不是以自己的名义，其行为后果也归属于被代理人，由委托人直接承担相应的法律责任。

（2）房地产项目营销代理程序及要点。房地产销售代理业务的程序主要分为 8 步。

1）代理项目信息搜集、开发与整合。在这一阶段首先要调动房地产经纪机构的全体人员进行项目信息的搜集与开发，即发动每个员工通过各种途径尽力打探新建商品房项目的信息，然后研究拓展部负责搜集、汇总并初步筛选所得到的信息，上报总经理或专门的信息统筹部门。经总经理或专门决策机构决定的项目，再分门别类地落实到具体控制部门（如子公司或专门组建项目组或称“楼盘专案”）。

2）项目研究与拓展。由研究拓展部门组织、协调有关部门（如业务部、交易管理部等）对承接项目进行营销策划，确定项目销售的目标客户群、销售价格策略和具体市场推广的方式与途径等，撰写书面营销策划报告。如果专门成立项目组，则由项目组来组织实施项目研究拓展，有关部门积极配合。

3）项目签约。由项目的直接操作部门（如子公司、项目组等）具体与项目开发商进行谈判，并起草代理合同文本。然后在房地产经纪机构内部有关部门，如交易部门、法律顾问和高层管理人员之间进行流转，并各自签署意见书，其中，应有专门负责法律事务的部门或人员对代理合同草案出具书面法律意见书，提交房地产经纪机构的最高决策者。最后，由最高决策者签署已与开发商达成一致的合同。

4）项目执行企划方案设计。项目执行部门根据已签署的代理合同，对营销策划报告进行修改，并初步制定项目的执行指标（销售期、费用预算等）和佣金分配方案，召集各分管业务的高层管理者及有关部门（如交易管理部、研究拓展部、财务部等）合作会议。介绍经修改的营销策划报告和初步制定的项目执行指标及佣金分配方案。由会议来决议最终的项目执行指标和佣金分配方案。

5）销售准备。这一阶段是对销售资料、销售人员、销售现场的准备。销售资料包括有关审批文件（如预售许可证）、商品房买卖合同文本、楼书、开盘广告、价目表、销控表等。销售人员准备包括抽调、招聘销售人员，进行业务培训。销售现场准备包括搭建、装修布置售楼处、样板房、看房通道等。

6）销售方案执行，客户接待、洽谈、签约，房地产交易价款收取与管理，房地产权属登记，房地产交验入住及客户回访。这一阶段主要是在销售现场接待购房者看房，签订商品房买卖合同，并配合实施广告、公关活动等市场推广工作。这一阶段通常很长。在后期还要完成商品房交验（俗称“交房”）的工作。

7）项目佣金结算。由于商品房的销售过程比较长，一般在销售过程中要按一定时间周期（如按月）进行对外结算佣金（与开发商结算佣金）和对内结算佣金（与销售人员结算佣金）。但到整个项目销售的最后阶段（通常是完成代理合同所约定的销售指标后），要进行项目的总结算。首先就是由项目直接操作部门与开发商进行总结算，法务部门予以配合。其次就是对内结算，业务部门要将日常核对的佣金结算数据提交财务部门审核，项目执行部门要撰写结案报告。最后由房地产经纪机构的最高管理者、项目负责人、业务部门负责人、财务部门负责人和负责法律事务的部门负责人共同召开结案审计会，确定最终的结案报告和对内结佣方案，最后按佣金结算方案对销售人员总结算。结案报告交业务管理部门和信息资料部门存档。

8）售后服务。

## 实践经验

### 房地产营销代理的代理费（佣金）

代理费（佣金）数额。房地产代理活动是有偿服务，在房地产营销代理机构完成代理业务后，房地产企业（委托人）应支付相应的酬劳。佣金数额的确定方式：一是固定费率，按总销售额的百分比计提，根据不同销售任务、委托内容，代理费比例按照总收入的1%～2%支付；二是固定费额，不论销售价格和销售总额，完成项目销售任务后就可得到一笔合同约定的代理费，如100万元；三是固定费率+超额提成，当销售价格（或销售进度）没有超过约定的超额价格（或超额进度）时以固定费率为主，当销售价格超过约定的超额价格（或超额进度）时，按合同约定的超过额的百分比增加代理费，这种方法有利于提高营销代理机构的积极性，可以提高项目的销售价格或销售进度。

代理费（佣金）支付方法。销售任务达到30%时，按照回款数支付代理费的50%；销售任务完成50%时，按照回款数支付代理费的70%；销售任务达到80%时，按照回款数支付代理费的85%；余款销售任务完成是一次付清。

### 4. 房地产代理销售合同

（1）含义。房地产代理销售合同是指房地产经纪机构与委托人（房地产开发商）约定，房地产经纪机构可以在授权范围内，以委托人名义与第三者进行房地产交易，处理相关事务，并由委托人支付酬劳的合同。

（2）房地产代理合同的特征。①房地产代理合同签订的目的是使房地产经纪机构合法地为委托人代理处理委托事务；②房地产代理合同的订立以委托人和代理人之间的相互信任为前提；③房地产代理合同是诺成合同和不要式合同。

（3）房地产代理合同的主要条款。①合同双方当事人的基本情况；②代理房地产项目的状况；③代理服务事项与服务标准；④代理服务的报酬或酬金条款；⑤合同的履行期限；⑥违约责任；⑦解决争议的方式约定；⑧合同签订的时间、地点和当事人。特别需要注意的是，商品房销售代理合同中应载明有关交易价格范围、销售时间和进度以及不同价格和销售进度下佣金计算标准的条款。在批量的商品房销售代理中，待销的房地产不一定能做到百分之百销完，因此必须事先约定衡量经纪机构完成任务的考核指标——销售面积比例。由于批量化商品房的销售时间较长，佣金也就有必要分期支付，这样就必须约定各期支付的时点或前提条件。商品房预（销）售过程中发生的费用（如广告、售楼处搭建费用等）较多，其投放的时间、数量与销售量有密切关系，因此也应对其支付方式、时间安排等事项在合同中予以约定。

## 小案例

### 商品房代理销售合同文本

"××项目"代理销售合同

本合同双方当事人

甲方：××房地产开发有限公司，住所位于________，授权代表为××；

乙方：××房地产销售有限公司，住所位于________，授权代表为××。

第一条 总则

1.1 词语含义

平均底价：甲方要求乙方须完成销售的代理房屋最低平均单价。单套底价：乙方以平均底价为平均价制定的每套代理房屋的最低销售单价即一房价底价（表）。

合同单价：购房者为购买代理房屋而签订的各预售/出售合同约定的房屋单价。

代理销售总价：单套底价乘以相应成功销售房屋建筑面积乘积之和。

1.2 项目概况

甲方系《××项目》(以下称“本项目”）的唯一开发建设单位，本项目位于________市________路________、________地块，总建筑面积约________万 $m^2$（不含地下室），由________幢房屋组成，性质________、________、________，其中，________用房建筑面积约为________ $m^2$，________用房建筑面积约________ $m^2$，________用房建筑面积约________ $m^2$。除非另有特别约定，甲乙双方同意按房地产交易中心出具的暂测面积为准进行结算。本项目推广名和实际名称的改变不影响本合同的履行。

1.3 建设批文

甲方已取得本项目的以甲方作为开发商的所有开发手续和批文，包括：编号为××房地产权证（房屋所有权证、国有土地使用证）、编号为××建设工程规划许可证，并承诺上述文件真实、合法、有效。

1.4 本合同基础条件

1. 本项目上的抵押权等涉及第三方权益的事项由甲方负责处理。

2. ________用房的每套可售建筑面积________至________。

________用房的每套可售建筑面积________至________。

________用房的每套可售建筑面积________至________。

3. 甲方按本条第三项约定的条件取得政府部门确认的暂测报告以及预售许可证。

第二条 代理房屋、平均底价、单套底价、代理费

2.1 代理房屋

甲乙双方同意，甲方委托乙方独家代理销售本项目中全部房屋，可售建筑面积约为________万 $m^2$，具体代理房屋清单见附件一。

2.2 平均底价

2.2.1 甲乙双方同意，代理房屋（包括商业用房、办公用房、公寓）平均底价为人民币________元/$m^2$ 建筑面积（含代理费）。乙方根据相应的平均底价制定相对的单套底价，开盘之前经甲方确认后执行。

2.2.2 乙方有权在单套底价或者以上销售代理房屋。若根据市场销售情况，甲方认为需要调整销售价格的，需经甲乙双方共同商定。

2.3 代理费（佣金和营销费用）

2.3.1 甲乙双方同意，甲方支付乙方的代理费为代理销售总价的________%（合

营销费用）；营销费用应包括本项目销售中投入的媒体广告、楼书、售楼处样板房装修及家具、现场气氛营造、DM单制作、电视CF制作、房展会展览费用和布置售楼处样本、销售工具制作费用、整体和单体建筑模型、彩色效果图、灯箱广告、看板、房型家配图、引导旗、横幅、小区围墙广告及相应的广告宣传活动以及销售案场的办公费用。

2.3.2　甲乙双方同意，营销费用由乙方先行垫付，乙方负责制定营销计划预算并执行。

第三条　代理期限、开盘条件、代理指标

3.1　代理期限

甲乙双方同意，代理期限为本合同生效日起至开盘日后________个月。

3.2　开盘条件

3.2.1　甲方一次性取得本项目预售许可证，完成全部网上交易手续（包括取得网上交易密码），将预售许可证交乙方对外公示。

3.2.2　甲方同意由甲方负责售楼处、样板房（样板房设在________层，共________套）及样板层、电梯厅的建造。乙方负责销售通道和售楼处、样板房的装修。甲方提供的售楼处建筑面积不小于________$m^2$。

3.2.3　甲方同意，按附件一约定的交房标准完成样板房所在的电梯厅、电梯门套以及所在楼层的建造装修。

3.2.4　甲方同意，销售通道和售楼处、样板房交付乙方装修时应达到附件四标准。

3.2.5　乙方装修时间为________天。

3.2.6　甲乙双方同意，在具备上述条件后________天开盘（开盘日）。

3.2.7　甲乙双方同意，售楼处、样板房、销售通道装修方案由甲乙双方确定。

3.3　样板房、售楼处、销售通道装修、装饰财产的处分和收益归乙方。

3.4　代理指标

3.4.1　开盘日后________个月内，乙方完成________%销售率（成功销售房屋建筑面积占代理房屋总建筑面积的百分比），其中前三个月完成________%销售率；开盘日后________个月内，完成________%销售率。

3.4.2　甲方同意，具备开盘条件、按施工进度完成施工、按期交房、按约定的标准交付房屋是乙方完成代理指标的条件，否则同意乙方完成代理指标的时间相应顺延。

第四条　独家销售权、成功销售的界定

4.1　独家销售权

甲方确认本项目代理房屋由乙方独家代理销售。除本合同另有约定外，非经乙方书面同意，甲方不得自行销售或委托第三方销售，亦不能在本合同履行完毕之前撤销对乙方的委托。在代理期限内，甲方违反本条约定自行销售或委托第三方销售的房屋，视作乙方成功销售的房屋。

4.2 成功销售的界定

4.2.1 房屋销售以套为出售单位。购房者签署预售合同并支付了首期房价款，预售合同在房地产交易中心办理了登记备案手续后，该套房屋视为成功销售。若代理期间甲方取得房地产权证（或房屋所有权证和国有土地使用证）的，则签订出售合同并支付了首期房价款后，该套房屋视为成功销售。如购房者申请抵押贷款的，预售合同办理了登记手续并且乙方按照贷款银行的要求收齐贷款申请材料后，视为销售成功。

4.2.2 甲乙双方同意，若由于甲方原因（甲方拒绝按确认的《商品房买卖合同》样本与购房者签订合同或者代销房屋被司法行政机构以强制措施）造成购房者无法签订预售（出售）合同、无法收取首期房款、无法办理预告登记或者退房的，则该房屋视为乙方已成功销售的房屋计入乙方的销售指标，并计提代理费；若由于乙方的原因造成退房的，该房屋不计入乙方销售指标，仍作为房屋由乙方销售。

4.3 销售合同样本

甲乙双方应在开盘前共同确定《商品房买卖合同》样本，乙方应按双方确认的《商品房买卖合同》样本与购房者签订合同，与合同样本有出入的条款需经甲方委托人员（以书面授权委托书为准）签字确认。乙方未经甲方书面同意擅自与购房者签订与合同样本不一致的条款，并因此发生纠纷的，由乙方承担责任。

第五条 结算、保证金

5.1 结算

5.1.1 甲乙双方同意，以套为单位结算。在开盘后次月起每月________日为成功销售房屋建筑面积、代理费（佣金和营销费用）、保证金结算日。

5.1.2 若甲方无合理原因拒绝结算的视为已按乙方提交的材料、报表在结算日成功结算。

5.1.3 支付期限

甲方应在结算日后________个工作日内，向乙方支付已成功销售房屋的全部代理费、溢价。

5.2 税费

甲乙双方各自承担应缴纳的税费。

5.3 相关发票

乙方收取代理费，应向甲方开具发票。

5.4 保证金

5.4.1 支付。本合同生效后________天内，乙方将保证金人民币________万元存入乙方名义设立甲乙双方共管的银行账户（各留一枚银行印签章）。将本项目预售许可证交乙方对外公示后________天内，把该________万元保证金转存入甲乙双方共管的银行账户，并再存入人民币________万元保证金。

5.4.2 返还。每月结算日后________个工作日内，甲方按乙方完成的销售率×保证金总额计得的金额返还乙方保证金，至返还全部保证金。

第六条　乙方义务

6.1　报告义务

乙方实施营销企划方案中发布的广告、楼书和销售道具等必须经甲方确认后方可发布。

6.2　谨慎义务

乙方工作人员不得采取误导或其他不当行为给当事人或甲方造成任何损失，否则由乙方承担相应的赔偿责任。

6.3　代理事项

乙方参与本项目房型、户室比的确定；明确本项目的市场定位、营销企划方向，制定、实施本项目的媒体安排、推广方案、广告内容、销售道具；制定、实施现场销售方案和认购合同的签订、预售合同的签订、按揭贷款的收件工作等。

6.4　人员配置

本合同生效后，乙方应整合其在房产销售和策划方面的专业力量为甲方提供售前/售中/售后全过程营销专业服务。

第七条　甲方业务

7.1　交付标准

甲方同意：将代理房屋交付购房者时达到附件二约定的交付标准。

7.2　交付时间

甲方同意，甲方应按附件三约定的工程施工进度计划表完成本项目的工程形象进度，交付购房者的时间不迟于________年________月________日。

7.3　委托人工作

甲方提供（预）销售房屋相关的文件和证书及详细数量表，并对提供的文件和证书的真实性负责；根据乙方的销售节奏要求，甲方负责派专员办理收款、开具发票、出具预告登记抵押登记中需甲方提供的各类资料、入户手续；及时和乙方结算款项；及时审查宣传广告文稿，以及甲方按销售要求落实抵押贷款银行。

第八条　违约责任

8.1　擅自解除的责任

甲乙双方同意，除本合同另有约定的外，任一方擅自解除本合同的，均应承担违约责任，违约金为人民币________万元。

8.2　滞纳金

甲乙双方同意，任一方未按本合同约定结算支付款项的，按应结算支付而未结算支付款项的日万分之________承担滞纳金。

第九条　其他

9.1　本合同经甲乙双方签字盖章后生效，本合同壹式贰份，甲乙双方各执壹份，具有同等法律效力。

9.2 甲乙双方在________市签订本合同。

9.3 甲乙双方均应对本合同、本项目重要内容保守秘密，非经对方同意或应司法或行政机关要求，不得泄露给无关他人。

9.4 依照本合同规定发生的通知和信息均采取书面形式。

| | |
|---|---|
| 甲方：××房地产开发有限公司 | 乙方：××房地产经纪有限公司 |
| 法定代表人：（签字盖章） | 法定代表人：（签字盖章） |
| 日期：　　年　月　日 | 日期：　　年　月　日 |

附件一：代理房屋清单（略）

附件二：房屋建筑结构、装修及设备标准（略）

附件三：本项目工程施工计划进度表（略）

附件四：售楼处、样板房交付装修时的标准门、窗安装完毕、厨卫管线铺设、室内地面水泥砂浆抹平，墙面和顶棚为混合砂浆打底腻子批平；内外场地平整，看房通道安全、畅通、照明；临电配套到位，接至售楼处门口，设置×个卫生间，确保下水管道通畅，提供×门直线电话（其中一门申请 ADSL）；售楼处门口提供××辆小型车辆的停车场地。

## 思考题

1. 如何开展房地产项目营销渠道选择的影响因素分析？
2. 房地产营销渠道策划的方法与一般消费品有何异同？
3. 不同类型的房地产项目，其营销渠道策划有何不同？

## 实训题

对本地区某房地产地块项目进行分析，编写营销渠道策划方案。

## 实训指导

1. 5～8 人一组，每组完成实训项目。
2. 实地考察与网上调查相结合，主要参考网址见本书第 1 章实训指导。
3. 报告要求用自己的语言组织，不允许大段抄袭别人的文章，要求报告字数 1 000～1 500 字。

# 第 8 章 房地产项目促销推广策划

## 学习目标

1. 了解房地产促销推广与促销组合、房地产广告宣传促销推广、人员促销推广、营业推广以及公共关系推广概念

2. 熟悉房地产市场推广类型及方式、房地产促销推广的本质与作用、房地产促销组合以及推广计划特点

3. 掌握房地产项目的广告宣传促销推广策划、人员促销推广策划、营业推广策划、公共关系推广策划以及活动推广策划

## 技能要求

1. 能够根据房地产项目产品组合与价格体系进行房地产促销组合设计
2. 能够开展房地产项目的广告宣传促销推广策划
3. 能够开展房地产项目的人员促销推广策划
4. 能够开展房地产项目的营业推广策划
5. 能够开展房地产项目的公共关系推广策划以及活动推广策划
6. 能够设计本地区某房地产地块项目的促销推广策划方案

## 案例 8-1：限购一周年开发商由喜转忧　促销手段五花八门

曾几何时，南京楼市风光无限，千人抢房、雨中连夜排队等号一点都不新鲜，夜光盘、日光盘更是家常便饭。自 2011 年 2 月 19 日限购令出台，一系列限购、限外、限价等政策让南京楼市进入了“大限”时代。开发商也完成从起初的豪言壮语“决不妥协降价”到现在的放低姿态玩亲民的转变，楼市限购已进入了一周年，购房者变得不再焦躁，开发商却纠结得进退两难，促销手段也越发雷人。

### 一、限购前开发商很自信，房子不愁卖

南京向来不缺少“出挑”的楼盘广告，像定时炸弹一样时不时地出现轰炸一下。“房价不会跳水，只是在做俯卧撑”这一楼盘广告曾风靡地产界，折射出开发商的自信与对楼市的美好愿景。2010 年 8 月，城中某楼盘售楼人员全身上下一身阿玛尼行头，玩起高端路线，有网友戏称：“售楼员有了这样的行头，购房人买一套都觉得丢人”。

楼市好的时候房子都是一口价，打个98折算捡了便宜，开发商只需要时不时想些新奇的广告策划炒作一下博关注就可以了。

2010年4月，江北某楼盘单价率先破万，温州人组成了购房团，一口吃下几十套房源，一时间炒房团几乎成为房地产投机的一个代名词。

## 二、限购后开发商变焦躁，促销手段五花八门

自2011年2月19日限购令出台后，楼市“金三银四”一去不返，“金九银十”也变成“铜九铁十”，房展会变成了跳蚤市场，卖起食品、服装。购房者持续观望，库存压力让开发商被迫低头，房价开始走低，促销手段也是五花八门。

买房有礼：有的楼盘送盐，有的情人节送玫瑰，有的楼盘还送购物券，还有更猛的，买一套别墅送一套公寓，有网友不禁纳闷了“这别墅到底挣了我多少钱啊！”

案名傍名人：个别楼盘从案名、广告玩起了花样，傍明星来博眼球。江宁某楼盘打出“托乐嘉报喜”，江宁另一楼盘把公寓取名为“小S”，着实让人大跌眼镜，虽然有不少买房人认为开发商恶搞，但的确很快让市民记住了这个名字。

大玩行为艺术：南京还有好多楼盘玩起“行为艺术”，仙林一盘出“潮”招，72辆奥迪车组成车队游行，还有最为时尚的“快闪”、“定格”等行为艺术在南京不同地点上演，来轰炸市民眼球。房展会上一楼盘展台牵来了一批白马，还有穿着欧式礼服的王子和公主，成为今年房展会上最亮一景，后来该楼盘又推出“一吻顶万金”的活动。另外南京多楼盘都玩起了真人版“愤怒的小鸟”，想在淡市里出传奇。

降低精装标准：降价也是各式各样，有的是实实在在的降价，有的是降低精装标准。江宁一科技盘开盘后一直不受青睐，开发商索性降低了几千元的精装标准，终于有人问津了。在南京楼市纷纷喊跌的节骨眼上城中一楼盘喊出50 000元/m$^2$的高价，而在去年年底开发商降低了4 000元/m$^2$的精装标准领取了销售许可证。

## 三、地产大佬也“妥协”了，称2012很悲观

2010年10月南京房展会请来了房地产的两位大佬：潘石屹和任志强。论坛上，一人唱白脸一人唱红脸，潘石屹说，“要买房听强哥的”，而任志强则抛出“著名论断”——谁不买房谁是傻瓜。

可现在大佬终于妥协了，称“2012年的形势会很悲观，调控力度不会发生任何改变，限购依然会很严格”。

资料来源：韦苏洋．限购一周年开发商由喜转忧　促销手段五花八门．搜狐焦点网．2012-2-3.

# 案例8-2：望京SOHO项目的促销推广

## 一、望京SOHO项目概况

望京SOHO项目由世界著名建筑师扎哈·哈迪德（Zaha Hadid）担纲总设计师，占地面积115 391. 8m$^2$，规划总建筑面积521 265m$^2$。望京SOHO位于北京市朝阳区望京地

区的核心区，东至阜通西大街、南至阜安东路、西至望京街、北至阜安西路。周边轨道交通便利，地铁 14 号线（在建）、15 号线交汇于望京站，可快速到达地铁 13 号线的望京西站、10 号线和机场快线的三元桥站。望京 SOHO 由三栋塔楼组成，仰视时犹如三座相互掩映的山峰，俯视时宛似游动嬉戏的锦鲤。其独特的曲面造型使建筑物在任何角度都呈现出动态、优雅的美感。塔楼外部被闪烁的铝板和玻璃覆盖，与蓝天融为一体，如图 8-1 所示。望京 SOHO 开工时间 2010 年 12 月 1 日，竣工时间 2014 年 6 月 1 日。

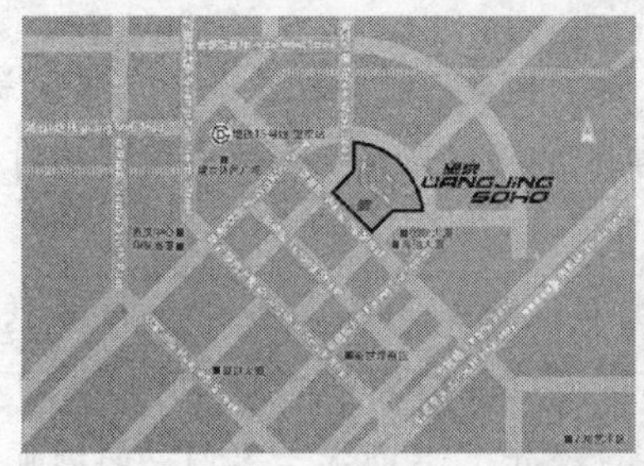

图 8-1　望京 SOHO 项目位置与规划

## 二、望京 SOHO 项目的卖点：北京门户新地标　城市中心稀有顶级景观办公

- 首都第一印象建筑。2014 年建成后，望京 SOHO 将是从首都机场进入市区的第一个引人注目的高层地标建筑，成为“首都第一印象建筑”。三栋流线型塔楼组成，最高一栋高达 200 米。
- 位于未来北京的第二个 CBD——望京核心区，进出北京的门户所在地。望京核心区是跨国公司的中国总部基地、日趋成熟的多元化国际社区，具有繁华的商业格局和浓厚的文化氛围。
- 独一无二的都市园林式办公。50 000$m^2$ 超大主题园林，绿化率高达 30%，形成了独一无二的都市园林式办公环境。为了体现四季更迭变化，望京 SOHO 打造了休闲剧场、场地运动、艺术雕塑、水景四大主题景观。
- 灵活的商业办公空间配置，适合投资需求。1 100 ~ 2 200$m^2$，10m 高写字楼大堂，营造舒适开阔的办公环境，如图 8-2 所示。

图 8-2　望京 SOHO 项目的特色空间

- 美国绿色建筑 LEED 认证，打造节能、节水、舒适、智能的绿色建筑。

## 三、望京 SOHO 项目的广告宣传促销推广

- 开发商形象宣传。SOHO 中国是中国房地产行业领袖，目前北京最大的房地产开发商，主要在北京和上海城市中心开发高档商业地产。公司与国际知名建筑师合作，结合本土客户的需求，把创新的设计理念转化成引领潮流的项目。
- 形象代言人宣传。SOHO 中国有限公司董事长潘石屹，被看做当今中国最活跃、最具有鲜明个性的房地产领袖之一，媒体红人。潘石屹也是中国网络时代与大众传媒最早的支持者和拥护者之一。
- 利用博客和微博推广 SOHO 品牌。潘石屹成功地利用其个人博客（http://blog. sina. com. cn/panshiyi）和微博（http://t. sina. com. cn/panshiyi）推广 SOHO 品牌，这个博客在十多个主流门户网站上落户，只新浪一家网站的浏览量就达数千万。他还通过博客、网聊、微博以及众多重要的会议（如：世界经济论坛、亚洲企业领袖协会、博鳌亚洲论坛等）上的发言，分享他的见闻及观点，生动地向公众宣讲行业趋势以及更广泛的社会话题。
- 媒体广告。在北京多家报纸、中国多家房地产门户网站发布望京 SOHO 项目的硬广告，广告图片如图 8-3 所示。同时，还设计了一些媒体软文，如：在 0352 房网（http://www. 0352fang. com）刊登了《望京 SOHO 震撼杰作面世北京成京城首个地标建筑》的文章，很好地宣传了望京 SOHO 项目。

图 8-3 望京 SOHO 项目的广告

- 在公司网站主页上（http://www. sohochina. com/news_center. shtml）设置租

售中心，开辟买房、租房窗口，上传了望京SOHO项目的系列产品视频。

### 四、望京SOHO项目的公共关系推广

创立了SOHO中国基金会，旨在通过资助教育而改变贫困地区的学生和家庭的命运。SOHO中国基金会的使命是在推动社会物质发展的同时，推动精神的进步和成长。SOHO中国坚信，物质进步和精神成长必须平衡发展。SOHO中国基金会很好地提升了望京SOHO项目的社会公共形象。

### 五、望京SOHO项目活动推广

开展了美食嘉年华、SOHO另类交流派对、“三国杀”大赛等大众系列活动。同时，还开展了SOHO未来时代新城市空间等特约专题论坛活动。

资料来源：编者根据望京SOHO项目有关资料整理.

### 案例讨论

1. 你如何评价五花八门的促销手段？
2. 你认为望京SOHO项目促销推广方法还有什么不足？
3. 普通住宅项目可以从望京SOHO项目的促销策划中吸取什么？

### 学习任务

对本地区某房地产地块项目进行促销组合设计，制定促销推广策划方案。

## 8.1 房地产市场推广与促销组合

### 1. 房地产市场推广及方式

(1) 房地产市场推广。是指房地产企业为扩大产品市场份额，提高产品销量和知名度，将有关产品或服务的信息传递给目标消费者，激发和强化其购买动机，并促使这种购买动机转化为实际购买行为而采取的一系列措施。在房地产市场营销概念中，将房地产的促销定义为市场推广，因此房地产市场推广就是房地产促销。

(2) 房地产市场推广方式。主要有：广告推广、人员推广、营业推广、促销推广、公关推广、活动推广等方式。

(3) “拉”式策略和“推”式策略。两种促销策略在房地产市场推广中都会遇到，如图8-4所示。“拉”式策略是房地产企业针对最终消费者开展广告等促销攻势，形成市场需求，拉动中间商经销。“推”式策略是房地产企业对中间商促销，迫使其寻找顾客促销。

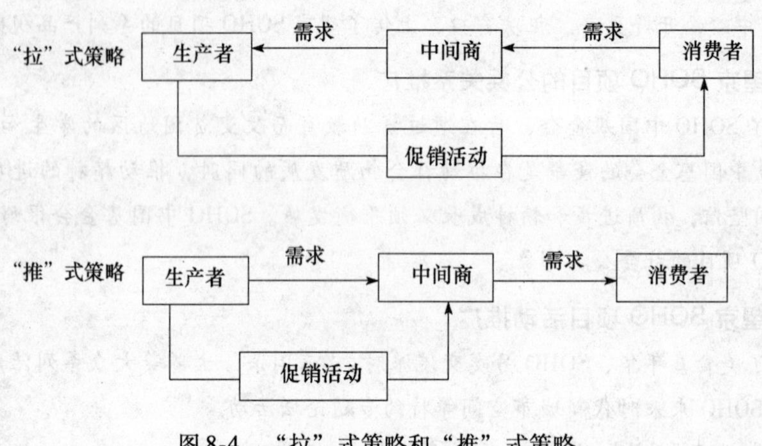


图 8-4 "拉"式策略和"推"式策略

### 2. 房地产促销推广的本质与作用

（1）房地产促销推广的本质。就是通过传播，实现企业与其目标市场之间的信息沟通，赢得房地产目标市场客户信任，激发他们的购买欲望，促使其购买与消费。

（2）房地产促销推广的作用。就是通过详细的介绍、生动的描述来塑造房地产项目产品的形象，刺激顾客的购买欲。

1）告知。向目标市场传递信息、提供情报。

2）说服。增加客户需求欲望、说服购买。

3）影响。突出项目特点、树立产品形象，造成顾客的偏爱，促进其销售。

### 3. 房地产促销卖点挖掘

卖点是产品所具有、不易被竞争对手抄袭的，同时又是可以展示、能够得到目标客户认同的特点。一个房地产项目要成功地推向市场，就应充分将其美好的、独特的、吸引人的卖点表现出来。房地产卖点必须具备 3 个条件：①卖点是楼盘自身优越的，不易被竞争对手抄袭的个性化特点；②卖点必须是能够展示，能够表现出来的特点；③卖点必须是能够得到目标客户认同的特点。挖掘卖点的 4 个阶段如下：

（1）片区市场研究。房地产片区是一个比较小的区域，通常根据城市内的行政区来划分，片区市场研究主要包括以下 6 个方面：①片区的总体规划。包括土地使用性质、住宅规划、市政配套、景观规划、道路交通规划及人口规划等；②片区的功能定位；③片区内房地产开发动态；④片区内房地产价格水平分析；⑤片区内房地产营销方式分析；⑥片区内已建、在建和拟建项目分析。

（2）对手动态跟踪。对手一是指竞争对手，二是指竞争性楼盘。

1）除了要了解竞争对手的背景、组织构架、资金状况、管理机制、决策机制、考核机制，还要了解其土地储备、历年来的项目开发状况以及未来的项目开发计划。

2）对竞争性楼盘而言，应分两种情况，一种是同一片区的楼盘，另一种是不同地区但定位相似的楼盘。搜集到这些楼盘资料后，要进行价格、销售率、营销推广、户型等方面的对比分析。要确定竞争对手的目标、评估竞争对手的优势和劣势、识别竞争对手的现行战略。此项研究的资料搜集主要通过媒体信息、实地考察及有针对性地访问（如访问对方营销经理）等方式进行。

（3）消费者构成及购买行为研究。借助市场调研，明确下列问题：①哪些人构成了市场？他们有什么特征（如年龄、经济收入状况、地区等）？——购买者；②他们购买哪种楼盘（对项目设计、价格、户型、位置、配套等要求）？——购买对象；③他们为什么要购买这些楼盘？——购买目的；④谁参与了购买过程？——购买组织；⑤他们以什么方式购买商品？——购买行动；⑥他们准备什么时候购买商品？——购买时间；⑦他们在哪里购买商品？——购买地点。

（4）进行卖点挖掘。在以上3个阶段进行之后，将搜集来的资料汇总整理并与项目本身进行对照比较，就可以发现项目的卖点。

### 4. 提炼推广主题

将项目的卖点精炼为一两句话就形成项目的推广主题。主要解决“是什么样的物业?”“卖给什么人?”“能达到什么效果或有什么好处?”3个问题。具体可以从3个方面来提炼推广主题。

（1）从产品定位中寻找物业主题。首先要让消费者明确该项目是什么物业，要熟悉物业的基本构成，如交通状况、绿化、建筑设计特点、装修标准等。产品定位包含小区规划、建筑风格、小区环境、户型设计、功能定位、物业名称、物业管理等内容。将这些内容提炼为具体的主题，即形成物业主题。产品定位内容与推广主题内容，如表8-1所示。

**表8-1 产品定位与推广主题内容**

| 序号 | 产品定位内容 | 推广主题内容 |
| --- | --- | --- |
| 1 | 位置及规模 | 交通条件、周边配套、总占地、总建面、总套数 |
| 2 | 建筑风格 | 描述该种风格的外立面特点 |
| 3 | 小区环境 | 容积率、楼间距、绿化率、绿化面积、各项配套 |
| 4 | 户型设计 | 户型种类、面积、室内布局、使用率及细部介绍 |
| 5 | 功能定位 | 智能化程度、装修标准 |
| 6 | 物业名称 | 诠释楼盘名称的内涵、外延 |
| 7 | 物业管理 | 物业管理公司名称、荣誉、服务内容、收费标准、配备设施 |

（2）从客户定位中寻找市场主题。客户定位明确了消费群体是怎样的一些人，其职业、收入、年龄、性别、文化层次、喜好及未来需要也明确了，由此而引起的一些消费倾向则可以推断。所以，市场主题可以从客户定位中找出符合其需要及能力的要素，并对这些要素加以描述，突出“卖给什么人、供什么人享用”。

(3) 从形象定位中寻找广告主题。广告主题是广告所要表达的重点和中心思想，是通过一二句精炼的广告语来体现的，提高消费者对该项目的期望值，使其产生许多美好的联想和希望。例如，明华园的主打广告语“繁华深处是我家”，让人不仅明白交通的便捷，更体验到了闹世深处的宁静、温馨。

### 5. 房地产促销组合策划

(1) 含义。房地产促销指房地产企业通过一定的方式向消费者传递房地产商品的信息并与消费者进行有效的信息沟通，以达到影响消费者的购买决策，促进房地产商品流通的营销活动。

1) 房地产促销目标：提供信息突出特色和优点、强调房地产的价值与品牌、刺激需求、增加销售。促销有推式策略（人员推销为主）和拉式策略（广告促销为主）两种。

2) 房地产促销方式：①广告；②人员推销；③销售促进（营业推广，是指房地产企业通过各种营业销售方式来刺激消费者购买或租赁房地产的促销活动）；④公共关系促销。

3) 房地产促销组合：为实现房地产企业的促销目标而将4种不同的促销方式进行组合所形成的有机整体。4种主要促销方式特点，如表8-2所示。

表8-2 4种主要促销方式特点

| 序号 | 促销方式 | 使用手段 | 优点 | 缺点 |
|---|---|---|---|---|
| 1 | 广告 | 报纸、杂志、电视、广播、网络、户外、传单、标语等 | 传播面广、及时、形象生动、节省人力 | 单向信息沟通，难以形成即时购买 |
| 2 | 人员推销 | 现场推销、上门推销、电话推销、销售展示等 | 直接信息沟通，针对性强、灵活多变、成交率高，广交朋友，反馈信息 | 占用人员多、费用高，接触面窄 |
| 3 | 营业推广（销售促进） | 价格折扣、展销会、赠送礼品、交易会、不满意退款等 | 刺激性强，短期效果明显 | 接触面窄，不能长期使用，有时会降低产品身份 |
| 4 | 公共关系 | 新闻报道、公益活动、赞助、捐赠、研讨会等 | 影响面广，影响力大，可信度高，提高企业知名度，树立良好形象 | 设计组织难度大，不能直接追求销售效果 |

(2) 房地产促销组合的特点。①房地产促销组合是一个有机的整体组合；②构成促销组合的各种促销方式既具有可替代性又具有独立性；③促销组合的不同促销方式具有相互推动作用；④促销组合是一种动态组合；⑤促销组合是一种多层次组合。

(3) 影响房地产促销组合的因素。①房地产的类型；②推式与拉式策略；③房地产建设的不同阶段；④促销预算；⑤产品生命周期阶段，如图8-5所示；⑥政治与经济环境。

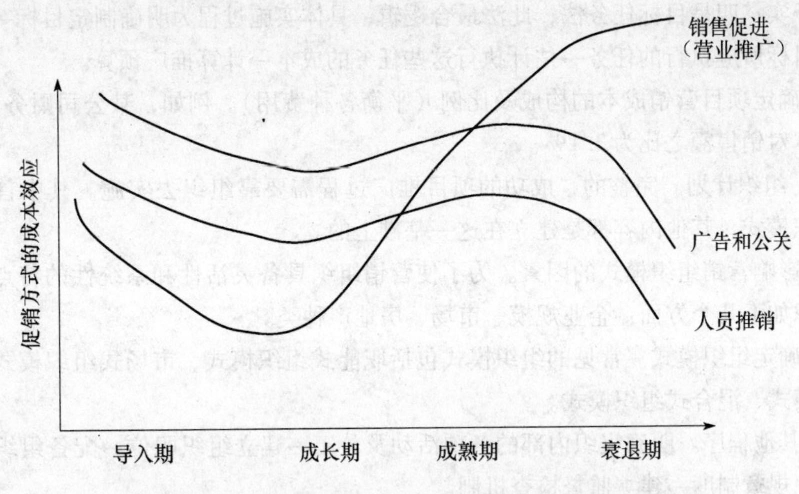


图 8-5　各种促销方式在产品生命周期不同阶段的成本效应

（4）房地产作为消费品的促销组合次序：广告，销售促进，人员推销，公共关系。

（5）房地产作为投资品的促销组合次序：人员推销，销售促进，广告，公共关系。

（6）促销组合对购买阶段的选择。消费者购买阶段一般依次是四阶段，房地产促销组合如下：

1）知晓阶段，促销组合的次序是：广告，销售促进，人员推销；

2）了解阶段，促销组合的次序是：广告，人员推销；

3）信任阶段，促销组合的次序是：人员推销，广告；

4）购买阶段，促销组合的次序是：人员推销为主，销售促进为辅，广告可有可无。

### 6. 制定推广计划

挖掘了卖点，提炼了推广主题之后就可以制定推广计划。根据不同的侧重点，可以针对推广费用、组织模式、阶段划分 3 个方面分别制定相应的计划。

（1）费用计划。在推广实施之前对推广费用进行合理计划，使其能得到有效的控制。

1）营销成本的构成：资料费、广告费、销售管理费、中介服务费。

2）编制预算。编制推广费用的 4 种方法：一是量力而行法，即将推广预算设定在公司所能负担的水平上；二是销售百分比法，即以特定（当期或预测数）销售额的百分比或售价的一定比率决定推广预算，是最为常用的方法，优点是财务上合理可行、考虑到了推广成本与企业利润之间的关系、可以使竞争趋于稳定，但此法也有不足之处是灵活性不够、对长期规划造成不利、销售与推广的因果关系倒置；三是追随法，即通过留意竞争对方的推广活动并估计其推广费用，然后依行业平均水平来制定预算，此法依据竞争对手的预算代表着智慧的结晶、可以避免广告大战、但仅是主观感觉并没有证据来加以证实；四是目标任务法，此法最合逻辑，具体实施过程为明确制定目标→确定实现这些目标所应执行的任务→估计执行这些任务的成本→计算推广预算。

3）确定项目营销成本的构成及比例（平衡各种费用）。例如，某公司财务计划中，营销成本对销售额之比为3.1%。

（2）组织计划。完整的、成功的项目推广过程需要靠组织去实施。其中首要的是确定组织模式，其他内容都是建立在这一基础上的。

1）影响营销组织模式的因素。为了使营销组织具备灵活性和系统性的特点，一般需要考虑如下几个方面：企业规模、市场、房地产种类。

2）确定组织模式。常见的组织模式包括职能式组织模式、市场式组织模式、产品式组织模式、混合式组织模式。

3）其他程序。明确组织内部的各项活动及分工→建立组织职位→配备组织人员→制定组织规章制度→建立监督检查机制。

（3）阶段计划。根据销售过程的预热期→强销期→持销期→尾盘期阶段性划分，项目市场推广过程也针对各个阶段销售任务的不同制定不同的促销组合推广计划：①在预热期，市场推广以突出项目的物业主题为主，展示楼盘的基本情况；②在强销期，以突出市场主题为主，吸引大量的目标客户群关注，使其产生共鸣；③在持销期，以突出广告主题为主，给人以丰富联想空间，在人气配合下产生好的效果；④在尾盘期，以朴实的宣传为重点，突出项目功能性特点。此种搭配只是作为参考，在实际推广过程中，往往是多种手段综合运用，但切忌“宁滥勿缺”的做法。从具体内容看，市场推广包括广告推广、活动推广、品牌推广等。在不同推广阶段，市场推广的内容也不相同。例如在预热期，可能就以广告推广为主，辅之以品牌推广。

## 8.2 房地产广告宣传促销推广策划

房地产广告宣传是房地产项目促销推广的重要手段，所以必须做好房地产广告宣传促销推广策划。

### 1. 房地产广告及目标

（1）房地产广告（real estate advertising）是指房地产开发企业、房地产权利人、房地产中介机构通过一定形式的媒体，公开而广泛地向公众传递房地产项目预售、出售以及房地产项目介绍信息的宣传手段。广告的本质是传播，广告的灵魂是创意。

（2）房地产广告的目标。主要目标是促进产品销售、扩大经济效益。房地产广告提供房地产信息，改变消费者态度和行为，诱导顾客购买，促进销售、推销产品、占领市场。在地产项目销售过程中广告能增加项目品牌的价值。广告能够将消费者的目光吸引过来，至于能否形成购买行为，关键还在于房地产项目自身的软硬件是否符合消费者的真正需求。

(3) 房地产广告类型。

1) 促销广告。大多数的房地产广告属于此类型，广告的主要目的是传达所销售楼盘的有关信息，吸引客户前来购买。

2) 形象广告。以树立开发商、楼盘的品牌形象并期望给人留下整体、长久印象为广告目的所在。

3) 观念广告。以倡导全新生活方式和居住时尚为广告目的。

4) 公关广告。通过以软性广告的形式出现，在大众媒介上发布的入伙、联谊通知，各类祝贺词、答谢辞等。

## 实践经验

### 房地产广告"巧传真实"

在房地产项目的销售过程中，广告的作用是"巧传真实"，就是以深具吸引力、说服力及记忆点的广告语，以最震撼人心的方式把产品中与消费者最相关的部分，即所谓"真实"的东西巧妙地传达给消费者，这个"震撼人心"表现在3个点上，即相关性(relevance)、原创力 (originality)、震撼力 (impact)。针对每个不同领域、不同价值、不同档次的房地产项目，创作的广告则更应懂得从消费者的观点来操作，另外，应该注意两点：一是反映人性；二是发现，建立全新的连接，让人为之神移。

一个生动而精彩的演示或隐喻能够给项目或产品带来附加价值，具体地说有三点。

(1) 区分。在竞争性的市场空间中，我们并不期待相同的产品都是一个标准，一个生动的创意能使一个产品脱颖而出，并在消费者的心智中把它提升到竞争者之上。

(2) 易记。一个生动的广告创意能保证一个产品的想象超越广告登载的时间而驻扎在受众的心智中。

(3) 持久。产品常处于竞争性价格战、促销等情形中，而一个生动的创意有助于对之保护。广告的作用只是使他们产生应有的注意、兴趣和欲望，而行动的落实则回归于产品实体。

### 2. 发布房地产广告的必备条件和规定

(1) 发布房地产广告的必备条件。房地产广告必须真实、合法、科学、准确，不得欺骗和误导公众。

1) 发布房地产广告，应当具有或者提供下列相应真实、合法、有效的证明文件。

a. 房地产开发企业、房地产权利人、房地产中介服务机构的营业执照或者其他主要资格证明；

b. 建设主管部门颁发的房地产开发企业资质证书；

c. 土地主管部门颁发的项目土地使用权证明；

d. 工程竣工验收合格证明；

e. 发布房地产项目预售、出售广告，应当具有地方政府建设主管部门颁发的预售、销售许可证明；出租、项目转让广告，应当具有相应的产权证明；

f. 中介机构发布所代理的房地产项目广告，应当提供业主委托证明；

g. 工商行政管理机关规定的其他证明。

2）房地产预售、销售广告，必须载明的事项。

a. 开发企业名称；

b. 中介服务机构代理销售的，载明该机构名称；

c. 预售或者销售许可证书号。

3）凡有下列情况的房地产，不得发布广告。

a. 在未经依法取得国有土地使用权的土地上开发建设的；

b. 在未经国家征用的集体所有的土地上建设的；

c. 司法机关和行政机关依法裁定、决定查封或者以其他形式限制房地产权利的；

d. 预售房地产，但未取得该项目预售许可证的；

e. 权属有争议的；

f. 违反国家有关规定建设的；

g. 不符合工程质量标准，经验收不合格的；

h. 法律、行政法规规定禁止的其他情形。

(2) 发布房地产广告的有关规定。

1）房地产广告不得含有风水、占卜等封建迷信内容，对项目情况进行说明、渲染，不得有损社会良好风尚。

2）房地产广告中涉及所有权或者使用权的，所有或者使用的基本单位应当具有实际意义的完整的生产、生活空间。

3）房地产广告中对价格有表示的，应清楚表示为实际的销售价格，明示价格的有效期限。

4）房地产广告中表现项目位置，应以从该项目到达某一具体参照物的现有交通干道的实际距离表示，不得以所需时间来表示距离。房地产广告中的项目位置示意图，应当准确、清楚，比例恰当。

5）房地产广告中涉及的交通、商业、文化教育设施及其他市政条件等，如在规划或者建设中，应当在广告中注明。

6）房地产广告中涉及面积的，应当表明是建筑面积或者使用面积。

7）房地产广告涉及内部结构、装修装饰的，应当真实、准确。预售、预租商品房广告，不得涉及装修装饰内容。

8）房地产广告中不得利用其他项目的形象、环境作为本项目的效果。

9）房地产广告中使用建筑设计效果图或者模型照片的，应当在广告中注明。

10）房地产广告中不得出现融资或变相融资的内容，不得含有升值或投资回报的承诺。

11）房地产广告中涉及贷款服务的，应当载明提供贷款的银行名称及贷款额度、年期。

12）房地产广告中不得含有广告主能够为入住者办理户口、就业、升学等事项的承诺。

13）房地产广告中涉及物业管理内容的，应当符合国家有关规定；涉及尚未实现的物业管理内容，应当在广告中注明。

14）房地产广告中涉及资产评估的，应当表明评估单位、估价师和评价时间；使用其他数据、统计资料、文摘、引用语的，应当真实、准确，表明出处。

15）对违反房地产广告发布规定的，依照《中华人民共和国广告法》有关条款处罚，《中华人民共和国广告法》无具体处罚条款的，由广告监督管理机关责令停止发布，并可对违法行为人处以 3 万元以下的罚款。

## 实践经验

### 房地产广告的视觉力量

在浩瀚的信息流中仅能引起受众的注意显然是不足的。对于房产广告来说，它更看中由注意力带来的后发效应，即从销售势能到动能的转化。

房产项目营销讲究卖点。只有良好的产品才能为卖点储备提供源源不绝的动力。这是一个注意力先行或者叫眼球经济的年代，在这个大背景下，广告只有从被动的“被看”变主动的“吸引人看”，才不至于被无情地淹没。

地形图加效果图再加口号的时代已经过去，但是这不能说明房地产广告的创意已经上到了某一个新台阶，而相反的是，再敏捷的人遇到不动产，思维往往会变得僵化。

房地产广告必须注重原创性。醒目而富有力量的大标题，简洁而务实的文案，具备识别性和连贯性的色彩运用是每个广告的必要因素。同时，房地产广告还应该注重跳跃性，也就是说，如果你的表现方式已经被效仿，那么应该及时地改变表现形式，迅速出新，力争时刻走在上游。

广告的大小、投放版面和所处位置也是需要慎重考虑的问题，因为这直接关系到目标客户的信息接收效果。以报纸为例，一般来说，只有半版以上，才会显得有大气之感，在版面的运用上，也应该推陈出新，比如采用下跨页半版、竖半版等异形版项目，总之必须给人们带来冲击，即使是常规的半版或者整版，也应该通过巧妙的画面布局，吸引读者的视线。

有时不同的广告形式究竟能在目标客户中产生多少不同的影响，还比较难定论，但是可以肯定的是，只有与众不同的广告形式才能加强公司的品牌形象和市场，也只有如此，才能使广告项目迅速串红。

### 3. 广告心理

广告心理是指广告传播方式及其内容对受众产生影响，导致其一系列心理活动反应，以致引起其消费态度变化的过程，是广告信息受众在广告传播中相应的心理活动。把握消费者的广告心理可以促进广告推广，就是针对消费者不同的消费心理制定不同的广告策略。心理研究发现，消费者的“喜怒无常”只是一种表面现象，在其行为背后，都有某种动机在支撑着。如果广告人能设身处地为他们的需要、动机和目的着想，就会找到消费者心中的那根弦，制定出科学的广告策划。

### 4. 房地产项目广告策划内容

（1）广告策划的含义。广告策划是对广告的整体战略与策略的运筹规划，具体是指对提出广告决策、广告计划以及实施广告决策、检验广告决策的全过程作预先的考虑与设想。广告策划不是具体的广告业务，而是广告决策的形成过程。房地产广告策划是在广泛调查研究基础上，对房地产市场和个案进行分析，以决定广告活动的策略和广告实施计划，力求广告进程的合理化和广告效果的最大化。房地产广告策划不仅能够进一步明确开发商的目标市场和产品定位，而且能够细化开发商的营销策略，最大限度地发挥广告活动在市场营销中的作用。

（2）广告策划的种类。广告策划分为两种：一种是单独性的，即为一个或几个单一性的广告活动进行策划，也称单项广告活动策划。另一种是系统性的，即为企业项目在某一时期的总体广告活动策划，也称总体广告策划。

（3）广告策划系统。市场调研→消费者动机和行为调查→细分市场和确定目标市场→产品调研和产品定位→广告目标和广告策略。

（4）广告策划流程。①对当前的、项目区域的广告情况进行透彻分析→②确定广告战略目标→③广告创意分析→④广告形式分析与选择→⑤确定广告预算。

### 5. 房地产广告产品定位策略

房地产企业在强手如林的广告战中取胜的关键环节是定位。企业在着手策划及制作广告前，必须进行市场定位，对现有市场作一次彻底的调查分析，然后根据其产品的特色以及消费者对该产品的某种需求和爱好，确定其产品的市场定向，亦即给产品确定一定的市场位置。广告产品定位策略分为6种。

（1）功效定位。仔细分析、寻找自己的产品与其他同类产品的相异之处，然后在广告定位中突出自己产品的特异功效，使该产品在同类产品中有明显区别，以便给消费者留下清晰的印象，增加选择性需求。如同是住宅产品，有的突出简洁实用，有的突出智能豪华，从而吸引了不同类型的消费者。

（2）品质定位。在广告宣传中强调产品的优良品质，将自己的领先优势作为重点。应强调产品的具体品质，让消费者了解该产品究竟优在何处。而不应只讲“品质优良”等套话。

(3) 品种定位。刻意突出自己与竞争产品类型的分歧，作为其定位方法。如新能源住宅是以不用空调也能恒温而与普通住宅区别开来的。

(4) 价格定位。如果商品品质、性能、造型等方面与市场上同类商品相近似，没有什么特异的地方可以吸引消费者，广告宣传可运用价格定位策略。如普通楼盘广告突出高性价比，巧妙地运用价格定位策略击败竞争对手。

(5) 市场定位。这是市场细分策略在广告中的具体运用，将商品定位在最有利的市场位置上。

(6) 逆向定位。一般广告都采用正向定位，在广告中突出商品在同类商品中的优越性，而逆向定位则反其道而行之，是以退为进的手法。在广告中承认本产品有很多不足之处，但要努力迎头赶上，或者通过承认自己的缺陷，来突出优越之处，给人一种诚实感，而不给人一种自吹自擂，"王婆卖瓜，自卖自夸"的感受。

### 6. 房地产广告目标市场策略

广告目标市场策略是指在广告中根据不同目标市场的特点，采取的相应的宣传手段和方法。针对项目的目标消费群，依据其不同的生活习惯和工作环境及个性特点等，制定不同的广告诉求点和广告的表现形式，力求在目标市场上更全面的传递广告信息。广告目标市场策略分为3种。

(1) 无差别市场广告策略就是面对整个市场，通过各种媒介所做同一主题内容的广告宣传。一般说来，企业在某产品的引入期或成长期的初期，或者是产品供不应求、无强大竞争对手之时，常采取这种广告策略。

(2) 差别市场广告策略是指在市场细分的基础上，企业根据不同细分市场的特点，运用不同的媒体组合，做不同主题的广告。这种广告无论在满足消费者的需求上，在产品品质与外观特点的宣传上，在广告形式上都具有很强的针对性。也就是说，是针对特定的一批消费者而制作的。一般来说，在广告产品成长期的后期，成熟期或遇到同行激烈竞争时，就需要运用这种广告策略了。

(3) 集中市场广告策略就是把目标市场细分成若干子市场，企业针对这若干子市场中的一个或几个作为自己的目标市场，中、小型企业的目标市场，往往就是这种集中市场。与此相应的广告策略具体体现为，更具针对性，以满足一部分人的特殊需要为宗旨。一般这类广告不在价格昂贵的传播媒体上出现，而是在一些地方性的、行业性的报刊、杂志上刊登。

### 7. 房地产项目卖点与买点凝练

(1) 房地产项目的卖点与买点。实际上都是房地产项目的特点，是房地产项目所具有、不易被竞争对手抄袭的，同时又是可以展示、能够得到目标客户认同的特点。该特点对房地产开发企业来说是"卖点"，对目标客户来说如果被目标客户认同则是"买点"。

（2）房地产项目卖点与买点凝练。就是在本章8.1“房地产市场推广与促销组合”中“3. 房地产促销卖点挖掘”、“4. 提炼推广主题”的基础上进一步概况提炼房地产项目的卖点与买点，用广告语言加以凝练，便于广告宣传。凝练房地产项目卖点与买点要实事求是，不能夸大其词，更不能虚假捏造。

（3）房地产项目的价值体现于每个细节当中，要从中发现最有打动力的卖点。可构成房地产项目的卖点很多，需要营销策划者精心提炼。如户型卖点、景观卖点、配套设施、交通卖点、精装修卖点、板式住宅、建材与配置、新工艺新材料、使用率卖点、楼间距卖点、会所卖点、泳池卖点、大型超市进驻、规划卖点、大规模卖点、创新技术、绿化率卖点，等等。

## 小案例

### 房地产商惯用的广告语伎俩

偏远地段：远离闹市喧嚣，尽享静谧人生；郊区乡镇：回归自然，享受田园风光；紧邻闹市：坐拥城市繁华；挨着臭水沟：绝版水岸名邸，上风上水；挖个水池：东方威尼斯，演绎浪漫风情；挖个水沟：亲水豪宅；水能流动：叠水丽景；地势高：视野开阔，俯瞰全城；地势低洼：台地叠景，冬暖夏凉；外立面贴砖：托斯卡纳风格；卖不动打折：回报客户；还卖不动再打折：回报社会；边上有家银行：紧邻中央商务区。

## 实践经验

### 房地产项目十五大卖点（买点）提炼

第一大类型卖点——区位价值。有些项目的核心价值正是体现于区位之上的。卖点构成：繁华路段、CBD概念、中心区概念、奥运村概念、地铁概念、商业地段、教育地段。

第二大类型卖点——建筑风格。建筑风格几乎是影响住宅魅力的第一元素。卖点构成：建筑艺术、德国风格、欧陆风格、法国风格、意大利风格、海派建筑风格、新加坡风格。

第三大类型卖点——空间价值。在空间里自由打造未来的设想。卖点构成：错层卖点、跃式卖点、复式卖点、空中花园、大露台卖点。

第四大类型卖点——园林主题。环境作为居住空间的重要组成，与房屋一起肩负了“天人合一”的使命。卖点构成：中心花园、加拿大风情园林、主题园林、艺术园林、亚热带园、园林规模、欧陆园林、江南园林、自然园林、树木卖点、新加坡式园林、岭南园林、园林社区、澳大利亚风情、海滨风情、热带园林。

第五大类型卖点——自然景观。拥有自然景观资源的房子，本身便构成了一道风景，江、河、山、水、房子，以及人，构成一幅完美图景。卖点构成：全海景卖点、一线江景、二线江景、自然湖景、园景卖点、人工湖景、山水景观、山景卖点、河景卖点。

第六大类型卖点——功能提升。为购房者创造剩余价值，通过功能提升来实现，超越楼盘的先天资源。卖点构成：健康概念、投资概念、绿色概念、e 概念卖点、环保概念、生态概念。

第七大类型卖点——产品类别。特殊类型产品定位，可以更加精确的捕捉特定的目标客户群。卖点构成：小户型物业、Townhouse、产权式酒店、独立别墅、酒店式公寓、大户型物业、商务公寓、国际公寓、学院派公寓、新独院住宅、经济适用房。

第八大类型卖点——人群类别。社会是有阶层的，楼盘也是有阶层的。卖点构成：豪宅卖点、白领卖点、单身公寓、工薪阶层、外销卖点、先锋人士、国际化社区。

第九大类型卖点——产品可感受价值。居住者对房地产项目空间的感受是多元化的。卖点构成：品质卖点、成熟社区、身份地位、安全卖点、服务卖点、文化卖点、物业管理、口碑卖点。

第十大类型卖点——楼盘及发展商形象。在信息不对称的环境下，消费者喜欢购买品牌房产。卖点构成：荣誉卖点、发展商品牌、知情权卖点、自我标榜、张扬个性。

第十一大类型卖点——产品嫁接。在另外一个领域找寻灵感，激发人们对美好生活的向往。卖点构成：教育概念、音乐概念、艺术概念、运动概念、旅游概念。

第十二大类型卖点——居住文化与生活方式。人们一方面试图去延续几乎遗忘了的传统居住文化，一方面又充满渴望地期待着来自异域的生活方式。卖点构成：生活方式、品位卖点、文脉卖点。

第十三大类型卖点——销售与工程进度。购房者最直接的信心来自楼盘的工程进度，巧妙利用施工过程中的几个重要阶段，能营造出一系列气氛热烈的庆典时刻。卖点构成：奠基卖点、内部认购、第一期公开发售、第二期公开发售、最后一期公开发售、火爆人气、热销卖点、加推卖点、样板房开放、外立面呈现、封顶卖点、竣工卖点、交楼卖点、入伙卖点、尾房销售、现房卖点、答谢卖点。

第十四大类型卖点——原创概念。为购房创造概念。卖点构成：居住主题、新都市主义、宣言卖点、度假式概念、现代主义、游戏规则。

第十五大类型卖点——创意促销。如果能吸引买家的眼球，并且进一步将他们带到楼盘现场，可以说已经成功了一半。卖点构成：价格卖点、付款方式、竞卖卖点、节日促销、折扣促销、送礼促销、特价单位促销、巨奖促销、名人效应、各类比赛促销、征集活动促销、开放日促销、业主联谊促销、音乐会促销、表演活动促销、艺术活动促销、新旧房互动、车房互动、送私家花园、另类营销手法。

---

**8. 房地产广告文案写作**

(1) 广告文案。就是存储在广告画面中的文字，文字不能过长，也要与画面的意思一致，而且要显而易见。

(2) 广告文案写作。是一个创意实现的过程，在这个过程中，广告文案人员要在广告文案写作的特殊原则、特殊条件下，对广告创意策略和表现策略进行语言文字的表现。这个表现，是与其他制作和表现者一起，形成一个完整、有效的广告作品。这个广告作品是直接与目标受众产生沟通的中介。因此，广告文案写作过程是一个发展创意、表达创意的过程，是一个运用语言文字与目标受众沟通的过程。诉求方式、诉求内容要体现出一种人文关怀。

1）诉求方式上，要有充满人情味的感性诉求，宣传内容要以亲切的生活画面为主，以此来增强与客户沟通的亲和力。

2）在诉求内容上，"物业管理"、"智能化服务"、"社区文化氛围"、"健康空间"、"人性化设计"、"数字化技术"等是新近出现的新颖的诉求点。如："为爱找一个温馨家园"、"为每个梦想设身处地"、"超越所有期待，让生活充满阳光"等都能体现开发商对消费者的人文关怀。

(3) 广告文案写作的原则。①简洁性原则；②真实性原则；③原创性原则；④有效传播原则。

(4) 广告文案的结构构成。①广告标题；②广告正文与附文；③广告口号与广告准口号。

## 小案例

### "锦绣香江－居住与世界同步"广告文案

选择生态豪宅，选择健康幸福！

紫荆园、紫荆雅园现正热销

别墅社区珍稀洋房，即买即住，数量有限！

别墅生活圈珍藏版地铁上盖生态洋房

静处国际化生态社区锦绣香江财富山旁，

尊享别墅生活圈成熟配套和立体交通网络，

天然山景、阳光水景环绕，坡地式电梯洋房，

营造宁静、开阔、不与人扰的豪宅气度，

选择生态豪宅入住，给家人更多健康和幸福。

资料来源：http://www.sanyuan163.com/.

### 9. 房地产广告媒介策略

(1) 媒介策略是指房地产开发企业与新闻传媒单位建立良好的社会关系以达到企业与项目的辅助性宣传效果。和传媒建立关系就是和记者、编辑建立关系。媒介关系有着难以估量的作用，它传递信息迅速，传播面广，可信度高，如果几大媒体同时报道某企业的项目佳、信誉好，那么无疑就是帮该企业在公众心目中树立了良好的形象，而且其效果要比广告好得多。

(2) 最高明的媒介策略是善于"制造新闻"。制造新闻有一个基本原则，那就是决

不能弄虚作假，它应该是建立在真实的基础之上，经过策划者的巧妙挖掘，经由记者采访报道并在各大媒体上进一步推广。

10. 房地产广告媒体布局设计（媒体选择）

（1）广告媒体是用于向公众发布广告的传播载体，是指传播商品或劳务信息所运用的物质与技术手段。传统的“四大广告媒体”为电视、电台、报纸、杂志。广告行业把电视媒体和电台媒体称为电波媒体；把报纸和杂志媒体称为平面媒体。在互联网时代，出现了系列新媒体，如：手机媒体、交互式网络电视（IPTV）、数字电视、移动电视、博客、播客等，此外还有户外广告。房地产媒体可分报刊、电视、广播、杂志、户外广告、电脑网络等大众媒体和宣传画册、售楼书、人际传播、直邮广告、礼品广告、现场布置、通信等特殊媒体两种，并且每种媒体都有其优缺点。各种广告媒体特点，如表 8-3 所示。

表 8-3 各种广告媒体特点

| 序号 | 媒体 | 优点 | 缺点 |
|---|---|---|---|
| 1 | 报纸 | 灵活、及时、覆盖面广，地理选择性好，可信度高 | 时效短，表现手法单一，不易激起注意力 |
| 2 | 电视 | 综合视听，兼具动感，感染力强，覆盖面广，送达率高，表现手法灵活、形象 | 信息消失快，不易保存，制作复杂，成本高，受众选择性差，干扰多，绝对费用高 |
| 3 | 广播 | 覆盖面广，传播速度快，送达率高，方式灵活，制作简单，成本小 | 有声无形，印象不深，展露时间短，盲目性大，选择性差，听众分散 |
| 4 | 杂志 | 针对性强，可信度高，印刷精致，图文并茂，干扰小，阅读时间长 | 购买版面费时间长，费用高，位置无保证 |
| 5 | 户外 | 反复诉求，复现率高，效果好，注意度高，费用低，竞争少，灵活性好 | 观众选择性差，创造性差 |
| 6 | 直邮 | 选择性强，灵活性好，竞争少，个性化，制作简单 | 相对费用高，广告形象差 |

（2）媒体布局设计（选择广告媒体）。就是给所要宣传推广的产品或服务找到合适的广告传播载体。产品或服务的性质决定了媒体选择的方向，选择广告媒体要考虑 6 个因素。

1）产品个性。产品的个性特点会影响到广告表现的创作形式，也会影响到广告媒体的选择。有些媒体是不适于宣传若干种产品的，制订媒体计划时必须留意。

2）目标市场。要根据目标市场的特点将目标消费者分类，以适合各类媒体的传播。

3）经销系统。是批发给经销商或代理商，还是采用推销员直接向用户或消费者推销？经销范围真正有多大？经销的各个环节如何配合？等等，都会影响媒体选择。

4）竞争对手。必须充分调查了解竞争对手的广告战略与策略等问题，以便在选择广告媒体和推出方式时发挥己之所长。

5）广告文本。广告文本创作与媒体选择、确定推出方式是分头进行的，但广告文本与广告媒体必须匹配，即什么样的媒体适合发布什么样的文本。

6）广告预算。对广告运动形式进行控制的一个最大的制约因素就是广告预算。因此，在选择媒体时，要在广告预算的许可范围内，对广告媒体做出最佳的选择与有效的组合。

(3) 房地产媒体策略。媒体策略即媒体选择和组合策略，它是非常具体的一系列要求。

1）策划者首先应该对众多媒体要有相当的认识。媒体是信息的传播工具，凡能在广告主与广告对象之间起媒介作用的物体都可称为广告媒体，广告创意不管多么巧妙，它最终必须依靠媒体才能传达到目标视听众。不同的媒体具有不同的特点，不同的刊播时间具有不同的效果，因此，选择什么媒体，在什么时间刊播就很有讲究。

2）要根据目标客户的行为习惯来选择媒体，“钱要用在刀刃上”。不同的客户接触媒体的类型、时间、地点、方式、态度都是不一样的。有效的传播途径必须和目标客户对待媒体的接触习惯尽量统一，媒体选对了，时间也要对，时间对了，地点也要对，只有不断的调整我们的媒体选择，我们的广告才有效果。

## 实践经验

### 房地产媒体选择技巧

报纸、电视存在一个选择的问题，就拿南京来说，哪份报纸效果最好，哪家电视台最棒，不能一概而论，应该根据目标客户的行为习惯来取舍，有些项目并不一定非要通过报纸、电视才能达到好的推广效果。对于面向本地市场的住宅项目，选择发行量大的地方综合性报纸和收视率高的电视台是正确的，但是哪天刊播效果最好，这又要看目标客户的行为习惯，对于打工一族来说，周末（星期五）下了班买份晚报回去轻轻松松地读，次日早上买份日报边看边喝早茶，这是这群人的行为习惯。星期五的晚报和星期六的日报是住宅广告的黄金时段。

周末晚上的电视节目比较精彩，一家人聚在一起看电视，此时的住宅广告正好可以让一家人一起议论，其效果较之报纸更好。

写字楼的广告周末晚上出现就不识时务，因为买写字楼是公司的事。写字楼的目标客户一般都是企业，尽管企业也订有综合性报纸，但通常企业正常工作时间是不允许看的，但对经济类报纸和专业报纸则允许甚至鼓励有关人员看，这是工作需要，包括老总自己也会更加注意经济类和专业性报纸，因为这和他的生意有关。

写字楼的促销广告，选择经济类报纸和专业性报纸，其效果往往更好，而且费用要比综合性报纸低得多。

写字楼的推广，最好是准备好一套完整详细的资料后，派人直接送上门去。对于个体经营者来说，周末生意兴旺，一周就靠那两天赚钱，让他去看报纸岂不是断了他的财路，因此，如果你的目标客户是他们，那么，周一至周五随你选哪天都行。

如果你想让人接受你的信息，切忌三点：

一是不能使人紧张，想让人聚精会神地听你说没门；

二是不能使人费解，让人半天也想不明白的话应该跟哲学家去说；

三是不能啰嗦，喋喋不休的话谁也没耐心听。这是当今人们的普遍心态。

### 11. 房地产项目形象包装策划

房地产项目形象包装目标是使项目楼盘概念具体化、专业化，建立楼盘良好形象，以便给目标消费者留下深刻、明确的印象。

（1）施工场地环境包装设计。

1）施工场地环境包装设计，就是根据建筑施工的进程和环境特色将整个工地现场包装，强调项目的特色，对项目有一个整体良好的视觉形象。

2）工地形象诱导很重要，工地作为买家最为关注的地方，是宣传最经济和最有效的场所。工地形象如何不仅直接与物业和企业形象有关，而且还能够营造销售气氛。如：工地路牌，表明物业的名称和位置，直接与工程形象相关联；工地围板，明确发展商和地产建造的专业性；工地气氛，利用彩旗、气球等宣传物品，吸引人们的注意力，营造人气旺、整洁、有序的施工现场。

3）施工场地环境包装手段。一部分内容为工地围墙包装，工地立柱广告牌制作，工地公共标志牌制作、挂旗制作、路灯安装等；另一部分内容为绿化和其他配套工程完善，优先搞好工地围墙沿线、样板房参观路线以及绿化。重点做好外墙广告——最大的户外看板：楼盘的外墙一般是将外墙用墙柱分隔成多面，每面的内容图案颜色相同，主要是楼盘名、楼盘标志 logo、电话等，以达到统一形象，加深买家印象的目的；粉刷上投资商、发展商、代理商、承建单位、设计单位的名称及标志。

（2）售楼处包装。

1）在售楼处顶部或两侧布置户外广告看板。外墙以及主要入口处的大型看板，内容一般是楼盘透视效果图、楼盘名称、广告语、售租电话、楼盘标志 logo、交通图等。

2）售楼处内部布置设计，包括接待区、展示区、洽谈区等，做好装修、装饰，制作和展示销售模型、售楼书，配置有关设施。

3）培训售楼人员的基本技能与礼仪。

（3）样板房形象包装。销售房子，光讲不行，还要看，才能相信，要借助样板房发挥作用。样板房要能够集中展示开发商对目标客户的承诺兑现，要设计好房屋格调、气氛和家具配置等内容。

（4）看楼通道包装。选择安全线路，从售楼处通向样板房（或事先准备好的现场典型套型），尽量搞好绿化。线路两边要有安全标志，合适的开阔位置悬挂楼盘相关介绍、图片等。

## 小案例

### 万科金色里程的工地包装

万科金色里程的工地包装，如图 8-6 所示。

图 8-6 金色里程“万科红”的工地围墙包装

12. 房地产广告推广安排

广告推广安排就是根据广告策划、广告心理和媒体选择对产品广告进行投放的系列计划。通常包括广告周期的安排、广告主题的安排、广告媒体的安排和广告预算的编排四个部分。

（1）广告周期的安排。在一个规范化的营销行为下，广告周期安排就是广告周期的拟定。一个楼盘的广告周期是隶属于它的营销周期的，作为一个相对独立的促销过程的营销周期，广告周期的安排便是其不可缺少的一个部分。

## 实践经验

### 房地产项目营销周期的广告推广安排

一个完整的营销周期由筹备期→公开期→强销期→持续期这 4 个部分组成。在引导期，大量的作业是一些销售前的准备工作，广告运用仅为一些新闻报道和户外媒体发布。进入公开期，楼盘则被正式推向市场，适量的报纸稿配合人员推广，开始使卖场渐渐热络起来。在强销期，大量的报纸广告，结合强有力的业务推广，如人员拜访、电话追踪、派报邮寄等，立体的促销攻势全面展开。为配合销售达到顶峰，或者在相对低落时创造又一个销售高潮，各种促销活动层出不穷。持续期的工作，则是对前期积累客户的消化吸收和一些事务性的收尾工作，广告量相对平静。若这个营销周期只是整个销售过程的一部分，则该阶段的工作还应包括对此次销售策略的修正和检讨，努力为下一个营销周期作准备。

区别于其他产品的营销周期，预售商品房营销周期的确定除了企业内部自身的因素外，还依赖于楼盘的施工进度，并时常以施工进度的某个时间点，如建筑出地面、结构封顶、楼盘竣工等作为营销的切入点。

此外，各类节假日也是制定营销周期的重要时间考量点。

营销周期的长短并没有严格的限定，短则两三个月，长则一年或二年。一个房地产项目从刚开始预售到最后一套房屋的卖出，可以规划为一个完整的营销周期。但一个楼盘在整个销售过程中，因为相持时间长、销售状况跌宕起伏，实践中往往不止一个营销周期的存在。

---

（2）广告主题的安排。

1）一个楼盘总有几个主要诉求点，几个次要诉求点，除了说明书外，几乎任何一种媒体形式的每次内容表现，都是以一个主要诉求点结合几个次要诉求点来加以展示的。实际操作中，归纳总结出来的几个主要诉求点往往轮流作为广告的主题来强打，而且，当其中的一个主要诉求点被选为广告的主题时，其他的几个主要诉求点则与次要诉求点一样，有选择地作为广告主题的辅助表现，可以最大限度地吸引目标客源；精心安排的广告主题的轮流展示，则可以保持楼盘的常新常亮。

2）广告主题的轮流安排也不是无序的，它是和广告周期的安排和广告诉求点的内容紧密相连的。在产品引导期和公开期，广告主题多以产品的规划优势、楼盘的地段特征为主，通过形象的着力介绍，让一个新兴的事物尽快为客户所注意和了解。到了楼盘的强销期和持续期，除非产品有特别的优势，价格攻势往往成为广告的主要内容，在客户对产品了解的基础上，通过价格上的优惠折让和某些服务方面的承诺促使成交量迅速放大。

（3）广告媒体的安排。各色各样的媒体在广告活动中起着各自的作用。为了更好地发挥媒体的效率，使有限的广告经费获得最大的经济效益，应该对不同类型的媒体在综合比较的基础上，加以合理的筛选、组合，以取长补短，以优补拙。因为房地产的“不动产”特质，它的常用广告媒体一般为：①户外媒体，户外媒体因为位置固定，比较偏重于楼盘周围的区域性客源；②印刷媒体，印刷媒体可以定向派发，针对性和灵活性都较强；③报刊媒体，报刊媒体和广播电视则覆盖面广，客源层多。三者取长补短，是房产广告的“三驾马车”。如在广告的筹备期，广告媒体的安排以户外媒体和印刷媒体为主，售楼处的搭建，样本房的建设，看板的制作以及大量的海报、说明书的定制是重点。

（4）广告预算的编排。广告预算是营销活动总预算的一部分。在总预算的框架下，广告预算主要根据广告周期的安排、广告主题的传播和广告媒体的选择来编排，按筹备期→公开期→强销期→持续期各时段销售的特点持续安排广告经费投入。

### 13. 房地产广告效果测定

广告效果是指企业通过媒体传播广告之后，目标消费群受到的影响。从广告效果的形成过程来看，广告效果可以划分为广告认知效果、广告心理效果和广告销售效果3个层面。广告效果的特征包括：滞后性、积累性、复合性、间接性、层次性。广告效果测定，就是运用科学的方法来鉴定广告的效益。广告效果测定的方法有3种。

（1）实验法。这是事前测定与事中测定必用的主要方法。采用实验法必须选择与目标销售区域或对象具有类似特征的实验范围与对象。对于接受实验者来说，一切都必须是全新的，不带任何假想，甚至是一无所知地接受实验，这样才能使所获结果尽量接近真实。

（2）问卷法。可以通过邮寄、报纸公开征集回函或访员上门访问进行。如果能够许诺消费者某种好处，反馈率是相当可观的。这是一个比较费时、费力的方法，但测定对象覆盖面广，问题可以比较全面地了解。比如消费者的品牌认知度、品牌忠实度等，都能够有所反应。这两种方法都是从消费者角度来进行广告效果的测定。

（3）产品销售效果的分析。这是从广告主内部来测定的，也是最常拿来衡量广告运作效果的尺度。

1）产品销售额与广告费用之比。从中大致可看出广告运动最为直接和最为短期的效果。这当中排除了其他影响销售额的因素。所以，销售额增减只是测定广告效果的一个参考，并不能完全准确地反应广告效果。

2）市场占有率变化描述。广告运动前产品在市场中的位置和力量，与广告运动后产品在市场中的位置和力量对比。此法与分析销售额法极类似，只能作为一个参考因素。

3）利润与利润率的变化比较。利润率是衡量付出与得到是否相当的天平，对广告实施前后的利润与利润率进行比较，在某种意义上比销售额分析、市场占有率描述都要来得尖锐。

## 实践经验

### 房地产网络营销广告推广

房地产营销者将自己的营销活动全部或部分建立在互联网的基础之上，就具备了网络营销的特性。从具体操作来说，房地产网络营销通常首先是建立自己的网站（homepages），然后借助各种方式，让消费者获知该营销项目在互联网上的域名地址，而消费者则根据自己的需要浏览房地产企业或项目的网页，了解正在营销的房地产项目，同时可以在线向房地产营销网站反馈一些重要的信息。

房地产网络营销的理想方式，最大特色即在于“足不出户，选天下房”。不需要从一地赶到另一地选房看房，仅在家里利用互联网，就可了解房地产楼盘项目的规模和环境，进行各种房屋的查询和观看。一个构建完善的房地产网站，购房者所关心的一切重要信息，如房屋的外观、房间的布局、周围的社区环境、公园、学校等只要用手指轻轻点击鼠标就一览无余、尽收眼底，在对各种房地产项目进行了全面而审慎的选择、比较后，购房者即可找到符合自己心目中理想需求的房屋，过去十分耗费时间、口舌和精力的选房过程，在网络营销的环境中，变得十分轻松有趣和迅速快捷。

网络营销的特性：网站是基础，推广是手段，赢利是目的。常用的房地产网络营销推广方式有以下一些。

一是搜索引擎优化（search engine optimization，SEO）。搜索引擎优化是中小房地产企业最常见的一种推广方式之一，主要是通过搜索引擎的排名来提高网站的最大限度曝光率，从而提升网站的流量，来实现互联网的销售。当然对于中小房地产企业来说更倾向于用户的体验化，也就是常规说到的UEO。

二是点击付费广告（pay per click，PPC）。点击付费广告对于现在的房地产企业来说很大一部分采用了这种按照实际点击来付费的广告形式，最主要的目的是得到最核心客户的点击，常规网站比较常见的有百度、搜狐、腾讯、雅虎等，当然现在也有一些电子商务网站采用了该推广模式，最大的优势就是把每一分钱都花在了刀刃上。

三是博客营销。博客营销也同样是一种很不错的房地产推广营销方式，最主要的目的是对公司以及产品信息进行一个有效的传递。对于一个房地产企业来说，最主要的问题在于博客的选择以及博客的合理应用，在博客推广中不在于多，而在于精，提供和传递有价值的项目信息才是大家所喜欢的信息。

四是电子邮件营销。在中国市场，房地产企业还没有将电子邮件营销做到合理的有效运用，还是处于发展中，但是不过现在电子邮件被大量的一些虚假广告信息和垃圾信息所采用，一个邮箱每天轻松就能够收到几十条垃圾邮件，当然其实对于房地产电子营销来说也同样是一种很有效的推广方式。这种方式主要是将公司信息制作之后，对产品、促销、荣誉、刊物和相关资讯进行点对点的有效传播，当然最主要的就是内容和资源，特别是现在行业之间的差异化一定要注意。

五是新闻软文营销。这种方式采用得越来越多，大部分的房地产企业开始了采用软文营销进行推广，然后在大型行业门户或者是大型网站进行传播，但要注意内容的真实性、价值性、推广方向。

六是QQ群推广。QQ是现在中国使用群体最多的即时通信交流工具，对房地产项目推广工作起到了很大的帮助，主要的方式是QQ群邮箱。QQ群推广不宜采用苦力的方式，因为QQ是和人打交道，只要掌握了好的方式方法很容易建立口碑营销。

当然，网络推广方法还有很多，但不是每一种方法都适用于自己所服务的房地产项目，具体问题具体对待。只要选对方法，坚持下去，就能得到预期的效果。

## 8.3 房地产人员促销推广策划

### 1. 房地产人员促销推广及其优缺点

(1) 房地产人员促销推广。主要指房地产推销员直接与房地产项目目标客户接触、洽谈、宣传介绍项目产品以实现销售目的的活动过程。人员促销推广是最原始但有时是最有效的产品促销策略，房地产项目与顾客之间的联系主要通过推销员这个桥梁。推销员、产品、顾客三者结合起来，才能成为统一的人员促销推广这一运动过程。

(2) 人员促销推广的主要特点。①信息沟通的双向性；②推销过程的灵活性；③有利于发展和维持客户关系；④成本高，要求高。

(3) 房地产人员促销推广的优缺点。

1) 优点：人员促销方式灵活、针对性强、及时成交、发展关系、反馈信息，可以进一步弥补广告与促销信息之间的信息沟通不足的弊病，提高产品在市场上的竞争力，通过现身说法的方式赢得消费者的信任和好感，促成消费者完成购买行为。

2) 缺点：人员推广策略的单位成本比较高，庞大的队伍会使成本上升，人才难觅，管理也比较困难，而且对目标消费者的覆盖面不广。

### 2. 房地产人员促销推广目标的确定

(1) 确定促销推广目标的依据：房地产项目情况、市场竞争情况、促销队伍自身情况。

(2) 人员促销推广目标：①推销额，按周、月、季度、年度，或者按项目进度结点；②顾客访问签约成功次数，按周、月、季度、年度，或者按项目进度结点；③新客户的访问时间占总时间的比率；④新客户的推销额占总推销额的比率；⑤推销费用占推销额的比率；⑥客户的反应，如满意度、投诉率等。

### 3. 房地产人员促销推广的程序和技巧

(1) 搜寻促销对象。寻找、发掘潜在的消费者，它们可以是消费集团，也可以是个人。了解消费者对本项目产品信息的接收情况以及市场需求情况，确定可成为产品购买者的顾客类型，了解目标市场和顾客对企业及其产品的反应及态度，准确选择和确定潜在顾客。

(2) 准备工作。包括拟定推销房地产的内外信息，如区位条件、设施情况、环境质量、建筑设计、结构、材料、装修等；还要了解消费者情况，如收入、支付能力、家庭成员组成等，做到“知己知彼”；另外，还应掌握同类房地产的竞争情况等，并有心理准备，设想一些可能遇到的情形，构思对策。

(3) 接近对象。通常需要向重点选择对象的周围了解其基本情况，然后再通过电话或“互联网”预约，以便让对方有心理准备，电话联络要尽量婉转，表达要清晰，避免唐突登门造访。

（4）介绍项目情况。约见后，先介绍自己的情况，出示有关证件，给人以安全和信任感，再详细介绍房地产项目及企业情况。此时应表现出信心和耐心。

（5）应付异议，解答疑问。顾客在听完介绍后，可能会提一些问题，如价格可否优惠，以及质量问题、产权问题，是否办理按揭业务、售后服务问题、物业管理问题等。所有这些均须耐心具实回答，以消除消费者疑虑，增强其购买决心。

（6）成交。经过耐心细致的动员说服工作，顾客最终采取购买行动。推销工作基本完成，推销人员可以事先准备一份意向书或草拟协议，争取对方签章。如果不能成交，也应当礼貌地道谢再见。

（7）追踪服务。交易完成后，推销人员还应主动同消费者联系，监督开发商兑现其所承诺条件的情况，协助消费者解决可能出现的难题，不要“人走茶凉”，要维持和提高顾客对企业、产品及推销员的满意程度。

### 4. 房地产促销人员条件与素质

在房地产人员推销过程中，销售人员的自身素质至关重要。销售人员的素质和形象其实是企业形象的代表。有些公司不注重人员素质的提高，销售人员素质差，不但销售难以成功，还会损害公司形象。

（1）房地产促销人员的基本条件。有事业心、有服务意识、态度和蔼、精力充沛、有专业知识、善于沟通、应变能力强等。

（2）房地产促销人员应具备的素质。

1）良好的思想素质。有艰苦奋斗的创业精神，遵守国家法律、法规和有关政策。

2）较高的个人修养。仪表端庄，举止大方，态度和蔼，具自信力，能正视各种挑战。

3）较强的业务能力。熟悉房地产业，有相当专业知识，有较好的语言表达能力，善与人沟通，有完成销售任务的强烈欲望。

### 5. 房地产促销队伍的建设与管理

（1）房地产促销队伍人员构成：促销员、促销主管、市场代表、市场督导等。总体上分为直接销售人员（促销员）和带有部分管理性质的直接销售人员（促销主管、市场代表、市场督导等)。

（2）推销人员的招聘和遴选。主要通过内部选拔和对外招聘选拔人员。

（3）推销人员的培训。培训的方法有课堂教学培训、模拟培训和实践培训。

（4）推销人员的考核与激励。

1）考核。促销活动效果的评估是个非常重要的阶段，它不是在促销活动结束后才有，而是贯穿于促销的整个过程，对推销人员的考核主要依据促销目标完成情况的评估结果。

2）激励。包括报酬激励和奖励激励两种。报酬激励有三种形式：固定工资制、佣金制和混合制。奖励激励包括物质奖励和精神奖励。

（5）推销队伍的结构安排。

1）地区结构安排。按地区派遣推销人员，使每个推销人员负责企业所有产品在一个地区内的推销工作。

2）产品结构安排。按产品的类别派遣推销人员，使每个推销人员分别推销不同类别的产品，如住宅、商铺由不同人员促销。

3）顾客结构安排。按顾客类型（如新顾客与老顾客、重要顾客与一般顾客）或行业派遣推销人员，使每个推销人员分别负责向不同类型的顾客或不同的行业推销产品。

4）复合结构安排。按地区、产品和顾客的某种组合派遣推销人员。当企业在一个广阔的市场范围内向不同类型的顾客推销多种类型的产品时，可以采用这种形式。

（6）推销队伍的规模。一般采用工作量法来确定：①按年购买量的大小对顾客进行分类，并确定每类顾客的数目；②确定每类顾客一年内需要访问的平均次数；③计算访问所有顾客所需的总次数，即年访问总工作量；④用总次数除以一个推销人员一年内可以完成的平均访问次数。这样就可计算出推销队伍的总人数。

### 6. 房地产人员促销技巧

在促销实践中发现，销售业绩最好的促销员并非是那些最能"侃"的促销员，一些纯朴但敏锐的促销员的促销效果反而更好。因为这些促销人员掌握了一定的促销技巧，更能把握消费者内心的真实想法，有同理心促使顾客做出购买决策。人员促销主要有以下技巧。

（1）树立双赢理念，做好置业顾问。人员推销非常注重人际关系，销售人员代表企业利益，同时也要重视顾客利益，为顾客着想。满足顾客需要是保证销售成功的关键。销售人员要乐意在许多方面为顾客提供服务，帮助其了解推出的楼盘，帮助其解决问题。

（2）因人而异选择推销方式。销售人员在销售过程中，要具有极大灵活性，因人而异选择推销方式。可随时观察顾客对推销陈述和推销方式的反应，并揣摩其购买心理变化过程，有针对性改进推销方式，以适应不同顾客的购买行为和需要。

（3）做好双向沟通，搜集市场信息。人员推销是一个双向沟通的过程，在向顾客提供服务的同时，也要做好市场信息搜集员，为企业搜集可靠的市场信息，以便于企业了解市场，提高项目开发水平。

---

## 实践经验

### 房地产销售中人员推销的技巧

（1）与客户接触要有：

- 整洁的仪表；

- 守时；
- 得体的问候、适当的寒暄；
- 礼品的馈赠；
- 双赢精神、不卑不亢。

(2) 制定好行动计划。以节省时间、减轻紧张程度、增加工作弹性、提高专业化程度、提高销售业绩。

(3) 做好出访前的准备。出访时间是否合适，是否了解对方，拜访目的，辅助工具等。

辅助工具包括产品说明书、名片、计算器、笔记本、笔、价格单、宣传品（POP）、样图、纪念品（礼品）。使用辅助工具好处有：容易引起对方的注意和兴趣，使销售说明更直观、简洁和专业，预防介绍时的遗漏、缩短拜访时间、提高成交率、随时更换准客户收存的本公司资料。

(4) 消除误会，取得信任。顾客对推销员一般有戒备心理，或对商品房有一些看法，甚至有些错误成见，因此应避免满口推销行话，自吹自擂，而应在与顾客热情交谈时，尽量搞清楚他们感兴趣的话题，尽量谈一些顾客认为有价值的东西，鼓励对方自我展示，同时表现出诚实、坦率。

(5) 积极提问。通过提问从顾客回答中获取需要的信息，巧妙地问一些顾客感兴趣的问题，还能取得顾客的好感。有时提问也是一种手段，将顾客从偏离的话题中拉回正题。

(6) 善于提示、说服。提示不是要操纵顾客，而是引导他们认识到所推销的商品房正是他们所需要的。可运用以下方法。

- 与竞争对手相对比。推销员将自己的楼盘与竞争对手相对比，突出自身优势和特色，打动顾客。
- 出示证明。在与顾客交谈时可提供参考资料、相关证书、资质证明、专业鉴定等，或举例购买该商品房的有名望的人，或讲述另一消费者如何开始心存疑虑到后来决定购买的例子等。
- 推销员自身表现。要表现出自信、权威，具有丰富专业知识，对楼盘熟悉了解；对顾客表现出礼貌、尊重、对他们的福利关心；对所作的声明、承诺始终如一。

(7) 正确面对反对意见。反对意见的提出有许多原因，如顾客暂时无力购买，或有更隐蔽原因未说出而以不真实的反对来搪塞，等等。面对反对意见，销售人员切忌不耐烦或者发一大通辩解。而要礼貌请求顾客对反对意见作出解释，避开表面托辞，探求真实原因，解决顾客问题，尽量满足其需要。

**巧判“可能买主”的依据**

巧判“可能买主”主要依据以下10个要素。

(1) 随身携带本楼盘的广告。

(2) 反复观看比较各种户型。

(3) 对结构及装潢设计建议非常关注。

(4) 对付款方式及折扣进行反复探讨。

(5) 提出的问题相当广泛琐碎，但没有提出明显“专业性问题”。

(6) 对楼盘和某套型的某种特别性能不断重复。

(7) 特别问及邻居是干什么的。

(8) 对售楼员的接待非常满意。

(9) 不断提到朋友的房子如何如何。

(10) 爽快地填写客户登记表，主动索要卡片并告知方便接听电话的时间。

如果每个要素算10分，给“可能买主”打分，分数最高者即为“最有价值客户”，就要优先对其进行分析制订下一步跟踪方案；如果分数低于20分，则基本可以判定是“不可能买主”。

将准客户分为三级。

A级：最近交易的可能性大。

B级：有交易可能性，但还要些时间和努力。

C级：依现状尚难判断。

---

## 8.4 房地产营业推广策划

### 1. 房地产营业推广及作用

(1) 房地产营业推广。营业推广也称销售促进或销售推广（sales promotion，SP），是一种适宜于短期推销的促销方法。房地产营业推广是房地产企业为鼓励购买、销售产品而采取的除广告、公关和人员推销之外的所有企业营销活动的总称。

(2) 房地产营业推广的特点。

1) 营业推广促销效果显著。只要能选择合理的营业推广方式，就会很快地收到明显的增销效果，而不像广告和公共关系那样需要一个较长的时期才能见效。营业推广适合于在一定时期、一定任务的短期性的促销活动中使用。

2) 营业推广是一种辅助性促销方式。人员推销、广告和公关都是常规性的促销方式，而多数营业推广方式则是非正规性和非经常性的，是它们的补充方式。使用营业推广方式开展促销活动，虽能在短期内取得明显的效果，但一般不能单独使用，常常配合其他促销方式使用，能使与其配合的促销方式更好地发挥作用。

3) 营业推广有贬低产品之意。采用营业推广方式促销，似乎迫使顾客产生“机会难得、时不再来”之感，进而能打破消费者需求动机的衰变和购买行为的惰性。但是，营业推广的一些做法会使顾客认为卖者有急于抛售的意图，若频繁使用或使用不当，往往会引起顾客对产品质量、价格产生怀疑。

（3）营业推广的作用。

1）可以吸引消费者购买。这是营业推广的首要目的，尤其是在推出新产品或吸引新顾客方面，由于营业推广的刺激比较强，较易吸引顾客的注意力，使顾客在了解产品的基础上采取购买行为，也可能使顾客追求某些方面的优惠而购买产品。

2）可以奖励品牌忠实者。因为营业推广的很多手段，譬如销售奖励、赠券等通常都附带价格上的让步，其直接受惠者大多是经常使用本品牌产品的顾客，从而使他们更乐于购买和使用本企业产品。

3）可以实现企业营销目标。这是企业的最终目的。营业推广实际上是企业让利于购买者，它可以使广告宣传的效果得到有力的增强，破坏消费者对其他企业产品的品牌忠实度，从而达到本企业产品销售的目的。

（4）营业推广的不足。

1）影响面较小。它只是广告和人员销售的一种辅助的促销方式。

2）刺激强烈，但时效较短。它是企业为创造声势获取快速反应的一种短暂促销方式。

3）顾客容易产生疑虑。过分渲染或长期频繁使用，容易使顾客对促销者产生疑虑，反而对产品或价格的真实性产生怀疑。

### 2. 房地产营业推广形式的选择

在开展房地产营业推广活动中，可选用的方式多种多样。

（1）赠送促销。向消费者赠送奖品，赠送奖品是介绍新产品最有效的方法，缺点是费用高。奖品可以选择在售楼处散发，也可以公开广告赠送，或入户派送。

（2）折价券。在购买产品时，持券可以免付一定金额的钱。折价券可以通过广告或直邮的方式发送。

（3）组合促销。以较优惠的价格提供组合产品，如房屋与车库、阁楼、庭院等组合销售。

（4）抽奖促销。顾客购买产品之后可获得抽奖券，凭券进行抽奖获得奖品或奖金，抽奖可以有各种形式。

（5）现场展示。企业派促销员在项目施工现场展示本项目的产品，向消费者介绍房屋的特点、先进设施的用途和使用方法等。

（6）联合推广。企业与大银行、大商场联合促销，将一些能显示企业优势和特征的楼盘模型在银行、商场大厅集中陈列，边展销边销售。

（7）参与促销。通过消费者参与各种促销活动，如技能竞赛、知识比赛等活动，能获取企业的奖励。

（8）会议促销。各类展销会、博览会期间的各种现场产品介绍、推广和销售活动。

### 3. 房地产营业推广方案设计

（1）确定推广目标。就是要明确推广的对象是谁，要达到的目的是什么。只有知道推广的对象是谁，才能有针对性地制定具体的推广方案。

（2）选择推广工具（形式）。营业推广的方式方法很多，但如果使用不当，则适得其反。因此，选择合适的推广工具是取得营业推广效果的关键因素。企业一般要根据目标对象的接受习惯和产品特点，目标市场状况等来综合分析选择推广工具。

（3）推广的配合安排。营业推广要与营销沟通其他方式如广告、人员促销等整合起来，相互配合、共同使用，形成营销推广期间的更大声势，取得单项推广活动达不到的效果。

（4）确定推广时机。营业推广的市场时机选择很重要，如项目建设进度结点、各大节日等，必须事前做营业推广，否则就会错过了时机。

（5）确定推广期限。即营业推广活动持续时间的长短。推广期限要恰当，过长，消费者新鲜感丧失，产生不信任感；过短，一些消费者还来不及接受营业推广的实惠。

---

## 实践经验

### 从奖励角度设计房地产营业推广方案

（1）奖励规模。营业推广的实质就是对消费者、中间商和推销员予以奖励，所以企业在制定具体营业推广方案时应首先决定奖励的规模。在确定奖励规模时，要进行成本效益分析。假定奖励规模为10万元，如果因销售额扩大而带来的利润大大超10万元，那么奖励规模还可扩大；如果利润增加额少于10万元，则这种奖励是得不偿失的。

（2）奖励对象。企业应决定奖励哪些顾客才能最有效地扩大销售。一般来讲，应奖励那些现实的或可能的潜在顾客。

（3）发奖途径。决定通过哪些途径来发奖，既要考虑各种途径的传播范围，又要考虑成本。

（4）奖励期限。过长或过短都不合适。

（5）总预算。一是先确定营业推广的方式，然后再预计其总费用；二是在一定时期的促销总预算中拨出一定比例用于营业推广。后者较为常用。

---

### 4. 房地产营业推广方案的实施与评估

（1）房地产营业推广方案的实施。营业推广是一种促销效果比较显著的促销方式，但倘若使用不当，不仅达不到促销的目的，反而会影响产品销售，甚至损害企业的形象。因此，房地产营业推广方案在实施过程中，必须予以控制。

1）要按照方案中确定的推广方式和期限实施营业推广。

2）禁忌弄虚作假。营业推广的主要对象是企业的潜在顾客，在营业推广全过程中要坚决杜绝徇私舞弊的短视行为发生。本来营业推广这种促销方式就有贬低商品之意，如果再不严格约束企业行为，将会产生失去企业长期利益的巨大风险。

3）注重中后期宣传。开展营业推广活动比较注重推广前期的宣传，这非常必要，但不应忽视中后期宣传。因为营业推广活动中后期面临的宣传内容是营业推广中的企业兑现行为，这是消费者验证企业推广行为是否具有可信性的重要信息源。

4）注意不要突破营业推广预算。

(2) 房地产营业推广方案的评估。

1）房地产营业推广方案的执行率。看看是否百分之百执行方案，如果不能百分之百执行，说明方案需要修改完善。

2）科学测算营业推广活动的投入产出比。如果产大于出，即因销售额扩大而带来的利润大大超过推广成本，那么方案是个好方案；如果利润增加额少于推广成本，那么方案是个差方案，需要总结经验教训。

## 8.5　房地产公共关系推广策划

### 1. 公共关系营销

(1) 公共关系营销。指利用公共关系手段提高企业形象和信誉来促进企业产品销售。公共关系营销是极富有生命力的市场观念，企业除了继续使用传统的促销手段之外，越来越重视把以提高企业形象和信誉为主要内容的公共关系促销活动作为现代企业市场营销活动的重点手段来予以采用。

(2) 公共关系营销的特征。①公共关系营销是一个信息发布过程；②公共关系营销贵在攻心；③公共关系营销立足于长远利益。

### 2. 房地产公共关系推广

(1) 房地产关系推广。公共关系指组织机构与公众环境之间的沟通与传播关系。房地产关系推广是指房地产企业为了获得人们的信赖，树立企业或房地产项目的形象，用非直接付款的方式通过各种公关工具所进行的宣传活动。

(2) 房地产关系推广的实质。它是房地产企业在市场营销中与各关系方建立长期稳定的相互依存的营销关系，以求彼此协调发展，促进楼盘销售。

(3) 房地产关系推广遵循的原则。包括主动沟通原则、承诺信任原则和互惠原则。

(4) 房地产关系推广的形式。包括亲缘关系推广、地缘关系推广、业缘关系推广、文化习俗关系推广、偶发性关系推广。偶发性关系指在特定的时间和空间条件下发生突然的机遇形成的一种关系营销，抓住这种偶发性机遇推广产品，会成为企业扩大市场占有率、开发新产品的契机。

（5）房地产关系推广的优缺点。优点：覆盖面较广、投入不高、有持续性、销售后劲大。缺点是：针对性不强、见效慢。

**3. 公共关系的主要工具**

公共关系工具是指企业在建立良好公关形象时所采用的各种手段和方法。

（1）新闻。公关人员使用的主要工具是新闻，可以找出或创作一些对公司或其产品有利的新闻，有时需要新闻故事自然而然地就形成了，有时需要公关人员提出一些事件行动来制造新闻。

（2）演讲。能营造产品和企业的知名度。演讲的实质是一种现实活动。演讲的形式是以口语为主，势态语为辅。演讲的内容是演讲者的思想、观点的表述和情感的表达。演讲要有发音技巧，重音、停顿、节奏的运用技巧，语调、语气的控制技巧，眼神的运用技巧，面部表情的运用技巧，手势的运用技巧以及身体姿势的运用技巧。

（3）特别活动。包括新闻发布会、大型的开幕式、焰火展示、激光节目、热气球升空、多媒体展示，以及各种展览会。公司还可以通过向公益活动捐款来提高在公众中的声誉。

（4）谈判。由谈和判两个字组成，谈是指双方或多方之间的沟通和交流，判就是决定一件事情。①谈判的原则策略：不要在立场问题上争执不休；把人与问题分开；把重点放在利益而非立场上；构思互有收获的解决方法；坚持客观的标准。②谈判的时机性策略：等待最佳时机；适可而止；出其不意；以退为进；设立限制；划分阶段。

（5）书面材料（公共关系写作）是指在公共关系活动中，可以通过书面材料进行沟通联系、开展工作，接近并影响目标市场。①公共关系写作类型：公共关系新闻稿；公共关系广告文案；公共关系简报；公共关系调查报告；公共关系策划书；公共关系日常文书。②书面材料包括：年度报告、小册子、文章以及公司的新闻小报和杂志等。现在，企业越来越多地使用诸如电影、幻灯节目、录音磁带等视听材料作为宣传工具。企业形象材料能帮助创立一个公司的形象地位并能很快被公众够受，如图形拼板、文具、招牌、商业贺卡、建筑、制服、公司的汽车和卡车等，只要它们吸引人、形象鲜明、容易为人熟记，都会成为公关工具。

（6）公共关系广告是指为扩大组织的知名度、提高信誉度、树立良好的形象，以求社会公众对组织的理解与支持而进行的广告宣传。公共关系广告与商业广告的关系是：公共关系广告具有公共关系活动和广告活动的双重性质，它不同于一般的广告。

1）目的不同。商业广告的直接目的是促进商品的销售；公共关系广告从来不直接劝说人们购买，而是争取社会公众对组织的注意，激发社会公众的兴趣，争取社会公众的信任与好感。

2）手段不同。商业广告往往是直接列举商品的种种优点；而公共关系广告则是通过间接的手段让社会公众了解组织的情况。

3）效应不同。商业广告注重的目标是满足社会的一些需求及顾客的需求，且注重的是短期效应；公共关系广告的目标是保证组织在健康发展的基础上实现其战略目标，即传播组织的形象，传播组织对社会的有用性。公共关系广告目标的 AIDMA 法则：引起注意（attention，A）；产生兴趣（interest，I）；培养欲望（desire，D）；形成记忆（memory，M）；促成行动（action，A）。

### 4. 公共关系策划的程序

分析问题→搜集信息→确定目标和对象→设计公共关系方案→资金预算→预测评估→组织实施。

---

## 实践经验

### 进攻型公共关系

进攻型公共关系，是企业与环境发生摩擦冲突时所采用的一种公共关系模式。此模式的最大特点是“主动”，以一种进攻的姿态开展公关活动。如南京典雅居项目，主要产品为小高层高档住宅。其进攻型公关，首先打出了“物以类聚、人以群分”的广告词，受到社会和媒体的“关注”，受到社会批评的声音很大。接着，向社会征集广告词。最后确定了“拥庭院楼台，论琴棋书画”的广告词。南京典雅居项目的公共关系活动比较成功，推进了项目营销。

---

### 5. 公共关系的实施与评价

公共关系计划实施的特点。实施过程中的动态性；实施过程中的创造性；影响的广泛性。

（1）实施开始时的选择。

1）选择好具体实施日期。在实施计划时一定经过周密而全面的考虑，考虑到一切影响行动时机的因素，以将无法控制的因素转化为可控制因素，将不利因素转化为有利因素，抓住一切机会，主动开展多种公共关系活动，努力使公共关系计划目标实现。要注意避开或利用重大节日；要注意避开或利用国内外重大事件；注意不宜在同一天或同一段时间里同时发展两项重大的公共关系活动，以免其效果相互抵消；在偶然事件发生时，公共关系人员要有敏锐的洞察力，善于抓住有利时机，展开公共活动，往往会取得意想不到的效果；在企业出现失误或被公众误解时，若能抓住时机，开展积极的公共关系活动，也往往能够取得较好的效果。

2）选择对象公众所惯用的传播媒介。其目的是使发出的信息全部或大部分为目标公众所接受。

3）选择制作对象公众所接受的公关信息。根据调查所了解到的对象公众的文化、社会心理等方面的特点，在设计制作信息时使新闻稿件、广告稿、演讲词、展览说明、小册子等能够适合对象公众的特点，激发他们的兴趣。

（2）实施过程中的检查。

1）实施过程中的检查可以及时了解公关策划是否真正落实到每个人，并与责任制挂钩；可以深入地考核计划执行的实际情况，及时发现存在问题、矛盾和薄弱环节，以便采取相应措施使计划得到全面完成；可以发现计划是否符合实际，便于及时提出修改意见；可以总结计划编制和组织执行中的经验教训，积累资料，以便提高今后公关计划的科学性。

2）实施过程中检查的内容：第一是进度，即检查计划完成的进度。它是指实际完成的绝对数字和完成数所占计划的百分比。第二是效益。即检查公共关系活动是否符合预算和财务计划要求，投入与产出比例是否恰当。第三是关系。其中包括公关计划与企业整体计划、与各部门计划的执行情况是否协调；彼此配合是否默契，是否符合党和国家的方针政策。

（3）实施过程计划的修订和干扰的排除。由于内外环境的不断变化，预定的计划往往跟不上形势的发展，这就需要适度的修改。同时，公关计划实施过程中还会遇到各方面的干扰，这就需要不断地排除干扰。

（4）公共关系的实施效果评估。公关评估是公关工作过程的最后一个阶段。

1）通过对公关效果的评估，总结成功与失败的经验教训，为进一步开展公关活动提供依据。公共关系实务效果评估有3大要素：一是把实务活动的效果与公关目标相比较，分析有哪些效果和差距；二是分析成功和失败的原因；三是提出相应的对策，为下一轮次的公关实施指明方向。

2）具体评估内容，可以从两方面进行分类：一是公关工作成效的评估，这里有日常公关效果、专题活动效果、年度公关效果3方面的评估；二是就公关的具体手段、目的进行评估，主要是传播活动效果、形象活动效果等的评价。

## 8.6 房地产活动推广策划

房地产活动推广实际上是房地产营业推广的一种特殊形式，因为其销售效果显著，所以一般需要结合房地产项目的营销过程单独进行策划。

### 1. 房地产活动推广及时机选择

（1）房地产活动推广。活动推广就是以举办各类活动为基础，利用活动的互动性来辅助房地产营销目标实现的一种市场营销方式。简单地说，活动推广就是以活动为主要手段进行的营销方式。

（2）活动推广时机选择。活动推广时机一般依赖于楼盘的施工进度，并时常以施工进度的某个时间点，如建筑出地面、结构封顶、楼盘竣工等作为营销活动的切入点。此外，各类节假日等也是制定营销活动的重要时间考量点。营销活动的长短并没有严格的限定，短则一两天，长则一两周。

### 2. 房地产活动推广的类型

推广活动多种多样，除营业推广使用的打折、有奖促销活动外，企业常用的推广活动有：召开新闻发布会、公益活动、酒会、座谈会、参观活动和庆典活动等。

（1）召开新闻发布会效果很直接。一些地区成片的商品房建成后由于销售量很大，或一些专门对外商、港、台人员销售的住宅，可采取新闻发布会方式，开会同时散发印刷品，可在较短的时间内，利用多种渠道，尽量扩大宣传。这种方法集视听、文字材料及与潜在客户面对面介绍情况于一身，往往影响较大。

（2）参加公益活动，体现了企业的社会责任感。由于房地产经营其社会效应非同小可，一个富有社会责任感的房地产企业会使公众联想到其所开发的物业是值得信赖的。

（3）酒会、座谈会。在适当的时候，举办一些酒会、座谈会，邀请社会各界人士和部分目标客户出席，有助于企业和社会各界建立良好的关系以及加强与目标客户的沟通，为项目的推广积累社会基础。

（4）参观和庆典活动是在特定时期举行，如竣工、周年志庆等，企业可以邀请新闻单位和部分已购房客户、目标客户到公司和工地参观采访，让外界和目标客户及时把握项目进度，增强对项目的信心。与已购房者保持感情联络非常重要，一个已购房客户很可能会再引进一个甚至多个购房客户。有计划地安排企业参加、举办一些社交活动，将有助于提高企业公众心目中的形象和促进项目的推广进度。

### 3. 房地产活动推广的步骤

房地产活动推广，一般按以下步骤：①市场调查→②分析诊断发现消费者需求→③根据需求和销售时机有针对性地进行推广活动设计→④配备组织活动人员明确组织内部的各项活动细节及分工→⑤活动促销→⑥观察消费者反映→⑦信息反馈→⑧进行新推广活动设计。

---

## 实践经验

### 世纪花园鸡尾酒会活动

世纪花园 2011 年 9 月 28 日隆重推出了“佳邻有约”鸡尾酒会活动。近 200 名客户陆续到场，在置业顾问的相互介绍下，业主们认识自己的佳邻，并在融洽的酒会气氛中开发商也从工程进展、物业管理及收费、会所等多个方面向客户传递出社区人文关怀的信息，共同憧憬美好的未来。会后，很多业主自然成为最有力宣传广告，为第二阶段的顺利推广奠定了有力的基石。

### 活动推广未必有效

经常可以看到，楼盘销售活动或者新产品发布活动，场面很热烈，活动很热闹，节目也不少，也很聚集人气。但仔细琢磨一下，就会发现活动形式并没有与活动主题有机结合起来，形式并不为内容服务。观看者全然不知道活动的主旨是什么，甚至还会闹出诸如哄抢礼品的笑话。这不但不能达成预先的宣传效果，还降低了活动品位，影响了企业的品牌形象。很多企业只是注重短期行为，而没有关注长期的营销战略规划。企业缺乏整体企业战略，随意性很大，打水漂的例子在所幸免。诸如花几十万赞助一次晚会、花几万做一次路演等，活动本身和企业以及产品的宣传并没有多大关系，自然就不能为企业造势，除了浪费企业的金钱，没有什么更多的收获。

### 4. 房地产借势营销

（1）房地产借势营销。借势营销是将销售的目的隐藏于营销活动之中，将产品的推广融入到一个消费者喜闻乐见的环境里，使消费者在这个环境中了解产品并接受产品的营销手段。具体表现为通过媒体吸引消费者眼球、借助消费者自身的传播力、依靠轻松娱乐的方式等潜移默化地引导市场消费。房地产借势营销是通过顺势、造势、借势等方式，提高企业或产品的知名度、美誉度，树立良好的品牌形象，促成产品销售的营销策略。

（2）借势营销方法。

1）搭乘关联产品的便车。比如旅游景点与旅游地产。

2）借旺销产品推广。紧靠旺销产品陈列的楼盘，受到消费者关注的程度要远远高于其他楼盘。

3）优势明显，紧贴竞争产品陈列。如果相对于竞争产品，在价格、性能、品种等方面有优势，则可以紧贴竞品宣传，把优势简单明了地告诉消费者。

4）借房地产项目自身特征之势。依据房地产项目不同的特征，如建筑特征、区位特征、人文特征、环境特征、自然特征等，采取不同的营销手段以借势宣传。

5）借消费者自身之势。注意观察、分析消费者的购买行为、购买习惯和心理，从中发现并运用规律借势营销，将会收到出其不意的好效果。

（3）借势营销评价。很多企业在运用借势营销时，总是浪费资源、耗费精力而毫无所获。比如，很多企业认为“造势”就是广告和各类促销活动疯狂滥炸。不是大量电视广告、广播广告、报纸广告、杂志广告、户外广告进行地毯式轰炸，就是宣传画、宣传册以及各种夹页、传单满天飞。其结果不是造成金钱的浪费，就是制造“彩色垃圾”，让马路清洁工苦不堪言。有人认为“借势”就是在各种类型的商品交易会、展销会、推广会甚至民间庙会上，锣鼓喧天，美女成行。有的甚至不惜重金，聘请名人加入促销队伍的行列，现场作秀。几乎把各种“造势”和“借势”的活动推到了“登峰造极”的地步。这种“造势”、“借势”演绎的不是营销策略的竞争，不是智慧的竞争，而是企业财力的大比拼。一些没有实力或者是财力不足的企业，似乎是被“逼上梁山”，举债“造势”。最后由“造势”变成了“豪赌”。结果使得胜利者遍体鳞伤，失败者片甲不归。其实，借势营销是一个不断投入的工作。作为一种新型营销手段，借势营销集新闻效应、广告效应、公共关系、形象传播、客户关系于一体，已经当之无愧地成为了企业新产品推介、品牌展示、建立品牌识别和品牌定位等营销活动的首选策略。因此，借势营销要对企业有所裨益，就不能做“一锤子买卖”，要有战略眼光，从未来着想，从现在着手，围绕一定的主题不断调整营销活动。

**5. 项目开盘前的市场预热**

（1）市场预热。指楼盘在正式面市之前，采用广告、系列活动等手段对楼盘进行宣传，引起市场关注的过程。多数楼盘都是开盘前两个月左右开始预热，这样可以集中火力猛烈轰炸，使有限的宣传投入不至于分散得战线太长造成浪费。也有个别实力雄厚的开发商早就“敲山震虎”、“打草惊蛇”造成“山雨欲来风满楼”的态势，在一片持久期待中“千呼万唤始出来”，加深楼盘印象。

（2）楼盘预热的方式。

1）广告。一种是通过硬广告，例如工地围墙、户外路牌之类；另一种是软广告，利用新闻炒作、系列报道的手法做宣传。在预售证没拿到前，楼盘是不允许在报刊上公开发布售楼广告的，因此开发商也越来越多地采用新闻炒作的方式。

2）开展活动。如深圳红树湾某项目在漫长的等待过程中，就采用了选美的方式，来吸引社会公众的注意。评选出来的美女都成了项目的售楼小姐，貌美年轻、才艺双全，也是楼市上最养眼的话题。再如：广州一个项目在市场预热过程中请出几位专家学者，以房地产权威人士的身份出席电视论坛，对该项目的销售价格进行预测，最后收效显著。

（3）楼盘预热的话题。

1）炒作项目的地域板块。如南京的地铁沿线、紫金山板块，都曾成为媒体一时热门的话题。

2）炒作项目的概念。这几年轮番登场的 E 概念、海景概念、Townhouse 概念、豪宅概念、情景洋房概念、SOHO 概念、小户型概念、水景概念、社区教育概念、郊居概念之类，不一而足，分别构成楼市亮丽的风景线。

3）炒作开发商的品牌。这一类仅限于真正形成品牌的企业，如万科、中海、金地等。

（4）市场预热的节奏。要注意把握好预热的节奏，千万不能忽冷忽热，有的项目一开始就先声夺人，轰轰烈烈，宣传一阵子后忽然销声匿迹，等一年半载又再卷土重来，消费者心目中的印象早已淡漠，又需从零开始，前期的费用就白投了。预热可以是慢慢热，从微风细雨到狂风骤雨，效果是叠加的。忽冷忽热就会使效果冲减，因为楼市的竞争激烈，声音很多，没有人能够长时间记住一个楼盘在几个月之间喊出的声音。长久的等待会使潜在的购买客户慢慢流失，“为了一生享受的好房子，值得再等三个月”，这样的广告标题没问题，但是再等一年、两年、三年，则令人心焦，许多人会掉头去寻找别的楼盘，好房子并不只是独此一处。因此，市场预热要设法抓住潜在目标客户，寻找和他们沟通的机会，促成认购。

#### 6. 项目开盘前的内部认购活动

（1）内部认购。房地产发展商在尚没有获得《商品房预售许可证》等有关证件之前，以在小范围内推出一种“内部认购”的方式销售商品房。内部认购的关键问题是收不收钱，不收钱认购多少都没有意义，收钱违反国家规定。现在流行的做法是只象征性的收诚意金，避开了法律问题，开发商只开收据，不开发票，而且写明这笔钱可以退还。如果消费者最终决定不买这个项目，诚意金分文不少如数奉还。内部认购的最重要前提是具有一定幅度的购房优惠，优惠一般是比照“开盘价”而言的，如果按照“低开高走”，内部认购价是该项目销售过程中的“最低时段价”。同时，房地产营销商为了保证尽可能多的赢利，会严格地限制和控制内部认购的销售量和时间。这种招数常常会吸引大批潜在客户。

（2）内部认购的优缺点。内部认购是为正式开盘销售打基础的，是试探市场反映的重要一步，对确定价格、销售策略都有极重要的意义。内部认购优点：前期可以吸引大批客户跟进拿号、蓄水。缺点：开发商的开盘期控制有风险，太短，客源不充分；太长，客户信心动摇，同时公司成本增加。

（3）内部认购的操作流程。一般是卖 VIP 卡，收取若干定金，采取交 3 000 元抵 10 000元等优惠，然后积累人气，根据情况开盘。为了鼓励更多的消费者在内部认购期锁定购买目标，一般开发商都会制定十足的优惠政策，给内部认购交足诚意金的客户以相当大优惠的措施，例如在开盘期可以额外享受 1% ~2% 的优惠价之类。还有一些项目采用不定优惠的方法，即从交定金之日起到开盘，一天抵 100 元的方法，优惠递减，先买卡的客户会有比较强烈的优越感和尊贵感。一开始项目人气不是很高时，也容易让客户感到紧迫，促使下定。

（4）内部认购活动有违国家房地产调控政策。

1）内部认购的存在，部分减轻了房地产商的资金压力，也降低了他们的融资成本。但是，这种非公开化的操作模式，助长了炒楼热的不断升温，增加了房价的不稳定因素。

2）内部认购的存在，也为整个房地产市场的信息公开带来困难，有些楼盘在开盘前就已经认购，房地产开发商提供的房产信息自然也就失实，供需信息的不准确会误导消费者的消费行为，影响了整个市场的公平性。早在 2006 年 7 月，原建设部、国家发改委和国家工商总局联合出台的《关于进一步整顿规范房地产交易秩序的通知》明文规定：未取得商品房预售许可证的项目，房地产开发企业不得非法预售商品房，也不得以内部认购、收取预定款等各种形式变相预售商品房，不得发布商品房预售广告。但这项公共制度徒有虚名，内部认购并未得到有效遏制。

---

## 实践经验

### 内部认购期的“VIP”卡

内部认购期会遇到一个技术问题，给消费者发放“VIP”卡（通常的俗语是“派筹”）时，都是按交诚意金的先后顺序来排号码的，那么到正式开盘选房（通常的术语是“解筹”）时，是否就按 VIP 卡的号码顺序来先后选房呢？

根据经验，可以在开盘当天按上门排队的顺序来选房，VIP 卡只是获得售价优惠的一个凭证，没有先来后到的资格。这样的好处是开盘当天会出现人山人海的热闹场面，甚至提前一两天彻夜排队，售楼处如同赶庙会一般，但不好的地方是可能会伤害了那些早期交诚意金的客户，对他们而言，似乎有些不太公正。这方面我们只有尽量做好解释工作了。

---

### 7. 项目开盘庆典活动与新闻发布会

（1）项目开盘庆典活动。

1）在销售过程中，项目开盘庆典可以说是最重要的一场戏，开发商极为重视“养在深闺人未识”的项目在这一天公开亮相，关系到营销的成败，也直接影响到开发商的品牌声誉。所以，营销过程中的宣传推广费用有一大块用在开盘期间的庆典活动。

2）庆典活动内容：搞老套路，领导讲话、舞狮助兴、军乐齐奏、揭幕剪彩、新闻发布会或是招待酒会等；搞名人秀，请名人到场添彩助威，从影视明星到歌星、笑星，从港台大腕到政府官员，没有请不到的；搞烧钱作秀，如一些项目在开盘之日用直升机作秀，也都是两三个小时耗巨资的做法；搞不烧钱吸引眼球，如有个项目开盘时，曾筹划开盘大献血活动，在开盘日，开发商千名员工集体志愿献血，由老总带头，人人为社会作贡献，既吸引了眼球，又不花钱，而且充分体现开发商的社会责任感，使公众对开发商品牌增添了一份尊重，一举多得。

（2）项目开盘新闻发布会。项目开盘新闻发布会又称记者招待会，是房地产企业直接向新闻界发布有关房地产项目开盘信息，解释房地产项目特点而举办的活动。新闻发布会需要详细策划。

1）准备主题材料。

a. 发言稿、新闻通稿（发给记者）；

b. 宣传材料；

c. 记者提问提纲（答记者问的备忘录）事先充分讨论，统一认识、口径，专门班子起草，打印，分发给记者。

2）确定主持人和发言人。

a. 主持人一般由企业的宣传负责人担任。

b. 发言人一般由企业的主要负责人担任，级别高、有权威性。

c. 发言人旁边可配设助理人员。

3）确定邀请记者的名单，日期定后，提前一周送请柬，会前一两天电话落实。

4）选择合适的新闻发布会地点。

5）做好新闻发布会预算。

### 8. 房地产形象代言人的选择

启用形象代言人是提升楼盘形象、扩大知名度的一种简单快捷办法。

（1）房地产形象代言人类型。

1）名人作为代言人。如：北京潘家园的御景园，请来著名男模程俊作为御景园豪华舒适生活的代言人；深圳东海花园请香港演艺界人士任达华作形象代言人。

2）房地产楼市业界专家。如：深圳碧清园楼盘，请资深房地产研究员周卫东做楼盘形象代言人，并推出了一系列广告。

3）普通人物或传统人物形象。如：上海永业集团启用了40岁左右、身体微胖，看上去精明干练、细心周到、朴实可靠，又稍微有点憨态、笑容可掬的“阿福”形象，来作为代言人。

（2）选择艺人、专家，还是传统形象，各有各的好处。

1）请影视艺人为形象代言人，群众基础较好，艺人所特有的亲和力转移到楼盘身上，能引起轰动效应。如任达华一句“在世界各地，我都有房子，在深圳，我选择东海花园”看似平淡无奇的广告语，把东海花园的物业质素完美地体现出来了。

2）选择房地产业内专家有时比艺人更具说服力。房子是种特殊商品，一套房子动则几十万、上百万，许多人也是倾其所有购置房产，所以买房时慎之又慎。请房地产专家作形象代言人，置业者就容易产生信赖感，最后会下定决心。

3）选择普通人或传统形象做代言人会使置业者倍感亲切。另外，启用普通人或传统形象做代言人还可以节省成本，据“阿福”的开发商介绍，创造出“阿福”这一形象的成本，只相当于邀请明星做形象代言人一次的广告播出费用。

（3）选择楼盘形象代言人的依据。

1）符合当地的特点和消费习惯。

2）切合物业的市场定位。一旦楼盘形象代言人角色错位，不但没有起到宣传造势、提升物业质素的作用，反而显得不伦不类，甚至适得其反。如：在大部分城市，购买住宅的大部分是中年人，是以家庭消费为特征的，那么选择已经成家立业、社会形象好的明星就比年轻前卫的明星要好。要找到与之相适应的形象代言人来匹配，才能彰显楼盘的价值。

3）要有成本和风险意识。据不完全统计，有许多知名楼盘的销售成本已超过10%，又要请形象代言人，成本就更高。如果形象代言人的效果不好，销售风险就更大。

**9. 房地产楼盘入伙答谢活动**

（1）入伙答谢。入伙指物业管理企业向购房者（业主）移交户内管理责任的过程，是购房者首次接收自己的物业。入伙答谢是开发商在购房者接收物业时，通过某种形式对购房者表达谢意。入伙答谢活动通常是一个简单的仪式，大多是在售楼大厅里摆些冷餐、水果点心之类，邀请入伙的业主一起来聚餐，开发商代表简单致词之后，通常由物业管理公司唱主角，宣布有关入伙的具体手续。也有保安人员表演队列训练、徒手操，或请来小乐队演奏、少量演员表演歌舞等，气氛不一定要热闹高潮，但应让业主和未来服务于他们的物业管理人员有一个彼此认识、交流沟通的机会，为以后的和谐关系打下基础。

（2）入伙答谢作用大。一个楼盘到入伙时，销售应该已经完成了或基本完成了，但这时开发商的任务并没有结束，对大盘来说更是如此，大盘运作周期长，都要分期开发，往往一期入伙之时，二期正在热卖，而三期尚未动工，所以入伙应看做销售过程中的重要节点，需要认真处理。很多楼盘不重视入伙，往往只在报纸上发一个入伙公告，通知业主前来办理手续，其实，入伙期间业主的心情是最复杂的，也是可以用来大做文章的。“买不买房看环境，掏不掏钱看户型，满不满意看管理，前两条都是购买之前就有明确结论的东西”，第三条却要在入伙之后才能看出个究竟，物业管理是售后服务的重要内容，是延续几十年的售后服务，和销售过程中短暂的服务相比，业主更看重的显然是物业管理的水平。开发商和物业管理公司的责任，就是要做好入伙之后的服务工作尽量让业主满意，以延长他们的兴奋期，对开展以后的管理工作极其重要。

## 小案例

### 万科金域蓝湾“五一”家庭派对幸福进行时

2010 年 5 月 1 日，为期 3 天的万科金域蓝湾“爱生活，品蓝湾”家庭派对活动正式拉开帷幕。在样板示范区内，金域蓝湾为业主准备了多种多样的家庭活动。在这里，几百名业主在和煦的阳光中和家人度过了甜蜜而有趣的一天。

到 2010 年 5 月 1 日上午 10 点，金域蓝湾家庭派对现场已经是水果飘香，人头攒动，孩子们在父母的带领下选择自己喜爱的活动，开始他们一天的愉快之旅。在轮滑区，教练忙着组织小朋友进行轮滑比赛，而获胜的小朋友还可以获得万科赠送的精美礼品一份；手工香皂 DIY 区，业主们在老师的指导下，精心制作各种形状的手工香皂。积木区，正上演父子情深，几对父子忙着组装他们的小小城堡。T 恤绘画区、充气城堡区、沙画制作区、风筝制作区……都挤满了体验的家庭。随后的抽奖活动更将家庭派对推向了一个高潮，迪士尼毛巾组合、野餐包、户外餐桌椅组合、户外帐篷等精美礼品让获奖业主乐开怀。

如今我们生活在钢筋水泥的城市森林，敞亮的房屋、豪华的家具、齐全的电器，似乎已不再是生活的奢侈。而自然的亲近、人情的温暖反倒成了我们的原始渴望和稀有之物。万科金域蓝湾一直努力为业主创造自然的邻里交流环境，让邻居们在活动中相知、相熟。正如一位刚成为金域蓝湾的业主所说“喜欢万科金域蓝湾，是因为万科能让业主间很平和随意地结识其他平时不会认识的人，在这里有不经意间的交流、和谐与温馨；万科的品质服务，人情化的社区氛围，是我和家人所喜欢的。”

万科金域蓝湾，花草簇拥的庭院，树影铺洒的道路，极具浓郁西班牙风格的样板示范区，精彩纷呈的活动，期待您挑剔的阳光。

资料来源：365 地产家居网 http://news.house365.com/.

**10. 房地产尾楼、滞销楼盘的促销策划**

(1) 尾盘、滞销楼盘。通常习惯把销售完成 80% 以后即称为尾盘或滞销楼盘。这时开发商的投入成本都已收回，剩下的几乎是纯利润了，但剩下的一定是最难卖的，或者是朝向有问题，或者是户型结构有缺陷，或者是面积太大总价太高，总的来说是挑剩下的，销售难度极高。

(2) 尾盘、滞销楼盘促销方法。

1) 如果是大盘分期开发，那么一期到尾盘时，可能二期才开始内部认购或者刚刚开盘，这时最好的促销手段就是二期提价，只要二期价格一上去，一期尾盘就会迅速迎刃而解。但是，二期整体价格走势也应该是在新的台阶上低开高走，不宜贸然高开高走。

2) 降价打折。降价打折是尾盘促销的惯用套路。但剩下的几十套房子或上百套房子整体降价，可能会有失开发商的体面，所以常常采用特价房的方式来促销，即一次性拿出十套左右的房子，以很低的折扣推出，迅速销售一空，然后再考虑推出第二批特价房。到尾盘阶段，房价已到了利润极为丰厚的价格，这时让利给消费者开发商也没有吃什么大亏，特价房优惠一般在九折至九五折之间为宜，所以有些客户喜欢在尾盘里淘金。

3) 人脉营销。因为前面已经卖出 80% ~90% 的房子，积累了大量客户，这些客户都是良好的口碑载体，他们对自己的同事同学、亲戚朋友夸赞自己所买的房子，并且邀请亲朋好友们去看自己和房子。消费者最信任的通常不是报纸电视路牌广告，也不是售楼员的销售说词，而是亲友告知。所以，要鼓励老客户带新客户。已购房客户介绍他的亲友来购买，对他给予奖励，从 1 000 元现金到赠送一年物业管理费直到特殊大奖，分成几个等级，鼓励老客户多推荐新客户。为了免除新客户感到心理不平衡，通常也同时对新客户给予一个点到两个点的价格优惠，这样就皆大欢喜了。

## 思考题

1. 房地产项目的促销推广有哪些方法？
2. 如何开展房地产项目的促销组合设计？

3. 房地产促销推广策划的方法与一般消费品有何异同?

4. 不同类型的房地产项目，其促销推广策划有何不同?

## 实训题

对本地区某房地产地块项目进行促销组合设计，编写产品促销推广策划方案。

## 实训指导

1. 5~8 人一组，每组完成实训项目。

2. 实地考察与网上调查相结合，主要参考网址见本书第 1 章实训指导。

3. 报告要求用自己的语言组织，不允许大段抄袭别人的文章，要求报告字数 2 000~3 000字。

第四篇

# 房地产项目营销计划组织与销售管理策划

## 本篇内容提要

本篇是房地产项目营销计划组织与销售管理策划模块。

1. 房地产营销计划组织与控制策划。主要介绍了房地产营销计划、影响房地产营销组织决策的因素、房地产市场营销组织的演化过程与组织模式、房地产营销部门同其他部门的关系、房地产营销组织设计、房地产营销执行控制的基本程序和方法，并实训指导如何撰写本地区某地块项目的营销计划组织与执行控制策划方案。

2. 房地产销售管理策划。主要介绍了房产销售预备工作内容，房产销售实施工作程序，房地产销售人员准备、资料准备、销售策略、进度控制、广告管理、售楼处管理策略，以及房地产销售买卖合同，房地产贷款等相关业务，并实训指导如何编写本地区某地块项目的销售管理策划方案。

# 第 9 章

# 房地产营销计划组织与控制策划

## 学习目标

1. 了解房地产营销计划组织与控制概念、房地产市场营销组织的演化过程与组织模式

2. 熟悉影响房地产营销组织决策的因素、房地产营销部门同其他部门的关系

3. 掌握房地产营销计划编写方法、房地产营销组织设计、房地产营销执行控制的基本程序和方法

## 技能要求

1. 能够进行简单的房地产营销组织设计

2. 能够制定房地产营销计划

3. 能够具有一般房地产营销控制能力

4. 能够设计本地区某地块项目的营销计划组织与控制策划方案

## 案例：栖园项目的营销计划

### 一、栖园项目概况

栖园项目位于南京东郊版块的仙林大学城，栖霞区仙杉湖东路18号，北抵312国道，南达沪宁高速公路，距南京市中心15km，如图9-1所示。栖园项目附近为紫金山、栖霞山、青龙山。栖园整个小区占地面积约为29万$m^2$，总建筑面积约为22万$m^2$，小区总户数为714户，以联排别墅与叠加别墅为主打户型，容积率0.75，绿化率40%。项目配有幼儿园，五星级配套酒店、游泳馆、网球场、篮球场。周边有金鹰国际、苏果超市、鼓楼医院仙林分院，南京外国语学院仙林分院、南京中医药大学等。

### 二、项目市场营销战略

栖园项目市场营销战略采用差别化战略，锁定为纯别墅高档生活社区的巅峰之作。

项目战略优势：自然景观、户型创新、栖霞品牌。

项目景观独特，成为撬动市场的神奇支点。本项目既借鉴了中国古典园林营造手法的精髓，又糅合着当代造园的观念和技巧，形成南京房地产市场园林景观的新标杆。四季常青的高矮灌木和似锦繁花巧妙地渲染着每一处景观，处处流露与众不同；亭台楼阁、叠水飞瀑、蜿蜒水系以及量身定做的园艺小品自然地串联起整片风景，一切浑然天成。除了内在景观，栖园还坐拥浩瀚的外在自然资源：占地 1 100 亩的羊山森林公园和 900 亩的羊山湖与栖园仅一街之隔。很多栖园业主站在自家的阳台上，就能领略羊山生态美景，感受自然界的怡然与自得。

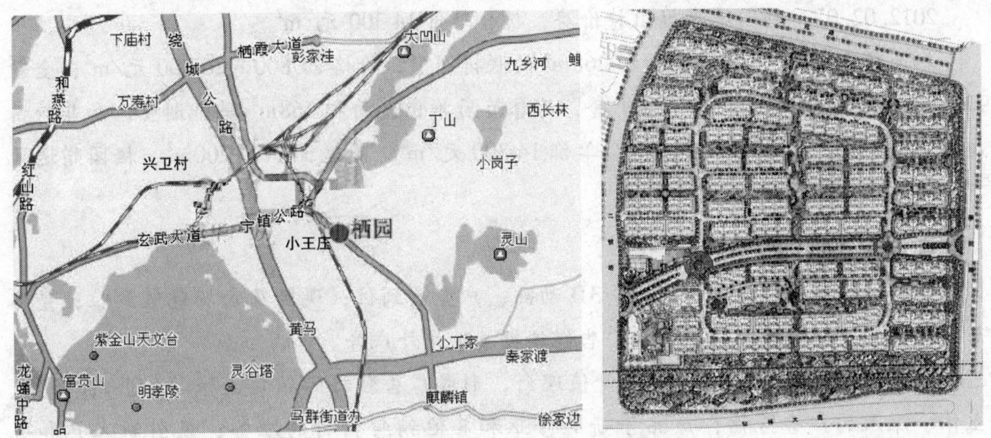


图 9-1　栖园项目的位置和平面布局

项目毗邻地铁，成为仙林第一居所。栖园占尽天时地利，在拥有得天独厚自然资源的同时，地铁二号线羊山公园出站口离栖园仅百米之遥，还有成熟的生活配套，享尽生活便利。项目开发商栖霞建设有强大的品牌号召力、影响力，所开发的栖园建筑质量超群、小区环境优美以及售后服务完善。

项目三重院落，成为超值的生活空间。栖园不仅拥有了传统别墅的前后庭院，史无前例地增加了内庭院。这一做法让居住空间更为灵动，形成前、中、后三重院落，既增添了生活情趣，又极大增加了户内的采光度，营造出别样的别墅居住体验。另外，栖园的联排别墅是双挑高设计，6.8m 的层高给了业主更宽广的空间选择，原本 260 多 $m^2$ 的面积实际可以使用近 400$m^2$，若再加上花园和露台，有 600 ~ 700 $m^2$，堪比独栋别墅，别墅的性价比价值得到了更高的体现。

## 三、项目市场营销策略

开发周期：多期规划，2006 年开工，2012 年竣工。

产品策略：多元化。每一座私家院落都有一个专属的装修方案，400 多个花园无一雷同，私家院落与大气园林景观遥相呼应，内外皆风景。

销售方式：全现房销售。

定价策略：全营销过程定价策略采用低开高走定价策略。

推出时间 价位

2007.07 15 000 元/$m^2$

2008.05 10 000 元/$m^2$（受2008年金融危机影响，价格下跌）

2010.02 19 000 元/$m^2$

2010.12 22 000 元/$m^2$

2011.06 22 000 元/$m^2$

2012.01 21 800~26 800 元/$m^2$

2012.02.07，栖园尾盘推出特价房，折合单价14 300元/$m^2$。

栖园尾盘剩20多套，为面积268$m^2$的联排别墅，价格21 800~26 800元/$m^2$，全款97折，按揭98折。还有特价房1套，为春节后推出，面积268$m^2$联排别墅，和非特价房源户型一致，总价498万，折合单价14 300元/$m^2$，赠送面积达200$m^2$，栖园赠送地下室和车库，均有产权。

**四、广告推广**

案名传播期：整体销售模型、3D动画、户型图到位；现场及卖场包装到位；整体形象楼书、产品折页制作；强势广告媒体投放+户外广告。

项目形象期：传播项目核心价值理念，形成广告独特的销售主张（USP）；密集、立体、深入的广告传播；产品手册的修正和其他销售物料的准备；吸引新客户和巩固老客户的活动并举；为现场售楼处正式开放充分准备到位。

第一批产品蓄水期：传播第一批次产品的USP，独特卖点和价值；开盘前强势广告投放；确定销售促进（SP）促销方法并快速传播，逼定客户。

第二批产品蓄水期和第一批次强销期：第一批次产品“热销”信息传播；软新闻“一期热销”现象宣传、透析；制定SP促销方法，拿下观望客户；第二批产品卖点传播……

资料来源：根据栖园项目有关资料整理。

### 案例讨论

1. 你认为栖园项目营销计划还有什么不足？
2. 普通住宅项目可以从栖园项目的营销计划中吸取什么？

### 学习任务

制定本市某地块项目营销计划组织与执行控制方案。

## 9.1 房地产营销计划与组织设计

房地产企业的营销管理过程，就是市场营销的计划、执行和控制过程，是企业结合自身资源特点，根据外部环境变化，不断地制订、调整和修正营销战略，以实现营销目标的管理活动，如图9-2所示。

### 1. 房地产营销计划的制订过程

制定房地产营销计划是房地产企业根据自身所处的营销环境，整合营销资源，制定营销战略和营销策略的过程。

(1) 营销战略的制定。制定营销战略的依据是外部环境分析和内部环境分析，在对环境进行分析之后，就可以制定企业的营销战略了，这一战略包括以下内容。

1) 企业市场营销目标的确立。经过内外环境分析，就可以将外部机会与威胁同内部优势、劣势加以综合权衡，利用优势，把握机会，降低劣势，避免威胁。这个过程就构成了市场营销战略的选择过程。有3种提供成功机会的市场竞争战略方法。

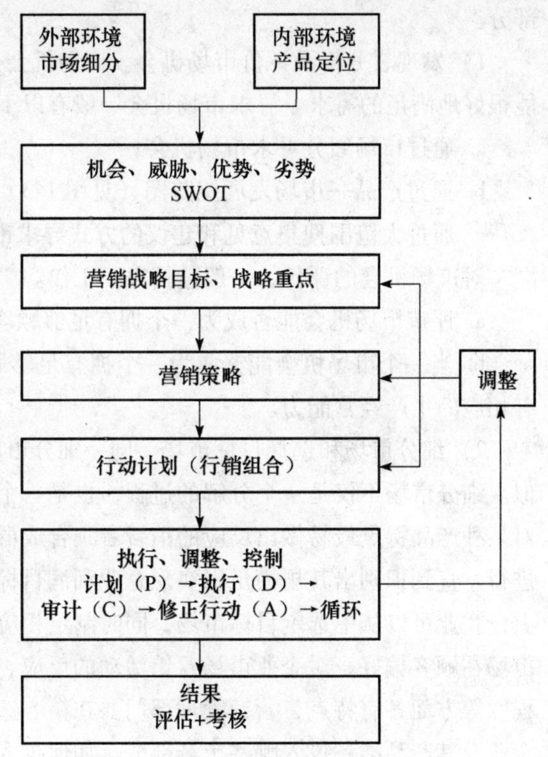


图9-2 营销计划的制订、实施与控制过程

a. 总成本领先战略；

b. 差别化战略；

c. 集中战略。

通过这3种基本战略方法的特征分析及企业所处行业的结构特点分析、竞争对手分析及企业具备的优势、存在的弱点、面临的机会与威胁分析，可以确定企业自身的基本战略模式，并可根据企业的现有条件如市场占有率、品牌、经销网络确定企业的营销战略目标。企业营销战略目标通常包括产品的市场占有率、企业在同行业中的地位、完成战略目标的时间。

2) 企业的营销战略重点。通常根据企业已确定的市场营销战略目标结合企业的优势如品牌优势、成本优势、销售网络优势、技术优势、形象优势确定企业的营销战略重点。

3) 企业的营销战略实施步骤。为建立保持当前市场和开发新市场双重目标，可以把企业的营销战略实施分为3个步骤。即可以分为短期战略、中期战略及长期战略3种情况。短期战略要点包括保持传统市场不被挤出及扩大新市场潜入能力。中期营销战略要点包括：扩大新市场潜入能力和开辟未来市场；开发新产品可行性；克服竞争威胁。长期市场开发战略要点包括：调整企业的产品结构和改变市场组成；预测潜在的竞争对手。

(2) 营销策略的制定。企业的市场营销策略制定过程，是同企业的市场营销战略制定过程相交叉的。在企业的市场营销战略确定后，市场营销策略就必须为市场营销战略服务，即全力支持市场营销战略目标的实现。市场营销计划的制订过程包括5个组成部分。

1）发现、分析及评价市场机会。市场机会是市场上存在的尚未满足的需求，或未能很好地满足的需求。寻求市场机会一般有以下几种方法。

a. 通过市场细分寻求市场机会；

b. 通过产品—市场发展矩阵图（见图1-3）来寻找市场机会；

c. 通过大范围搜集意见和建议的方式寻求市场机会。

对市场机会的评价，一般包括以下工作。

a. 评审市场机会能否成为一个拥有足够顾客的市场；

b. 当一个市场机会能够成为一个拥有足够顾客的现实市场时，要评审企业是否拥有相应的生产经营能力。

2）细分市场和选择目标市场。同一细分市场的消费者，他们的需要和欲望极为相似。细分市场不仅是一个分解的过程，也是一个聚集的过程。所谓聚集的过程，就是把对某种产品特点最易做出反应的消费者集合成群。这种聚集过程可以依据多种标准连续进行，直到识别出其规模足以实现企业利润目标的某一个消费者群。在市场细分的基础上，企业可以从中选定目标市场，同时制定相应的目标市场范围战略。由于不同的细分市场在顾客偏好、对企业市场营销活动的反应、盈利能力及企业能够或愿意满足需求的程度等方面各有特点，营销管理部门要在精心选择的目标市场上慎重分配力量，以确定企业及其产品准备投入哪些市场部分，如何投入这些市场部分。

3）市场定位。目标市场范围确定后，企业就要在目标市场上进行定位了。市场定位是企业在全面了解、分析竞争者目标市场上的位置后，确定自己的产品如何接近顾客的营销活动。市场定位离不开产品和竞争，所以市场定位常与产品定位和竞争性定位的概念交替使用。市场定位强调的是企业在满足市场需要方面，与竞争者相比，应处于什么位置；产品定位是指就产品属性而言，企业与竞争者的现有产品，应在目标市场上各处于什么位置；竞争性定位是指在目标市场上，和竞争者的产品相比，企业应提供什么样有特色的产品。可以看出，3个概念形异实同。

4）市场营销组合。就是企业根据可能的机会，选择一个目标市场，并试图为目标市场提供一个有吸引力的市场营销组合。市场营销组合是制定企业市场营销战略的基础，它能保证企业从整体上满足消费者的需求，是企业对付竞争者的强有力的武器。市场营销组合包括以下几种。

a. 产品策略，是企业为目标市场提供的产品及其相关服务的统一体，具体包括产品的质量、特色、外观、式样、品牌、规格、服务、保证、退货条件等内容；

b. 定价策略，是企业制订的销售给消费者商品的价格，具体包括价目表中的价格、折扣、折让、支付期限和信用条件等内容；

c. 分销策略，是企业选择的把产品从开发商转移到消费者的途径及其活动，具体包括分销渠道、区域分布、中间商类型、营销场所等；

d. 促销策略，是企业宣传介绍其楼盘的优点和说服目标顾客来购买其产品所进行的种种活动，具体包括广告、人员推销、销售促进和公共宣传等内容。市场营销组合中可以控制的产品、价格、分销和促销4个基本变数是相互依存、相互影响的。在开展市场营销活动时，不能孤立地考虑某一因素，因为任何一个因素的特殊优越性，并不能保证营销目标的实现；只有4个变数优化组合，才能创造最佳的市场营销效果。

5）市场营销预算。一定的市场营销组合决策需要一定的营销费用开支，而且总的营销费用支出还要合理地在市场营销组合的各种手段间进行预算分配。企业总的营销费用预算一般是基于销售额的传统比率确定的。最后，企业要分析为达到一定的销售额或市场份额所必须要做的事以及计算出做这些事的费用，以便确定营销费用总开支，并将营销费用在各职能部门或各营销手段之间进行分配。

### 2. 房地产营销计划

房地产市场营销计划是对房地产市场营销活动方案的具体描述，规定了企业各项营销活动的任务、策略、目标、具体指标和措施，使企业的市场营销工作按照既定的计划有条不紊地循序渐进执行，从而最大限度地避免营销活动的混乱和盲目性。房地产项目的营销计划要依据前面的项目营销组合策划编制，一个房地产项目的营销计划通常由8个部分组成。

（1）计划概要。计划书的开头要对本计划的主要目标和建议作扼要的概述，计划概要可让上级主管很快掌握计划的核心内容。

（2）营销现状分析。

1）应阐明影响未来房地产市场的重要的宏观环境趋势，如人口、经济、技术、政治、法律、社会文化等趋向。

2）应提供关于目标市场的资料，说明市场规模与近年来的增长率，同时预测未来年份的增长率，分析目标客户群的特征和购买行为，并按一定的因素进行市场细分。

3）应分析过去几年各种商品房的销量、价格和利润等资料。

4）还应分析主要竞争对手的规模、目标、市场占有率、商品房质量、营销策略等方面的资料，做到知己知彼。

（3）机会与威胁分析。机会是指营销环境中对企业有利的因素；威胁是指对企业营销不利的因素。评估环境机会可从两方面进行：①看吸引力，即潜在获利能力的大小；②看成功的可能性。

（4）制定营销战略与目标。市场营销战略是营销机构借以实现其市场营销目标的营销逻辑，要围绕营销目标制定营销战略与目标。营销目标是营销计划的核心部分，它对企业的策略和行为起指导作用。营销目标包括：销售总额、销售收入、销售收入增长率、销售收入利税率、目标销售额、目标成本、目标利润、目标市场开拓数。

（5）制定营销策略。主要内容是确定项目的营销组合。

（6）行动方案。有了营销策略，还要转化为具体的行动方案、如何时开始、何时完成、由谁做、花费多少，这些都要按照时间顺序列成一个详细且可供实施的行动方案。如营销执行人员，如表 9-1 所示。

表 9-1 营销员工数

| 全体营销员工 | 总人数 | 区域 A（或项目 A） | 区域 B（或项目 B） | 区域 C（或项目 C） |
|---|---|---|---|---|
| 专职经理 | | | | |
| 专职销售人员 | | | | |
| 拿佣金的销售人员 | | | | |
| 管理人员（含秘书） | | | | |
| 其他人员 | | | | |
| 营销总人数 | | | | |

（7）预算开支。根据行动方案编制预算方案，收入方列出预计销售量及单价，支出方列出人员、广告及其他营销费用，收支差即为预计的利润。营销费用预算计划，如表 9-2 所示。

表 9-2 营销费用

| 营销费用 | 一季度 | | 二季度 | | 三季度 | | 四季度 | |
|---|---|---|---|---|---|---|---|---|
| 项目 | 占比（%） | 费用（元） | 占比（%） | 费用（元） | 占比（%） | 费用（元） | 占比（%） | 费用（元） |
| 人力资源招聘、培训 | | | | | | | | |
| 市场研究费用 | | | | | | | | |
| 宣传广告费 | | | | | | | | |
| 促销活动费 | | | | | | | | |
| 销售人员费用 | | | | | | | | |
| 管理费 | | | | | | | | |
| 其他 | | | | | | | | |
| 合计 | | | | | | | | |

（8）营销控制手段。规定如何对计划执行过程进行控制，基本的做法是将计划规定的目标和预算按季度、月或更小的时间单位进行分解，以便于主管部门能对计划执行情况进行监督检查。在执行计划过程中，要按照一定的评价和反馈制度，了解和检查计划的执行情况，评价计划的效率，分析计划是否在正常执行。有时，市场会出现意想不到的变化，甚至会出现意外事件，销售部门要及时修正计划，或改变战略策略，以适应新的情况。

## 实践经验

### 房地产促销计划的内容

按销售促进涉及的内容，制定的房地产促销计划一般包括以下内容。

(1) 人员推销计划。包括推销人员选拔、培训计划，推销人员分派计划，推销人员考核、奖惩计划，推销人员营业促进配合计划等。

(2) 宣传广告计划。包括宣传计划，广告计划，广告预算、产品模型、目录等的设计、制作、分发、反馈计划，不同广告媒体选择及建立计划等。

(3) 营业推广方面的计划。包括营业推广总体设计及其单项计划，促成交易的营业推广计划，直接对顾客的营业推广计划及上述鼓励、配合推销员的营业推广计划等。

(4) 公共关系方面的计划。包括公共关系目标、对象、活动方式及发展方面的计划等。

(5) 促销策略组合计划。

(6) 指标。

- 发展新业主数；
- 巩固老业主数；
- 广告收益率、宣传广告费控制数；
- 展销、展览收益率；
- 楼盘知名率及产品形象；
- 企业知名率及企业声誉等。

### 3. 影响房地产营销组织决策的因素

房地产市场营销组织是指为了实现企业的市场营销目标，而对企业的全部市场营销活动从整体上进行平衡协调的有机结合体，涉及企业内部市场营销活动的各个职位及其结构。市场营销组织既是保证市场营销计划执行的一种手段，也是企业实现其营销目标的核心职能部门。它是以市场营销观念为理念建立的组织，以消费者的需求为中心，把消费者需求置于整个市场运行过程的起点，并将满足消费者的需求作为其归宿点。影响房地产市场营销组织决策的因素主要有 3 个方面。

(1) 企业规模。一般情况下，企业规模越大，市场营销组织越复杂，组织决策的速度越慢，需要经过层层上报审批。

(2) 市场状况。一般情况下，决定市场营销人员分工和负责区域的依据是房地产项目的市场地理位置。

(3) 产品特点。包括企业的产品种类、产品特色、产品项目的关联性以及产品的技术服务方面的要求等。此外商品房有直接销售方式和间接销售方式，方式不同也会影响组织营销决策。

### 4. 房地产市场营销组织的演化过程与组织模式

（1）房地产市场营销组织的演化过程。企业的市场营销组织是随着市场营销管理哲学的不断发展演变而来的。房地产市场营销组织的演化过程大致经历了五个阶段。

1）单纯的销售部门。大多企业都是从财务、生产、销售和会计四个基本职能部门开始发展的。①财务部门负责资金的筹措；②生产部门负责产品制造；③销售部门通常由一位副总经理负责，管理销售人员，并兼管若干市场营销研究和广告宣传工作。在这个阶段，销售部门的职能仅仅是推销生产部门生产出来的产品。对产品种类、规格、数量等问题，几乎没有任何发言权。

2）兼有附属职能的销售部门。20 世纪 30 年代世界经济危机以后，市场竞争日趋激烈，企业大多数以推销观念作为指导思想，需要进行经常性的市场研究、广告宣传以及其他促销活动。这些活动逐渐变成专门的职能，当工作量达到一定程度时，便会设立一名市场营销主管负责这方面的工作。

3）独立的市场营销部门。随着企业规模和业务范围的进一步扩大，原来作为附属性工作的市场营销研究、新产品开发、广告促销和为顾客服务等市场营销职能的重要性日益增强。市场营销部门成为一个相对独立的职能部门，作为市场营销部门负责人的市场营销经理同销售经理一样直接受总经理的领导，销售和市场营销成为平行的职能部门，在工作上密切配合。它们向企业总经理提供分析企业面临的机遇与挑战的机会。

4）现代市场营销部门。尽管销售经理和市场营销经理需要配合默契和互相协调，但他们之间实际形成的关系往往是一种彼此敌对、互相猜疑的关系。①销售经理：趋向于短期行为，侧重于取得眼前的销售量；②市场营销经理：多着眼于长期效果，侧重于制定适当的产品计划和市场营销战略，以满足市场的长期需要。销售部门和市场营销部门之间矛盾冲突的解决过程，形成了现代市场营销部门的基础，即由市场营销经理全面负责，下辖所有市场营销职能部门和销售部门。

5）现代市场营销公司。现代公司取决于公司内部各种管理人员对待市场营销职能的态度，只有当所有管理人员都认识到公司一切部门的工作都是“为顾客服务”、“市场营销”不仅是一个部门的名称，而且是一个公司的经营哲学时，这个公司才能算是一个“以顾客为中心”的现代市场营销公司。

（2）房地产营销部门的组织模式。市场营销组织必须与营销活动的四个方面，即职能、地域、产品和市场相适应，房地产市场营销组织有以下五种模式。

1）职能型组织。这是最常见的市场营销组织的形式，它强调的是市场营销各种职能的重要性。

2）地区型组织。一个销售范围遍及全国的企业，通常都会按照地理区域来安排其营销机构，如图 9-3 所示。

3）项目型组织。也叫产品型组织，拥有多种房地产项目（产品或多个品牌）的企业，往往按照项目（产品或品牌）建立管理组织。

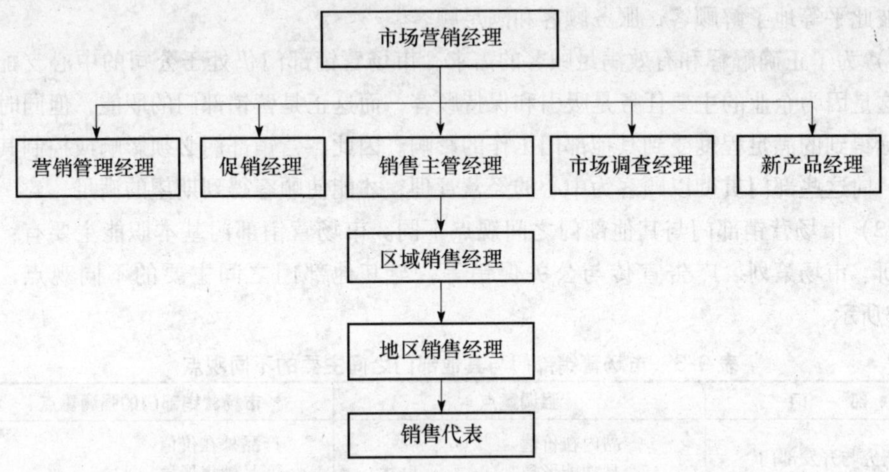


图 9-3　地区性营销组织机构

4）市场型组织。它是由一个总市场经理管辖若干细分市场经理，各细分市场经理负责自己所管市场发展的年度计划和长期计划，如图 9-4 所示。

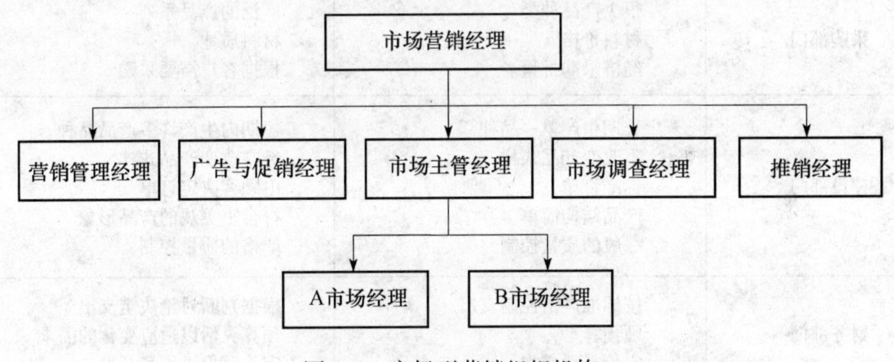


图 9-4　市场型营销组织机构

5）项目—市场型组织。这是一种既有项目（产品）经理，又有市场经理的二维矩阵组织。

### 5. 房地产营销部门同其他部门的关系

（1）市场营销部门在企业中的地位和作用。具体可分为 5 种情况。

1）营销部门与财务、人事、生产等部门处于同等地位。在企业的战略规划中，各种职能的地位平等，没有主次之分。

2）营销职能是企业最重要的职能。

3）市场营销是企业的主要职能。因为没有顾客就没有公司，因此市场营销部门应是公司的中心，其他职能作为支持职能为中心职能服务。

4）顾客是企业经营管理的中心。在顾客导向思想指导下，所有职能部门共同努力、彼此平等地了解顾客、服务顾客和满足顾客。

5）为了正确解释和有效满足顾客的需求，市场营销部门仍处于公司的中心支配地位。这是因为企业的主要任务是吸引和保持顾客，而这正是营销部门的职能，但同时顾客实际得到的满足程度受到其他部门工作的影响。因此，营销部门必须影响或控制其他部门，向这些部门贯彻以顾客为中心的经营管理，才能使顾客得到期望的满足。

（2）市场营销部门与其他部门之间观点不同。市场营销部门基本职能主要有：市场调研、市场策划、广告宣传与公关促销等，与其他部门之间主要的不同观点，如表9-3所示。

表9-3 市场营销部门与其他部门之间主要的不同观点

| 部　门 | 强调重点 | 市场营销部门的强调重点 |
|---|---|---|
| 研究与开发部门 | 产品内在价值<br>产品功能形象 | 产品外在价值<br>产品销售形象 |
| 工程部门 | 注重长期设计<br>很少的规格数量<br>标准化结构 | 注重短期设计<br>许多规格品种<br>根据客户要求 |
| 采购部门 | 很少产品种类<br>材料价格<br>经济采购批量 | 广泛的产品系列<br>材料质地<br>根据客户需要采购 |
| 建设部门 | 长期生产单一品种<br>不改变产品式样<br>标准订单<br>产品结构简单<br>一般的质量控制 | 短期内生产许多产品品种<br>经常改变产品式样<br>由顾客决定订单<br>符合审美观的产品形象<br>严格的质量控制 |
| 财务部门 | 按标准严格控制支出<br>硬预算<br>定价补偿成本 | 根据判断讨论决定支出<br>预算灵活以适应变化的需求<br>定价要促进市场开发 |
| 信贷部门 | 很低的投资风险<br>严格的借贷条款和手续<br>对客户进行全面的财务审查 | 中等的投资风险<br>灵活的借贷条款和手续<br>对客户做中等的信用审查 |

（3）市场营销部门必须处理好与各个部门的相互关系。房地产企业除了市场营销部门以外，还有其他诸如研究开发、工程技术、采购、人力资源、财务，以及相关的职能部门。因此，在企业运行过程中，市场营销部门必须处理好与各个部门的相互关系，密切配合、共同协作来完成企业的总目标。但是在实际工作过程中，由于各个部门所处的角度不同，扮演的角色不同，难免会存在一些分歧与矛盾，营销部门应本着协调一致的原则处理好与相关部门的关系，取得最大的整合营销价值。

### 6. 房地产营销组织设计

房地产企业对营销组织进行设计时一般要经历分析组织环境、确定组织内部活动、确立组织职位、设计组织结构、配备组织人员和组织评价与调整等环节。

（1）分析营销组织环境。首先要分析市场，市场状况对企业营销组织的影响主要来源于 3 个方面：①市场产品结构；②产品生命周期；③购买行为类型。除了市场状况外，竞争者的状况也是企业在设计其营销组织形式时所必须考虑的一个环境因素。

（2）确定营销组织内部的各项活动。营销组织的内部活动主要有两种类型：①职能性活动，它涉及市场营销组织的各个部门，范围相当宽泛，企业在制定战略时要确立各个职能在市场营销组织中的地位，以便开展有效的竞争；②管理性活动，涉及管理任务中的计划、协调和控制等方面。

（3）建立组织职位。企业在建立组织职位时应考虑 3 个要素：职位类型、职位层次和职位数量，从而清晰各个职位的权力、责任及其在组织中的相互关系。

1）职位类型。通常，对职位类型的划分有 3 种方法。

a. 把职位划分为直线型和参谋型；

b. 把职位划分为专业型和协调型；

c. 把职位划分成临时型和永久型。

2）职位层次。职位层次是指每个职位在组织中地位的高低，如普通营销员、营销主管、营销经理等。

3）职位数量。指企业建立组织职位的合理数量，企业可以把市场营销活动分为核心活动、重要活动和附属性活动 3 种，分别配以适当职位数。

（4）设计组织结构。营销组织一般有直线型、参谋型和项目矩阵型等结构。企业在设计组织结构时必须注意两个问题：①把握好分权化程度，即权力分散到什么程度才能使上下级之间更好地沟通；②确定合理的管理宽度，即确定每一个上级所能控制的合理的下级人数。

（5）配备组织人员。企业主要根据组织环境、组织内部活动、组织职位、组织结构来配置组织人员。此外，在分析市场营销组织人员配备时，必须考虑两种组织情况，即新组织和再造组织（在原组织基础上加以革新和调整）。

（6）检查和评价营销组织。当营销组织初步设计好后，要对组织进行评价，当发现不够完善时，则需要及时进行调整。市场营销组织需要调整的原因主要有以下几点：①外部环境的变化。②组织主管人员的变动。③改组是为了证明和改善现存组织结构的缺陷。④组织内部主管人员之间的矛盾，也可以通过改组来解决。

## 9.2　房地产营销的执行与控制

有了市场营销计划后，就要积极执行，合理控制，努力实现计划目标。执行和控制市场营销计划是市场营销管理过程的最后一个步骤，也是市场营销管理过程的一个带关键性的、极其重要的步骤。

### 1. 执行房地产市场营销计划

(1) 执行市场营销计划，是指将营销计划转变为具体营销行动的过程，即把企业的经济资源有效地投入到企业营销活动中，完成计划规定的任务、实现既定目标的过程。

(2) 企业要有效地执行市场营销计划，必须建立起专门的市场营销组织。企业的市场营销组织通常由一位营销副总经理负责，他有两项任务：一是合理安排营销力量，协调企业营销人员的工作，提高营销工作的有效性；二是积极与财务、研究与开发、人力资源等部门的管理人员配合，促使公司的全部职能部门和所有员工同心协力，千方百计地满足目标顾客的需要，保质保量地完成市场营销计划。

(3) 营销部门在开展营销工作时的有效性，不仅依赖于营销组织结构的合理性，同时还取决于营销部门对营销人员的选择、培训、指挥、激励和评价等活动。只有配备合格的营销管理人员，充分调动他们的工作积极性和创造性，增强其责任感和奉献精神，把计划任务落实到具体部门、具体人员，才能保证在规定的时间内完成计划任务。可见，高效合理的营销组织和德才兼备的营销人员是执行计划的必备条件。

### 2. 控制房地产市场营销计划

在执行房地产市场营销计划的过程中可能会出现许多意外情况，企业必须行使控制职能以确保营销目标的实现。即使没有意外情况，为了防患于未然，或为了改进现有的营销计划，企业也要在计划执行过程中加强控制。房地产市场营销过程控制方式如下。

(1) 跟踪型控制。对系统运行全过程实施不间断的控制。在市场营销中，对战略规划决策、外部市场环境变化、新产品开发等的控制就属于此类。

(2) 开关型控制。确定某一标准作为控制的基准器，决定该项目工作是否可行。例如，确定合理的公司投资报酬率，以此来评价市场机会或产品项目，如达到规定标准，则列入考虑范围，像产品质量控制、财务控制均属此类。

(3) 事后控制。将结果与期望标准进行比较，检查其是否符合预期目标，比较偏差大小，找出偏差产生的原因、决策经验和教训，以便下一步行动和有利于将来的行动。如市场占有率控制、销售率控制等，一般可归于此类。

(4) 集中控制和分散控制。集中控制是指最后决策的制订和调整，均由最高一级系统决定。分散控制是把控制极限分别由各子系统（各级主管部门和职能部门）分担，这些子系统有一定独立行使控制权的自由，最高级系统往往只起协调平衡的作用。

(5) 全面控制和分类控制。全面控制是对某一活动的各个方面实施控制。分类控制则是将活动按其类别不同，分别控制。例如，控制按市场类型、销售地区、产品种类、销售渠道、销售部门等进行区分实施控制，就属分类控制。

### 3. 房地产营销控制的基本程序

房地产营销控制就是企业用于跟踪营销活动过程的每一个环节，确保能够按照计划目标运行而实施的一套完整的工作程序。房地产营销控制的基本程序，如图 9-5 所示。

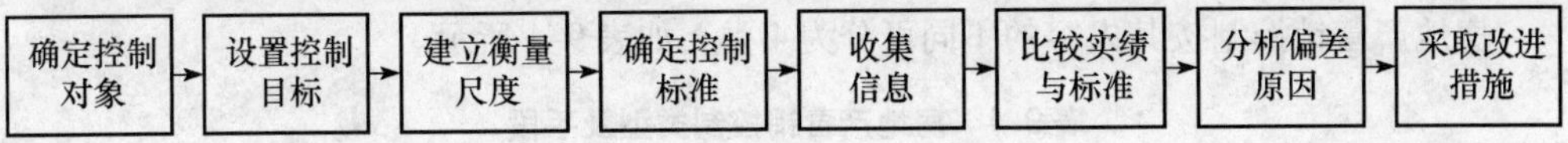


图 9-5　房地产营销控制的基本程序

(1) 确定控制对象。即确定控制的内容和范围，确定应对哪些市场营销活动进行控制。市场营销活动具体包括：①销售收入、销售成本、销售利润等赢利性控制；②项目开发、项目定价、分销渠道、广告宣传、消费者服务等专项营销组合因素的控制；③营销目标、方针、政策等战略性控制。

(2) 设置控制目标。即对控制对象设立各种控制活动的目标。目标市场营销系统的核心一方面是只有明确了目标才能进行营销控制；另一方面目标又是市场营销控制的归宿。市场营销控制是为了更好地实现目标，只有达到目标才能说明营销控制是否有效。

(3) 建立一套能测定营销结果的衡量尺度。为使房地产项目营销控制具有可操作性，必须制定具体的衡量尺度。衡量市场营销活动优劣的尺度可分为“量”的尺度和“质”的尺度两类：①“量”，如销售量、费用率、利润率等，对于这些指标要数量化；②“质”，如销售人员的工作能力、组织能力等，这些很难用数量来表示，企业可以考虑将多种尺度配合使用。

(4) 确立控制标准。控制标准是指以某种衡量尺度表示的控制对象的预期活动范围。在具体确定时，还要结合产品、地区、竞争等情况，区别对待，尽量保持控制标准的稳定性和适应性。

(5) 搜集信息。为了控制，必须搜集各种信息，了解计划的完成情况。信息在房地产企业内部的传递是一项非常重要的工作，信息沟通是市场营销控制的中枢。

(6) 比较实绩与标准。运用已建立的衡量尺度和控制标准对计划完成结果（实绩）进行检查与比较。检查的方法可根据实际需要而定，比较时有 3 种方法：①频率的比较，指规定一定时间内应做的比较；②数量的比较，指计划期执行实绩与计划规定的数量进行比较；③质的比较，指计划期执行实绩与计划规定的质量进行比较。

(7) 分析偏差原因。实绩与计划目标产生偏差的原因大致有 3 种情况：①房地产企业对自身资源及外部环境与目标市场等因素的估计不足，导致企业营销计划不符合客观实际；②市场营销系统的外部环境发生重大恶劣的变化；③市场营销系统的内部发生了重大变化。

(8) 采取改造措施。当实绩与计划不符时，就要采取纠正措施。如果在制订计划时，同时也制定了恶劣应急计划，改进就能更快；但多数情况下并没有这类预定措施，这就必须根据实际情况，迅速制定补救方案，或适当调整某些营销计划目标。

## 4. 房地产营销控制的类型

房地产营销控制按其内容的不同可分为4类，如表9-4所示。

表9-4 房地产营销控制类型及手段

| 控制类型 | 控制人员 | 控制目的 | 控制手段 |
|---|---|---|---|
| 年度计划控制 | 中、高层经理 | 检查计划目标是否达到 | • 销售量分析<br>• 市场份额分析<br>• 销售费率分析<br>• 财务结果分析 |
| 赢利控制 | 营销负责人 | 检查是否在赢利 | 按以下划分分别计算盈利率<br>• 产品<br>• 地区<br>• 顾客群<br>• 渠道<br>• 销售金额 |
| 效率控制 | 业务和职能部门经理、营销负责人 | 提高营销费用的使用效率 | 分析效率状况<br>• 销售队伍<br>• 广告<br>• 营业推广<br>• 渠道 |
| 战略控制 | 高层经理 | 检查企业是否在市场、产品和渠道方面抓住了最佳机会 | • 营销长期有效性分析<br>• 营销审计<br>• 营销成功经验总结 |

（1）年度计划控制。年度计划控制主要是由企业中高层管理人员负责的，检查营销活动的结果是否达到年度计划的要求，并在必要时采取调整和修正的措施。

1）销售分析。就是分析对比实际销售额与预定目标值之间的差距，并找出产生缺口的原因。销售分析可以通过销售差异分析和微观销售分析两个层次来完成。

2）市场占有率分析。销售分析只能说明企业本身的销售成绩，但不能反映企业与竞争对手相比的市场地位如何。只有企业的市场占有率上升时，才说明他的竞争地位在上升。市场占有率分析还要确定运用各种市场占有率，通常有3种主要的市场占有指标。

a. 全部市场占有率；

b. 有限地区市场占有率；

c. 相对市场占有率。

3）营销费用率分析。年度计划控制不但要保证销售和市场占有率达到计划指标，而且还要确保销售费用不超支。市场营销人员应该对各项费用率加以分析，并将其控制在一定限度内。如假定某楼盘的费用/销售额为3%，即每销售10 000元房屋，支出费用300元。

4）财务分析。主要是通过一年来的销售利润率、资产收益率、资本报酬率和资产周转率等指标了解企业的财务情况。

5）顾客态度跟踪。为了尽早察觉市场销售可能发生的变化，具有远见和高度警惕性的企业还建立了跟踪顾客、中间商与市场营销有关人员态度的系统。

a. 顾客投诉和建议制度；

b. 典型顾客调查；

c. 定期的用户随机调查。

（2）赢利能力控制。赢利能力控制是企业分析年度计划，控制意外的各产品在各地区运用各种营销渠道的实际获利能力，从而指导企业扩大、缩小或者取消某些产品和营销活动。赢利能力控制能帮助营销主管人员决策哪些产品或哪些市场予以扩大，哪些应缩减，以至放弃。盈利率分析是对盈利率进行控制的重要手段。盈利率分析的目的在于找出妨碍获利的因素，并采取相应的措施排除或削弱这些不利因素的影响。

（3）效率控制。效率控制是分析出企业在特定产品、销售市场活力不高时，就采取更有效的方法提高广告、人员推销、促销和分销等的工作的效率，以达到预期的营销目标。

1）销售队伍效率。主要指标是推销员平均每天推销访问的次数、每次推销访问的平均销售额、每次推销访问的平均成本、每 100 次推销访问的成交百分比等。

2）广告效率。包括每一个覆盖 1 000 人的广告成本，消费者对于广告内容和有效性的意见，对于产品态度的事前事后变化的衡量等。

3）促销效率。包括各种激发买主购买兴趣的方法所产生的效果。

（4）战略控制。战略控制则是更高层次的市场营销控制，审计企业的战略、计划是否有效地抓住了市场机会，是否与市场营销环境相适应。战略控制是对整体营销效果进行全面评价，以确保房地产企业目标、政策、战略和计划与动态变化的市场营销环境相适应，促进房地产企业协调稳定发展。战略控制有两种工具。

1）营销效益等级评定。营销效益等级评定可从顾客宗旨、整体营销组织、足够的营销信息、营销战略导向和营销效率 5 个方面进行衡量。并以这 5 种属性为基础编制营销效益等级评定表，由各营销经理或其他经理填写，最后综合评定。

2）营销审计。指对房地产企业的营销环境、线路、组织、控制、生产率和功能所做的全面的、系统的、独立的和定期的检查，其目的是在于发现问题和机会，提出行动建议和计划，以提高公司的营销业绩。

a. 营销环境审计，包括市场、顾客、竞争者和其他影响因素的检查分析；

b. 营销策略审计，包括企业营销目标、战略以及当前与预期的营销环境相似程度的分析审查；

c. 营销组织审计，包括营销组织在预期环境中实施组织战略能力的审查；

d. 营销系统审计，包括企业搜集信息、制订计划、控制营销活动的过程审查；

e. 营销效率审计，包括各营销单位的获利能力和各项营销活动成本效率的审查；

f. 营销职能审计，包括营销组织的每个因素，如产品、定价、渠道和促销等策略的审查。

---

## 小案例

### 销售额计划分析

假定年度计划要求，第一季度按10 000 元/$m^2$ 的价格销售某种住宅40 000$m^2$，目标销售额为4亿元；但到季度末仅按8 000 元/$m^2$ 的价格出售了30 000$m^2$，总销售额2.4亿元，比目标销售额减少了1.6亿元，那么这1.6亿元的减少额有多少是由于销售量下降造成的？有多少是由于价格降低造成的？

分析计算方法如下：

（1）由于价格下降造成的影响＝（10 000－8000）元×30 000＝60 000 000 元＝0.6亿元，占1.6亿元的37.5%。

（2）由于销量下降造成的影响＝10 000 元×（40 000－30 000）＝100 000 000 元＝1.0亿元，占1.6亿元的62.5%。

因此，销售额下降的2/3是由于销量未达目标所造成的，故该企业应密切注意未达预期销售量目标的原因。

---

## 思考题

1. 如何开展房地产项目的营销组织设计？
2. 房地产营销计划与控制策划的方法与一般消费品有何异同？
3. 不同类型的房地产项目，其营销计划组织与控制策划有何不同？

## 实训题

对本地区某房地产地块项目进行营销组织设计，编写营销计划与执行控制策划方案。

## 实训指导

1. 5～8人一组，每组完成实训项目。
2. 实地考察与网上调查相结合，主要参考网址见本书第1章实训指导。
3. 报告要求用自己的语言组织，不允许大段抄袭别人的文章，要求报告字数2 000～3 000字。

# 第 10 章
# 房地产项目销售管理策划

## 学习目标

1. 了解房地产销售管理、售楼处管理、房地产销售相关业务概念

2. 熟悉房地产销售管理基本内容和特点、售楼处的管理制度和管理表格

3. 掌握房地产销售预备工作内容、销售实施工作程序、售楼处的组织设计、工作流程、商品房买卖合同、成套房屋建筑面积测算、房地产贷款程序、个人住房贷款以及房地产产权登记

## 技能要求

1. 能够组织一般房地产项目的销售预备工作

2. 能够具有一般房地产项目销售管理能力

3. 能够设计本地区某地块项目的房地产销售管理策划方案

## 案例：金色领域的销售管理

### 一、金色领域项目背景

万科金色领域原为万科仙林湖地块，位置：栖霞区仙林湖以北地块，东至湖北东路；西至守敬路；北至经天路；南至望月路，附近有地铁 2 号线、仙林大道、沪宁城际铁路、312 国道，交通发达。2010 年 11 月 19 日万科地产以 80 800 万元竞得。万科金色领域地块总面积约 9.18 万平方米，规划 20 栋高层的住宅楼，配有社区全能运动会馆。商业配套方面，有大成名店购物中心、亚东地铁商业街、爱尚街区以及金鹰奥莱城。基础设施如教育、医疗等也趋于完善。项目全部竣工时间 2013 年 7 月。

### 二、金色领域的销售准备

金色领域产品：由 20 栋高层住宅组成，户型为 90 ~ 125$m^2$ 的 U8 精装三房，总户数 655 户，2011 年 11 月上市。

价格控制：均价 10 000 元/$m^2$ 以上。

营销渠道：选择中介代理商南京世联兴业房地产投资咨询有限公司，配置了相应销售人员。

工地包装：如图 10-1 所示。

广告牌：部分广告牌如图 10-2、图 10-3 所示。

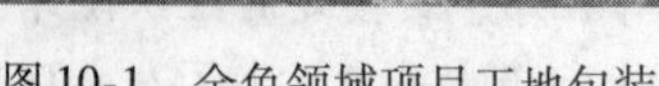

图 10-1 金色领域项目工地包装

图 10-2 金色领域项目广告牌

售楼处布置：售楼处位于江宁清水亭东路万科客户体验中心内。售楼处准备了户型等销售资料、90m² 样板间，如图 10-4 所示。

图 10-3 金色领域项目广告牌

图 10-4 金色领域项目售楼处

## 三、金色领域的销售实施

2011 年 8 月 22 日，万科金色领域售楼处公开：推出 6 栋房源，预计共 600 多套，户型面积为 90m²、110m²、125m²；精装交付；均价 11 500 ~ 12 000 元/m²。开始办理万科金色护照，每天 300 积分，累积到 9 月 15 日，一分抵一元。金色护照累计金额可在开盘当日抵用房款。

2011 年 10 月 11 日，万科金色领域开盘前准备工作：安排免费看房，周末有免费看房班车接送，有上午 9：30、下午 2：30 两班班车接送，地址为新街口金鹰停车场。

2011 年 11 月 7 日，万科金色领域一期房源开始认筹：办理好一期房源销许可证，认筹的 6 栋房源为两梯四户 18 层小高层，主推 90m²、110m² 户型。认筹具有 5 万诚意金抵 10 万元房款的优惠活动。成功缴纳诚意金的客户，金色护照升级至 12 000 分，可抵 12 000 元房款。老带新，老客户可再获 3 000 积分。

2011 年 11 月 14 日，万科金色领域开盘。2、4 幢开盘均价 9 900 元/$m^2$，最低达 9 100 元/$m^2$。开盘即全部售罄。

2011 年 11 月 24 日，万科金色领域第二批房源限时加推 100 套，户型面积为 90 ~ 110$m^2$ 三房，均价 10 000 元/$m^2$。售罄。

2011 年 12 月 24 日，万科金色领域第三批房源，1、5 幢，户型面积为 90$m^2$ 三房和 110$m^2$ 四房，精装修交付，均价为 10 000 元/$m^2$ 左右。在万科金色领域官方网店买房可优惠 450 元/$m^2$，一次性付款总价减 10 000 元。具体一房一价。

2012 年 2 月 10 日，万科金色领域继续推销第三批房源，开展情人节送电影券。2 月 11 日 ~14 日期间，每日到访前五组客户可获得万科金色领域项目赠送的电影票兑换券，每组客户限领 2 张，仅限获奖客户本人凭有效证件至售楼处前台登记领取，不得代领。

广告管理：采用专业公司，由南京世联兴业房地产投资咨询有限公司发布广告，媒体选择南京各大报纸，包括户外广告。

商品房交付管理：采用精装修交付。物业管理公司为南京万科物业管理有限公司，物业费为 2.7 元/($m^2$·月)。

## 四、金色领域的销售策略

一口价置业受关注。万科金色领域推出“一口价置业”活动，获得了众多客户的关注。在售房源精装交付，面积 90$m^2$、110$m^2$，主要分布于 1，5 幢楼。现购房老业主总价优惠 1 万元，全款总价优惠 1 万元，两种优惠可叠加，均价为 10 000 元/$m^2$ 左右。优惠促销活动部分图片，如图 10-5 所示。

图 10-5 金色领域项目促销活动

优质房源，经典三房。十余年的建筑沉淀是设计优质户型的最坚实基础。万科地产，经过多年来的产品摸索和经验积累，将生活的小细节与建筑进行了完美的结合，所推产品不断优化，而其细节设计更是体贴入微，让业主在居住过程中随时可以感受到建造者的用心呵护。从收纳功能强大的入户玄关，到温馨舒适的厅房空间，再到具备家政功能的景观阳台，每一处都有让人喜欢的人性化设计，都有其他楼盘所无法比拟的优胜之处。可以说，万科金色领域推出的 90 ~ 110$m^2$ 三房，通过户型创新设计与收纳空间的巧妙运用，提升了产品的实用性，受到众多置业群体的认可，不愧为万科体贴人性的优质户型。

优质物业，生活保障。万科地产是目前中国最大的专业住宅开发企业，至今已进驻了全国53座城市，有超过37万户家庭成为万科业主；而万科物业更是取得了“全国物业服务企业综合实力第一名”的成绩，成为不少人选择万科最重要的理由之一。“一定要买一套万科房”成为不少人的奋斗目标，享受品牌品质，享受精装生活，享受品牌物业服务。

应对政策调控策略：万科用纯粹“法式”应对调控。

2011年全年连续调控3次，是自调控以来最为严厉的一年。对年销售总额超千亿的万科来说，每次调控，总是希望寻找营销的破冰之法，用来应对调控造成的市场委靡，制定合理的营销策略。金色领域被万科定性为最具成长价值物业，但也无一例外受到调控影响。万科不得不结束以“万科城”为代表的西班牙风格，一反常态，将金色领域规划成纯粹法式风格的住宅，用此招应对严厉的调控。

金色领域从建筑到园林到装修标准，都拥有纯正法式血脉。一期内部拥有3万余超大园林空间，拥有区域最大的豪华泳池，还带万科精心研发的简欧精装。万科金色领域的纯正法式样板房及园林全面开放后，看房者每天门庭若市。西班牙风格在全国已经是遍地开花，买家早已出现了过多的审美疲劳，而万科金色领域此次全新理念的新“法式”风格，将能够带给买家更多的新鲜预期，直至触发买家的新购买欲望。

### 五、金色领域的销售效果

万科金色领域自上市以来一直堪称南京楼市的一朵“奇葩”，淡市下的“夜光盘”，一个月售罄四栋楼的佳绩，以及数月来的持续热销，让它长期领跑，未被超越。

案例来源：根据万科金色领域资料整理

### 案例讨论

1. 你认为金色领域的销售管理还有什么不足？
2. 普通房地产公司可以从万科的销售管理中吸取什么？

### 学习任务

1. 对本地区某房地产地块项目进行销售准备设计。
2. 制定本地区某房地产地块项目的销售管理策划方案。

## 10.1 房地产销售管理策略

房地产销售主要根据房地产项目营销组合策划和营销计划展开，一般分为销售准备阶段和销售实施阶段，房地产销售管理策略围绕房地产销售过程进行设计。

### 1. 房产销售预备工作内容

（1）房产项目合法的审批资料预备。房产项目应准备建设工程规划许可证、土地使用权。预售商品房要准备商品房预售许可证，现房销售应准备商品房现售许可证等资料。假如委托中介机构代理销售，还应准备正式的代理销售委托书。

（2）销售资料准备。

1）宣传资料的准备。包括形象售楼书、功能楼书、折页、宣传单等房产销售的宣传资料。

2）客户置业计划准备。楼盘在推向市场时，不同的面积单位、楼层、朝向、总价等都不会相同。因此，应事先制订出完善的客户置业计划，这样客户可以了解自己的选择范围。

3）认购合同准备。置业者选中了自己喜欢的房子，但还没有签订正式房产买卖合同前，须交纳一定数目的预定款性质的金额来确定其对该房号的认购权。因而应事先准备好认购合同等资料。

4）购房须知准备。房产属于大宗消费品，购买过程复杂，为明晰置业者的购买程序，方便销售，事前应制定书面购房须知。购房须知内容包括物业介绍、可购买对象、认购程序等内容。

5）价目表与付款方式一览表准备。价格策略制定完成后要制作价目表，使每套房子的单价、总价一目了然。同时，准备付款方式一览表，如一次性付款、按揭付款、建筑分期付款等。

6）其他相关文件。可根据项目自身来确定，如办理按揭指引、须交税费一览表、办理进住指引等相关文件或资料。

（3）销售人员准备。为保证销售工作能顺利完成，必须保证销售人员的数目与素质。对招聘的销售人员，要进行系统的售前培训工作，以提高其素质和能力。

（4）销售现场准备。房地产现场准备是销售前准备工作非常重要的一环。有意向购买的客户自接到楼盘销售的信息后，会来到现场参观，现场状况将直接影响其购买行为。一般情况下，售楼现场应做好以下工作。

1）售楼处设计布置。售楼处应设在目标客源群常常容易出入的区域附近，同时又较易到达工地，便于客户看房。销售处的设计、门面装修也很重要。内部的布局最好有展示区、接待区及销控区，不要混杂，内部的色彩基调宜用暖色，使人产生暖洋洋的感觉。

2）销售道具设计制作。包括：模型——规划沙盘、立面模型、剖面模型；效果图——立面透视效果、鸟瞰效果、中庭景观效果、单体透视效果；墨线图——小区规划墨线、楼层平面墨线、家具配置墨线等；灯箱片——把效果图、家具配置等翻拍成灯箱片，会形成良好的视觉刺激效果；裱板——把楼盘最重要的优点用文字、图表的方式制成裱板，挂在销售中心的墙上，便于销售员解说。

3）样板房精装修、看楼通道的安全畅通与包装、施工环境美化。

4）一些户外广告牌、灯箱、导示牌、彩旗等，以营造现场喜庆的氛围。

从以上可以看出，销售成功是由多种综合因素的配合而成，每一个环节均不可疏忽。一般而言，销售前的准备时间应在40～60天。

**2. 房地产项目销售实施工作程序**

为确保销售工作有序、快捷、准确地进行，通常销售工作依如下程序开展。

（1）客户接待与谈判。该项工作有销售人员负责，此项工作销售人员必须按照有关规定进行。其他财务、工程及物业管理方面的专业人员，可在销售经理指示下及销售人员的请求下协同工作。

（2）定金收取及认购合同签订。该项工作由销售人员与财务人员配合完成，认购合同由财务人员统一保管，在使用前由销售人员按顺序号领用，然后才能通知收取定金。定金必须财务人员直接收取并开具收据。财务人员在收取定金时，必须做好房号的再次核实，以及认购合同的核查工作，然后即刻做好账目记录，这些记录包括房号、收取金额、合同编号、业主姓名、联系地址及电话等。

（3）交纳首期房款、签订正式楼宇买卖合同。认购合同中一般都约定首期房款交纳的具体时间。约定时间到达前2日，由销售人员负责提醒客户预备首期款，并将反馈情况向财务人员通报，并在到期日配合财务人员做好收取工作。首期款直接由财务人员收取，同时向客户开具收据及付清首期证实。若客户选择首期分期付款的，同时还要签订首期分期付款协议，完成后须做好账目记录。凭付清首期证实，工作人员原则上应立即与客户签订正式楼宇买卖合同，并向顾客说明余款交纳期限及银行按揭事宜。在整个过程中销售人员应做好客户接待、指引工作，并协助做好有关事宜解释工作。

（4）缴纳余款或办理按揭。该项工作由财务人员及专职人员负责完成，销售人员须做好客户接待、指引工作，在销售经理指示及有关专职人员要求下配合完成有关工作。

（5）其他售后服务。包括：已购房顾客回访，顾客提出有关申请的跟进与落实，项目进停止续的协助办理等。在这些服务过程中，销售人员必须树立“一次生意、终身客户”的宗旨，将顾客发展成为忠实顾客，为以后创造新的销售机会，同时还可以树立企业良好的形象。

此外，还有售楼处的人员排班、考勤、卫生、销售档案等日常办公管理。

**3. 房地产销售人员准备**

（1）确定销售人员数量。根据项目销售量、销售目标、广告投放等因素决定人数，然后根据销售动态情况进行动态调整。

（2）确定销售人员素质。招聘销售人员要求具有良好的个人形象、基本的专业素质和沟通能力。

1）售楼人员应具备的理论知识：包括营销基础知识、广告基础知识、房地产基本知识、当前当地房地产走势、企业管理基础知识、服务基础知识、企业文化基础知识、推销基础知识、装修装饰基本知识、物业管理基本知识。

2）售楼人员所应具备的技巧：观察技巧、洽谈技巧。

a. 观察技巧——表情，对顾客的表情进行目测，根据顾客的表情来判断顾客特征，比如顾客满面春风、笑容可掬，说明顾客自信、成功、亲切；姿态，是很能反映出一个人的精神风貌的，比如顾客头是上扬的，可能这人比较傲慢自负；步态，从顾客的步态看顾客的性格，如顾客走路脚下生风，通常快人快语、豪爽，如走路沉稳缓慢，通常有城府；着装，从着装可以看出顾客的喜好和个性，喜欢穿休闲装的人，一般性格开放，不喜欢受到约束，西装革履则表示此人很注重形象，从服装的品牌可以看出顾客的身份和地位；手势，手势通常是用来表达意愿的，也是第二语言，假如顾客习惯性的经常摆手，说明这位顾客对什么事情都保持一份戒备心态，持怀疑态度；目光，目光是心灵的窗户，从目光中可以看出顾客的心灵动机；语态，从顾客谈话的态度来判断顾客，假如顾客说话时东张西望，这个顾客目前可能是没有购买意向的，也许仅仅是了解一下而已；笑容，笑容是心境的写照，如果顾客笑时声音很大，笑得旁若无人，则说明顾客不拘小节；佩饰，根据顾客身上所佩戴的饰物来判断顾客的地位，如果顾客戴有昂贵的项链、手链、头饰等，基本可以说明顾客的身价不低；用具，从顾客所使用的东西可以判断身份，比如豪华小车的车主往往身价不菲。

b. 洽谈技巧：注意语速、制造谈话氛围、拉拉家常、将我方优点比他方缺点、学会打补丁、制造饥饿感、集中精神、适时恭维。

（3）确定培训内容。培训内容培训主要包括通用性培训和专业性培训。

1）通用性培训：包括公司制度、口头表达方法、组织方法、坚韧性、影响力、灵活度、敏感度、积极性、学习方法、判断方法、分析方法、洽谈技巧、服务态度、员工礼仪等。

2）专业性培训：包括公司楼盘特色，即规划、户型、建筑、配套、教育、景观、功能等，区域楼市概况、竞争对手概况、营销基本知识、推销策略与技巧、投诉处理方法、刁蛮顾客应对措施、合同签订程序、专业术语、销售部工作流程及行为规范、营销策略思路理解、市场状况及竞争对手分析、产品理解、发展商介绍及经营理念、项目优劣势分析、客户信息资料的获取技巧、买家分析、各种销售表格的填写规范、工程知识、入住须知及物业管理、计价及按揭知识、投资分析、合同及法律知识、国家政策法规等。第一，熟悉楼盘周边环境，附近有什么交通线路，交通规划，有何重大的市政工程，何时动工、何时完成。附近有何小学、中学和幼儿园，生活配套是否齐全等。第二，与本案产品竞争的有哪些楼盘，他们在哪里？与我们相比有何优点与缺点，他们的价格如何？房型如何？卖得如何？为什么卖得好，为什么卖得差？只有做到知彼知己，方能百战百胜。第三，对本楼盘的彻底透彻的了解，比如不仅仅要知道一套房子的房间、厅、厨、卫的面积，还要知道公共走道的宽度，电梯厅的面积，管道井的位置，房间内部管线的排布方式等。不仅要知道厨房、卫生间、室内装修标准，还要知道公共部分，外墙的建材及特性，电梯、中央空调、水泵的品牌及功能，有何特点？甚至每户的电量多少？有线电视的插孔有几个？在什么位置等都要去了解。

（4）确定培训方式。销售员采用统一模拟训练，一个充当客户，一个做业务员进行针对性的强化训练，统一的销售说辞。设想客户可能会问的所有问题，全部列出来，进行统一解答，以免同一个问题会有不同的答案。尽量把自己设想成一个客户，从客户的立场和角度去研究楼盘，才能做到疏而不漏，才能心中有底、对答如流。

## 实践经验

### 房地产营销人员着装与语言行为

男营销人员着装建议

- 西装：深色，如蓝、藏青；
- 衬衣：浅色，袖口清洁，熨烫平整；
- 领带：中性色彩，勿太花或太暗；
- 长裤：与上衣相衬，搭配；
- 便装：中性色彩，清洁；
- 鞋：无论质地如何，一定要亮；
- 袜：一般不要穿白袜；
- 手：洁净，指甲要经常修剪；
- 头发：整洁，发型适中。

女营销人员着装建议

- 从事业务活动的场合应着西服套裙；
- 应穿中上档次的服装；
- 应穿朴素的浅口无带皮鞋；
- 在衬衣或裙装外套一件外套；
- 一般不要穿长裙；
- 不要佩戴过于时尚夸张的小饰物；
- 戴一副考究的眼镜（戴眼镜者）；
- 适当的装饰（如胸针等）。

房地产营销人员语言、行为

- 声音洪亮；
- 避免口头禅；
- 避免语速过慢或过快；

- 避免发音出错；
- 避免议论他人（公司）的不满；
- 倾听；
- 轻松，从容；
- 手势（中性、开放式）。

#### 4. 房地产销售审批资料和销售资料准备

（1）房地产销售审批资料准备。未竣工房地产项目销售，需要符合预售条件。“商品房预售条件及预售许可证”的办理程序，按照《城市房地产开发经营管理条例》和《城市商品房预售管理办法》的有关规定执行。一般需要准备以下资料：①房地产开发企业资质证书和企业法人营业执照；②取得土地使用权证书或使用土地的批准文件；③建设用地规划许可证；④建设工程规划许可证和施工许可证；⑤属于房屋开发项目的，已投入资金占项目总投资达到25%的证明。

竣工房地产项目销售，办理“竣工房地产项目销售许可证”需要准备以下资料：①房地产开发企业资质证书和企业法人营业执照；②取得土地使用权证书或使用土地的批准文件；③持有建设工程规划许可证和施工许可证；④已通过竣工验收；⑤供水、供电、供热、燃气、通讯等配套基础设施具备交付使用条件，其他配套基础设施和公共设施具备交付使用条件或已确定施工进度和交付日期；⑥物业管理方案已经落实。

（2）房地产销售资料准备。

1）销售价格表。

2）房屋销售合同。

3）楼书、平面图、小册子、海报等楼盘宣传资料。宣传资料包括如下内容。

a. 楼盘概况——占地面积、建筑面积、公共建筑面积、建筑覆盖率、容积率、绿化率、物业座数、层数、层高、车位数；

b. 发展商、投资商、建筑商、物业管理人、代理机构、按揭银行、律师事务所的名称、地址、电话及联系人姓名；

c. 销售许可证及编号；

d. 位置交通——楼盘所处具体位置图、交通路线图及位置、交通情况文字详细介绍；

e. 周边环境——自然环境介绍、人文环境介绍、景观介绍；

f. 生活配套设施——介绍周边学校、幼儿园、医院、菜市场、商场、超市、餐饮服务业、娱乐业、邮政电信；

g. 建设项目的装修标准和所具备的主要设备——电梯、空调、煤气供热、电力、通信、有线电视、对讲系统等；

h. 规划设计——包括楼盘规划人、规划理念、规划特点，楼盘建筑设计者、设计理念、建筑特色、环艺绿化风格特色等，随着近年人们对生活品位日渐高层次的追求，消费者日益重视建筑内外部空间的处理、建筑风格、建筑外立面特点，因此规划设计应是售楼书介绍的重点；

i. 户型介绍——由于生活方便与否，舒适与否与户型有着绝大的关系，因此户型是影响消费者购买决定的重大因素，应以灵活多样的方式将户型特色、户型优点尽情展示；

j. 会所介绍——作为全新生活方式下的产物，作为能提升楼盘整体品位的重要组成，会所在近年的市场中受到越来越高的重视，会所功能、会所设计概念、会所服务细则也应有所介绍；

k. 每平方米或总的销售价格——按揭比例、年限及首期交款额、每年交款额、一次交款优惠比例、优惠条件等；

l. 物业管理介绍——物业管理即楼盘的售后服务，随着市场的发展，人们对其日益重视，物业管理人背景、物业管理内容、物业管理特色应有所交代；

m. 建筑装饰材料，新材料新科技成果运用。

### 5. 房地产销售进度控制

销售进度控制是销售过程中一项重要工作内容，好的销售控制能确保房屋均衡销售、资金均衡回笼，从而能保证开发建设均衡施工，避免房地产开发忽高忽低难控制的局面。

（1）楼盘销售控制含义。在整个楼盘营销过程中，应该始终保持有好的房源，要分时间段根据市场变化情况，按一定比例面市，这样可以有效地控制房源，而且后期的好房源面市时，正处于价格的上升期，还可以取得比较好的经济效益，这就是销售控制。

（2）销售控制作用。销控是实现项目利润最大化的捷径，一个项目开盘即一抢而空不是一件好事，只能说明定价偏低，开发商没有得到最大的销售收入，所以要控制好销售节拍，在先导期、开盘期、强销期、收盘期每个期间内供应的销售量在面积、朝向，分别安排合理的供给比例，楼层中保持一定大小、好坏、高低的比例，以实现均衡销售。

（3）主要销控措施。

1）时间控制。房地产销售阶段控制，如表 10-1 所示。

表 10-1 房地产销售阶段控制

| 阶段 | 时间 | 累计销售量 | 阶段 | 时间 | 累计销售量 |
|---|---|---|---|---|---|
| 预售期 | 开盘前第 1～3 个月 | 5%～10% | 持续销售期 | 开盘后第 3～6 个月 | 70%～90% |
| 强销期 | 开盘后第 1～2 个月 | 40%～60% | 尾盘期 | 开盘后第 7～12 个月 | 90%～100% |

2）价格与房源控制。要设置价格阶梯，均衡推出房源。但是，销售不可能一帆风顺，难免会有卡壳现象，所以需要对卖点进行储备与挖掘，及时推出新卖点，会缓解销售卡壳现象，确保销售过程均衡化。

3）禁止虚假的不合规的销控做法。这些做法有假销控表、雇托炒房、人为惜售、虚假合同、拖延审批、延后预售许可等，人为制造房价上涨假象。不合规的做法会人为导致房地产价格非理性上涨，加剧普通百姓购房负担、甚至买不起房，这时政府主管部门就会严令禁止。

### 6. 房地产销售过程广告管理

（1）广告内容管理。房地产预售、销售广告，必须载明以下事项：①开发企业名称；②中介服务机构代理销售的，载明该机构名称；③预售或者销售许可证书号。广告中仅介绍房地产项目名称的，可以不必载明上述事项。

（2）房地产广告发布要求。见本书8.2。

### 7. 商品房预售操作管理

（1）商品房预售的概念。商品房预售指房地产开发企业将正在建设中的房屋预先出售给承购人，由承购人预付定金或房价款的行为。但《城市房地产管理法》规定商品房预售实行预售许可。

（2）商品房预售的条件。

1）已交付全部土地使用权出让金，取得土地使用权证书。

2）持有建设工程规划许可证和施工许可证。

3）按提供预售的商品房计算，投入开发建设的资金达到工程建设总投资的25%以上，并已经确定施工进度和竣工交付日期。

4）开发企业向市、县人民政府房产管理部门办理预售登记，取得商品房预售许可证。

（3）商品房预售许可。

1）含义。房地产开发企业进行商品房预售，应当向房地产管理部门申请预售许可，取得商品房预售许可证。未取得商品房预售许可证的，不得进行商品房预售。开发企业进行商品房预售时，应当向求购人出示商品房预售许可证。

2）申请商品房预售许可。房地产开发企业应当向市、县人民政府房地产管理部门提交下列证件及资料：

a. 商品房预售许可申请表。

b. 开发企业的营业执照和资质证书。

c. 土地使用权证、建设工程规划许可证、施工许可证。

d. 投入开发建设的资金占工程建设总投资的比例符合规定条件的证明。

e. 工程施工合同及关于施工进度的说明。

f. 商品房预售方案，包括商品房的位置、面积、竣工交付日期等内容，并应当附商品房预售分层平面图。

3）房地产管理部门做出的准予商品房预售许可的决定，应当予以公开，公众有权查询。

（4）商品房预售合同登记备案。房地产开发企业取得商品房预售许可证，可以向社会预售其商品房。商品房预售人应当在签约之日起30日内持商品房预售合同到县级以上人民政府房产管理部门和土地管理部门办理登记备案手续。但禁止商品房预购人将购买的未竣工的预售商品房再转让。

### 8. 商品房现售操作管理

（1）商品房现售。指房地产开发企业将竣工验收合格的商品房出售给买受人，并由买受人支付房价款的行为。

（2）现售必须符合以下条件：①出售商品房的房地产开发企业应当具有企业法人营业执照和房地产开发企业资质证书；②取得土地使用权证书或使用土地的批准文件；③持有建设工程规划许可证和施工许可证；④已通过竣工验收；⑤拆迁安置已经落实；⑥供水、供电、供热、燃气、通信等配套设施设备具备交付使用条件，其他配套基础设施和公共设备具备交付使用条件或已确定施工进度和交付日期；⑦物业管理方案已经落实。

## 实践经验

### 售楼成交三部曲

售楼人员向客户详尽的讲解完楼盘的概况并回答完顾客疑问后，就要主动提出成交的要求。“您看，8号楼508室各方面都符合您的要求，要不就定这套吧？”这是一种假设成交的技巧。如果客户没提出不同意见，就意味着成交了。但往往刚开始提出成交要求时，出于对自我利益的保护，在客户没有完全明白购买行为中得到什么利益点之前，他会用最简单的方法——拒绝购买来保护自己。因此，不要在客户提出拒绝后就与此顾客“拜拜”。面对顾客的拒绝，可以装作没听见，继续向客户介绍楼盘新的“利益”点，在顾客明白这一利益点后，再一次提出成交的要求。这就是“成交三部曲”在楼盘销售中的运用。

第一步：向客户介绍楼盘最大一个利益点；

第二步：征求客户对这一利益的认同；

第三步：当客户同意楼盘这一利益点的存在时，向客户提出成交要求。

这时会出现两种结果：成交成功或失败。如果失败，你可以继续装聋作哑，对客户继续装做没听见，继续向客户介绍一个新的利益点，再次征得客户的认同和提出成交的要求。有时，甚至提出四五次成交要求后，客户才最终肯签约。经验表明，韧性在售楼的成交阶段是很重要的。甚至，在向顾客几次提出成交要求遭到客户的拒绝后，眼看成交无望后，仍不气馁。成交的关键是6个字：主动、自信、坚持。第一，售楼员应假设成交已有希望（毕竟你是抱着希望向客户推荐的），主动请求客户成交；第二，要有自信的精神与积极的态度；第三，要坚持多次向客户提出成交的要求。事实上，一次成交的可能性会很低的，但事实证明，一次成交失败并不意味着整个成交工作的失败，客户的“不”字并没有结束售楼工作，客户的“不”字只是一个挑战书，而不是阻止售楼员前进的障碍。

### 9. 顾客购房心理与销售对策

顾客的消费行为是其心理活动的外在表现，顾客的偏好、性格不同，则其购买行为也不同，其心理活动也具有不同的特点。销售人员只要对症下药，就可以节省许多交易时间成本。

(1) 理智稳健型顾客。心理活动特征：考虑问题冷静稳健，不轻易被销售人员的言辞所打动，对于项目的疑点，他们一定会详细了解，不会有半点含糊。销售对策：在销售过程中加强对房屋本质、开发商信誉及房屋独特优点的介绍，说辞必须有理有据，从而获得顾客的理解和信任。

(2) 小心谨慎型顾客。心理活动特征：这类人由于做事过分小心，无论大事小事，哪怕是一块玻璃，一个开关都在顾虑之内，常常由于一个无关大局的小事而影响最终决定。销售对策：销售人员应该在销售过程中通过几个细节的介绍尽快取得对方的初步信任，加强其对产品的信心。当其考虑的问题远离主题时，应该随时创造机会将其导入正题。在其交纳定金后，更应该“快刀斩乱麻”让其签约，以坚定其选择。

(3) 沉默寡言型顾客。心理活动特征：这种人往往做事谨慎，考虑问题常常有自己的一套，并不轻易相信别人的话，外表严肃，反应冷漠。销售对策：在介绍产品的特点以外，应通过亲切的态度缩短双方的距离。通过多种话题，以求尽快发现其感兴趣的话题，从而了解其真正需求。如表现厌烦时，可以考虑让其独自参观，并不时留意，在其需要时进行介绍。

(4) 感情冲动型顾客。心理活动特征：这种人天性易激动，轻易受外界怂恿与刺激，一旦激动起来，则很快就能做出决定。销售对策：从一开始就不断强调产品的特色和实惠，促使其快速决定。当顾客不想购买时，更应该应对得体，以免其过激的言辞影响其他顾客。

(5) 优柔寡断型顾客。心理活动特征：内心犹豫未定，不敢作决定，也可能是第一次购房，担心经验不足，害怕上当受骗。销售对策：销售人员必须态度坚决而自信，通过信而有证的公司业绩、产品品质、服务保证等赢取顾客信赖，并在适当的时机帮助其作决定。

(6) 盛气凌人型顾客。心理活动特征：具有一定的政府背景或经济实力，习惯说话趾高气扬，更喜欢以下马威来吓唬销售人员，并拒人于千里之外，以此显示自己和别人不一样。销售对策：应及时稳住立场，态度不卑不亢，在尊敬对方的同时也应该适当恭维对方，从而寻找其弱点，创造销售机会。

（7）敏感型顾客。心理活动特征：这种人比较敏感，听风便是雨，事事容易往坏处想，任何小事都容易刺激到他，表现了其心里没底，需要帮助。销售对策：开始时必须言行谨慎，多听少说，仪态庄重严肃，在取得信任后以有力的事实说服对方，不要做过多的描述。

（8）借故拖延型顾客。心理活动特征：这种人可能是随意看看，不能立即决定，或者根本就没有购买的打算。但是也有可能有购房意向，不过生性迟疑，习惯于借故拖延，推三阻四，企盼更大的优惠出现。销售对策：在介绍过程中不断摸索顾客不能决定的原因，并设法解决，但要掌握分寸，可以让一些小利，并让其产生我方一再让步的感觉，不好意思再推脱。

### 10. 商品房销售中禁止的行为

（1）不得在未解除商品房买卖合同前，将作为合同标的物的商品房再行销售给他人。

（2）不得采取返本销售或变相返本销售的方式销售商品房。

（3）不符合商品房销售条件的，房地产开发企业不得销售商品房，不得向买受人收取任何预定款性质的费用。

（4）商品住宅必须按套销售，不得分割拆零销售。

（5）禁止商品房预购人将买卖的未竣工的预售商品房再行转让。

此外，房屋所有权申请人与登记备案的预售合同载明的预购人必须一致。实行实名制购房，推行商品房预售合同网上即时备案，防范私下交易行为。对虚构买卖合同，囤积房源；发布不实价格和销售进度信息，恶意哄抬房价，诱骗消费者争购；以及不履行开工时间、竣工时间、销售价格和套型面积控制性项目要求的，当地房地产主管部门要将以上行为记入房地产企业信用档案，公开予以曝光。

## 实践经验

### 购房签约需要注意的关键地方

客户购房进入实质性阶段时就要与房地产开发商签订商品房销售合同。现在的正式合约书都是统一制式的标准文本，里面已标明了应该签署的各项主要条款，客户只需在空格内填上文字数据即可。但作为购房客户，花巨款买一套房子毕竟是一件大事，在签字时有些关键地方还应多加注意。

第一，在合约书中，应注明与发展商谈定的付款方式与位价，是按揭付款还是工程期分期付款。如是分期付款，每期款的缴款时间应明确注明。

第二，发展商交付房屋的日期一定要写明确，应明确到某年某月某日交屋，而不应使用模棱两可的措词来表达，因为这里涉及逾期交房的违约问题。

第三，对于购置房屋的面积要明确注明销售面积（含分摊的公用面积）是多少、实际使用面积是多少。现在政府规定面积误差（当初购买时的面积与最终交屋时的实测面积误差）在±3%以内均属正常，发展商多退少补。如最终面积误差超过±3%，客户有权要求退房并追加利息损失。现在在南方城市如上海，甚至规定发展商实测面积大于客户购置面积时客户将不必追补面积款，而实测面积小于购置面积，发展商还需要退款。

第四，应提出天然气或煤气的准确通气时间。因煤气公司有规定，必须等到楼宅入住率达70%时才能通气源。因此，虽然煤气管道已通，但客户尚有可能用不上煤气，给生活带来诸多不便。所以，在合约上应注明气源通气的准确时间或注明如应入住率不够不能按时通气时发展商采取的应急办法。

第五，应在合同中明确提出产权证发放到手中的准确时间。目前由于各方面的因素，产权证发放比较慢，但也应注明一个合适的日期，发展商不能无限期地拖发产权证。

第六，发展商在与客户签约时，除签署正式合同外，为了更清晰地阐述协议内容，往往还会让客户再签署一份补充合同，主要目的在于表明由于某些特定原因造成不能按期交房的免赔责任，以及面积丈量误差如差异过大在哪些情况下的免赔责任。一般情况下，发展商签此合同，主要是为了保护自己在一些非人力能控制的情况下造成违约的规避风险的一种方式。但客户也应多加注意，仔细研读补充条款，以免落入某些不法商人的文字陷阱。

一般而言，签约时最重要的就是上述几个问题，但对其他条款也不应忽视，能提前在发展商处拿到影印件的，更应回家仔细研究，一定要做一个明明白白的购房人。

### 11. 商品房交付使用管理

（1）房地产开发企业应当按照合同约定，将符合交付使用条件的商品房按期交付给买受人。未能按期交付的，房地产开发企业应当承担违约责任。因不可抗力或者当事人在合同中约定的其他原因，需延期交付的，房地产开发企业应当及时告知买受人。商品房建成后的测绘结果与合同中约定的面积数据有差异，商品房交付时，开发商与购房人应根据合同约定对面积差异进行结算。

（2）房地产开发企业应协助购买人办理土地使用权变更和房屋所有权登记手续。房地产开发企业应当在商品房交付使用之日起60日内，将需要由其提供的办理房屋权属登记的资料报送房屋所在地房地产行政主管部门。同时房地产开发企业还应当协助商品房买受人办理土地使用权变更和房屋所有权登记手续，并提供必要的证明文件。

### 12. 房地产销售危机管理（危机营销）

（1）危机营销。是指企业在面对危机、灾难时采取拨乱反正的措施，以期最大限度地减少危机给企业造成的不良影响。由于房地产开发周期长，资金投入大，回收期限长，房地产开发商时时刻刻面临着危机。不少开发商都被危机套住过，但靠危机营销急中生智，上演了一幕幕从悲剧到喜剧的好戏。

（2）面对危机的管理技巧。

1）指定一个独家发言人。在危机发生后，指定一个发言人，让企业只有一种声音对外，可避免因多种因素对外说法不一。最好由公关人员担当企业的独家代言人。公关人员长期与媒体、公众打交道，了解他们的需要，对事件的报道可以做到既公正全面，又能最大限度地维护公司利益。

2）率先公开、坦率地承认问题。发言人只需陈述事件的过程，不应过多加入分析、结论性意见和处理办法，这样既为代言人以后的发言留下空间，又不至于引来公众、媒体的追问、调查。

3）告诉公众事情的进展。社会各界包括媒体、公司股东、主管部门都在等待来自公司的最新消息。所以，应经常透露一些对他们有价值的信息。如公司正在和当局合作，调查正在进行中或正在做出某种选择，等等。

4）让员工享有知情权。如果员工处于对公司现状了解不够全面的尴尬状态，公司不太可能从员工那里得到太多的支持，弄不好还会祸起萧墙，内部产生不稳定因素。还应要求员工不要对外泄露情报，因为只有独家代言人才是唯一对外宣传的窗口。

5）与媒体建立良好关系。公司经理、公关人员可以通过向媒体真实、客观、及时地提供他们所需的信息，力所能及地配合媒体的工作，与媒体建立良好关系。这样，媒体才可能在公司处于危机时公正报道事件，尽量保护公司。

6）接受“外脑”的意见。在危机发生后，公司应综合考虑各种因素，考虑可能出现的各种情况，而公司内部人员此时往往不能客观地预料可能出现的最坏情况，而需要听取外部专家站在不同的角度客观地判断事态发展，并制定有效措施。

7）保持与顾客的联系。为了在顾客心目中树立公司的良好形象，公司应经常给顾客打电话、写信，与顾客沟通、交流。在危机发生后，为了重新塑造公司值得信赖的形象，还应继续这些工作。

## 小案例

### 绿地集团坦然面对危机

绿地集团有一批住房，由于占用绿化和建筑质量有部分问题，被购房者告到电台，被媒体披露，很快很多居民要求退房。绿地集团马上派专人与居民接触，协商解决措施，又与媒体保持密切联系，让媒体给予一段时间解决问题。迅即派出工程技术人员到现场，为居民维修和架设临时管线，保证居民生活。至于占用绿化知错就改，最终取得了居民的谅解和媒体与政府的好评。

## 实践经验

### 四步推销法

一推激情。推销员如果没有成功心态，即使是掌握了良好的推销技巧也无法成功。一个没有激情的人，他的言谈举止怎么能去感染一个陌生人呢？如果你没有夺取成功的激情，请赶快放弃每天都和“失败”打交道的推销工作吧！因为你注定不堪忍受而“折腰”。一是坚持100天。推销大师戈德曼说：“推销是从被拒绝开始。”你千万不要为挫折而苦恼。二是坚持“四不退让”原则。推销员切忌听到说一次“不”就放弃推销。最起码也要听到四次“不”的时候，再做退让。三是坚持1/30原则。推销员的灵魂只有两个字：“勤奋”！推销界认为：推销员每拜访到30个客户，才会有1个可以成交。

二推感情。美国推销大王乔·坎尔多弗说：“推销工作98%是感情工作，2%是对产品的了解。”推销员与顾客见面后“10分钟内不应谈业务”。那谈什么呢？“谈感情”。这才是实现推销的第一步。推销新手常犯两个毛病：一是起先他们不会“谈感情”，一见面就是冷冰冰地问“买不买”、“要不要”。二是后来他们学会了这一步，然而却总是“跳崖”，即谈得正热乎时，转不到正题上来。于是只好“哈哈，哎王经理，现在咱们来谈点业务吧?”——这几乎是在“自杀”。客户会马上警觉“噢，该让我买房子了!”

三推产品。一个推销员应该永远记住，顾客买你的产品，是买这个产品会给他带来的利益和好处，而不是买价格、买新奇、买产品。推销产品即推销因产品功能而产生的利益。除了利益推销以外，在实际推销中，“演示+暗示”又是推销制胜的一大法宝。“演示”让人眼见为实。在演示过程中，推销员一定要暗示，引导客户顺着你的思路走。

四推价格。价格永远是产品的敏感问题，高明的推销员应该采取暗示价格“不贵”的语言对客户巧妙报价。

## 10.2　售楼处管理策略

### 1. 售楼处的组织设计

（1）售楼处的组织结构包括：①售楼处的基本组织架构。一般采用职能型结构；②售楼处的部门职能。

（2）售楼处各岗位的岗位职责包括：①项目总监的工作职责；②策划相关岗位的工作职责；③销售相关岗位的工作职责；④客户服务相关岗位的工作职责。

（3）销售人员的职责。①认真贯彻公司销售政策，为客户提供一流的接待服务；②熟悉房地产基本常识和所销售产品的详尽的知识；③在规定的时间内完成销售指标；

④宣传房地产项目，提升品牌形象；⑤执行销售业务流程所规定的全部工作；⑥建立良好的人际关系，积极搜集反馈意见；⑦开展市场调研工作，为公司搜集第一手市场资料；⑧负责按揭资料的预备与按揭工作；⑨积极挖掘潜伏客户；⑩努力向上，坚持学习。

### 2. 售楼处的工作流程

（1）销售管理流程包括：①销售政策制定流程、销售价格制定流程、销控方案制定流程、销售面积确定流程；②内部认购流程、集中开盘流程、认购管理流程；③签约管理流程、延迟签约申请流程；④按揭贷款办理流程；⑤特殊优惠申请流程；⑥认购阶段换房流程、认购阶段退房流程、签约阶段退房流程；⑦加名、减名、更名流程；⑧收据遗失补办流程。

（2）销售业务流程包括：①售楼处基本工作流程；②案场销售业务基本流程；③电话接待流程；④新客户接待流程、老客户接待流程；⑤带看工地现场流程、带看样板房流程；⑥客户跟踪回访流程、客户投诉处理流程、客户满意度调查流程；⑦沙盘区讲解流程、样板区讲解流程、户型解读流程。

### 3. 售楼处的管理制度

（1）售楼处行政管理制度包括：①售楼处员工守则；②售楼处考勤制度；③售楼处值班制度；④售楼处例会制度；⑤售楼处卫生管理制度；⑥售楼处安全管理制度；⑦销售用品管理制度；⑧售楼处考核制度、售楼处处罚条例；⑨售楼处奖金分配管理制度。

（2）售楼处工作规范制度包括：①案场工作纪律；②销售礼仪规范；③服务用语规范；④客户接待行为规范。

（3）售楼处业务管理制度包括：①员工培训制度；②客户接待制度；③销控管理制度；④样板房管理制度；⑤销售报表管理制度；⑥成交签约管理制度；⑦销售奖励办法；⑧业绩分配制度；⑨销售提成制度。

### 4. 售楼处的管理表格

（1）员工管理表格包括：①员工花名册、案场考勤表、案场轮休表；②外出登记表；③客户轮值表；④员工年度考勤统计表；⑤个人周工作总结；⑥工作违纪处理单；⑦办公用品领用登记表；⑧部门活动基金使用申报表、部门活动基金使用登记表。

（2）客户管理表格包括：①电话接听记录表；②来访客户登记表、认购客户登记表、成交客户登记表、拜访客户记录表；③售后服务跟踪维护表；④成交客户档案表（单客户）、成交客户档案表（多客户）；⑤未成交客户追踪分析表；⑥客户意见反馈单；⑦客户问题汇总表；⑧客户交款情况登记表；⑨退订客户登记表；⑩月度客户满意度分析表。

（3）销售管理表格包括：①到访征询单、来访客户需求调查问卷；②保留房型通知单、保留楼盘控制表；③营业日报表；④购房须知、购房意向书、付款承诺书、购房税费一览表、装修标准一览表、商品房认购书、房屋缴款单、客户按揭资料接收表；⑤特殊优惠申请单、额外折扣登记表、赠送礼品登记表；⑥认购书领用登记表、合同领用登记表；⑦换房申请书、更名申请书、退房申请书、交房通知书；⑧挞定清单、终止合同通知书；⑨房屋销售一览表、销售人员业绩统计表、个人销售提成结算表、售楼处奖金分配明细表；⑩代理公司业绩确认表。

（4）销售分析表格包括：①楼盘调查表、区位调查记录表、住宅户型调查统计表、竞争楼盘供应量调查统计表、街区/商场客流量统计表、购物中心业态及租金调查表；②项目SWTO分析；③销售情况日报表、销售情况周报表、销售情况月报表；④案场月工作总结；⑤售楼处每周工作问题汇总；⑥月楼盘销售分析表；⑦购买因素分析表、未购买因素分析表、退房客户分析表；⑧广告效果统计表（周）；⑨周到访客户情况分析表、客户情况细分表；⑩成交客户购房因素分析表、成交客户看房频次统计表。

## 10.3　房地产销售相关业务技巧

### 1. 商品房买卖合同

房地产开发企业应与购房者签订商品房买卖合同，并采用《商品房买卖合同示范文本》。

（1）合同主要内容：当事人名称和姓名、住所；商品房基本情况；商品房的销售方式；商品房价款的确定方式及总价款、付款方式、付款时间；交付使用条件及日期；装饰、装修标准承诺；供水、供电、供热、燃气、通信、道路、绿化等配套基础设施和公共设施的交付承诺和有关权益、责任；公共配套建筑的产权归属；面积差异的处理方式；办理产权登记有关事宜；解决争议的办法；违约责任；双方约定的其他事项。房地产开发企业、房地产中介服务机构发布的商品房销售广告和宣传资料所明示的事项，当事人应当在商品房买卖合同中约定。

（2）计价方式。商品房销售可以按套（单元）、套内建筑面积、建筑面积等三种计价方式，房屋权属登记中对房屋的面积按建筑面积进行登记，但按套、套内建筑面积计价并不影响用建筑面积进行产权登记。

（3）误差的处理方式。面积误差比是产权登记面积与合同约定面积之差，与合同约定面积之比，公式为

$$面积误差比 = (产权登记面积 - 合同约定面积)/合同约定面积 \times 100\%$$

合同未作约定的，按以下原则处理：①面积误差比绝对值在3%以内（含3%）的，据实结算房价款；②面积误差比绝对值超过3%时，买受人有权退房。买受人退房的，房地产开发企业应当在买受人提出退房日期30日内办理退房退款。

（4）中途变更规划、设计。出现合同当事人约定的其他影响商品房质量或使用功

能情形的，房地产开发企业应当在变更确立之日起 10 日内，书面通知买受人。买受人有权在通知到达之日起 15 日内做出是否退房的书面答复，15 日内未做出书面答复的，视同接受规划、设计变更以及由此引起的房价款的变更。房地产开发企业未在规定时限内通知买受人的，买受人有权退房；买受人退房的，由房地产开发企业承担违约责任。

（5）保修责任。当事人应当在合同中就保修范围、保修期限、保修责任等内容做出约定。保修期从交付之日起计算。

### 2. 成套房屋建筑面积测算

（1）成套房屋建筑面积 = 套内建筑面积 + 分摊共有建筑面积。

（2）套内建筑面积 = 套内房屋使用面积 + 套内墙体面积 + 套内阳台建筑面积。

1）套内房屋使用面积的计算。房屋户内全部可供使用的空间面积，按房屋的内墙面水平投影计算，不包括墙、柱等结构构造和保温层的面积，也未包括阳台面积。

2）套内墙体面积的计算。套内墙体面积，是指套内使用空间周围的维护或承重墙体或其他承重支撑体所占的面积。其中，各套之间的分隔墙和套与公共建筑空间的分隔墙以及外墙（包括山墙）等共有墙，均按水平投影面积的一半计入套内墙体面积，套内自有墙体按水平投影面积全部计入套内墙体面积。

3）套内阳台建筑面积的计算。是指按阳台外围与房屋外墙之间的水平投影面积计算。其中，封闭的阳台按水平投影全部计算建筑面积，未封闭的阳台按水平投影的一半计算建筑面积。

（3）分摊的共有建筑面积的计算。

1）公用建筑面积。现行公用建筑面积由两部分组成：一是电梯井、楼梯间、垃圾道、变电室、设备间、公共门厅和过道、地下室、值班室、警卫室以及其他功能上为整幢建筑物服务的公共用房和管理用房建筑面积；二是套（单元）与公共建筑空间之间的分隔墙（包括山墙），墙体按建筑平面图纸轴线以外的水平投影面积。此外，以下公用建筑不得分摊到本幢建筑物内：非本幢建筑物（如锅炉房、变电所、泵房等）；已作为独立使用空间的地下室、车库等；作为人防工程的地下室。

2）分摊公用建筑面积。分摊的公用建筑面积 = 公用建筑面积公摊系数 × 套内建筑面积；公用建筑面积分摊系数 = 公用建筑面积/套内建筑面积之和。

### 3. 房地产贷款程序

借款申请→受理申请→签订合同（贷款人审查同意贷款后，借款人与贷款人签订《借款合同》，并根据担保方式的不同，借款人与贷款人签订《抵押合同》或《质押合同》，或第三方保证人、抵押人、质押人与贷款人签订《保证合同》、《抵押合同》或《质押合同》，如果采取抵押担保，还应依法办理抵押登记）→发放贷款（贷款人按借款合同约定按时发放贷款）→归还贷款（借款人按借款合同约定按时偿还贷款本息）→合同变更→结清贷款。

## 4. 个人住房贷款

（1）个人住房贷款的种类。

1）按资金来源，个人住房贷款可分为商业性贷款、公积金贷款和组合贷款。

2）按贷款偿还方式，个人住房贷款可以分为到期一次还本付息的贷款和分期还款的贷款。分期还款方式有等额本息还款方式（简称等额还款方式）、等额本金还款方式、等比累进还款方式、等额累进还款方式等多种。借款人虽然可根据需要选择还款方式，但一笔借款通常只能选择一种还款方式，借款合同签订后一般不得更改。

3）按住房交易形态，个人住房贷款可分为首次住房贷款和再交易住房贷款。

4）按贷款用途，个人住房贷款可分为个人购房贷款、个人自建住房贷款、个人大修住房贷款等。个人住房贷款按购房类型，又可分为个人购买经济适用住房贷款、个人购买商品住房贷款等。

5）按借款人类型，个人住房贷款可分为本地人士贷款、外地人士贷款、港澳台和外籍人士贷款。

6）按贷款方式的不同，个人住房贷款可分为保证贷款、抵押贷款、质押贷款、信用贷款。

（2）个人住房贷款的特点。①长期性。个人住房贷款期限多为十几年、二十几年，最长期限可达30年；②零售性；③分期偿还。

（3）个人住房贷款中的几个主要术语。

1）首期付款与首付款比率。首期付款简称首付款，指购买住房时的首次付款金额。首付款比率指首期付款占所购住房总价的比率。一般有最低首付款比率的规定，如最低首付款比率为20%。

2）贷款金额简称贷款额，指借款人向贷款人借款的数额，一般为所购住房总价减去首期付款后的余额。贷款成数（指贷款金额占抵押房地产价值的比率）最高不得超过抵押房地产价值的80%。

3）贷款期限是指借款人应还清全部贷款本息的期限。

4）贷款利率是指借款合同中所规定的贷款利率，有固定利率和浮动利率。

5）分期偿还额是指在分期还款的贷款中借款人每期应偿还贷款的数额。

6）偿还比率。又称收入还贷比，是指借款人分期偿还额占其同期收入的比率。在发放贷款时，通常将偿还比率作为衡量贷款申请人偿债能力的一个指标，并规定一个最高比率，如将这一比率控制在30%以内，即给予借款人的最高贷款金额不使其月偿还额超过其家庭月收入的30%。

7）月所有债务支出与收入比。中国银行业监督管理委员会要求应将借款人住房贷款的月房产支出与收入比控制在50%以下（含50%），月所有债务支出与收入比控制在55%以下（含55%）。

8）贷款额度，又称贷款限额。贷款人一般会用不同的指标对借款人的贷款金额做出限制性规定，如：贷款金额不得超过一最高金额；贷款金额不得超过按照最高贷款成数计算出的金额；贷款金额不得超过按照最高偿还比率计算出的金额。当借款人的申请金额不超过以上所有限额的，以申请金额作为贷款金额；当申请金额超过以上任一限额的，以其中的最低限额作为贷款金额。

9）贷款余额是指分期付款的贷款，在经过一段时期的偿还之后，尚未偿还的贷款本金数额。

### 5. 房地产产权登记

（1）房地产产权登记是国家为健全法制，加强城镇房地产管理，依法确认房地产产权的法定手续。它要求凡在规定范围内的房地产权，不论归谁所有，都必须按照登记办法的规定，向房地产所在地的房地产管理机关申请登记。经审查确认产权后，由房地产管理机关发给房地产产权证。产权登记是房地产权管理的主要行政手段，只有通过产权登记，才能对各类房地产权实施有效的管理。采取房地产登记制度，一经登记，就确定了房地产权利。

（2）房屋权属登记的类型包括：总登记、初始登记、转移登记、变更登记、他项权利登记、注销登记。

（3）产权登记内容。房地产登记时要对权利人、权利性质、权属来源、取得时间、变化情况和房地产面积、结构、用途、价值、等级、坐落、坐标、形状等进行记载，登记机关设置房地产登记册，按编号对房地产登记事项作全面记载。

（4）我国房地产登记原则。①产权登记与产权审查确认同步；②登记产权现状；③产权人亲自办理；④权利人会同办理；⑤严格按照程序办理。

（5）房地产交易与房屋权属登记程序流程。①受理。具体工作包括：收验证件齐全，初审证件真伪，进行录入登记，填写收件受理单；②初审。包括：核验证件，现场勘察（必要时），查档审核，提出初审意见；③复审。包括：复核初审意见，对疑难问题提出处理意见，提出复审意见；④审批。包括：全程审核，疑难问题终结处理，签署审批意见；⑤缮证；⑥收费发证；⑦归档。以上只是一般的登记程序，在一些特定的交易或者是权属登记中，有些手续则可以进一步简化。

（6）办理房地产交易与房屋权属登记办事时限及必收要件。

1）初始登记。办事时限：5 个工作日。必收要件包括：土地使用权证书复印件或土地来源证明；建设工程规划许可证；建设单位关于房屋竣工验收合格的证明；房产测绘机构出具的房屋建筑面积测绘成果报告。（购买商品房的，由房地产开发企业统一提供。）

2）转移登记。办事时限：10 个工作日。必收要件：房屋权属证书；房地产转让证明材料（房地产转让合同或协议，法院司法文书，房地产赠与、房地产继承公证书等）。

3）变更登记。办事时限：5 个工作日。必收要件：房屋权属证书；房屋翻建的批件，名称、房屋面积等发生变化的有关证明。

4）房地产抵押登记。办事时限：5 个工作日。必收要件：房地产抵押合同；房屋权属证书（以预售商品房贷款抵押或者以在建工程抵押的，则应提供已生效的预售合同以及其他有权设定抵押权的文件与证明材料等）；土地使用权证书或用地证明。典权登记提交设典协议，其他收件及办事时限同房地产抵押登记。

5）注销登记。办事时限：2 个工作日。必收要件：原房屋权属证书；其他有关证明材料。

6）商品房预售合同登记备案。办事时限：1 个工作日。必收要件：商品房预售合同。⑦房屋租赁登记备案。办事时限：3 个工作日。必收要件：房屋权属证书复印件；房屋租赁合同。对于以上登记所要求的必需文件，首先是要求文件资料的真实性，其次是文件的有效性，不能是失效的文件资料。如果遇到特殊情况，当事人不能及时提交这些必要文件时，可以区别对待：如产权来源缺乏必要原始证明的，应增加公告程序并延长办件时限；委托代办的，应加收授权委托书及身份证明等。

## 思考题

1. 如何开展房地产项目的销售准备？
2. 预售阶段楼盘包装应如何进行？
3. 如何进行售楼人员的培训？
4. 楼盘销售实施过程中应该如何管理？

## 实训题

对本地区某房地产地块项目进行销售准备设计，编写销售管理策划方案。

## 实训指导

1. 5～8 人一组，每组完成实训项目。
2. 实地考察与网上调查相结合，主要参考网址见本书第 1 章实训指导。
3. 报告要求用自己的语言组织，不允许大段抄袭别人的文章，要求报告字数 2 000～3 000字。

第五篇

# 住宅项目与商业项目全程营销策划

## 本篇内容提要

本篇是房地产住宅项目与商业项目全程营销策划模块。

1. 住宅项目全程营销策划。主要介绍了住宅项目全程营销策划流程和住宅项目全程营销策划书的内容，并实训指导如何编写当地一个房地产住宅项目的全程营销策划报告书。

2. 商业项目全程营销策划。主要介绍了商业项目全程营销策划流程和商业项目全程营销策划书的内容，并实训指导如何编写当地一个房地产商业项目的全程营销策划报告书。

# 第 11 章
# 住宅项目全程营销策划

## 学习目标

1. 了解住宅与住宅项目概念

2. 熟悉住宅项目的分类、住宅项目全程营销策划特点

3. 掌握住宅项目全程营销策划内容、住宅项目全程营销策划流程与住宅项目全程营销策划书的编写

## 技能要求

1. 能够具有一般房地产住宅项目全程营销策划能力

2. 能够设计本地区某住宅项目的全程营销策划方案、编写出策划书

## 案例 11-1：金域蓝湾项目全程营销策划（节选）

### 一、金域蓝湾项目概况

项目地块编号：南京市 NO. 2007G33。2007 年 7 月 26 日，上海朗达（万科子公司）以 17.85 亿元的价格拿得此地块。此次拍卖更是创下了南京土地拍卖史上多项纪录，经过 117 轮拍卖，最终楼面地价为 3 278 元/$m^2$，每亩地价 437 万元，更是创下了江宁地价的新高。按照 3 278 元/$m^2$ 的楼面地价，建成后的新房将至少卖到 7 000 元/$m^2$。万科高价拿地，将把江宁的房价直接带入 7 000 元时代。

土地坐落：南京市江宁开发区内环路以北、牛首山河以南地块；

用地总面积为 272 298. 4$m^2$，实际出让面积为 272 298. 4$m^2$；

规划用地性质：二类居住用地；

建筑容积率：≤2. 0；

建筑密度：≤20%；

绿地率：40%；

建筑高度：≤60m；

集中绿地：≥0. 4 公顷。

项目开工时间 2008. 03. 10；竣工时间 2013. 12. 31。

## 二、金域蓝湾项目市场分析

1. 宏观分析。2007 年南京市整体市场住宅呈现供不应求状态。地块所在江宁区住宅成交量持续攀升，价格走势稳健，涨幅高于全市。总之，江宁房地产市场前景看好。

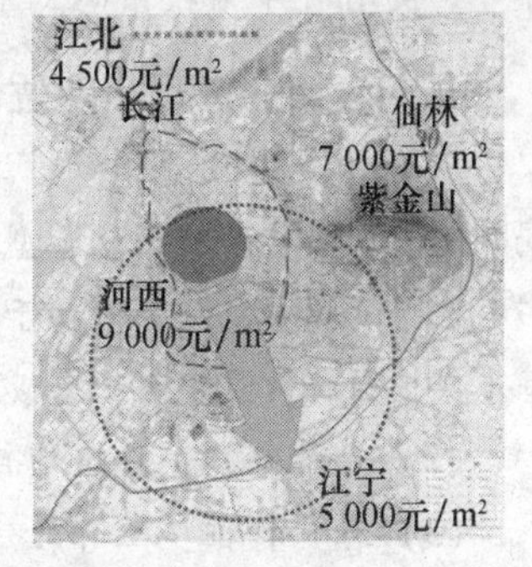

图 11-1　一城三区与江宁区位

2. 板块分析。南京多核心发展的城市总体规划奠定了江宁的新城路径。一城三区房价梯度效应促使江宁吸纳主城区购房者能力逐渐增强，江宁将成为继河西之后的下一个潜力区域，如图 11-1 所示。竞争来源：全市层面和江宁区内房地产住宅项目，但无直接竞争板块，更多竞争来自区域内部，项目周边竞争楼盘如图 11-2 所示。关键点：高性价比是板块优势，距离主城较远是主要劣势。

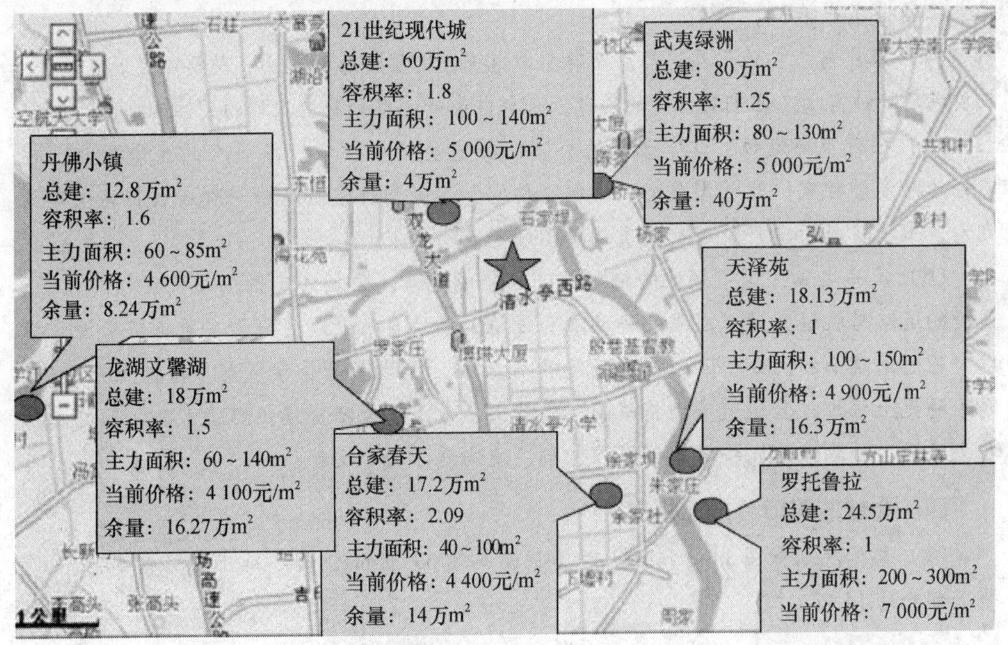

图 11-2　项目竞争地图

3. 项目优势分析。金域蓝湾项目位于江宁百家湖以南、双龙大道以东、清水亭东路以北，是江宁百家湖、东山、科学园、九龙湖四大板块的几何中心。区位交通状况：区域内路网四通八达，纵横捭阖，通衢未来。将军大道、双龙大道快速通道、机场高速、宁杭高速四条快速通道，最快 5 分钟直达主城区。公交区内 21 路、地铁 1 号线南延线、3 号线南延线双龙大道站毗邻金域蓝湾，加快与主城融合。商业配套：项目处于江宁百家湖商圈的中心，繁华的胜太路商业街、成熟的东山老城区商业配套、开发区医院、同仁医院环伺四周。毗邻凤凰港商贸城、同曦·假日百货商城、21 世纪商业等大型“旗舰”型商业项目，共同组成繁华不息的便捷生活。购物休闲、餐饮娱乐、商务办公、文化教育等设施一应俱全。项目周边的南师大附中江宁分校是江宁最好的小学、中学，更有百年名校东南大学的缕缕书香，为金域蓝湾平添了浓郁的文化气息。

## 三、金域蓝湾项目定位

（1）消费者分析。针对江宁区域中高端项目客户做消费者调查，主要有本区域中高端改善型客户和城区改善型客户。城区改善型客户关注焦点基本集中在外围居住环境、占有景观资源等，产品倾向于类别墅，对区域较认可。本区域中高端改善型客户关注焦点基本集中在社区景观、配套设施、物业服务等方面，对区域较认可，对项目有信心。

（2）目标客户：建议项目前期客户应该锁定在江宁本区域中高端改善型客户。

（3）客户特征：工作在江宁，年龄35岁左右，教育程度本科以上，普遍为小太阳家庭（小孩5岁左右），经济条件富裕，普遍拥有私家车，工作单位是本地有稳定高收入来源的企事业单位。

（4）客户需求：他们在选择房产时非常慎重，需要足够的理由，既要满足物质需求，又要满足精神需求。他们对房产的认可，来自自身舒适度和身边人群的关注两个方面。

（5）项目市场定位：江宁最好的公寓，公寓类终极住宅。按照人的生命周期，住宅分为功能型住宅、改善型住宅、终极型住宅和养老型住宅。从中产阶级成长的生命周期看，本项目属于中产阶级公寓类改善型住宅。

（6）产品定位：核心领地的绝对景观。金域蓝湾，坐拥江宁高尚居住区核心区位、便捷的道路与轨道交通、成熟的公共配套设施、稀缺自然景观资源等多重优势资源。将以一座总建筑面积约54万$m^2$的纯高层品质社区，成就湾居生活梦想。仿佛上天恩宠，赐予的无上福祉，金域蓝湾由将军山、牛首山、方山三大历史名山环绕聚合，积淀南京人文正脉；外秦淮河、牛首山河双河相拥，流淌鲜活城市文明。

## 四、金域蓝湾项目产品规划

（1）总体规划如图11-3所示。总建筑面积约68万$m^2$，其中地上部分约54万$m^2$，地下部分约14万$m^2$。

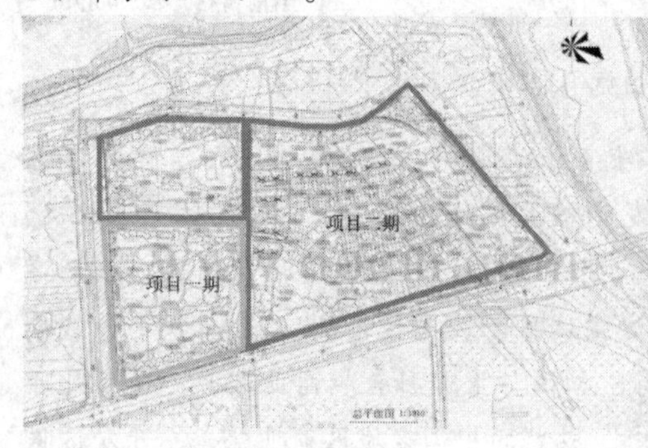

图11-3 项目总体规划

(2) 项目配套。小区总体配套约2万$m^2$，如图11-4所示。主要有：10 000$m^2$社区商业街、运动主题会所3 000$m^2$、21班幼儿园5 000$m^2$、社区中心和菜市场等，能保证居民的日常生活需求。社区超大会所主要提供游泳、健身、休闲、娱乐等功能，让业主可以在家门口享受健康品质生活。商业街主题以西方文化为背景，体现艺术、开放、休闲等核心元素，具有西班牙风格，是精心打造的西班牙风情街区，如图11-5所示。

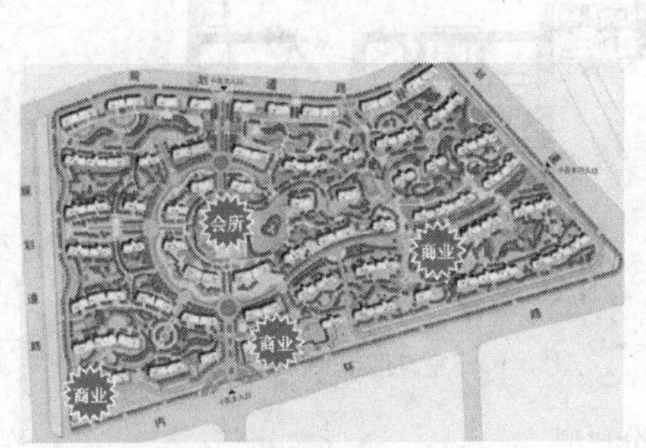


图11-4　项目配套规划

图11-5　西班牙风情街区

(3) 建筑风格。项目建筑采用西班牙风格外立面，色彩绚丽，线条简洁、利落，呈现浪漫与高贵气质。

(4) 项目景观。最高达100米超大景观间距，山水城林美景尽收眼底。金域蓝湾项目根据季节精心挑选了四季植被，缀以西班牙特色小品，打造出布局自然、错落有致的西班牙自然庭院。小区一期特别设计有阳光运动带，用卵石铺设出一条极富韵味的漫步长廊，长廊两侧配有芳香植物，演绎灵动空间。漫步长廊将篮球场、网球场、活动场有机串联起来，阳光是这里的主色，运动是这里的格调。活动场地旁边还设置了独具风格的休息亭，弥漫出浓浓的地中海情调。

(5) 停车位：车位住户比为1:0.9。

(6) 产品类型：多层、小高层，精装修高档公寓，以小高层为主，约3 800住户。项目一期为高层住宅；二期为6层多层+高层+联排（三联排）别墅的产品组合。

(7) 金牌户型。金域蓝湾一期高层公寓提供五款经典户型，每一款房型的反复设计与验证，每一户业主的满意度与舒适度研读，万科以最专业的经验与最前沿的研究，全线服务成长家庭筑巢计划。主要户型有：2室2厅1卫78$m^2$；3室2厅1卫90$m^2$；3室2厅1卫88$m^2$（见图11-6）；3室2厅1卫113$m^2$；3室2厅2卫128$m^2$。花园洋房2室3厅3卫156$m^2$；3室2厅2卫158$m^2$（见图11-6）；3室3厅2卫168$m^2$；3室2厅2卫262$m^2$。

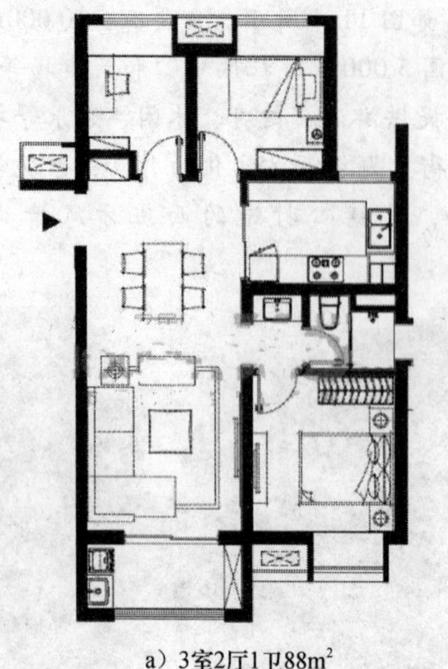

a）3室2厅1卫88m²

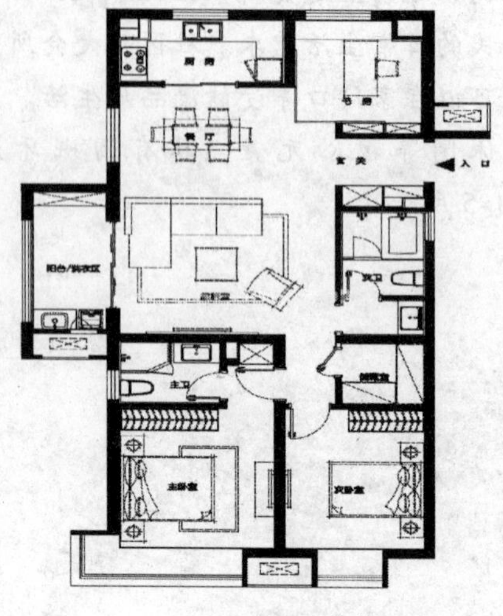

b）3室2厅2卫158m²

图 11-6 部分户型

## 五、金域蓝湾项目优势与客户价值

（1）金域蓝湾优势。金域蓝湾项目的核心优势是占据城市未来核心区域的领地，享有绝对的自然景观。社区内拥有近3 000m²运动主题会馆，于工作八小时之外，缓解疲惫身躯，释放心情压力，引领健康生活时尚。室内外双泳池，带来国际化奢华滨湖运动体验。健身活动漫步长廊，能量篮球场，露天健身区……尽显大社区的丰盛，营造健康绿色生活。

（2）客户价值：土地价值高；开发商好；定位高端；品质好；外部景观环境及配套好；内配套好；高端的心理暗示；物业好。

（3）品质保证：对于装修部品选择，万科坚持与各领域内权威的专业化商家合作。从方太一体厨房到摩恩水龙头，每一个选择，坚守专业品质准则，为用户省心省力。

（4）细节见证：电梯轿厢儿童按钮设计，信报箱密码锁，入户门密码锁，新风系统，玄关分类收纳系统，客厅电视线路“穿墙”系统，微波炉隐蔽放置，卫生间硬币紧急旋转门锁……于无声处见细节，居住智慧已大有不同。

## 六、品牌策略

（1）金域蓝湾品牌的DNA，如图11-7所示。金域蓝湾是万科在城市未来核心区为中产偏上阶层打造的高档社区，能实现中产阶层对公寓所有梦想的完美公寓。

（2）金域蓝湾自身的品牌。是万科的金色系列，是万科的城市滨海高端物业品牌，坐拥城市核心区位与稀缺景观资源。金域——核心领地；蓝湾——优美景观。金域蓝湾与消费者的所有需求都能建立一一对应关系，如图11-8所示。品牌诉求体系，如图11-9所示。

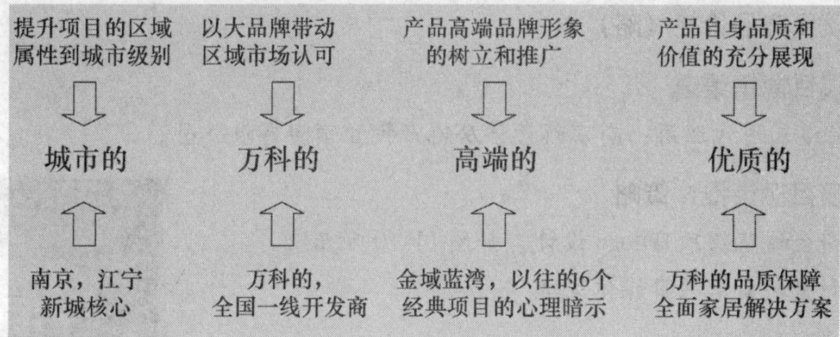


图 11-7 金域蓝湾品牌的 DNA

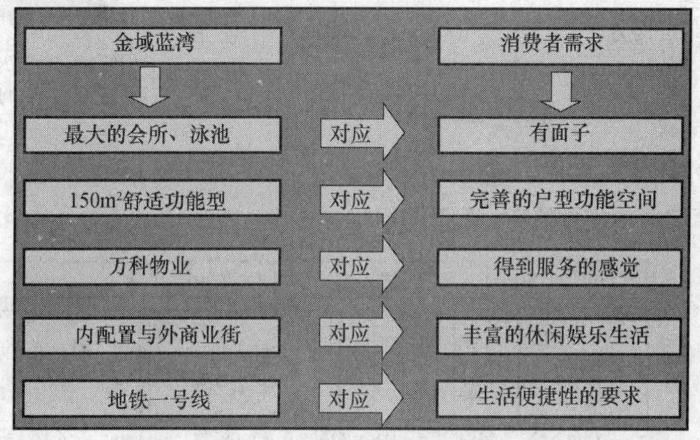


图 11-8 金域蓝湾用优势对应消费者需求

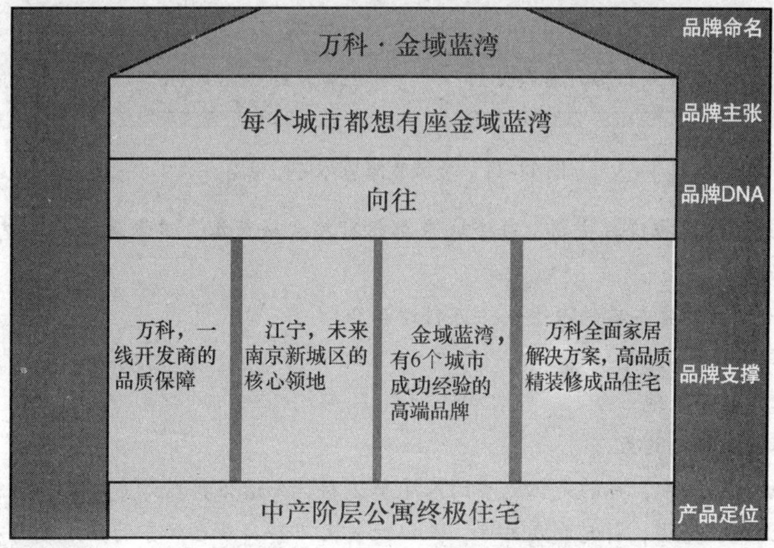


图 11-9 金域蓝湾品牌诉求体系

## 七、项目产品价格（略）

## 八、项目营销渠道

营销渠道采用代理商：南京新景祥房地产投资顾问有限公司。

## 九、项目促销推广策略

1. 万科金域蓝湾项目 logo 设计，如图 11-10 所示

图 11-10 万科金域蓝湾项目 logo

2. 万科金域蓝湾项目媒体策略

- 户外
- 电视
- 万客会
- 媒体新闻通稿
- 杂志
- 专业网站
- 集团外网

3. 金域蓝湾总体传播思路，见图 11-11。

| 时间段： | 2007年 | 2008年 | | | 2009年 | 2010年 |
|---|---|---|---|---|---|---|
| 重要事件： | 品牌巡展 | 1月临售 | 7月开盘 | 9示范区 | 实景社区成型。精装修品质住宅开启 | 社区生活氛围浓烈 |
| | 2007.12 ~ 2008.7 | | | 2008.9 ~ 2008.12 | | 2010.1 ~ |
| 推广核心： | 土地 | | | 品质 | | 服务 |
| 推广主题： | 寻城 | | | 筑城 | | 颂城 |
| 推广语： | 每个城市都想有座金域蓝湾 | | | 完美之城，天合之作 | | 从容，来自丰盛人生 |

图 11-11 金域蓝湾总体传播思路

（1）第一阶段推广。主题：每个城市都想有座金域蓝湾。追本溯源——选择万科，从了解开始。

公关活动：健康丰盛的人生——万科运动会

- 秦淮河上赛龙舟
- 江宁健康长跑
- 环城自行车接力

此阶段为造势期，目的是让更多的人了解万科，知道万科在江宁的动作和进驻。所以在气势上要响亮些、引起受众关注。并以此扩大万科品牌在江宁的知名度与公益性的良好印象。

(2) 第二阶段推广。主题：完美之城，天作之合。完美绽放——全面展现，实景感动。

公关活动：

- 社区夏日首次露天party——因为金域蓝湾拥有1km的自然景观带和西班牙自主商业
- 大型社区文化节——古运河文化，时尚现代城
- 金域蓝湾之夜——大型季候音乐节（春之颂、夏之音、秋之乐、冬之韵）

媒体投放：

- 户外——必选
- 万客会——必选
- 高端客户直投——必选
- 公司外网——必选

(3) 第三阶段推广。主题：从容，来自丰盛人生。名扬天下——耳闻目睹，社区繁荣。

公关活动：

- 社区业主联谊——组织业主进行各种联谊活动，如社区球类、棋类的竞技比赛
- 口碑传递——社区文章投稿，刊登万客会

媒体投放：

- 户外——必选
- 万客会——必选
- 公司外网——必选

## 十、项目营销计划与组织

1. 项目一期销售量（略）
2. 项目营销组织。(由营销代理机构负责)
3. 项目一期销售安排与营销费用预算

(1) 项目一期（2007~2008年）销售环节重要节点，如图11-12所示。

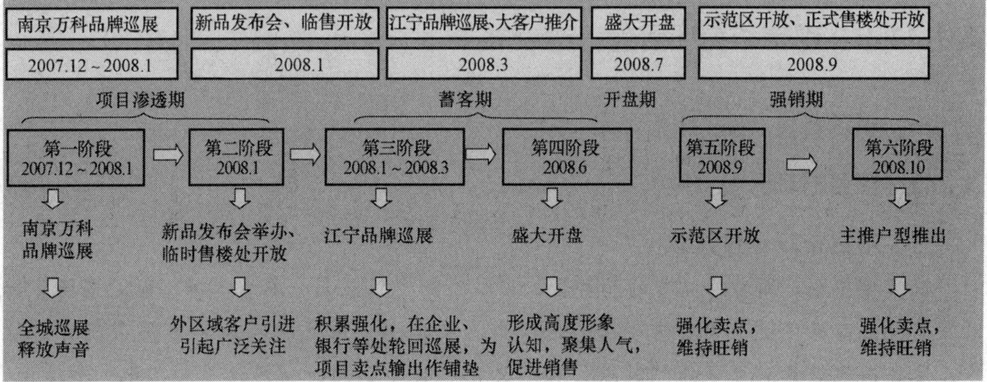


图11-12　项目2007~2008年销售环节重要节点

(2) 项目一期营销费用。根据4个推广周期的推盘节奏、销售任务，2008年营销费用，如表11-1所示。

表11-1 项目一期营销费用

| 阶段 | 销售节点 | 周期 | 比例（%） | 费用（万元） |
|---|---|---|---|---|
| 形象期 | 临时售楼处开放，无销售计划 | 2008年1~3月 | 15 | 46.5 |
| 开盘期 | 首次开盘 | 2008年1~3月 | 35 | 108.5 |
| 强销期 | 样板示范区开放 | 2008年1~3月 | 30 | 93 |
| 持销期 | — | 2008年1~3月 | 20 | 62 |
| 合计 | | | 100 | 310 |

(3) 项目一期营销媒体选择及推广费用分配比例，如表11-2所示，比例基数为310万元。

表11-2 项目一期营销媒体选择及推广费用分配

| 序号 | 媒体（渠道） | 百分比（%） | 金额（万元） |
|---|---|---|---|
| 1 | 户外 | 32.3 | 100 |
| 2 | 万客会 | — | — |
| 3 | 网站 | 16.1 | 50 |
| 4 | 活动 | 22.6 | 70 |
| 5 | 广播 | 3.3 | 10 |
| 6 | 电视宣传片 | 6.4 | 20 |
| 7 | 高端短信、DM | 3.3 | 10 |
| 8 | 销售资料、礼品 | 11.2 | 35 |
| 9 | 广告渠道设计费 | 4.8 | 15 |

## 十一、销售执行管理（略）

资料来源：万科公司网站，http://sh.vanke.com/。

# 案例11-2：都市华苑项目营销建议书

## 一、项目背景（略）

## 二、项目市场分析（略）

## 三、项目市场定位建议

在面对房地产商激烈竞争的局势下，项目市场定位应充分尊重市场、贴近市场。针对目前重庆市场环境、消费者现状，应将本土文化与海外文化有机的融合在项目定位中，使高档住宅具有更多的“时尚”和“文化”含量。同时，应注重人性化、个性化，从而实施产品差异化策略。

1. 目标客户设定

依据对重庆市房地产市场环境分析，以及项目SWOT分析结论，可初步判断出目标客户是公司白领、外资企业及港澳台人士、专业投资者以及影响群体（品质崇尚族）。

（1）公司白领。

1）静态描述。

年龄：28~35岁。

职业：私营企业高级职员、外资企业中高级管理员工。

家庭结构：2~3人。

家庭收入主源：薪金、股票、其他。

家庭收入数额：5 000~15 000元/月。

资产量：10万~30万元为主。

交通工具：以出租车为主，私有汽车占少数。

户籍：省内、本市占70%。

2）行为描述。

工作：准点上下班，晚间工作应酬多。

起居：有规律，居家时间少但重视家庭生活。

购物：品牌商场和专卖店。喜爱名牌但不一定全是名牌。

运动：保龄球、网球等中档运动，运动量无保证。

嗜好：旅游、泡酒吧、健身。

旅行：高频度外地旅行。

交通：长期乘坐出租车。

金融消费：信用卡（一定有但消费规模有限）。

3）心理描述。

自信：充满自信，敢于提前消费。

消费忠诚：不忠诚。

解放碑附近是重庆的商业、金融中心，云集大量中、高档商务写字楼，越来越多的外资企业入驻解放碑，据调查，邹容广场入住客户近50%为境外企业，但附近相对配套的商务住宅有限，不能满足这些公司高级行政管理人员的居住需要。

（2）外资企业及港澳台人士。

1）静态描述。

年龄：28~50岁。

职业：外资企业驻渝首席代表、高级职员，在渝经商、长住的港澳台人士。

家庭结构：1~3人。

收入主源：薪金、公司补助金、经营利润。

收入数额：10 000~50 000元/月。

资产量：100 万元以上为主。

交通工具：以出租车为主，私有汽车占少数。

2）行为描述。

工作：准点上下班，晚间工作应酬少。

习惯：按照原住地生活方式进行。

购物：大型外来超市和专卖店，以居家生活物品为主。

运动：网球、高尔夫等中高档运动，运动适量但规律。

嗜好：旅游、泡酒吧。

旅行：国内名胜地点。

交通：长期乘坐出租车。

金融消费：信用卡、现金。

3）心理描述。

恐惧：身住异地，安全、健康等方面得不到保障。

自信：充满自信，敢于提前消费。

消费忠诚：忠诚。

随着西部大开发的深入，以及国家对直辖市优惠政策的加大，重庆市已成为西部重点发展城市之一，加之重庆在国外的影响力远大于西部其他城市，所以近年来国外及港澳台企业大量来渝拓展市场，开设办事处，本项目的知名度，地理位置，以及设施配套都符合外资管理人员要求，将是他们的置业首选。

(3) 专业投资者。

1）静态描述。

年龄：35~45 岁。

职业：私营企业主、专业投资者。

家庭结构：3~5 人。

收入主源：经营利润、股票、期货及房地产投资。

家庭收入数额：不确定。

资产量：200 万元以上。

交通工具：以私有汽车为主，出租车占少数。

2）行为描述。

工作：无准确上下班时间，晚间工作应酬多。

起居：生活规律性不强。

购物：品牌百货公司和专卖店。

运动：几乎无运动时间和此习惯。

嗜好：泡酒吧、夜总会、桑拿。

旅行：新加坡、中国香港、中国澳门等东南亚区域，目前较喜欢韩国及欧洲。

交通：以私有汽车为主。

金融消费：信用卡、现金。

3）心理描述。

恐惧：对人身安全的恐惧；（家庭资产较多者）对资产保值恐惧；对投资项目风险的恐惧。

自信：充满自信，敢于进行风险投资。

重庆市有相当一部分私人业主，生意上取得成功，手中有一定量游资。他们一般已拥有住房，但由于住房档次相对偏低，区位和环境较差，按现时的身份和工作需要都不能满足高品位的需求，因而存在再次购置住房的可能，同时投资也将是其目的之一。按本项目所处地理位置投资潜力相对较大，专业投资者可从中获取较大收益，因此，专业投资者必将成为目标客户的一部分。

（4）品质崇尚族。

1）静态描述。

年龄：30～45 岁。

职业：私营企业主、政府公务员、自由职业者。

家庭结构：不确定。

收入主源：经营利润、薪金、股票投资。

收入数额：8 000～20 000 元/月

资产量：50 万元以上。

交通工具：以中、低档私有汽车为主，出租车占少数。

2）行为描述。

工作：无准确工作地点、时间。

起居：生活规律性不强。

购物：品牌百货公司和专卖店。

运动：所有流行的运动内容。

嗜好：泡酒吧、夜总会、桑拿。

旅行：新加坡、中国香港、中国澳门等东南亚区域。

金融消费：现金、信用卡（有但较少使用）。

3）心理描述。

爱虚荣：喜欢炫耀衣食住行，常在语言中有所表现。

不自信：缺乏自信。

模仿：有一定的攀比心理。

消费忠诚：不忠诚。

他们缺少自己主见，很多流行的都是他们需要的，只需稍加引导便可激发他们的购买欲望。该类客户群的存在对于项目推广起着力推波助澜的作用，将成为重要的宣传群体。

2. 市场定位

（1）形象定位：纯粹、品位。

说明：巴渝文化与海外文化有机结合，“纯粹、品位”的市场定位将区别于其他城市类似项目，将赋予她一个全新的概念，以吸引更多的消费群体。

（2）主题定位：个性化、人性化、智能化。

说明：人性化、智能化、个性化是未来高档住宅的发展方向，而个性化是对人最高层次追求的一种满足，人性化是4C原则的充分体现，智能化是后信息时代生活的必备“武器”。在项目推出中突显“个性、人性、智能”的概念，把建筑与生命有机地结合在一起，借此提升物业的品质。在定位中引入智能的概念。把人性融入建筑，以建筑体现个性；在这里让消费者体会更多的是产品本身品质的提升。

## 四、具体规划设计建议

1. 整体规划设计以智能化为主题

突出不同于其他项目的品质，让消费者切身感受后信息时代所带来的生活品质，如表11-3所示。

**表 11-3 项目规划设计建议**

| 项目 | 分项指针 | 具体内容 |
|---|---|---|
| 设备配置 | 电梯 | 配备3部/幢国际品牌高速电梯；在一处集中安装 |
| | 强电、弱电、供水及布线系统 | 强电：按每平方米配70～80W的电源，每套配4～5kW的电源。3个独立回路（照明、空调、插座）；按每30m² 使用面积配备一个空调插座，每15m² 使用面积配备一个普通电源插座。配备发电机组，保障电梯运行24小时不间断。<br>弱电：配卫星电视、IDD电话、宽带网络线路。按每30m² 使用面积配备一个光纤插座，每15m² 使用面积配备一个电话（含宽带网）插座<br>供水：配备24小时供热水系统、直饮水系统<br>布线：综合布线系统 |
| | 智能化系统 | 消防：每间写字间设烟感探头，公共信道设烟感探头、喷淋系统和自动消防报警系统<br>安全：公共信道设自动监控系统、可视对讲及室内安防系统<br>停车：停车场管理系统<br>信息：配备楼宇管理系统、VOD视频点播系统<br>网络：社区模拟服务器系统 |
| 装修标准 | 公共信道装修 | 地面：花岗石或大理石（高档标准）<br>墙面：高档乳胶漆<br>顶部：采用弧型透光玻璃作顶部装饰<br>装饰：摆置植物、花卉；灯光以较柔和色调为主<br>布置：废物箱 |
| | 电梯厅 | 地面：花岗石或大理石（高档标准）<br>墙面：花岗石、大理石或高档面砖（高档标准） |
| | 公寓大厅 | 地面：花岗石或大理石（高档标准）<br>墙面：花岗石或大理石（高档标准），间以名贵木制装饰材料<br>顶部：采用白色高档乳胶漆<br>装饰：摆置植物、花卉，访客用沙发<br>灯饰：简约、时尚灯具<br>布置：废物箱、业主信箱 |

2. 室内装修的几点建议

以体现个性化之市场定位，提出项目“E 计划”—个性化家居顾问服务。

说明：“E 计划”——高尚而完美（elegance par excellence），主要从以下几个方面考虑：

(1) 高档公寓告别清水房。随着人们生活节奏的加快，时间的宝贵，由于购房者对家居装修、建筑材料不甚了解，购买清水房自行装修又要花费大量的时间和精力，费用且高。许多楼盘，交付后一两年内装修不断，业主不能安静入住。清水房实际上是一个不完整的半成品。从国外经验看，提倡和推行带精装修的商品房，使建设同装修有机结合势在必行。

(2)“精装修”的误区。由开发商统一精装修的物业，交房后即可入住，为卖房者提供了极大的方便。由于开发商在成本及工期上的考虑，千篇一律、缺乏个性以及用料不精的弊端在所难免。因此一般由开发商提供的统一标准化的装修很难满足客户个性化的需求。

(3) 菜单式精装修。近年来一些开发商为客户提供 2~3 种装修方案让客户去选择，这是一种菜单式的精装修服务。客户只能在发展商提供的几种即定方案中选择，虽有一定的改进但仍不能满足客户个性化的需要。

(4) 个性化家居顾问服务体系。建议开发商与专业设计公司强强联合，在专业室内设计师的指导下，根据客户的需求提供的一个完整的个性化居室装修服务。

1) 专业设计师咨询服务。业主可与开发商所聘请的专业室内（建筑）设计师、家居美化专家、艺术家共同探讨家居设计方案，设计师根据客户的需求，在装修风格、材质、家居饰品配件、家具等各方面提供专业指导和咨询服务。以提升业主生活品质，从而体现项目品质。

2) 全新的品牌组合。开发商将组合优秀的材料、家装品牌以及家具、饰品，给客户提供充分的选择空间，由客户自行决定家中的品牌组合。

3) 减轻装修预算负担。将装修费用打入房款中，使您能够享受到银行按揭服务。将一次性的巨额家装支出，分摊到未来的二三十年中。

## 五、价格策略建议

结合市场基本情况，并且结合“加减法”原则，以购买者导向作为本项目定价方法。具体价格为：

无风险下限：4 998 元/m$^2$（清水房）。

市场冲击上限：7 188 元/m$^2$（精装修）。

平均价：6 000 元/m$^2$（精装修）。

过程价格策略：采用低开高走。

## 六、销售渠道及方式建议

目标客户群的设定决定了应从多渠道销售。建议从 3 方面进行销售：

1. 现场销售

这是主要的销售方式，客户向来注重眼见为实，一般都有会到现场考察多次才会购买。因此做好现场包装，是争取客户在第一时间成交的重要手段。

2. 定向直销

对潜在客户，特别是外资企业进行针对性销售，包括信函销售，以多渠道获得客户资源，增加客户数量积累。

3. 网络销售

在目标客户群访问量较大的网站开设网上展示销售，以拓宽和扩大产品知晓度。

## 七、营销推广策略建议

制定整体营销推广计划以便概念传播的统一性和完整性，在项目执行过程中将严格按照计划进行，但可根据市场变化而调整。营销推广策略以形象定位的理念为宗旨，进行一系列宣传，即遵循 AIDAS 原理：引起注意；产生兴趣；引发欲望；促使购买行为；达到满意。通过宣传，保持整个促销活动的战略性、连续性、系统性，逐步把销售活动推向高潮，并在宣传的同时树立起自己的品牌。

1. 营销推广方式

可通过广告、活动行销、新闻报道、发布消息等手段，树立品牌，树立形象，并通过专业销售人员与客户进行最全面、最深入、最密切的沟通和良好的服务形象，使之达成共识，促成销售。

2. 营销重点分析

- 强调个性化家居顾问服务体系；
- 强调区域内的相对价格优势；
- 突出智能化的居家环境；
- 突出人性化的物业管理。

3. 营销推广执行重点

(1) 促销前准备。此阶段既是以后销售工作的准备，也是统一整体营销过程视觉识别阶段，是建立和形成品牌的初级阶段，须完成以下工作：营销队伍建立；形象宣传。

(2) 引导期（开盘前 3 个月）

形象导入：通过“白领沙龙”俱乐部成立正式导入项目。核心理念，并通过媒体炒作引起社会关注，吸引目标消费群，聚集人气，对项目的形象定位产生认同，以便顺利过渡到下阶段推广。

适合群体：外资公司驻渝 OFFIC 高级管理人员、私人企业主等目标客户群，以及外延群体。

活动内容：以商务活动、服饰文化展示等以体现文化色彩的主题活动为主，从而展现出项目的品位。

(3) 公开期（略）。

(4) 强销期（略）。

(5) 延缓期（略）。

4. 媒体选择

- 工地包装和看板
- 报刊（本地报刊、知名商业周刊、香港知名商业周刊）
- 直投和商业信函
- 道路看板
- 电视
- 电台
- 网络

**八、相关建议事项**

1. 银行选择

鉴于目标客户群的特殊性，建议选择多家商业银行作为客户按揭贷款服务机构，最好引进外资银行，以利于突破国内银行对非中国籍购房者无法办理按揭手续的限制。同时应与银行沟通，以减少对投资客户办理按揭申请烦琐的手续。

2. 物业管理公司的甄选

鉴于重庆消费者对已有港资物业管理公司的认同，同时引进香港物管公司可提升项目自身品质形象，因此建议引进香港怡高物业管理公司等知名企业加盟本项目。

3. 香港装饰公司的引进

为体现和提升自身品质，建议引进多家知名装饰公司供消费者选择。

资料来源：作者根据有关资料整理。

**案例讨论**

1. 你认为万科金域蓝湾的营销策划还有什么不足？
2. 普通房地产公司可以从万科的营销策划中吸取什么？
3. 都市华苑营销建议书有什么特点？

**学习任务**

制定本地区某住宅项目的全程营销策划方案、编写策划书。

## 11.1　住宅项目全程营销策划流程

住宅由于需求量巨大，其开发量和供应量也巨大，是一种最常见的房地产开发类型。同时，住宅房地产市场的竞争也比较激烈。如何在当时当地众多的住宅项目中脱颖而出，开发出适销对路的产品，成为精品住宅，并以高价快速售罄，是所有住宅开发企业最关心的问题。因此，住宅项目开发全程策划至关重要。

### 1. 住宅与住宅项目

（1）住宅是指专供居住的房屋，包括别墅、公寓、职工宿舍和集体宿舍等。但不包括住宅楼中作为人防用、不住人的地下室等，也不包括托儿所、病房、疗养院、旅馆等具有专门用途的房屋。住宅在法律上指，供一家人日常起居的、外人不得随意进入的封闭空间。《中华人民共和国宪法》第39条：中华人民共和国公民的住宅不受侵犯。

（2）住宅项目是指在居住用地上进行住宅开发的房地产项目。

### 2. 住宅项目的分类

（1）按产品层数分类：单层住宅项目、多层住宅项目、高层住宅项目。高层住宅分为：① 单元式高层住宅，由多个住宅单元组合而成，每单元均设有楼梯、电梯的高层住宅；② 塔式高层住宅，以共用楼梯、电梯为核心布置多套住房的高层住宅；③ 通廊式高层住宅，以共用楼梯、电梯通过内、外廊进入各套住房的高层住宅。

（2）按产品性质分类：普通住宅项目，别墅项目，公寓项目，花园洋房项目。

（3）按交易性质分类：商品住宅，非商品住宅。

### 3. 住宅项目全程营销策划内容

（1）住宅项目全程营销策划。就是对住宅项目进行"全过程"的策划，即从项目前期的市场调研开始到项目后期的物业服务等各个方面都进行全方位策划，为投资者提供标本兼治的全过程策划服务，每个环节都以提升项目的价值为重点，使项目以最佳的状态走向市场。全程营销策划原则，就是以消费者为起点，开展市场需求调研、购买行为调研等，同时还要以消费者为终点，为消费者提供售后跟踪配套服务。策划的目的就是促进住宅项目成交，优化项目品牌。营销策划关注的不仅仅是前期阶段，而且全程参与，以确保延伸产品附加值。住宅营销策划具有3个特点：①"以人为本"。必须围绕消费者的愿望、需求和价值观念来展开；② 复合多种理念。包括：人性理念、生态理念、智能理念和投资理念等；③ 注重策略和手段。通过各种营销策略，如产品策略、定价策略、促销策略、渠道策略等的组合，再依靠营销手段使其具体化，那么最终会产生令人满意的营销结果。

（2）全程营销策划内容。① 市场研究。对项目所处的经济环境、市场状况、同类楼盘进行调研分析；② 土地研制。对土地的优势、劣势、机会和威胁进行分析研究，挖掘土地的潜在价值；③ 项目分析。分析项目自身条件及市场竞争情况，确定项目定位策略；④ 项目规划。提出建议性项目经济指标、市场要求、规划设计、建筑风格、户型设计及综合设施配套等；⑤ 概念设计。包括规划概念设计、建筑概念设计、环境概念设计和艺术概念设计；⑥ 形象设计。开发商与项目的形象整合，项目形象、概念及品牌前期推广；⑦营销策略。找准项目市场营销机会点及障碍点，整合项目外在资源，挖掘并向公众告知楼盘自身所具有的特色卖点；⑧物业服务；⑨品牌培植。

**4. 住宅项目全程营销策划流程**

住宅项目营销策划流程与房地产营销策划流程基本相同，见图 2-3（本书第 2 章 2.3 房地产营销策划的模式和流程）。住宅项目营销策划要重点把握以下内容。

（1）住宅项目市场调查研究包括住宅项目的投资环境分析、整体市场发展态势研究、区域市场走势分析、细分市场专题研究、项目自身情况 SWOT 分析、竞争对手分析和目标客户群消费心态分析、需求趋向分析、支付能力评估等内容。

（2）住宅项目定位，包括住宅项目定位前分析和客户定位、产品定位、形象定位的确定等内容。

（3）住宅项目产品规划建议与投资分析，包括住宅项目的总平面规划建议、建筑风格建议、道路交通规划建议、景观设计建议、户型设计建议、装修标准建议、配套建议、物业管理建议、投资分析和开发建议等内容。

（4）住宅项目整合推广策划，包括住宅项目的营销总策划、品牌策划、广告策划、媒体策划、包装策划、活动策划和推广策划等内容。

（5）住宅项目销售执行策划。整合资源，完善销售所需手续，蓄势待发，预备销售。主要工作包括完成销售的人员配备、制定销售人员的考核奖励制度、组织销售培训；制定销售模式、设计销售组织的架构；售楼处的布置、样板房、国土部门户型的测绘报告书、房屋认购书样本、房地产买卖合同样本、售楼书和广宣彩页；销售价格与优惠措施的确定和销售执行控制等内容。

## 11.2　住宅项目全程营销策划书

一般情况下，住宅项目全程营销策划书分为 10 个部分。

**1. 封面与目录**

（1）方案名称与方案制作者。如：××××项目全程营销方案；×××制作。

（2）方案目录。将方案中的主要项目列出。

**2. 项目背景**

介绍项目的地理位置、面积、规划参数等概况。

**3. 项目市场分析**

（1）分析方法见本书第 4 章 4.1 ~ 4.4。

（2）住宅投资环境分析。包括经济环境分析、政策环境分析、房地产市场分析、城市环境分析。

（3）项目自身情况分析。包括地块基本情况分析、项目建设条件分析、项目区域市场分析、项目周边配套分析；项目SWOT分析等。

（4）项目竞争楼盘和竞争对手分析。包括竞争楼盘扫描；潜在竞争对手进入可能分析；供应量分析；竞争对手的产品分析，包括房型、规划、土地、综合配套；竞争对手的市场定位及趋向；竞争对手的价格基准分析；竞争对手的背景和实力等。

（5）项目客户群分析。进行消费者调查，明确项目的目标客户群：职业特征、消费关注、消费心理、产品选择等。

### 4. 项目定位

（1）项目定位方法，见本书第4章4.5。

（2）根据前期市场分析，确定项目的整体市场定位，并确定目标客户群定位、产品定位和项目形象定位，具体包括：项目综合定位、项目档次定位、项目目标客户群定位、项目主题定位、项目案名定位、项目形象定位、项目功能定位、项目价格定位等。

### 5. 项目产品规划建议

（1）项目产品规划方法，见本书第5章。

（2）在市场定位和营销策划总体思路下，提出产品规划设计基本要求，协助确定符合市场需求和投资回报的产品规划、设计理念、设计方案。具体内容包括：项目开发总体规划建议、项目总平面规划建议、组团规划建议、项目整体建筑风格建议、项目交通道路规划建议、项目园林景观设计建议、项目户型设计建议、项目外立面设计建议、项目社区配套设施、会所建议、项目装修标准建议、装饰材料建议以及项目物业管理建议等。

### 6. 项目产品价格

项目产品价格策划方法，见本书第6章。

### 7. 项目营销渠道

（1）项目营销渠道策划方法，见本书第7章。如选择专业的营销代理，则住宅项目全程营销策划书中“7. 项目营销渠道”可省略，项目的全程营销策划及销售执行均由代理公司完成，贯穿项目的开发全过程。

（2）确定销售渠道。① 自售；② 代理，通过邀请招标或公开招标等方式确定入围的专业营销代理公司。对项目进行交底，要求各投标代理公司各自提交营销策划报告。组织相关人员对营销策划报告进行评审，选取最优方案，确定营销代理公司，签订项目顾问服务合同或销售代理合同，明确合作双方、合作方式、合作内容、时间、权利、义务，付费标准与付款方式等。

### 8. 项目促销推广策略

（1）项目促销推广策划方法，见本书第8章。

（2）项目促销推广目标的制定、项目营销推广思路确定、项目营销推广策略的制定。

（3）不同市场生命周期阶段的促销推广策略。商品住宅同其他商品一样，具有一定的市场生命周期，一般分为 4 个阶段，每个阶段有不同的推广策略。

1）进入期。指一种新形式的住宅产品，包括新的规划构思、新的设计形式、应用新型材料、新的室内布局等，经过规划设计、施工，以试点形式进入市场。由于住宅新产品尚未被广泛接受，因此在价格上要适当考虑薄利；在推销方法上，可采取广告来扩大影响；同时还应加强对市场的调查和预测。

2）成长期。经过试点，用户对新式住宅产品反映较好，于是扩大与推广这种产品，同时不断加以改进。在这一时期，可大幅度提高销售价格，同时开辟新的市场，扩大市场渗透，加强销售前、中、后服务。

3）成熟期。某种商品住宅的设计被正式确定为标准设计，并得到用户的认可。此阶段，采用同一形式住宅设计、新型材料等的开发公司建房面积将成倍增长。在这一阶段最重要的是要保持适当的价格，维持市场占有率，根据用户的需要对住宅做某些改进，并为开发建设新式住宅做准备。

4）衰退期。由于人们对住宅有了新的、更高的要求，包括房间布局、设备条件、价格等，对老的形式兴趣减退，于是标准的住宅渐渐滞销，最后被市场淘汰。在这一阶段，在住宅出售价格上要灵活机动，推销方法上要使用各种竞争手段，并加强售后服务，同时加紧开发新的商品住宅。

### 9. 项目营销计划与组织

（1）项目营销计划与组织策划方法，见本书第 9 章。

（2）帮助发展商制订销售计划、确定项目各营销阶段工作内容。主要内容包括：项目总计划、各阶段销售计划的制订、项目入市开盘时机选择、销售团队搭建与组织管理。

### 10. 销售执行管理与总结

（1）项目销售执行管理与总结，见本书第 10 章。

（2）项目销售预备与实施。包括项目销售人员的安排、培训，项目销售价格与优惠措施的确定，销售节奏安排与控制、销售流程执行、现场活动策略及执行实施、业绩目标制定与执行、回款计划、回款方式，月度销售分析，竞争对手跟踪，深度卖点挖掘，价格策略调整、促销推广策略调整，项目销售费用的估算，月度资金分配，客户资料管理，客户服务跟踪等。

## 实践经验

### 住宅全程营销策划模板

住宅项目全程策划工作流程，如图 11-13 所示。

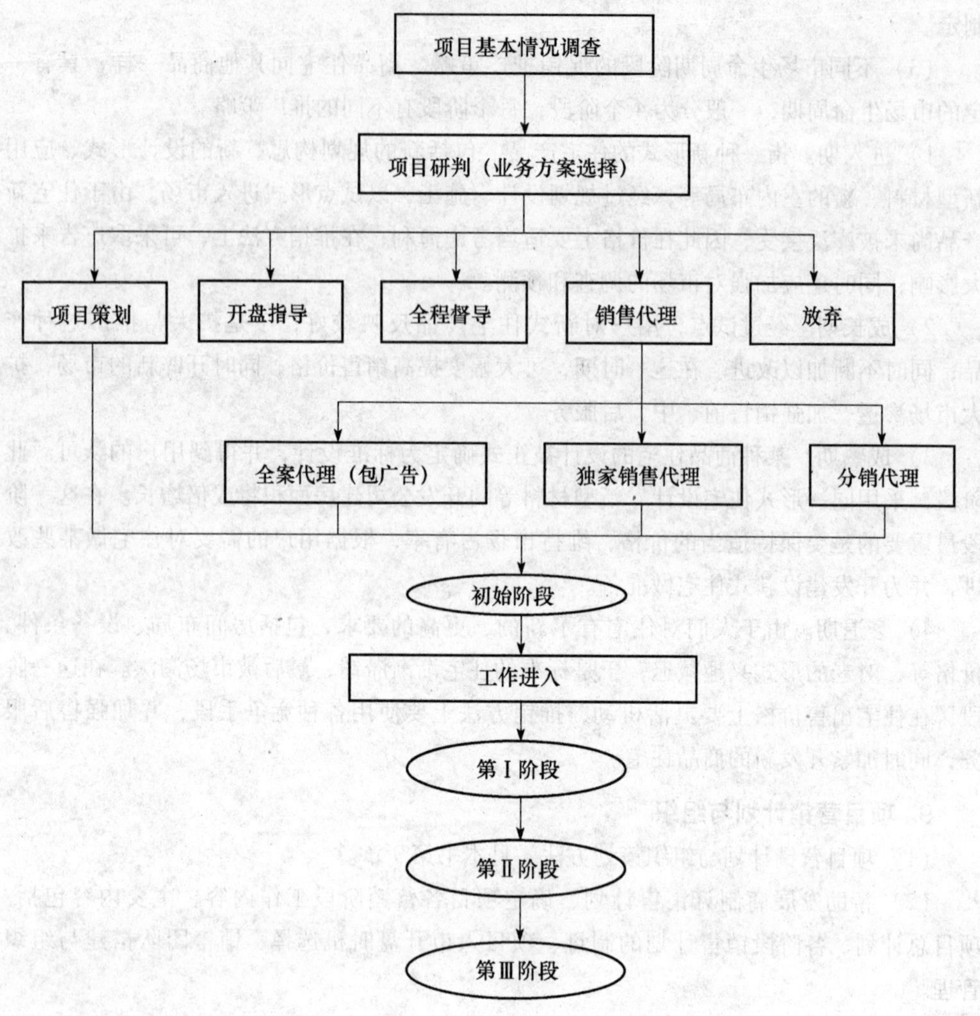


图11-13 住宅项目全程策划工作流程

## 初始阶段

### 一、项目情报

1. 项目所在地

2. 开发商背景

① 公司性质；② 公司实力；③ 发展潜力；④ 决策人评价；⑤ 组织结构；⑥ 管理水平；⑦ 合作信誉。

3. 项目自身情况

① 城市布局及发展；② 项目区位特征；③ 项目产品情况；④ 目前工作阶段；⑤ 其他。

4. 当地市场概况

① 市场供需状况；② 市场产品结构；③ 市场竞争评估；④ 市场发育程度；⑤ 市场潜力评估；⑥ 其他。

5. 项目 SWOT 分析

优势、劣势、竞争与机会。

## 二、项目研判

1. 对项目 SWOT 分析的讨论

2. 项目价值分析

3. 人力资源调配

4. 项目集体研判

5. 总裁决策

## 第Ⅰ阶段

## 一、销售策略设计

1. 市场竞争楼盘调查

除完成普查项目外，应着重以下调查项目：

(1) 分布状况。

(2) 产品方面：主力户型、交房标准（附送设备、采暖方式、智能化系统等）、社区配套。

(3) 价格方面：起价、均价、最高价、付款方式、价格系数（楼位、楼层、朝向、景观、户型等）、汽车车库、车位（含自行车）、物管收费。

(4) 推广机构：销售推广机构（销售代理公司、广告公司）、广告形式、广告力度。

(5) 销售阶段、存量。

(6) 竞争程度分析。

(7) 新“入市”楼盘调查。

(8) 房产市场热点调查。

2. 产品构成

(1) 产品核心功能：居住用房；商住配套用房；其他。

(2) 产品形式特点：单体；户型；交房标准。

(3) 延伸产品：公建配套；付款方式；物管服务；其他。

3. 入市姿态

① 市场领导者；② 市场跟随者；③ 市场利基者。

4. 入市时机

① 现房销售；② 期房预售；③ 市场时机。

5. 产品入市市场时机

6. 销售渠道策略

① 发展商自销；② 委托代理销售；③ 售楼处销售；④ 人员直销。

7. 价格策略

(1) 均价目标。

(2) 均价走势：低开高走、高开平走、高开低走、其他；“价格—走势”模拟进度表。

(3) 叫价方式：一口价方式、高叫低卖方式等。

(4) 价格优惠策略。

8. 销售方式

① 多种付款方式组合式销售；② 售后返租；③ 升值销售；④ 回报销售等。

9. 销售创新模式设定

## 二、市场推广策略设计

1. 竞争项目推广模式调查

2. 本项目主要优势、劣势对比表

3. 项目市场定位、市场形象及目标客层

4. 项目推广主题概念

5. 项目推广目标

6. 项目推广模式及思路

7. 项目分阶段推广进度表

① 时间；② 规模；③ 资金回笼；④ 广告投入。

8. 项目阶段推广方案

① 进入期策略；② 成长期策略；③ 成熟期策略；④ 衰退期策略；⑤ 特殊时期策略：蓄势期、封盘期、间隔期，竞争淡期、旺销期等。

## 三、首期项目销售及推广计划

1. 首期推广模式及推广目标

① 推广模式；② 推广目标。

2. 媒体分析

种类、名称、到达率、性价比等。

3. 媒体计划

4. 月（季度）销售计划

(1) 销售数量（套数、面积）。

(2) 资金回笼。

(3) 广告投入分配。

5. 广告设计

## 四、销售包装

1. 项目视觉识别系统核心部分

(1) 名称：项目名、道路名、建筑名、组团名。

(2) 标志：项目标志。

(3) 标准色。

(4) 标准字体。

2. 售楼处包装

(1) 售楼处选址：现场售楼处、非现场售楼处。

(2) 售楼处规模设定。

(3) 建筑装修设定。

1) 售楼处建筑设计提示。

a. 售楼处外立面设计要求：根据项目整体建筑风格特征；根据周边住宅建筑风格；差别性、独特性设计；

b. 售楼处室内空间设计：突出项目核心功能及主题概念；人性化空间设计；创造物管氛围；

c. 建筑色彩设定建议；

d. 建筑室内装修原则设定。

2) 售楼处内部功能区分设定。

a. 展示区。产品材料展示：智能化材料展示、建筑材料展示。沙盘展示：不同比例模型展示。推广资料展示：名片、业主通信、楼书、报纸广告等。挂板展示：建筑单体挂板、户型挂板、价格体系系数说明挂板、景观设计挂板、公司形象挂板、物业管理挂板（智能化演示、服务说明）、销售动态挂板、流程进度挂板、公司文化特色挂板、策划设计与施工单位挂板、艺术油画挂板、日照时间挂板、机动挂板。电视直播；

b. 洽谈区：介绍洽谈区（流动性）；大众洽谈区（稳定性）；意向签约区（稳定性）；合同签约区（稳定性）；

c. 活动区：儿童活动区；

d. 参观区。样板房区。户外景观区：围墙与大门、最邻近建筑单体户外景观包括过渡景观区（小桥流水部分）；

e. 家庭气氛示意区：艺术小品；器材；适当现代艺术家具；奢侈品，如钢琴。

(4) 动线设计。① 全局动线功能设计；② 局部功能区距离设计。售楼处功能区设计，是根据购楼者心理及行为特征而设定的。如：购楼者进大门一般习惯往右转，待参观沙盘绕一周后，走向大众洽谈区，该部分气氛越嘈杂越好。所以设计为敞开式，设定交谈桌，大众洽谈区周边墙面挂板主要介绍：建筑单体、社区景观、户型、价格体系等。如果购楼者看完挂板介绍后，可继续往前走，参观建材展示，智能化产品展示，同时领略未来小区的特色景点设计；然后参观样板房，从样板房出来后，在意向签约区签署购楼意向书。然后将意向书交给销售调度存档，接着由销售调度通知各业务员××套已落定，最后由售楼人员将购楼者带入合同室，交付定金及签署合同同时完成。如果购楼人员当时较多，意向书也可在大众洽谈区签署。

3. 样板间设计要求

（1）样板间设计目标要求：大众化而非个性化；简约化而非烦琐化。

（2）样板间设计本质：真实体验；憧憬未来；去“斑”除“陋”。

4. 工地现场包装

① 建筑物主体；② 工地围墙；③ 主路网及参观路线；④ 环境绿化。

5. 主要道具制作

（1）楼书。

（2）模型：单体模型、小区实体沙盘、小区景观沙盘等。

（3）销售资料。

1）销售前期准备资料。

a. 批文：公司营业执照、商品房销售许可证；

b. 楼宇说明书：统一说辞、户型图与会所平面图、会所内容、交楼标准、选用建筑材料、物管内容；

c. 价格收费体系及流程：价目表、付款方式、按揭办理办法、利率表、办理产权证有关程序及费用、入住流程、入住收费明细表、物业管理收费标准（学校收费规定）；

d. 合同文本：预定书（内部认购书）、销售合同标准文本、个人住房抵押合同、个人住房公积金借款合同、个人住房商业性借款合同、保险合同、公证书。

2）销售中销售控制表格：房位确认表、换房申请表、价格系数表、房位控制表、销售现场财务日/周/月报表、销售现场日/周/月动态表。

3）销售状况分析表格：楼层销售统计表、面积段销售统计表、房型销售统计表、来人来电统计分析表。

4）客户档案表、客户档案分析表。

## 五、广告公司及分销机构选择

1. 选择标准

2. 合作方式

3. 合同管理

## 六、销售组织建立

1. 组织架构

（1）销售组织架构，如图 11-14 所示。营销中心设营销总监、销售主管、销控管理、广告制作员各一名，市场主管、调研员、文案可由 1 人担任，销售代表五六名（可兼做市场调研)。

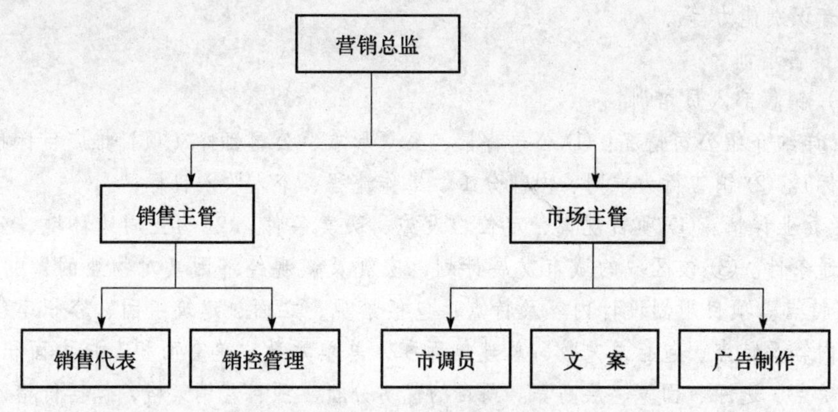


图 11-14　销售组织架构

(2) 具体职位说明。

1) 营销总监: ① 负责项目销售及推广的总体指挥和调度，推动营销中心的整体运作; ② 负责与甲方及其他合作方的对接与沟通; ③ 负责营销中心的人事管理及财务控制。

2) 销售主管: ① 负责销售现场的组织与管理工作 (包括现场气氛调控、处理现场突发事件、与客户沟通等); ② 销售控制; ③ 定期提交销售分析与销售控制报告; ④ 客户管理与客户沟通; ⑤ 提出销售推广建议方案; ⑥ 负责销售代表的培训及考核工作。

3) 销控管理: ① 负责统计、分析现场销售动态，及时向销售经理及甲方财务提交动态报告; ② 定期提供来人、来电及意向客户分析; ③ 定期向销售经理提交销控分析报告及建议; ④ 协助经理处理营销中心内部事务。

4) 市场主管: ① 负责协调市场推广综合事务; ② 负责制订推广计划并安排执行。

5) 市调员: ① 负责调查并提供本市及周边地区同期竞争楼盘的动态资料; ② 定期提交市场动态分析报告; ③ 协助完成市场推广设计。

6) 文案: ① 负责销售推广中的各类文案作业; ② 负责向广告公司设计人员讲解楼盘广告的核心理念，并协助其最终完成广告的创作与制作; ③ 编辑小区刊物与企业刊物; ④ 负责与媒体建立良好稳定的关系。

7) 销售代表: ① 负责现场客户的接待、介绍和成交事宜; ② 负责整体楼盘销售业务计划的执行; ③ 负责促销活动的执行; ④ 负责销售现场的例行报表作业; ⑤ 负责其他销售工作的贯彻实施。

8) 广告制作: 负责落实营销推广过程中所有的平面设计及相关制作。

2. 销售人员招聘程序

(1) 填写应聘表格。兼查文字表达能力及书法水平。

(2) 面试。重点考查工作经验、交流能力、应变能力、性格特征等。

(3) 特别考核项目。公众演讲能力、心理承受能力、仪表仪态、客户记忆考查、电话语音识别能力等。

3. 销售培训

(1) 销售部人员培训。

1) 详细介绍公司情况：① 公司背景、公众形象、公司目标（项目推广目标和公司发展目标）。② 销售行为准则、内部分工、工作流程、个人收入目标；

2) 物业详情：① 项目规模、定位、设施、买卖条件。② 物业周边环境、公共设施、交通条件。③ 该区域的城市发展计划，宏观及微观经济因素对物业的影响情况。④ 项目特点。项目规划设计内容及特点，包括景观、立面、建筑组团、容积率等；平面设计内容及特点，包括总户数，总建筑面积，总单元数、单套面积、户内面积组合、户型优缺点、进深、面宽、层高等。项目的优劣分析。项目营销策略，包括价格、付款方式、策略定位、销售目标、推广手段；竞争对手优劣分析及对策。

3) 业务基础培训课程。① 国家及地区相关房地产业的政策法规、税费规定。② 房地产基础术语、建筑常识：房地产、建筑业基础术语的理解；建筑识图；计算户型面积。③ 心理学基础。④ 银行的按揭知识，涉及房地产交易的费用。⑤ 国家、地区的宏观经济政策、当地的房地产走势。⑥ 公司制度、架构和财务制度。

4) 销售技巧。① 售楼过程中的洽谈技巧：如何以问题套答案，询问客户的需求、经济状况、期望等，掌握买家心理；恰当使用电话的方法。② 展销会场气氛把握技巧：客户心理分析；销售员接待客户技巧。③ 推销技巧、语言技巧、身体语言技巧。

5) 签订买卖合同的程序。① 售楼处签约程序：办理按揭及计算；入住程序及费用；合同说明；其他法律文件；所需填写的各类表格。② 展销会签订售楼合同的技巧与方法：定金的灵活处理；客户跟踪。

6) 物业管理课程。① 物业管理服务内容、收费标准。② 管理规则。③ 公共契约。

7) 销售模拟。① 以一个实际楼盘为例进行实习，运用全部所学方法技巧完成一个交易。② 利用项目营销接待中心、样板房模拟销售过程。③ 及时讲评、总结，必要时再次实习模拟。实地参观他人展销现场等（如何进行市场调查，以了解市场和竞争对手情况，并撰写调查提纲）。

(2) 销售手册。

1) 批文：① 公司营业执照；② 商品房销售许可证。

2) 楼宇说明书：① 项目统一说辞；② 户型图与会所平面图；③ 会所内容；④ 交楼标准；⑤ 选用建筑材料；⑥ 物管内容。

3) 价格体系：① 价目表；② 付款方式；③ 按揭办理办法；④ 利率表；⑤ 办理产证有关程序、税费；⑥ 入住流程；⑦ 入住收费明细表；⑧ 物业管理收费标准。

4) 合同文本：① 认购书；② 预售合同标准文本；③ 销售合同；④ 个人住房抵押合同；⑤ 个人住房商业性借款合同。

5) 客户资料表。

(3) 客户管理系统。电话接听记录表；客户表；客户谈访记录表；销售统计表；已成交客户档案表。

(4) 销售作业指导书。

1) 职业素养准则。① 职业精神；② 职业信条；③ 职业特征。

2) 销售基本知识与技巧。① 业务的阶段性；② 业务的特殊性；③ 业务的技巧。

3) 项目概况。① 项目基本情况；② 优势点诉求；③ 阻力点剖析；④ 升值潜力空间。

4) 销售部管理架构。① 职能；② 人员设置与分工；③ 待遇。

**第Ⅱ阶段**

## 七、开盘工作组织及验收

1. 开盘工作组织计划及工作分配

2. 销售手续验收

3. 销售物料验收

4. 广告设计样稿验收（文字、图片、名址、电话等）

5. 广告媒体验收

① 媒体；② 时间；③ 版面；④ 版面内容情况及要求；⑤ 其他重大影响事件预测：天气、重要社会活动、人物来访等。

6. 岗位人员工作准备验收

7. 重要环节演练

## 八、广告执行

1. 广告制作及媒体验收

2. 广告效果记录

(1) 时间、天气。

(2) 来人来电登记：姓名、电话、区域、职业、年龄等。

(3) 销售反应。

3. 广告效果分析

**第Ⅲ阶段**

## 九、销售管理

1. 人员与工作程序管理

(1) 组织与激励。

1) 销售队伍的组织调度。

2) 销售人员基本要求。① 基本要求。基本素质要求；职业道德要求；礼仪仪表要求。② 专业知识要求。③ 知识面要求。④ 心理素质要求。⑤ 服务规范要求：语言规范；来电接待要求；顾客来函要求；来访接待要求；顾客回访要求；促销环节基本要求；销售现场接待方式及必备要素。

3) 考核、激励措施。① 销售人员业绩考核办法。② 奖罚制度。③ 销售业绩管理系统：销售记录表；客户到访记录表；连续接待记录；客户档案。

(2) 工作流程。

1）销售工作的三个阶段。① 预备阶段；② 开盘组织；③ 实施操作阶段。

2）销售部工作职责（工作流程）。① 市场调查：目标市场、价格依据。② 批件申办：面积计算、预售许可。③ 资料制作：楼盘价格、合约文件。④ 宣传推广：广告策划、促销实施。⑤ 销售操作：签约履行、楼款回收。⑥ 成交汇总：回款复审、纠纷处理。⑦ 客户入住：入住通知、管理移交。⑧ 产权转移：分户汇总、转移完成。⑨ 项目总结：业务总结、客户联系。

3）销售业务流程（个案）。① 公司宣传推广挖掘潜在客户；② 销售代表多次接待，销售主管支持；③ 客户签订认购书付定金；④ 客户正式签约；⑤ 客户付款（一次性、分期或按揭）；⑥ 办理入住手续；⑦ 资料汇总并追踪服务，以客户带客户。

2. 销售控制

① 销售气氛控制；② 客户识别；③ 房源控制；④ 销售目标控制；⑤ 均价目标控制；⑥ 升价节奏控制；⑦ 资金回笼目标控制；⑧ 销售提成目标控制；⑨ 现场突发事件控制：停水、停电、上级领导参观、资料短缺、客户纠纷、无理取闹、客户现场意外。

3. 客户管理

① 来访来电客户登记（记录）；② 客户接待笔记；③ 客户档案管理；④ 客户结构分析：年龄、区域、职业等；⑤ 客户回访记录；⑥ 客户个案分析；⑦ 客户交款通知；⑧ 客户特别联络：节日、生日、快讯等。

4. 销售资料分析

① 销售进度分析；② 广告效应分析；③ 销售房位、房型、面积、总价、楼层分析。

5. 销售管理执行监督

① 监督岗位设置；② 销售管理评估。

## 十、销售调整

1. 销售策略调查

2. 推广策略调查

3. 销售组织结构及人员调整

① 营销中心架构调整；② 广告制作单位调整；③ 其他配合机构调整；④ 营销中心人员调整。

4. 销售进度差异调整

① 销售进度过速调整；② 销售进度过缓调整。

## 十一、公共关系

1. 客户方面

2. 甲方、乙方

3. 媒体方面

4. 相关配合单位。

## 十二、危机处理

1. 危机预测及防备。

2. 危机处理原则。

(1) 上报原则：本公司；甲方；其他。

(2) 危机处理及答复。

(3) 利益原则：客户利益、本公司利益、其他利益等。

(4) 危机策划。

## 十三、销售总结

1. 封面：方案名称/方案制作者。

××××全程营销方案

×××制作

2. 方案目录。

将方案中的主要项目列出。

3. 方案内容。

(1) 企划客体环境。① 企划客体宏观环境（政治环境、法律环境、经济环境）。② 当地企划客体环境（社会文化环境、技术环境、自然环境、人口环境）。③ 上述环境现状及趋势所提供的机会与威胁。

(2) 竞争对手基本情况。① 竞争对手概况：过往销售情况、市场占有率、销售额、利润等经济指标。② 销售理念及文化：公司文化、共同价值观、经营方针、经营风格、企业使命、目标。③ 策划项目概况。

(3) 市场分析。① 市场调查；② 市场研究：研究题目、研究方法、研究结果（数据、图表）；③ 市场规划；④ 市场特性；⑤ 竞争对手排队：上位、同位、下位竞争对手（以市场占有率或销售额为依据）；⑥ 竞争格局辨认：是否形成市场领导者、挑战者、追随者、补缺者；⑦ 主要竞争对手的市场表现、营销方案、竞争策略、竞争优势；⑧ 本项目的营销机会；⑨ 周边同类项目市场分析（特定区域行业市场规模及其趋势、特定区域行业市场结构、特定区域行业市场环境形势）；⑩ 周边同类企划客体分布图；⑪ 项目综合市场分析（该行业市场占有率、销售额等行业市场统计数据）；⑫ 项目优劣势分析：总体上的优势与劣势；在市场营销方面的优势与劣势。在市场营销上做得最好的与做得最不好的方面，在市场营销上最擅长、最成功的方面或领域；⑬ 市场机会点与障碍点。

(4) 项目定位。① 项目定位点及理论支持；② 项目诉求及理论支持。

(5) 市场定位。① 主市场（目标市场）定位及理论支持点；② 副市场（辅助市场）定位及理论支持点。

(6) 业主情况。① 业主分类/分布。② 业主特点：这些业主是什么样子的？他们怎样生活、怎样接受该服务及相关服务？③ 有多少业主？④ 业主消费行为/心理：为什么装修，在装修过程中寻求何特性？装修过程，装修前的影响因素。⑤ 装修诱因的设置。

(7) 营销活动的开展。① 营销活动的目标；② 目标市场；③ 面临问题；④ 竞争策略、竞争优势、核心能力；⑤ 营销定位（区别性竞争差异点的确定）。

(8) 营销策略。① 企划策略：企划概念；品牌与包装规划。② 价格策略：定价思路与价格确定方法；价格政策；价格体系的管理。③ 渠道策略：渠道的选择；渠道体系建设/管理；渠道支持与合作；渠道冲突管理。④ 促销策略：促销总体思路；促销手段/方法选择；促销概念与主题；促销对象；促销方案/计划原件、广告计划、广告策略、广告脚本；促销活动过程；促销活动效果；促销费用。⑤ 企划活动开展策略：活动时机；应对措施；效果预测。

(9) 营销/销售管理。① 营销/销售计划管理。② 营销/销售组织管理：组织职能、职务职责、工作程序；人员招聘、培训、考核、报酬；销售区域管理；营销/销售人员的激励、督导、领导。③ 营销/销售活动的控制：财务控制；商品控制；人员控制；营销/业务活动控制；营销/业务活动控制指标、方法以及使用表格。

(10) 销售服务。① 服务理念、口号、方针、目标。② 服务承诺、措施。③ 服务体系：组织结构、职责、程序、过程、资源。④ 服务质量标准及控制方法。

(11) 总体费用预算。

(12) 效果评估。

## 思考题

1. 如何理解住宅项目全程营销策划特点？
2. 住宅项目全程营销策划内容有哪些？
3. 住宅项目全程营销策划流程是什么？
4. 如何编写住宅项目全程营销策划书？

## 实训题

制定本地区某住宅项目的全程营销策划方案、编写策划书。

## 实训指导

1. 5~8 人一组，每组完成实训项目。
2. 实地考察与网上调查相结合，主要参考网址见本书第1章实训指导。
3. 报告要求用自己的语言组织，主要依据“11.2 住宅项目全程营销策划书”，要求报告字数5 000~10 000 字。

# 第 12 章
# 商业项目全程营销策划

## 学习目标

1. 了解商业地产与商业项目概念
2. 熟悉商业项目的分类、商业项目全程营销策划特点
3. 掌握商业项目全程营销策划内容、商业项目全程营销策划流程与商业项目全程营销策划书的编写

## 技能要求

1. 能够具有一般房地产商业项目全程营销策划能力
2. 能够设计本地区某商业项目的全程营销策划方案、编写出策划书

## 案例 12-1：南京万达广场项目营销推广策划（节选）

### 一、项目背景

南京万达广场占地达 39 万 $m^2$，总投资 100 亿元，建筑面积达 120 万 $m^2$，是南京市最大的商业地产项目，首期开盘时间是 2008 年 10 月，预计 2013 年项目全部完工。其中，项目包括一站式购物中心、白金五星级酒店、旅游商业街，以及写字楼和高端城市公寓，如图 12-1 所示。规模巨大的南京万达广场不仅能满足建邺区人民的消费需求，更能辐射全市，引发南京商业格局重心的转移。南京万达广场是大连万达集团继新街口万达广场之后在南京开发的第二个商业地产项目，位于建邺区河西新城核心地段，周边有近 20 条公交线路，也是南京市地铁二号线西延线的起点，交通十分便利。南京万达广场分为商业区、商务区、公寓区、旅游商业街等板块，其中包括一个建筑面积达 27 万 $m^2$ 的一站式购物中心、一个建筑面积 5 万 $m^2$ 的白金五星级酒店、一条建筑面积 7 万 $m^2$ 的旅游商业街，以及 31 万 $m^2$ 的写字楼和近 26 万 $m^2$ 的高端城市公寓。南京万达广场中的购物中心将引入多达 15 个主力店，将百货、超市、商业步行街、健身、餐饮、影院等多种商业业态融为一体，可以满足百姓的购物、休闲、娱乐、交际 4 大需求，其商业业态之全，主力店数量之多都将创造南京商业的新纪录。购物中心内设有一条长达 450m 的三层室内步行商业街，面积达 4 万 $m^2$，是目前南京最长的室内步行街。南京万

达广场内配置了三个总面积近5万$m^2$的大型城市广场，广场拥有7 000个机动车停车位和30 000个非机动车停车位，车位规模创下南京之最。南京万达广场也是南京第一座全面进行节能设计的商业建筑，所有建筑和机电设备都将采用最先进的节能技术，最大限度降低建筑能耗，保护城市生态环境。

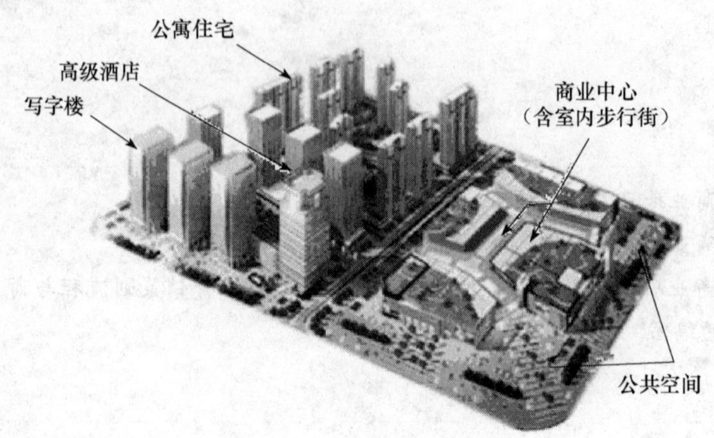


图12-1 南京万达广场效果图

## 二、项目特点分析

一座万达广场，一个城市中心。核心产品是以“万达广场”命名的城市综合体。万达城市综合体是万达集团多年经营商业地产的基础上，持续发展并逐步完善的核心产品，主要指汇集大型商业中心、高级酒店、写字楼、公寓、住宅和公共空间等多种建筑功能、业态的大型综合性建筑群。万达城市综合体通过将不同的业态融为一体，有机地整合了商业、商务及居住等多种城市商业功能，在业态间形成了良好的互动作用。在规划设计中，万达公司通过建筑功能分区实现综合体中不同业态的划分与互动。其中，以全新理念打造的商业室内步行街使商业中心内的各主力店和中小店铺有机相连，引导商业中心顾客合理流动，满足消费者休闲、购物、娱乐为一体的“一站式消费”需求，成为商业中心的灵魂与纽带。万达城市综合体，逐渐摸索出一套独特的商业模式，在国内外树立了良好的品牌形象，赢得了行业内外的高度认可，成为我国城市综合体投资与运营管理的先行者与领导者。

## 三、营销推广策略

策略一：对万达产品策略营销——品牌提升

策略二：让万达品牌更有文化——形象提升

提升最终目的是让新形象带领新万达：① 获得市场客户群对品牌的重新审视和关注；② 获得新客户群对万达品牌和形象的赞同；③ 让写字楼产品和住宅产品获得新的生命力；④ 对项目销售起关键的促进作用。

## 四、项目客户分析

万达广场与普通物业不同，它是通过建立一个大型综合体，形成商业氛围，从而带动住宅、办公物业发展。万达广场客户群分类：创业者、经营者、投资者、企业管理者、首套刚性需求、分巢者等。最终选择万达物业的客户，大多数是通过朋友介绍和户外大广告牌而认知并选择，选择的原因是万达物业具有优势的地段和价格。

## 五、项目品牌提升的手段

通过客户维系的活动，充分培养和挖掘老客户的潜力，产生老带新；加大有效的媒介渠道。品牌提升的两种手段如下。

(1)“活动”载体——以品牌活动和客户活动为主，将万达品牌影响力延伸续强，并对万达客户群进行培养和引导，以确保不流失。

1）品牌活动一。主题：万人助威，欲赢则达——《爱拼才会赢》走进万达广场；形式：江苏电视台城市频道《爱拼才会赢》节目走进万达广场；操作：邀请万达物业老业主参加，与其他市民各占一半人数，每个参加节目的老业主都要在自报姓名的环节说出自己是万达哪个物业的业主；活动目的：通过电视媒介平台，传递万达的品牌文化。

2）品牌活动二。主题：十万梦想新达人——万达十万梦想俱乐部；操作：由万达建立一个客户资料库，所有人免费加入，并可对俱乐部会员卡充值，万达根据充值情况进行增长性补贴，充值越多增值越多，最高限额 10 万元。所有补贴金额将在客户购置万达物业时冲抵房款。活动目的：让客户群关注万达品牌，并有效锁定目标客户。客户主要来源于易居、新浪、银行等企业高端客户资料。客户维系活动要点：通过客户活动，增强客户对品牌的忠诚度，向朋友圈传播万达品牌，新客户群导入衍生新客户。

3）品牌活动三。主题：万家灯火——万达业主健康养生课堂。形式：邀请在江苏电视台城市频道《万家灯火》栏目做过养生讲座的专家走进万达，与万达业主分享养生之道。操作：现场预留 40% 座位给业主，其他给网友，网友可通过 HOUSE365 网站活动关于万达品牌及物业的相关问题调查而获得入场券。参加讲座的客户，可获得万达小礼品。活动目的：通过火爆的“养生类”节目为万达吸引更多客户群关注。

(2)“情感”媒质——广告表现为主。万达推广，是与客户群之间的信息传达与价值沟通。推广手段：推广线与品牌线并举，最终达成项目的营销目的。推广线：以不同产品的不同形象包装，配合广告手段，做好项目推广，产品有住宅物业、SOHO、写字楼；品牌线：主要以广告形象展示万达广场品牌价值，向各类目标受众传播万达的品牌价值。

1）SOHO 产品广告。SOHO 客户群分布：创业型企业首次成立、孵化型小企业、外地企业办事处、自由职业者如自由撰稿人、艺术创作室、年轻一族体验式居住等。SOHO 客户群的媒介到达：根据调查资料显示，各类媒介对此类顾客群的到达率，网络 48%、五大报纸 34%、户外广告 40%、广播媒体 25%、其他 20%。SOHO 推广媒介选择：① 以 HOUSE365、新浪乐居为平台，投放网络条等硬性广告及软文；② 在各高端写字楼的电梯轿厢及主城区公交站台进行广告投放、项目围墙进行包装；③ 利用扬子晚报、金陵晚报等五大报进行硬广告及软文投放；④ 在江苏交通广播等广播电台进行上下班时段的广告投放；⑤ 在地铁投放广告。

2）住宅产品广告（略）。

3）写字楼产品广告。写字楼客户群分布：创业型企业首次成立、对办公环境不满意的企业、因发展而需要换办公场所的企业、想到河西办公的企业、外地搬到南京的企业等。写字楼客户群的媒介到达：根据调查资料显示，各类媒介对此类顾客群的到达率，网络48%、五大报纸35%、广播媒体30%、户外广告25%、其他20%。推广媒介选择：① 以HOUSE365、新浪乐居为平台，投放网络条等硬性广告及软文；② 利用163邮箱等，在邮箱首页置放广告；③ 利用扬子晚报、金陵晚报等五大报进行硬广告投放；④ 在江苏交通广播等广播电台进行上下班时段的广告投放；⑤ 在地铁投放广告。

（3）推广原则与节奏。

1）推广原则：全面覆盖原则，对以上五种媒体通路进行全面覆盖，集中式地毯式推广，以保障推广的协调与统一、时间上的一致。重点密集原则，对重要的媒介，如网络媒介和报介，进行密集式投放，密集撒网、疏而不漏。长期占领原则，新的产品，需要经历市场认知、接受等过程，要根据不同时间段进行长期的媒介推广。

2）产品推广节奏：早期主打住宅物业及SOHO，写字楼产品延后推出，三管齐下，如图12-2所示。

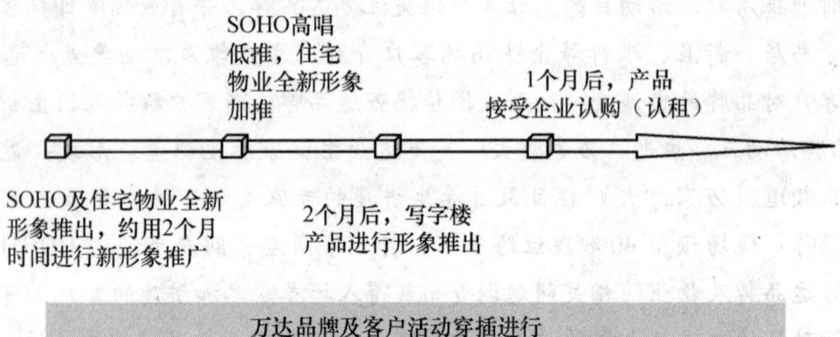


图12-2 万达广场项目推广节奏

## 六、项目形象提升的手段（略）

资料来源：根据万达网站http://www.wanda.com.cn/和道客巴巴http://www.doc88.com/资料整理。

# 案例12-2：商业公园项目整合行销传播策划（节选）

本企划方案结合商业公园的项目特点，旨在更加突出广告传播的目标顾客区隔性与实效性，以配合销售工作的顺利展开。

## 一、行销传播目标

- 短期内树立“商业公园”在同类市场的领导品牌形象；
- 在传播周期内使“商业公园”达到80%的销售目标；
- 为“商业公园”确立全新的经营策略，快速打开市场局面，获取项目销售的全面成功；
- 让“商业公园”的项目概念和独特卖点为目标顾客所认同；
- 通过广告传播的表现激发目标顾客的购买欲望与动机。

## 二、项目市场背景分析

项目位于成都市城南，所处地理位置属于成都市高尚住宅区中心，居住人口超过40万人。项目主要技术经济指标及相关资料：

- 规划红线面积：54 198m$^2$；
- 总建筑面积：86 485m$^2$，其中：步行商街面积35 576m$^2$、商务公寓面积8 550m$^2$、中心商厦面积42 360m$^2$；
- 地下停车位：500个；
- 容积率：1.60。

## 三、项目市场环境分析（略）

## 四、项目的SWOT分析

1. 优势分析

- 位于成都市第二中心的城南高尚社区，区域消费层次和功能较高；
- 项目本身所具备的综合消费能力突出，规模宏大；
- 如此大规模的消费场所在周边区域、乃至全成都都尚属空白；
- 综合消费场所齐备，完全可以满足消费者的多方面需求；
- 充足的停车位；
- 铺面面积选择面较大，可以满足不同层次的目标客户要求；
- 升值前景巨大；
- 开发商具有一定知名度，加强消费者信赖度。

2. 劣势分析

- 周边区域知名餐饮娱乐场所及各种专卖店较多，且已经拥有自己的一批固定的客源；
- 交通网络不够完善，公交车线路较少，较难汇聚人气；
- 前期广告投入缺乏整体统筹，造成消费者的接受倦怠，不利于后期广告的推出；
- 功能区划分显得有些一相情愿，增加销售难度。

3. 机会点

- 西部大开发给成都带来前所未有的商业机会；

- 家乐福已经有较大的进驻可能，项目核心店确定局势已渐趋明朗；
- 政府的有力支持；
- 专业的广告策划和物业顾问与发展商紧密配合，为项目的成功开发提供了有效保障。

4. 威胁点：

- 目前成都市铺面炒作集中于市中心及一些已形成良好口碑的市场，客源竞争激烈；
- 成都市铺面总量反映为库存较大，市场日趋饱和。

## 五、项目市场定位

1. 目标市场定位分析：选择该项目的经营者比例将很小，应将主要注意力集中在争取投资者上面，一切宣传也将围绕他们进行。

2. 项目目标客户细分：按投资行为可分为炒住房、铺面，炒股票、证券，炒黄金、外币，以前没有投资行为现在正准备投资的；按投资等次可分为专业房产炒家，周转资金较充足但不知如何使用的投资者，周转资金不多，希望通过自身眼光和知识来赚钱的投资者。

3. 项目目标客户特征：

- 投资需求（关注点）：区位地段、人气、项目本身的特点、优势、发展前景、政策背景。
- 购买力：a. 理智型的投资者一旦考察显示有利，即会果断出手或者选择与自身资金实力相匹配的面积进行投资；b. 冲动型的投资者资金无虞，易犹豫，但受煽动后将会比较冲动。
- 信息来源：a. 报纸媒体；b. 电视媒体；c. 朋友口碑相传。

4. 目标客户锁定：

- 一级目标：专业房产炒家；
- 二级目标：周转资金较充足，但不知如何使用的投资者；
- 三级目标：周转资金不多，希望通过自身眼光和知识来赚钱的投资者；

5. 项目定位：

立足城南，辐射成都市的集各种购物、娱乐、休闲于一体的超大型消费场所。

## 六、开发构想

1. “一站式消费”（one stop shopping）商业广场。
2. 真正意义的 shopping mall。
3. 商业公园。

## 七、项目功能划分建议

1. 店铺的配置

（1）核心店的配置。面积很大，具有较大的顾客吸引力（聚集人气）。同时核心店最理想的位置是在商场的最里侧或是整个卖场的最里侧，希望所有前往核心店的顾客都能够先经过其他商店。若有两家核心店，最理想的做法就是将它们分开设置在商场的两端，使所有顾客能在两家核心店间的街道上川流不息地往来。根据商业公园的实际情况，在确定商业中心大厦引入大型超市（家乐福）作为核心店外，建议在步行街最里面（可以是步行街的三层或四层）设立饮食类的核心店，如麦当劳、肯德基等，以保证整个商场的便利性和流畅性，更能够为步行街创造出更大的价值空间。

（2）商品区域划分。依据经营理念划分不同的商品区域范围，需要按品位、主题或是心理及性别年龄等因素，来考虑不同的商品区域的表现。

（3）搭配、组合原则。① 搭配原则：不同个性、不同商品构成。但相同业种的店，要相邻配置或是配置在视线内，以便顾客的比较购买。② 组合原则：同一主题与同一对象层的不同业种店，配置在同一区域，以增加顾客逛街的乐趣。

（4）店铺空间。店铺空间的大小，影响到日后商业公园可能销售的店数。基本上，商业公园的店数必须越多越好，除了面积的考虑外，重要的是能提供顾客更多的商品选择。根据现在商业公园店铺面积的划分方法，其销售面积介于 20 ~ 200$m^2$ 之间，以及 200$m^2$ 以上，基本上能够满足各类商家的需要。建议将首层部分店铺再划得小一些，以增强首层的营业气氛，更有利于营造“旺场”局面。

2. 街道与广场的规划

街道的主要功能是促使顾客能够更加舒适地游逛所有的店铺与核心店，广场就有如 mall 的面孔。

3. 后勤空间规划

主要有装卸货场和垃圾处理场，放在隐蔽位置。

4. 服务设施规划

主要规划有美食广场、旱地溜冰场、社区活动广场以及其他的生活服务设施，如银行、邮局、诊所等。

## 八、商业公园市场行销战略

1. 投资组合计划

（1）如何投资：首先，确定一个向市场推出的整体价位，例如以均价 8 000 元/$m^2$；其次，不以每个摊位为具体购买单位，而直接以每个 $m^2$ 作为购买单位，即购买者最低可以购买一个 $m^2$，多购不限；再次，一旦购买，则当然享有已购面积的产权；最后，如果需要将投资变现，购买者可以转让已购面积，转让价随行就市，受让人不受限制。其优势：化整为零，扩大价格的市场接受度，投资者更易计算自己认购后可能面临的风险以及对风险的承受能力，扩大了原有的目标消费群，工薪阶层也成为投资的主体。

（2）如何组合：由于以 $m^2$ 为销售单位，摊位的划分和产权证的办理都会面临非单一业主，即组合的问题。以 20$m^2$ 为最低面积结成组合体；组合以自愿为前提；自愿组合达不到摊位或产权证要求的，由开发商代为组合；组合成员共有产权；组合体可以自行经营，也可以托管经营。

（3）如何托管：由开发商组建托管公司；托管公司应就被托管事宜接受业主监督；

业主与托管公司之间的具体委托经营授权由合同约定。托管公司承诺一旦受托面积租出，则保证业主有每年不低于7%的投资回报率。如果托管公司在一年内未租出受托面积，开发商承诺购买者可以退还其已购面积。托管是可选择性的，如果购买面积达到一个摊位，且有足够的经验和能力自行经营的，不必选择托管。

（4）会员式：对加入托管的购买者的一种身份确认。一旦购买且加入托管，则成为商业广场会员，在受托管的经营范围内享受特别优惠。

（5）投资、组合和托管：实质上是产权与经营权相分离的一种经营方式，它以商业广场的营业面积为载体，对投资者的要求更为单纯；而由于托管经营，实际上降低了投资者的经营风险。

2. 整合传播策略

（1）商业公园品牌的建立及认同，如表12-1所示。

表12-1 商业公园品牌建立及认同

| 建立过程 | 内容 | 表现 |
|---|---|---|
| 品牌形象 | 品牌定位 | 新业态——融生活与购物为一体的超大型综合消费场所 |
| | 品牌地位 | 领导性地位 |
| | 品牌个性 | 独特、创新、现代、高品质且有无限发展潜力 |
| 基本认同 | 配套设施 | 功能全面，集购物、休闲、娱乐、餐饮、居家、办公于一体 |
| | 物业管理 | 周到、没有后顾之忧 |
| | 区位 | 城市副中心、高尚生活社区 |
| | 规模 | 超大型 |
| 延伸认同 | 项目属性 | 全新的消费场所 |
| | 方便感 | 全面的配套设施和集中消费方式带来的吸引力 |
| | 顾客心理 | 有钱人和普通人都有满意的选择 |
| | 人气 | 人气旺盛，客流量大 |
| 优点诉求 | 实用功能方面 | 配套齐全的购物休闲乃至居家办公的场所 |
| | 品牌感觉方面 | 对消费者来说，令人愉快的购物和休闲的感觉<br>对投资者来说，可以不断赚钱的感觉 |

（2）阶段性传播策略。

1）形象重塑期策略。

- 重新确立商业公园的形象概念；
- 完成项目品牌形象设计；
- 完成项目品牌个性的设定，挖掘并延伸商业公园的品牌内涵；
- 完成项目传播推广企划。

2）开盘试销期策略。

- 售楼现场的氛围营造，以感染到场目标顾客，引发购楼欲望；

- 利用报纸、直接邮寄广告（direct mail advertising，DM）、路牌等媒介，对外倾诉项目卖点，塑造项目形象；
- 运用公关活动结合新闻炒作与目标顾客进行有效接触，有针对性地刺激其潜在的购买敏感区，使其对商业公园之品牌形象产生认同及偏好，从而快速产生购买行为。

3）强势销售期策略。

- 深入营造现场氛围，包括售楼处和工地，运用公关、促销等手段；
- 利用媒介的创意表现，树立商业公园的品牌高度，同时强化项目独特卖点的传播力度；
- 人员推销继续对目标顾客进行跟踪；
- 组建联合促销体，一方面让项目品牌形象有更强的外围支撑，另一方面增强项目的销售力；
- 进行公关活动，通过新闻炒作，再次掀起销售高潮。

4）后续销售期策略：强势销售期所创造的强烈冲击波是本阶段项目再销售的良好延伸，借助其惯性，乘胜追击，势必会收到满意效果。针对项目中销售难度较大的单位，展开实效性的销售促进，同时配合媒介广告，以全面完成商业公园的成功销售。

(3) 广告阶段运作（略）。

(4) 项目预算。按项目总成本投入 10 亿元的 3% 作为广告投入与销售周期的长度来看，广告经费预算为：3 000 万元，根据广告分期运作投放比例：20%—30%—40%—10%，各阶段广告经费分配为：

第一阶段：形象重塑期——600 万元
第二阶段：开盘试销期——900 万元
第三阶段：强势销售期——1 200 万元
第四阶段：后续销售期——300 万元

资料来源：根据道客巴巴 http://www.doc88.com/资料整理。

**案例讨论**

1. 你认为万达广场的营销策划还有什么不足？
2. 普通商业项目可以从商业公园整合行销传播策划中吸取什么？

**学习任务**

制订本地区某商业项目的全程营销策划方案、编写策划书。

## 12.1　商业项目营销策划特点

### 1. 商业地产项目

(1) 商业地产（commercial real estate）。是指作为商业用途或者具备商业功能的地产，常被简单地理解为商场、商铺、mall、步行街之类的购物中心（区），以区别于以居住功能为主的住宅房地产、以工业生产功能为主的工业地产等。商业地产有广义和狭义之分。广义商业地产依托的是一个泛商业的概念，包含：商业街、商场、mall、写字楼、酒店、公园、零售业等；狭义商业地产是专用于商业服务也即经营用途的物业形式，主要经营内容有零售、餐饮、娱乐、健身、休闲等，他们在开发模式、融资模式、经营模式以及功能用途等方面都有别于住宅、公寓、写字楼等物业类型。以办公为主要用途的地产，属商业地产范畴的，也可以单列。

（2）商业地产项目的分类。

1）按使用功能类分。泛指用途为商业、服务业的物业项目，国内常见有：步行街、购物中心、底商、专业性市场。

2）按地域性分类。根据不同的城市发展规模，城市中存在单个或多个商业中心、商圈的情况。如：北京有燕莎、朝外、CBD、建国门、王府井、亚奥、北三环、西单、阜成门等多个分散的商业中心，商业分布呈现多极化现象；武汉、南京等国内诸多大中城市中虽有不同的商业中心，但均有商业密集度极大的首屈一指的核心商业区，如南京新街口。

3）按服务对象和辐射范围分类。商业地产有区域商业中心、城市核心商业中心、次中心、邻里中心、小区配套商业等。实际上有很多地产形式，是融合了住宅地产、商业地产、工业地产、旅游地产等的复合地产，界限不一定划分得那么明确，比如酒店，可以划为商业地产，也可以划为旅游地产。

（3）商业地产项目规模。规模大的商业房地产项目，如shopping mall可以达到几十万、上百万平方米；规模小的商业房地产项目，仅几百平方米，甚至更小。对于规模庞大的商业房地产，其经营多采用开发商整体开发，主要以收取租金为投资回报形式的模式。商业地产项目可以打包上市，形成商业房地产金融。对于规模较小的商业房地产而言，大多数项目依然采取租金回收的方式，但国内目前很多商业房地产中住宅、公寓、写字楼等项目的底层和各类商业街、商品市场则采用商铺出售，零散经营的模式，这个模式存在后期经营管理的很大问题，需要谨慎。

## 实践经验

### 三种常见的商业地产类型

- “沃尔玛”模式。这种模式比较典型的是业内大腕“万达”模式，这种模式在不同的城市郊区，进行大规模的复制，项目产品极其单一化，目标客户极其准确，基本上是围着城市的白领阶层和一些中青年购物打造的，体制上也采取一个强制控制，并且有计划地在郊区进行开发。和提到沃尔玛一样，沃尔玛是全球最大的连锁商店，万科作为住宅代表性企业，走的也是这个模式。
- 百货公司模式。目前在国内有代表性的就是华润置地，即在同一个地域各种项目产品同时做，产品也多样化，就像一个百货公司的高中低档产品，什么都有，包括商户、写字楼、住宅、酒店、公寓都在整个盘子里都体现出来。这种百货公司的模式比较多的，一般在过去有一个城建系统，每个城市都有城建系统，城建系统转制成为开发公司，包括很多大型的开发公司都在走这种模式。万达广场也开始尝试了这种模式。

- 精品店的模式。万通一直在拼命推行这个“美国模式”，主要在少数高端的市场进行精品店经营，走高端路线。

---

### 2. 商业地产项目运营模式

（1）只租不售。通常把商业物业建成以后形成独立的产权，通过招商合作，以租金作为主要的收入来源。此外，产权形成之后的商业物业通过商业运营包装进入资本市场，获取良好的融资。这个金融市场一般来说有多次融资，第一次通常是银行的抵押融资；第二次可能通过基金会、信用凭证等融资，以后每次经过价值不断包装以后，融资不断的缩短。

（2）全部出售。这种模式是商业地产最原始的模式，但随着商业地产的逐渐火爆，单纯的出售开始不再适应商业地产的发展。由于商业地产具有“总价高、利润率及开发风险较高、投资回收期长”等特点，使有能力全额购买商业地产的投资者很少；即使有能力购买，理性的投资者也不愿将大笔资金积压在投资回收期如此漫长的项目上。于是大部分高档写字楼都采用只租不售或租售并举的方式入市。

（3）租售结合。通常是投资商和开发商把其中的部分物业出租，部分销售。销售有两种方式，一种是底层销售，最典型的就是大连万达，把一楼留下来，二楼三楼租给沃尔玛。大连万达尝到很多的甜头，那一楼销售价格通常是市场价的两三倍，最高的卖到19万元/$m^2$，沃尔玛主力店起了很重要的作用。或者是远期的回报起了决定性的作用。另一种是租一楼，卖其余的楼层。租售结合的好处：通过卖掉一部分后套现解决了资金的压力；租的部分也为后期的资本融资留下后路。

### 3. 商业地产项目运作技巧

商业地产的操作模式分为两派：一派是杀鸡取蛋型；一派是养鸡生蛋型。不管是哪种形式，都应该以“招商”作为商业地产的核心。招商先行或租售并举，这种情况下商业物业一般会升值；另外一种情况是只售不租或先售后招商，往往导致商业物业贬值，招商难度加大，开发商失去招商主导权，业主和入住商家无法得到期望的投资回报。只要商铺能出租、在运营，它就具备升值的可能，从而做到“进可攻，退可守”的理想境地。“进”就是可以“带租约销售”，“退”就是先持有，后寻机再售，或REITs（房地产信托投资基金）、信托。因此，商业地产项目运作技巧在于招商与销售。

（1）招商难度远大于销售，佣金上要有侧重。在实际操作中，很多一线的“置业代表”往往青睐销售，因为销售后回款，他们便可领取很高的佣金，而且这个过程很简单，大多适用于投资客，这类业主的特点大多是不太懂商业运营，而追求投资回报。在实际操作中，只要销售人员明确告之单价、面积、商铺位置，以及区域大概租金，合同就可以签到了。某种程度上，开发商的销售人员比投资业主更专业。相比之下，招商会难得多。一般来讲，选址人员都很熟悉区域租金和租赁的商业条款，租赁合同中对租金、物业费、空调费、取暖费、停车费、消防手续、装修手续、广告位、免租期、付款方式等都会有明确约定，而且大一些的商铺不是选址员能确定的，要报给地区经理、地区总经理、甚至商业总部总经理，其要亲自察看区位、房型，以及合同条件，然后才会确定。甚至这些高级职位的人，可能会亲自参与谈判。这时，开发商的招商专员相对商家选址人员来说，不如对方专业。这个谈判过程很长，难度也很高，有时十几个条件中，只要一个条件谈不拢，如电力供应、结构形式、或物业服务内容有争议，就谈不成。所以在市场上，招商人员很难招，而销售人员很好找，就是这个道理。所以，应该对招商人员在工资和佣金上给予侧重。

（2）招商人员在数量上要多于销售人员，并保持相对稳定。对销售人员，很多项目实行“末位淘汰制”，但对于招商人员，由于谈判周期长、难度高、专业性强，所以要求人员相对稳定，讲究“跟踪”，不是“一蹴而就”的急于求成。项目招商人员，一般按业态分工，人员数量，应该两三倍于销售人员，考核周期要加长。

（3）项目要善于借助专业招商机构。在招商过程中，开发商手中掌握的商家资源是有限的，而一些专业招商机构，则掌握着大量的商家资源，并对商家的选址要求很熟悉，对谈判会起到重要的推进作用。通过实际经验，对品牌商家或大面积的商铺招商，往往中介能起到决定性作用。实际工作中，可以在招商部门中，专门设置代理商（中介）管理组，负责与之签订合作合同，和与其所带领的商户的谈判对接，这样会起到“借船出海”的重要作用。

（4）带租约销售。商业地产运营的核心是招商，开发商要求营销部门回款，这就需要“带租约销售”模式来解决问题。“带租约销售”就是招商在前，销售在后，又要将二者巧妙结合在一起，让他们成功对接，在操作中对招商部门和销售部门要求都很高，尤其是对营销总监，要求比较全面，妥善处理好租房与业主的关系。

**4. 商业地产项目运作过程**

（1）确定运营模式。一般选择只租不售。做商业地产，是长期投资，不是做住宅销售。这种性质决定需要较长的市场培育期，来获得长期稳定的现金流，不能搞短平快，不能简单以实现短期现金流平衡为目的。

（2）准确定位。

1）定地址。选址非常重要，能在成熟的商业区域为首选，也可以选址在有升值潜力的新区或郊区。如万达在宁波的项目，综合面积45万 $m^2$，商业面积25万 $m^2$，这个项目在新区。万达选址的理由是旁边有行政中心，工商、税务、保险、银行都搬过去；附近规划有大的居住区，大约 10km$^2$，现在这个地块正在大规模开始建设，而且地价、房价比较贵，平均房价 6 000 元左右，将来消费层次高。在这做购物中心开始可能人流量不大，但将来升值潜力大。商场上有两句名言“一步差三成”、“隔街死”。所以商业选址绝非拍脑袋心血来潮，一定要反复研讨，一定要看政府长期规划多方面综合评估。

2）定客户。目标客户要选好。

3）定规模。商业地产有两个最核心的指标，一是业主的平方米租金收入，二是经营者的平方米销售收入。根据经验来看，在中国做购物中心，无论多大的城市，一个购物中心面积最好是 10 万 m$^2$ 左右，最大面积也不要超过 20 万 m$^2$，否则增加的都是无效益或低效益面积。

（3）招商在前。一定要招商在前，开工建设在后，招商主要解决三个问题。

1）确定主力店。主力店的确定是有学问的，不是多多益善，一个商业地产里面，三五个主力店足矣。不会因为增加一两个主力店，人流就会增加，而且主力店一定要跟商业地产的地点结合起来选定。在城里商业区做，最好就是百货、电影城、数码城，如果地点差一点，可以做超市，再远一点到了郊区，才可以做家居、建材等。至于主力店，最好是不同业态的主力店配合，百货、超市、数码城、电影城每样一个，搭配在一起，吸引不同层次的消费者，增加主力店的比较效益。

2）选择次主力店。中国目前最缺的不是主力店，也不是小店铺，而是有特色经营的 500 ~ 1 000m$^2$ 的次主力店。

3）补偿小店铺。主力店、次主力店招商成功后，小店铺招商就顺理成章了。

（4）规划设计。主力店招商解决以后，购物中心规划设计注意三点。

1）交通体系。第一是平面交通体系，人车要分流，人流出入的大门口不要紧挨着车出入口；第二考虑垂直交通体系要合理，方便人流上下；第三卸货区要合理安排，一般做法是放在地下室，保证地面整洁，消费者看不到货车，尤其是建材、超市等，这样比较方便顾客。

2）高度、荷载。不同的业态对高度、荷载的要求是截然不同的。超市每平方米最少要 1 吨、图书要 2 吨、建材要 4 吨；做餐饮楼板要降板，要排油，排水。所以招商在前面，设计就更合理一些。

3）留有余地。如高度 5m 多，就不能做数字影院，影院层高的下限要求是 9m。所以做购物中心设计时，最好留有余地。

（5）成本控制。

1）集权控制。选择施工队伍、招投标、集中采购，都以集权控制为主，各公司、各部门各自为政是控制不好成本的。

2）准决算管理。所有项目全部施工图出齐，预算做好，与施工单位签订准决算合同，凡是没有图纸变更，就不再决算。这样可以堵塞内部管理的漏洞。

3）从设计上控制成本。成本控制的关键是设计成本控制，要采用带造价控制的图纸设计，真正把好成本关。

（6）物业管理。物业管理是购物中心能否保值升值的关键。购物中心的物业管理不同于住宅的物业管理，它需要补充招商。任何一个店的招商工作结束后，并不意味着招商就结束了。所有的商店在开业一年内，租户置换率达到20%～40%，只有等到开业3年稳定后，租户置换率才可能降至2%～3%。

### 5. 社区商铺项目

（1）社区商铺类型及作用。社区商铺指位于住宅社区内的商用铺位，其经营对象主要是住宅社区的居民。

1）社区商铺的表现形式主要是1～3层商业楼或建筑底层，或者商业用途裙房。现在的社区商铺已经打破原来以铺位形式为主要形式的特点，铺面形式逐渐成为社区商铺的主流。

2）按照消费者的消费行为，商业房地产可分为物品业态、服务业态和体验业态；结合社区商铺的特点，社区商铺可以按照商铺的投资形式分类，分为零售型社区商铺和服务型社区商铺两类，几乎没有体验业态。

3）社区商铺主要用做人们生活密切相关的生活用品销售和生活服务设施等。零售型社区商铺的商业形态为：便利店、中小型超市、药店、小卖部、书报厅，及少量服装店等；服务型社区商铺的商业形态主要为：餐厅、健身设施、美容美发店、银行、干洗店、彩扩店、花店、咖啡店、酒吧、房屋中介公司、装饰公司、幼儿园等。可以看出，社区商铺具有广泛的功能特点，而且商铺大多数投资小，容易出租、转让，属于商铺投资中的“小盘活跃股”。

（2）零售型社区商铺特点。

1）规模特点。有大有小，其中便利店、中小型超市的社区商铺规模较大，面积大的约1 000$m^2$，小的约100$m^2$，药店一般面积在100$m^2$左右，小卖部面积仅7～8$m^2$，书报厅面积可能更小，一般的社区很少有服装店，即使有面积也通常为20～30$m^2$。

2）规划设计特点。没有特殊的要求，一般3.5m的层高，如果是做中型超市，规划设计时应考虑合理的柱距，避免柱网太密，影响使用效率。

3）经营特点。① 社区商铺的主要形式为铺面形式。② 投资回收方式包括出租和出售两种，从市场发展趋势来看，出售方式越来越吸引市场的关注，而且社区商铺的买家将逐渐从散户逐渐向商业投资机构转化。

（3）服务型社区商铺特点。

1）规模特点。随着人们生活水平的提高，规模有逐渐增大的趋势。如餐厅的规模越来越大，大型专业美容美发院成为大型社区的重要配套，健身设施从无到有，并不断有知名品牌健身机构进入市场，包括幼儿园在内的其他服务设施都对商铺的规模有较高要求，1 000$m^2$左右的商铺具有良好的市场空间。

2）规划设计特点。层高也不能低于3.5m，柱网设计最大限度实现柱子数量最少化，餐厅、美容美发、健身等设施对水、电、天然气、排污、消防等有相关要求，规划设计要加以考虑。

3）经营特点。① 商铺的形式是铺面商铺和铺位商铺。② 投资回收形式，已经逐渐在改变租用商铺的方式，原因，一方面过去的财力不足，只能租用商铺，但现在具备了投资购买商铺的实力；另一方面，这些经营商不得不面对商铺房东一再涨租金的现实，所以会转而选择购买商铺。可以看出，服务型社区商铺会逐渐成为商铺销售市场的重要品种。

### 6. 住宅底层商铺项目

（1）住宅底层商铺，指位于住宅建筑物底层，可能包括地下 1、2 层及地上 1、2 层或其中部分楼层的商用铺位。它是目前市场极为关注、投资者热衷的商铺投资形式，很多房地产开发商充分认可建筑底层商铺的巨大价值，不仅避免了过去住宅底层不好卖的尴尬局面，而且获得了更大的投资收益。住宅底层商铺上面建筑将会给底层商铺带来稳定的客户流，投资者的投资风险相对较小。住宅底商与社区商业配套是不同的，严格意义的住宅底商与社区商业配套也是有区别的。标准住宅底商和写字楼等都属于“公共建筑”，而商业配套设施属于“配套公共建筑”，二者的税费、经营运作模式完全不同。散户能够直接进行投资的只有标准住宅底商。

（2）类型。

1）按照服务区间划分。住宅底商分为服务于内部和服务于外部两种。对于大型住宅社区，底商主要以社区内部居民为服务对象，在功能设定上要结合小区业主的消费档次、消费需求、消费心理、生活习惯。这样的店铺，投资少，风险不大，资金回笼也较快。对于服务于小区外部的商铺，则应考虑周边商业业态、街区功能来确定商铺功能，店铺面积不宜过小，最好在 1 000$m^2$ 以上，主要有大型超市、各种专卖店、大型百货商场等。

2）按照市场理念划分。① 概念型住宅底商。指开发商在开发过程中，注重突出项目的概念和主题包装。如“欧式商业步行街”、“现代城”、“欧陆经典”、“老番街”的住宅底商一改过去纯粹的配套服务功能；② 潜力型住宅底商。指具有巨大市场潜力的住宅底商项目。如位于亚运村的“风林绿洲”，由于与奥运村及奥运会场馆预留地毗邻，人气凝聚力强大，近几年内的市场潜力不容忽视，是难得的投资宝地。但风险是“时间”问题，即“养店铺的时间”；③ 商圈型住宅底商。指已经形成一定的商业氛围，拥有大量的、稳定的消费群体的住宅底商项目。但商圈型住宅底商的价值升值收益空间往往不大。

（3）住宅底商建筑形式。表现为依附于住宅楼的特点，整个楼的一层、二层或和地下层的用途为商业，楼上建筑的用途为居住。为了确保居住、商业运营两种功能的有效性，开发商会通过合理规划设计对居民和底商的消费者和经营者进行独立引导，出入口独立，以保证楼上居民的生活尽可能少受到底商的影响。需要指出的是，如果规划设计不够合理，住宅底商会一定程度影响住宅的销售。另外，住宅底商的规模要恰当控制，当规模超过2万$m^2$，开发商必须对该商业房地产项目的市场环境做必要的调查和研究，不能一概用底商的简单概念去确定项目定位、规模、市场策略等，否则项目会面临开发困境。

（4）铺面、铺位类型。住宅底商的主要类型多数是铺面形式，少数是铺位形式。铺位住宅底商良好的“可视性”使其有了价值最大化的可能，这也是住宅底商引起市场关注的原因，或者说是住宅底商得到商铺投资者青睐的原因。有些开发商在进行住宅底商设计时，为了使其标新立异，在住宅底商有限的空间里进行了超越通常意义的底商开发，可能将此住宅底商项目开发成为规模较大的步行街，或别的形式，这些市场意义的创新，使住宅底商的概念复杂化了，无论是规模还是形式都要求开发商从更加专业的角度进行规划设计、定位等，否则，用普通底商的思维，去开发步行街、百货商场或其他商业房地产形式，会加大项目的风险。

（5）经营形态特点。住宅底商作为社区商铺的一大类，也主要用做人们生活密切相关的生活用品销售和生活服务设施，其中零售型住宅底商的商业形态为：便利店、中小型超市、药店、小卖部、书报厅，及少量服装店等；服务型住宅底商的商业形态主要为：餐厅、健身设施、美容美发店、银行、干洗店、彩扩店、花店、咖啡店、酒吧、房屋中介公司、装饰公司、幼儿园等。

（6）投资回收形态。目前，越来越多的住宅底商的投资回收形态主要为底商出售形式，主要的投资者包括散户投资者和机构投资者。长期看来，机构商铺投资者会逐渐成为商铺购买的主力，这会影响国内商铺开发模式及投资模式。

### 7. 商业项目全程营销策划的核心内容

（1）商业用地的价值判别与发展定位。策划人员必须回答：开发什么样的物业才能实现价值最大化？为此，策划人员必须研究地段、街区、商圈、商业功能演变、不同类型物业与地段的经济效果，甚至要研究物业建成后物业与街区发展的互动关系。价值判别结论决定项目的客户定位、建筑定位、形象定位和价格定位。

（2）商业地产融资策划。商业地产开发和运营的突出特征是需要巨资投入（初始投资和总投资），筹措足够的资金是项目能否成功的关键。为筹措资金，赢得投资人（银行、基金、信托机构、独立投资人、投资公司、开发商等）的青睐和认可，必须制定系统、科学、完善、可实施的可行性研究报告，描绘完整可信的投资收益“路线图”。根据融资方案，企业应通过招商寻找潜在投资人、建立融资渠道，并评价融资方案的成本与收益，选择最合适的方案。例如：从银行贷款和投资人出资入股两种方案中，银行虽不分配利润、不干涉经营管理，但要贷款利息；后者不要利息但要参与分配利润，介入公司经营管理，究竟如何选择，应具体问题具体分析。

（3）商业地产价值链构造和策划。商业物业的开发和运营是价值创造和分配过程，发现价值和创造价值同等重要，价值受多种因素和规律的影响，没有深厚的价值理论功底就不可能制定完善的价值链策划活动。价值链构造包括产品纵向价值链和企业内部价值链。针对一个商业地产项目，首要的是构造产品纵向价值链，把参与商业物业开发和运营的各方利益有机地联结起来。着眼于长期发展的企业为适应商业地产的开发和经营，也采取组织措施构建企业内部价值链。

（4）商业地产建筑策划。商业建筑一般由主要营业空间、附属营业空间、配套空间和共享空间构成。建筑策划意在优化建筑空间于经营业绩之间的关系，优化建筑空间的功能组合，以降低成本，提高使用率，实现效益最大化。为此必须采取科学的建筑设计和评价方法，遵循整体化设计和全过程监理理念。

（5）商业地产技术策划。建筑和管理技术发展迅速，例如节能技术、智能化技术、无线通信技术、钢结构技术、自动化车库管理系统等不断推陈出新，策划人员应在准确把握发展趋势的前提下，准确评价技术的经济技术合理性和营销价值，坚持经济与技术联系原则，提出价值最大化技术方案。

（6）商业地产营销推广策划。亦即销售促进，实质是把商品和服务的信息有效传播给目标客户，促使客户愿意购买。传播的最佳模式是整合营销传播，超越传统的4P理论，用4C理论指导传播实践，整合生产、管理和营销活动。

（7）商业地产招商策划。招商是商业地产永恒的主题，也是难点。在商业地产开发的不同阶段，招商内容不同。例如，项目前期招商重点是寻找合作伙伴、出资人，与大商家签订合作合同；建设过程中的重点是物业销售；建设后期招商内容转变为寻找中小经营者进场经营；投入使用若干年后根据形势的发展，招商的目的是不断优化客户组合。

## 12.2　商业项目全程营销策划书

### 1. 商业项目全程营销策划书模板

除“封面与目录”、“项目背景”外，商业项目全程营销策划书一般包括8个部分：

（1）项目市场分析。

（2）项目市场定位。

（3）项目产品规划建议。

（4）项目投资分析。

（5）项目营销推广策略。

（6）项目租售执行策划。

（7）项目经营管理策划。

（8）相关建议事项。

### 2. 商业街项目全程营销策划书

（1）商业街项目市场分析。

1）项目投资环境分析：经济环境分析、商业环境分析、房地产市场分析、商业地产市场分析、城市条件分析。

2）项目区域商业地产分析：区域商圈分析、区域商场分析、区域商业街分析、区域物业供应状况分析、区域调查总结。

3）项目自身情况分析：项目基本情况分析、所在社区分析、周边商业氛围分析、周边配套分析、周边人流车流分析、项目自身价值评估。

4）项目客户群分析：项目客户群调查、项目投资者分析、项目经营者分析、项目消费者分析、项目客户群分析总结。

5）项目竞争者分析：项目竞争小区商业分析、项目竞争商业道路分析、项目竞争商场广场分析。

6）项目 SWOT 分析：项目优势分析、项目劣势分析、项目机会分析、项目威胁分析、项目 SWOT 整合分析、项目 SWOT 分析总结、项目市场调查总结。

（2）商业街项目定位分析。包括项目定位前准备、项目类型定位、项目档次定位、项目客户群定位、项目主题定位、项目案名定位、项目形象定位、项目产品功能定位、项目业态定位、项目价格定位。

（3）商业街项目产品规划建议。包括项目业态分区规划建议、项目产品规划设计建议。

（4）商业街项目投资分析。包括项目开发进度安排、项目投入估算、项目收入估算、项目经济效益分析、项目社会效益分析、项目开发策略建议。

（5）商业街项目整合推广策划。包括项目营销总策略、项目广告策划、项目媒体策划、项目包装策划、项目活动策划、项目推广策划。

（6）商业街项目租售执行策划。包括项目租售执行策划、项目招商执行策划、项目销售执行策划。

（7）商业街项目经营管理策划。包括项目经营管理策略制定、项目经营管理公司人员组织、项目经营管理内容制定、项目物业管理服务内容制定。

### 3. 写字楼项目全程营销策划书

（1）市场调查分析。

1）写字楼项目投资环境分析：包括城市条件分析、经济环境分析、政治环境分析。

2）写字楼市场环境分析：包括写字楼市场分析的内容、写字楼市场分析的思路。

3）写字楼项目自身情况分析：包括项目基本情况分析、项目周边环境分析。

4）写字楼项目客户群分析：包括对广大潜在客户进行分析、对典型写字楼客户进行分析、对各类型的客户群进行分析、对各行业的企业进行分析、对客户的需求特征进行分析、根据分析的结果提出建议。

5）写字楼项目竞争对手分析：包括项目竞争对手的分析内容、分析思路。

6）写字楼项目 SWOT 分析：包括项目优势分析、劣势分析、机会分析、威胁分析。

（2）写字楼项目定位。包括项目开发类型定位、项目档次定位、项目客户群定位、项目案名定位、项目形象定位、项目功能定位、项目产品定位、项目价格定位。

（3）写字楼项目产品规划建议。包括项目总体规划建议、功能分区建议、建筑风格建议、装饰装修建议、环境景观建议、配套建议、物业管理建议、日常经营管理建议。

（4）写字楼项目整合推广策划。包括项目广告策划、媒介策划、包装策划、活动策划、推广策划。

（5）写字楼项目租售执行策划。包括项目经营模式与租售比例确定、租售人员组织、价格制定与付款方式确定、销售目标与销售渠道确定、入市时机与销售控制策划、各阶段工作内容与执行时间计划、租售物料准备与租售费用估算。

**4. 商住综合项目全程营销策划书**

（1）商住综合项目开发市场分析。

1）投资环境分析：包括经济环境分析、政策环境分析、人口环境分析、城市条件分析。

2）房地产行业分析：包括房地产行业市场分析、住宅物业分析、商业物业分析、写字楼物业分析、别墅物业分析、酒店式公寓物业分析、产权式酒店物业分析、专业市场物业分析。

3）项目自身情况分析：包括项目基本情况分析、项目周边环境分析、项目周边配套分析。

4）客户群分析：包括住宅物业客户群分析、商业物业客户群分析、写字楼物业客户群分析、公寓物业客户群分析。

5）竞争对手分析：包括商住综合项目总体竞争对手分析、居住物业竞争对手分析、商业物业竞争对手分析、写字楼物业竞争对手分析、公寓物业竞争对手分析。

6）项目 SWOT 分析：包括优势分析、劣势分析、机会分析、威胁分析、SWOT 总结分析、市场分析总结。

（2）商住综合项目定位。包括商住综合项目开发类型定位、档次定位、客户群定位、开发主题定位、案名定位、形象定位、功能定位、产品定位、业态定位、价格定位。

（3）商住综合项目产品规划建议。包括商住综合项目总体规划建议、规划指标建议、总平面规划建议、建筑风格设计建议、业态规划建议、商铺间隔建议、户型规划建议、交通规划建议、绿化景观设计建议、装修建议、配套建议、物业经营管理建议。

（4）商住综合项目投资分析：包括商住综合项目开发周期估算、投资估算、资金筹措计划、收入估算、效益分析、敏感性分析、风险分析、投资分析总结。

（5）商住综合项目整合推广策划。包括总体营销策划、品牌策划、广告策划、媒体策划、包装策划、公关活动策划、推广策划。

（6）商住综合项目租售执行策划。包括租售模式确定、租售人员培训、租售价格制定、销售执行策划、招商执行策划。

### 5. 酒店式公寓全程营销策划书

（1）酒店式公寓项目市场分析。

1）项目投资环境分析：包括宏观环境分析、区域市场分析。

2）项目自身情况分析：包括项目概况介绍、地理位置分析、土地性质分析、周边环境分析、周边配套分析。

3）项目客户群分析：包括调研方案、客户群分析。

4）项目竞争与可类比物业项目分析：包括项目区域竞争与可类比物业项目整体分析、酒店式公寓类竞争与可类比物业项目分析、酒店类竞争与可类比物业项目分析、住宅类竞争与可类比物业项目分析、写字楼类竞争与可类比物业项目分析、商业类竞争与可类比物业项目分析、综合类竞争与可类比物业项目分析。

5）项目 SWOT 分析：包括优势分析、劣势分析、机会分析、威胁分析、SWOT 应对策略分析。

（2）酒店式公寓项目定位。包括项目类型定位、功能定位、档次定位、开发主题定位、客户群定位、名称定位、形象定位、推广主题定位、价格定位。

（3）酒店式公寓项目产品规划建议。包括酒店式公寓总体设计建议、项目产品规划设计前的调查分析、建筑风格设计建议、内部空间设计建议、公共配套设施规划建议、智能化设施规划建议、装饰装修建议、园林景观设计建议。

（4）酒店式公寓项目整合推广策划。包括项目营销总策略策划、广告策划、媒介策划、公关活动策划、包装策划、推广策划、整合推广费用估算。

（5）酒店式公寓项目销售执行策划。包括销售计划制定、销售策略策划。

（6）酒店式公寓项目经营管理策划。

---

## 小案例

### 某商贸城营销策划案

#### 第一部分 市场调研

#### 一、项目营销环境调查分析

（1）区域环境。项目位于一个镇上，该镇为扬州主城区的卫星城，交通发达、运输便利。

（2）政策环境。政府加大基础建设，吸引外资。长远规划为房地产业的发展提供了更多的机会，房地产业的发展前景乐观。

（3）企业环境。整个镇工业较为发达且发展速度较快。大型企业的入驻必然带动经济的发展，提高居民收入，从而刺激房地产消费。

## 二、收入与消费的调查

(1) 人均年收入情况。行政管理范围内的乡、村、屯等人均年收入为 8 650 元左右，而城区内的人均年收入为 30 000 元左右。政府收益的主要来源 90% 来自镇工业的收入，剩余 10% 主要是运输业及农业。

(2) 企业职工收入情况。① 现有的工业园区内民营企业的人均月收入水平都在 1 600 ~ 3 000 元左右，园内工人以周边的居民为主，3 000 人左右。② 林业造纸厂人均月收入在 2 000 元左右。随着近年工业园区扩建，作为卫星城，引进大型企业的入驻，带动工业以及其他产业的发展，人均收入将再上一个台阶。

(3) 消费情况。消费水平与主城区消费水平持平，生活用品及市场肉、菜类价格与主城区同类物品在一个标准线上。旅馆住宿业不发达，客源不足。随着经济的发展，收入的提高将会带动消费水平的提高。

## 三、住宅开发总量调查分析

(1) 现有住宅状况调查。老城区多数是外来租住人员，连周边人数共有 3 000 多人，居住以平房为主，环境、卫生较差。新城区内，在较为热闹的街区及主干道，居民买地建房后一楼主要作为商铺用，或自己居住及出租，面积 50 ~ 80m$^2$ 不等，租金每月 1 500 元左右。

(2) 现行开发的商住小区调查分析（略）。

## 四、贸易市场调查分析

(1) A 农贸市场。市场地处于两主干道之间，占地八九亩，是最热闹及货物最为齐全的集散地，其中包括肉类行、成衣行、杂货行、饮食行、布匹行、五金、门面等，镇工商局直接管理。市场内 20m$^2$ 左右的铺面总共有 90 间，租金在 1 350 ~ 1 400 元/月，有 30 间左右是一、二楼一起出租的，租金为 1 500 ~ 1 530 元/月。

(2) B 贸易市场。市场处于新城区的住宅密集地方，周边全是居民住宅，这一点也制约了市场的交通，一些大型货车无法进入市场内，限制了市场的发展。市场每个摊位收 2 元/天的市场管理费用，而市场内原有的 14 个水泥固定摊位主要用于饮食，每月约 1 300 元的管理及租金费用，晚上以夜宵经营为主。

(3) 马路市场。沿马路一路摆摊，主要以水果、农副产品批发为主，每个摊位每天收 5 ~ 15 元的占路费及管理费。马路市场影响了整个镇的形象以及卫生环境，镇政府针对这个问题对马路市场做出了一定的规划，将再建设一个市场来解决这一问题，在地址上要求交通便利，宜于车辆的进出。

通过调查可以看出，该镇缺少较具规模的农贸市场，不能满足广大消费者的消费需求，并且市场的不规范性很大程度上阻碍了贸易的发展，因此，项目规划建设一个最具规模的大型农贸市场正恰恰填补了这一空缺。

## 五、项目优劣势分析

1. 优势

(1) 地段优良。项目所处地段与镇中心地段仅百米之遥，位于十字路口旁，是进入高速公路的必经之处。更为重要的是，新建的工业区与项目隔江相望，庞大人流对于项目日后的经营、运作将是一有力支撑。

(2) 项目整体规模大。总占地面积100多亩，整体规模相对较大，对于整体商业氛围及旺盛人气的营造均具有较大的优势。同时，因为规模大，内部设施配套方面会更为全面。

(3) 内部设置优势。项目内部中心位置一座2层综合楼，一层为农贸市场，二层为市工贸大厦强力进驻，以农贸市场及工贸大厦的鼎盛人气，带旺区域内商业。

(4) 市场竞争小。镇目前仅有一个地产项目——B小区，相对当地消费者来说，选择面相对较小。该项目正面临着一个全新的发展机遇，众多企业、单位迁入，大量人流涌入。

2. 劣势

(1) 商业地产氛围不成熟。本项目的推广、展开及诉求上会产生一定的阻碍。

(2) 目标客户较为分散。主要集中于镇、市郊区，分散的客户，不利于传播。

(3) 消费者观望心理。因当地商业地产发展刚刚起步，未形成购买习惯，所以项目运作初期预计会出现相应的消费者观望状况。

## 六、调查结论

(1) 政府加快经济发建设步伐，鼓励投资，房地产发展潜力巨大。

(2) 项目具有地段优势。项目所处地段车流量巨大，是高速公路进入镇上的必经之路，并且项目定在大桥旁，靠近码头，码头是连接下游民众的重要脉络，也是镇经济对外交流的渠道。

(3) 镇缺少一个具有规模的商贸中心。

(4) 消费群体增加，但消费能力有限。

# 第二部分 营销策划

通过对市场的调查分析和研究，整合各方面因素，对商贸城进行营销策划。

## 一、营销目标

(1) 通过周密的市场分析并结合项目情况及经济走势，制定营销目标，如表12-2所示。

表12-2 商贸城项目营销目标

| 时段 | 推出计划 | 单价（均价） | 时段 | 推出计划 | 单价（均价） |
|---|---|---|---|---|---|
| 2009年1月 | 10% | 2 500.00元/m² | 2009年5月 | 40% | 3 300.00元/m² |
| 2009年3月 | 30% | 2 800.00元/m² | 合计 | 100% | 3 000.00元/m² |
| 2009年4月 | 20% | 3 000.00元/m² | | | |

(2) 在保证房地产公司最大利益和符合市场消费者的消费要求前提下，适时提高销售单价，争取最大的利润空间。

(3) 项目前期销售规划，努力使项目销售开门红，从而树立项目名牌、企业品牌，提高企业知名度、美誉度。

## 二、对项目规划的建议

(1) 主题商业街区打造。项目定位为商贸城，共分两期打造，将区域内6条主干道依不同的建筑风格进行专业打造，将之规划为6条主题商业街。

1) 伦敦商业街。

2) 纽约商业街。

3) 香港商业街。

4) 中国巴黎商业街。

5) 东京商业街。

6) 曼哈顿商业街。

同时，依地形特征，分为5个主题商业区。

1) 五金家电区。

2) 服装区。

3) 饰品区。

4) 休闲娱乐区。

5) 日用百货区。

以上6条商业街及5个主题商业区分别以五金家电、服装、饰品、精品、休闲、娱乐、餐饮、日用百货等为主营项目，以专业化的经营打造项目商业氛围。

(2) 内部配套设施营建。商贸城内部依规划建造一栋2层的综合楼，一、二层分别经营农贸市场及工贸商场，同时建议开发商在区域内注重停车场所及路灯等公共设施的建设，以一个更为优良的经营环境来吸引商业业主及购物人流。

(3) 内部环境营建。因项目定位为商业性质，总体绿化率不高，所以在建造时应尽量利用好每一处绿地，做出特色，并可适当地考虑假山、喷泉等景观，给选择在此消费的人一个选择此处的理由。

## 三、营销策略

1. 项目市场定位

(1) 项目市场定位总体思路：① 站在一定的高度上策划运作本项目。以较高的出发点打造此项目，可获取消费者心理上的推崇，同时建立起项目及开发商的品牌。② 倡导投资新模式。通过积极的造势及项目本身的特性营造出蓬勃商业气息，激发消费者投资、发展的热情，引导消费者重新理解投资定义。

(2) 市场定位。根据市场调查结论的分析，并针对当地消费者及产品自身特性，本项目定位为以开发商业地产为主，多层住宅为辅，在客户心目中建立“商贸城”极具商业价值，富含升值、投资潜力的鲜明形象，是一个有坚实开发商作保障，价位合理而潜力巨大的地产项目。

2. 目标消费群体定位

基于本项目的市场定位，并结合当地消费群体的特性，将本项目的目标消费群体定位于当地中老年人。这类人群具有以下特点。

(1) 购买力强。

(2) 有投资欲望。

(3) 有给子女留一份产业的传统思想。

3. 项目价格策略

通过对市场的深入调查、分析，并结合商贸城自身的各种情况，为规避市场风险，同时争取最大利润，并获得整个项目的成功，项目采用低开高走的策略，开盘时经积极造势，以均价2 500 元/$m^2$ 推出，在销售行情看涨之后，可争取将均价提到3 000 元/$m^2$。

4. 营销通路

(1) 现场售楼处销售。销售现场：① 渲染现场氛围；② 销售人员传播；③ 楼书单张、手提袋等资料；④ 其他。

(2) 外设展点。本项目在推出阶段，将在多处设立展点，以面对面的方式，将本项目的信息向受众传播。

## 四、营销战术

(1) 前期造势战术。项目开盘前期通过系列广告主题鲜明、一致的诉求，加之有轰动效应的主题策划活动，将商贸城的影像深刻地印在消费者心中。实施要点：① 把握广告投放的力度；② 诉求主题的鲜明、一致；③ 宣传活动的新颖、到位。

(2) 全方位攻击战术。在前期成功造势的基础上，以多渠道的传播，将本项目的多个诉求主题灌输给消费者，形成一股强大的攻势。

(3) 心理战术。从准确把握消费者心理出发，从消费者的各方面需求展开诉求，有效针对消费者以下心理：随大流；攀比；渴望致富；信心缺失。有了对消费者心理的准确把握，在推广中可做到有的放矢，精确而迅速地打动消费者。

(4) 重点突破战术。进入强销期，通过前期市场调查分析及开盘期间客户积累分析，可得到准确的目标消费群体定位，在此期间，有强针对性地重点突破该类消费者，集中兵力收获最为丰盛的果实。

(5) 正面出击战术。采用外设展点的方式，置业顾问现场宣传，并分发资料，以主动积极的方式赢取更大的市场。

(6) 短兵相接战术。利用有时代感、浓厚商业氛围的销售现场，以及气派的展板等来吸引旁观的目标消费者，并使其受到极深的感染。销售人员能力强、经验丰富，并熟悉市场，同时加强客户追踪、回访，形成高度的营销网。

(7) 口碑战术。从各个方面来营造项目的良好口碑，例如广告、销售现场、展点等处，以良好的口碑赢取更多的客户，同时建立客户的购买信心。

## 五、销售前的准备

(1) 售楼现场布置。通过展板、沙盘、吊旗及简洁明快的灯光等，营造出一种商业氛围浓郁、人气鼎盛的环境，使售房现场的整体氛围与商贸城的定位相一致。

(2) 户外广告牌、路灯。主要设立于镇中心繁华地带、主要路段及现场周围，以极强的视觉冲击力予消费者以震撼。

(3) 销售资料：① 公司营业执照；② 土地使用证件；③ 销售证；④ 统一说辞；⑤ 价目表；⑥ 付款方式；⑦ 交房标准；⑧ 客户资料表；⑨ 办理产权证有关程序、税费；⑩ 建房流程；⑪ 建房收费项目明细；⑫ 附近学校收费明细；⑬ 预订书；⑭ 销售合同标准文本；⑮ 个人土地抵押合同；⑯ 个人置业商业性贷款合同；⑰ 按揭办理办法；⑱ 利率表。

(4) 销售人员配备与培训。

1）销售人员配备。商贸城项目销售组织与人员配备，如图 12-3 所示。

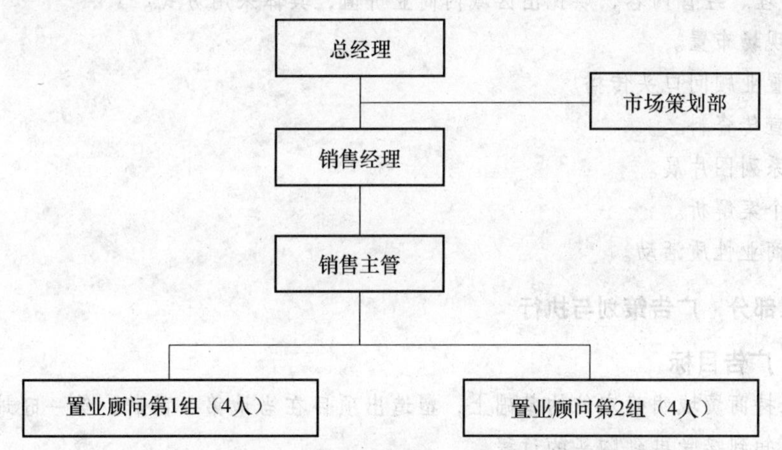


图 12-3　销售组织与人员配备

人员配备以专案模式进行，由销售经理向业主负责，主持日常销售工作，统辖销售主管和两个业务小组。

2）销售人员培训。使销售人员了解并掌握以下知识：① 国家相关政策；② 房地产基本知识；③ 按揭知识；④ 项目产品特点；⑤ 自身优劣势；⑥ 竞争对手状况；⑦ 相应销售技巧。

(5) 客户管理系统。包括：① 电话接听记录表；② 新客户登记表；③ 老客户登记表；④ 销售日统计表；⑤ 销售周统计表；⑥ 月报表；⑦ 已成效客户档案；⑧ 应收账款控制；⑨ 保留楼盘控制表。

## 六、销售执行造势

(1) 奠基造势。以售楼处揭牌、工程奠基及大型歌舞表演三场活动为主体，通过舞狮、前期宣传为穿插、铺垫，形成当地一轰动性事件，通过项目奠基活动，打响整个项目动作的头炮。

(2) 开盘前期造势。项目的开盘，是承接奠基的又一重要环节，一个良好的开盘，在很大程度上决定了项目销售的成败，因而开盘前期的造势至关重要，本项目针对区域经济、文化特征，将采取以下活动方案。

1) 广告，以电视广告、户外广告为主。

2) 有关联宣传主题的歌舞、模特表演。

3) 免费电影放映活动，地点选择：工地现场或电影院。

(3) 开盘造势。开盘当日，邀请嘉宾，以热烈、喜庆活动营造气氛。

1) 歌舞、模特表演。

2) 娱乐、互动性活动，如家庭趣味竞技等。

3) 游园活动。

(4) 商业管理造势。从本项目未来商业走势切入，以商业主题街区为宣传点，结合商业管理、经营内容，烘托出区域内商业价值，具体采用方式。

1) 现场布置。

2) 置业顾问口头传播。

3) 宣传资料。

4) 系列图片展。

5) 个案解析。

6) 商业性质活动。

## 第三部分 广告策划与执行

### 一、广告目标

在保持商贸城明确定位的基础上，塑造出项目在当地第一品牌，第一旺地的形象，达到从认知到接受再到购买的过程。

(1) 导入期。强势推出，先声夺人，确立项目定位，给消费者明晰印象。

(2) 强销期。从各个诉求点展开，依积累状况及市场情况，针对项目主要目标消费群体，有侧重地进行推广。

(3) 持续期。加深项目形象，提高项目知名度、美誉度，并造就良好口碑，以社会舆论引导消费者的认同感。

### 二、广告推广的总体思想

(1) 适合大众的利益点。集中项目众多的优势进行整合，深层挖掘项目的价值所在，同时从消费者的角度出发，寻找消费者最直接的感受，从而以消费者的角度看待一个产品，看待一则广告，从中提炼出与目标消费者利益紧密联系的独特价值点，使消费者看到项目的价值所在。

- 得天独厚的地段。
- 最具规模的商贸中心。

- 无可限量的升值潜力。
- 绝佳的商业投资机遇。
- 平实的价格。
- 实力雄厚的开发商。
- 区域浓厚的商业氛围。
- 完善的商业管理。

(2) 强大的震撼力。在广告的设计表现中，使消费者感觉到项目不凡的气势，犹如一股商业龙卷风袭来，带来了无限的发展商机，让消费者产生一种强大的震撼力，被项目的气势所吸引及折服。

(3) 统一风格。在广告推广中，注重于保持风格的统一，同时尽量采用与本案风格与档次相适应的媒体方式，避免发生盲目曝光。

(4) 打造项目、开发商品牌。通过广告推广，提高消费者对本案的认知度，打造项目品牌，提升品牌形象，以品牌效应保证销售，带动销售。

## 三、广告定位

在商贸城的推广中，以突出该项目“商业价值”为主诉求点，结合项目各方面优势及公司、项目实力等多方面衬托出该主诉求。

广告主标题：

商贸城——城市财富新坐标；

商贸城——财富滋生地；

商贸城——摇钱树生长的地方；

商贸城——首席财富家园；

商贸城——地段决定财富。

## 四、立体化市场推广策略

1. 广告目标市场策略

针对项目的目标消费群，依据其不同的生活习惯及个性特点等，制定不同的广告诉求点和广告的表现形式，力求在目标市场上更全面的传递广告信息。

(1) 导入期——无差别市场广告策略：在一定的时间内向一个大的目标市场运用多种媒体组合，做同一主题的广告。这样很容易在开盘初期迅速提高知名度，树立品牌形象。

(2) 强销期——差别市场广告策略：步步为营，逐个击破。即在一定的时间内，针对目标消费群的细分，运用接近于该细分市场的媒体，做不同主题内容的广告。这样很容易在强销期内抓住每一个细分市场。

(3) 持续期——集中市场广告策略：为避免广告战线拉得太长，力量分散，因此，在这一段时期采用把广告宣传的重点集中于已细分的一个或者几个目标市场上，以求在较小的细分市场中占有较大的份额。

2. 广告促销策略

在广告过程中，结合营销情况和市场情况，允诺给予消费者更多的附加利益，以吸引消费者的注意，起一个立竿见影的广告效果。即活动广告、文娱广告、中奖广告等。

3. 广告心理策略

针对消费者的购买心理，采取广告运动。抓住消费者的心理变化过程：从感知——了解——信赖——产生购买行为。

消费者的需求：需求是消费者购买商贸城的原动力，因此，广告诉求必须确立在这一需求之上。

引人注意：引人注意是广告成功的基础，有的是无意中注意的，有的是有意注意的。那么，深刻性又是引起注意的主要因素，如果广告不能给消费者留下深刻的印象，那么，它就不算一个成功的广告。

想象空间：广告要引导消费者对本案产生想象，要能使消费者看到广告后有冲动感，使之产生买商贸城后有什么样的情景的联想。

记忆：每次广告暴露以后，要便于记忆，一般看到广告后，不是立即去购买，而是对众多的信息进行分析、比较，因此，有一定的时间和空间差，因此，对每次的广告主题要简单顺口，易记忆。

## 五、广告执行策略

1. 诉求重点

重点诉求本案所提炼的特有的卖点：

- 地段；
- 规模；
- 升值潜力；
- 商机；
- 价格；
- 开发商实力。

2. 广告系列

在广告发布的过程中，针对诉求重点，不断加深消费者的印象，因此，广告要统一风格，要分时间进行系列化。

## 六、广告预算

费用包括：沙盘模型、效果图、销售员统一服装、单张广告、彩旗、布幅、充气拱门、广告牌、路灯广告、电视广告、促销活动、外设展点等。

案例来源：作者根据有关资料整理。

## 思考题

1. 如何理解商业项目全程营销策划特点？
2. 商业项目全程营销策划内容？
3. 商业项目全程营销策划流程？
4. 如何编写商业项目全程营销策划书？

## 实训题

制定本地区某商业项目的全程营销策划方案、编写策划书。

## 实训指导

1. 5～8 人一组，每组完成实训项目。
2. 实地考察与网上调查相结合，主要参考网址见本书第 1 章实训指导。
3. 报告要求用自己的语言组织，主要依据本章“商业项目全程营销策划书模板”，要求报告字数 5 000～10 000 字。

# 参考文献

[1] 祖立广．房地产营销策划［M］．北京：机械工业出版社，2004.
[2] 栾淑梅，卓坚红．房地产销售策划［M］．北京：科学出版社，2011.
[3] 汤鸿，纪昌品．房地产策划技术与案例分析［M］．南京：东南大学出版社，2008.
[4] 张敏莉．房地产项目策划［M］．北京：人民交通出版社，2007.
[5] 余源鹏．房地产项目整合营销实操一本通［M］．北京：中国物资出版社，2009.
[6] 余源鹏．精品住宅项目开发全程实操要诀［M］．北京：中国物资出版社，2010.
[7] 余源鹏．社区商业街项目开发全程策划［M］．北京：中国建筑工业出版社，2009.
[8] 余源鹏．写字楼项目开发全程策划［M］．北京：中国建筑工业出版社，2010.
[9] 余源鹏．酒店式公寓项目开发全程策划［M］．北京：中国建筑工业出版社，2009.
[10] 余源鹏．商住综合项目开发全程策划［M］．北京：中国建筑工业出版社，2010.
[11] 余源鹏．房地产项目销售执行实操一本通［M］．北京：机械工业出版社，2011.
[12] 包宗华．包宗华住宅与房地产论文选集［M］．北京：中国建筑工业出版社，2009.
[13] 杨思思．住宅项目策划攻略［M］．北京：中国建筑工业出版社，2009.
[14] 贾士军．房地产项目全程策划［M］．广州：广东经济出版社．2003.
[15] 周帆．当代房地产策划方案解读［M］．广州：广东经济出版社．2003.
[16] 徐小慧．房地产市场调查与预测［M］．北京：科学出版社，2009.
[17] 刘鹏忠，苏萱．房地产市场营销［M］．北京：人民交通出版社，2007.
[18] 陈港．房地产营销概论［M］．北京：北京理工大学出版社，2010.
[19] 廖志宇．房地产定位案头手册［M］．北京：中国电力出版社，2008.
[20] 栾淑梅．房地产市场营销实务［M］．北京：机械工业出版社，2010.
[21] 住房和城乡建设部．全国房地产经纪人资格考试大纲［M］．5 版．北京：中国建筑工业出版社，2010.
[22] 中国房地产估价师与房地产经纪人学会．房地产基本制度与政策［M］．5 版．北京：中国建筑工业出版社，2010.
[23] 中国房地产估价师与房地产经纪人学会．房地产经纪概论［M］．5 版．北京：中国建筑工业出版社，2010.
[24] 中国房地产估价师与房地产经纪人学会．房地产经纪实务［M］．5 版．北京：中国建筑工业出版社，2010.
[25] 中国房地产估价师与房地产经纪人学会．房地产经纪相关知识［M］．5 版．北京：中国建筑工业出版社，2010.
[26] 刘洪玉．房地产开发经营与管理［M］．北京：中国建筑工业出版社，2009.

[27] 陈林杰. 房地产开发与经营实务 [M]. 北京：机械工业出版社，2010.
[28] 陈林杰. 房地产经纪实务 [M]. 北京：机械工业出版社，2011.
[29] 陈林杰. 房地产经营与管理 [M]. 北京：机械工业出版社，2007.
[30] 陈林杰. 中国房地产战略创新 [M]. 北京：线装书局，2009.
[31] 陈林杰. 统筹城乡发展应规划设计居住区 [J]. 上海房地. 2008 (12)：45-47.
[32] 陈林杰. 房地产开发中的人文关怀 [J]. 南京工业职业技术学院学报. 2005 (1)：34-36.
[33] 陈林杰. 创新型房地产业及其经济增长发展模式研究 [J]. 南京工业职业技术学院学报. 2009 (1)：15-18.
[34] 陈林杰. 统筹城乡发展背景下居住区规划设计研究 [J]. 基建管理优化，2009 (2)：8-12.
[35] 陈林杰. 核心能力识别模型与应用：透视万科集团成长道路 [J]. 建筑经济，2009 (S1)：9-12.
[36] 中国房地产行业网 [OL]. http://www. cingov. com. cn/index. asp/
[37] 中国房地产信息网 [OL]. http://www. realestate. cei. gov. cn/
[38] 中国房地产门户网站——搜房地产网 [OL]. http://www. soufun. com/
[39] 中国房地产信息网 [OL]. http://www. realestate. cei. gov. cn
[40] 中国房地产培训网 http://www. realtycollege. com. cn/
[41] 房地产门户——焦点房产网 [OL]. http://house. focus. cn/
[42] 365 地产家居网 [OL]. http://www. house365. com/
[43] 房地产门户——焦点房产网 [OL]. http://house. focus. cn/
[44] 房产新华网 [OL]. http://www. xinhuanet. com/house/
[45] 网易房产频道 [OL]. http://nj. house. 163. com/
[46] 南京网上房地产 [OL]. http://www. njhouse. com. cn/
[47] 中广置业公司网站 [OL]. http://www. zghouse. com/
[48] 万科公司网站 [OL]. http://sh. vanke. com/
[49] 万达公司网站 [OL]. http://www. wanda. com. cn/
[50] 保利地产网站 [OL]. http://www. gzpoly. com/index. asp
[51] 中海地产网站 [OL]. http://www. coli688. com/
[52] SOHO 中国网站 [OL]. http://www. sohochina. com/
[53] 栖霞建设网站 [OL]. http://www. chixia. com/